Ganzscho Tzenoff

Goten oder Bulgaren

Quellenkritische Untersuchung über die Geschichte der alten Skythen,

Thrakier und Makedonier

Ganzscho Tzenoff

Goten oder Bulgaren

Quellenkritische Untersuchung über die Geschichte der alten Skythen, Thrakier und Makedonier

ISBN/EAN: 9783957001566

Auflage: 1

Erscheinungsjahr: 2014

Erscheinungsort: Norderstedt, Deutschland

Hergestellt in Europa, USA, Kanada, Australien, Japan
Verlag der Wissenschaften in Hansebooks GmbH, Norderstedt

Verlag
der
Wissenschaften

Goten oder Bulgaren

Quellenkritische Untersuchung über die
Geschichte der alten Skythen, Thrakier und Makedonier

von

Dr. Gantscho Tzenoff

Mit zwei Karten

Leipzig 1915
Verlag der Dykschen Buchhandlung

Vorwort.

Seit vielen Jahren arbeite ich an der Feststellung des Ursprungs der Bulgaren und habe mehrere Abhandlungen in bulgarischer Sprache darüber veröffentlicht. Um aber meine Arbeiten auf diesem Gebiete weiteren wissenschaftlichen Kreisen zugänglich zu machen, habe ich mich entschlossen, das vorliegende Werk in deutscher Sprache zu veröffentlichen. Zum Verständnis von Skythien und Troja habe ich zwei Karten beigelegt. Um die Mythologie der Bulgaren verständlicher zu machen, habe ich fast alle mir bekannten bulgarischen mythologischen Lieder ins Deutsche übersetzt und dabei mehr auf die wörtliche Wiedergabe als auf den Wohlklang geachtet. Diese Lieder sind uralte Überlieferungen, welche für die heutigen Sänger meistens den Sinn verloren haben. Die Sänger wiederholen mechanisch, was sie gehört haben. Die Übersetzung war nicht leicht, weil oft Begriffe vorkamen, welche die deutsche Sprache nicht besitzt. So z. B. ist in den Liedern oft die Rede von der Heirat der Sonne mit einem Mädchen, weil die Sonne im Bulgarischen männliche Eigenschaften hat. Solche Fälle ließen sich nicht umschreiben.

Ob nun mit dem vorliegenden Werke der Wissenschaft ein Dienst geleistet worden ist, darüber werden die auf diesem Gebiete arbeitenden Forscher zu entscheiden haben.

Berlin, den 1. September 1914.

Dr. Gantscho Tzenoff.
Sofia, Bulgarien.

Inhalt.

Vorwort	III
Einleitung	1— 3
I. Skythien	4
a) Kimmerischer Bosporus	4— 8
b) Palus Mäotis	8— 12
c) Skythien .	12— 38
II. Die Skythen	38— 62
III. Die bulgarische Mythologie .	62
a) Troja .	62— 76
b) Der Kampf zwischen dem Trojanerkönig und dem Wessergott . .	77—102
c) Der Bau von Troja.	102—120
d) Janus	120—130
e) Volkanus, Ognen, Mars, Cekula, Charon, Rhesus	130—145
f) Erinys und Hera	145—156
g) Orpheus .	156—173
h) Vesta	173—177
i) Das Verhältnis der bulgarischen Mythologie zu der römischen	177—183
IV. Das Christentum bei den Bulgaren	184
a) Zalmox, Manu, Kubrat oder Krowat . .	184—204
b) Paulus, Andronicus, Kyrillus, Methodius, Ulfila .	205—235
c) Der Kampf der bulgarischen Kirche mit der römischen und griechischen	235—259
d) Das Verhältnis der Bulgaren zu den Byzantinern, Rumänen, Serben und Albanesen	259—266
V. Kritik der bisherigen Anschauungen, daß die Goten Germanen gewesen wären	266—280
VI. Register	280—288

Einleitung.

Die ältere Geschichte der Völker der Balkanhalbinsel ist noch immer unklar. Hier sollen Begebenheiten stattgefunden haben, die der gesunde Menschenverstand nicht begreifen kann. Die alten Thrakier, Illyrier, Dakier, Skythen, sowie die angeblich neu gekommenen Goten, Bulgaren, Hunnen, Abaren sollen spurlos verschwunden sein. Wenn man nun fragt, wohin sie gegangen seien, so wird geantwortet, daß sie von den später gekommenen Völkern aufgesaugt oder vernichtet worden sind. Die später gekommenen Römer sollen die alten thrako-illyrischen Völker romanisiert haben, und die noch später gekommenen Slawen slawisierten oder vernichteten sie. Diese Auffassung bricht aber mit dem Auftreten der Bulgaren, Abaren und Hunnen ab. Sollte jedes neugekommene Volk das alte vernichten oder assimilieren, so ist es unbegreiflich, warum die später gekommenen angeblich türkischen Bulgaren die gefundenen Slawen nicht vernichtet oder türkisiert haben. Es ist ganz unbegreiflich, warum gerade die Slawen die Fähigkeit besaßen, innerhalb von kaum zwei Jahrhunderten die großen Kulturvölker der alten Welt, wie es die Thrakoillyrier, die Dakier und Skythen waren, und ebenso die mächtigsten Barbaren, die es je gegeben hat, wie Hunnen, Abaren, Bulgaren, welche fast das ganze Nordeuropa beherrschten, zu slawisieren. Die verschwundenen Hunnen, Abaren, Bulgaren waren Nationen eines Stammes. Die Hunnen sollen vor den Slawen, die Abaren mit den Slawen und die Bulgaren nach den Slawen an die Donau gekommen sein. Es ist nun ganz und gar unerklärlich, wie der hunnische Stamm, der bald vor, bald mit, bald nach den Slawen gekommen sein soll und große Reiche bildete, von den kulturlosen Slawen, die kein Staatswesen hatten und von den Hunnen an die Donau gebracht worden waren, spurlos aufgesaugt werden konnte. Alles dieses ist für den gesunden Menschenverstand unbegreiflich. Und das um so mehr, als es solche Beispiele in der Geschichte nicht gibt. Die Juden, die durch die ganze Welt zerstreut sind und ihre Sprache verloren, sind in Jahrtausenden nicht verschwunden. Die Zigeuner, die keine Kultur haben und durch ganz Europa irren, sind nicht verschwunden. Die Türken, die so viele Völker mit viel höherer Kultur besiegten und im Vergleich mit ihnen nur sehr gering an Zahl waren, sind nicht verschwunden. Im Gegenteil, sie haben sehr viele von den besiegten Völkern türkisiert. Die Albanesen, die zur Zeit der Römer Römer, zur Zeit der Türken Türken waren, ohne eine Literatursprache zu haben, sind nicht verschwunden. Eine Assimilierung kann man nur in dem heutigen Großbritannien beobachten, wo sich aus Romanen und Germanen eine neue Nation bildete. Diese Tatsache ist aber ganz greifbar aus der heutigen englischen Sprache zu ersehen, welche so viele Wörter germanischen und romanischen Stammes besitzt, daß man aus diesen zwei unabhängige Sprachen bilden kann. Die bulgarische Sprache aber hat keine mongolischen Worte. Als Beispiel von verschwundenen Völkern führt man auch das Verschwinden der germanischen Franken bei der Bildung des französischen Staates an. Dieses ist jedoch kein treffendes Beispiel. Die Franken haben die benachbarten Gallier besiegt und aus Romanen und Germanen einen Staat gebildet. Die Teilung dieser Nationen in Austrasien, d. h. Germanen, und Neustrien und Burgund, d. h. Romanen, fand noch zur Zeit der ersten Eroberer oder der Merowinger (610) statt. Die zweite Teilung zwischen den Söhnen Ludwigs des Frommen: Ludwig dem Deutschen, der den deutschen Teil des Reiches Karls des Großen nahm, und seinem Bruder Karl dem Kahlen, der den romanischen Teil behielt, fand 840 statt. Die beiden Nationen bestanden und bestehen nebeneinander. Der romanische Teil des Reiches Karls des Großen behielt den Namen Frankreich, weil er früher zum Frankenreiche gehörte, und nicht, weil er aus

Franken, d. h. Germanen, bestanden hat. Hier könnte man höchstens von einer Romanisierung der Dynastie und der Beamtenschaft sprechen, die man aber nicht als eine besondere Nation betrachten kann. Von einem Verschwinden kleiner Nationen kann nur bei den Goten in Septimanien die Rede sein. Dieses Verschwinden jedoch ist mit dem spurlosen Verschwinden der Bulgaren, Skythen, Thrakier u. dgl. m. nicht zu vergleichen. Die Goten kamen nach Septimanien im vierten Jahrhundert und lassen dort bis zum dreizehnten Jahrhundert von sich hören, als sie durch die schreckliche Inquisition seitens der Katholiken vernichtet wurden. Ein solches Verschwinden ist ganz erklärlich. Alles dies aber hat mit den Hunnen, Abaren, Bulgaren u. dgl. m. nicht stattgefunden. Man weiß von diesen Völkern weder wie, noch wann sie verschwunden sind. Es ist wohl möglich, daß ein kleines Volk, gemischt mit einem zahlreicheren Volke von höherer Kultur, verschwinden kann. Könnte aber ein solches Beispiel das spurlose Verschwinden der größten Nationen der alten Welt, wie es die Dakier, Goten, Skythen, Thrakier, Illyrier, Hunnen, Abaren, Bulgaren waren, erklären? Ganz und gar nicht. Logisch ist also das Verschwinden unerklärlich, daher müssen wir denken, daß diese Völker nicht verschwunden sind, sondern daß wir ihre Adresse verloren haben. Die vorliegende Arbeit hat den Zweck, alles dies aufzuklären und zu zeigen, was aus allen diesen Völkern geworden ist.

Da die Bewohner der Balkanhalbinsel in alten Zeiten Skythen genannt wurden, so wollen wir zuerst sehen, was die Skythen waren.

I. Skythien.

Die älteren geographischen Begriffe sind sehr ungenau. Ein und derselbe geographische Name wird auf verschiedene Orte angewendet. So z. B. haben wir einen Chersones im Ägäischen Meere und einen am Schwarzen Meere, einen Bosporus in Thrakien und einen am Schwarzen Meere, Mysien an der Donau und Mysien in Kleinasien, Lykien in Thrakien und Lykien in Kleinasien. Während man in alter Zeit unter Pontus das Marmarameer verstand, versteht man jetzt unter Pontus nur das Schwarze Meer. Man liest irgendwo, daß ein Volk am Pontus, am Bosporus, auf dem Chersones gelebt hat. Man könnte es ebensogut in Thrakien als auch in Südrußland suchen, was nicht dasselbe ist. Durch diese Unsicherheit der geographischen Begriffe kam man dazu, Völker, die in Makedonien und Thrakien wohnten, nach dem fernsten Norden zu versetzen. So z. B. wurde das Volk der Budinen, das in Makedonien wohnte, bis nach Finnland versetzt; Albanien, das am Adriatischen Meere liegt, nach dem Kaukasus; das ihm benachbarte Bulgarien daneben an die Wolga; der Chersones nach Südrußland; der Bosporus ebendahin: d. h. man dachte sich einfach die Länder Thrakiens und Makedoniens jenseits des Schwarzen Meeres. Nun möchten wir sehen, wo sie wirklich lagen.

a) Kimmerischer Bosporus.

Unter dem kimmerischen Bosporus verstand man bis jetzt die Meerenge, welche das Asowsche Meer mit dem Schwarzen Meere vereinigt. An dieser Meerenge, wenn man sie überhaupt als Meerenge betrachten kann, sollen die Kimmerier oder Skythen gelebt haben. Durch sie sollen die Völker von

Kleinasien nach Europa oder Dakien und Thrakien gekommen sein. Daß das aber ein Unsinn ist, kann man sofort einsehen, wenn man die entsprechende Landkarte in die Hand nimmt. An diesem Bosporus ist erstens kein Platz für ein großes Volk. Alsdann zieht sich der unpassierbare Kaukasus von diesem Bosporus bis zum Kaspischen Meere und sperrt den Durchgang von Asien nach Europa. Ist es aber möglich, daß man aus Medien oder Paphlagonien, welches nahe dem thrakischen Bosporus lag, um nach Thrakien oder Dakien oder aber an das Asowsche Meer selbst zu kommen, über den Kaukasus gehen wird? Ganz und gar nicht. Der natürliche Übergang von Kleinasien nach Europa führt über den Hellespontus und den thrakischen Bosporus. Dieser Umstand sowohl als auch der Umstand, daß wir den Namen „Bosporus" für zwei verschiedene Stellen haben, veranlaßt uns zu bezweifeln, daß es zwei Bosporusse gegeben hat.

Der kimmerische Bosporus heißt so, weil an ihm die Kimmerier gewohnt haben. Herodot aber hat sich die Kimmerier immer in Kleinasien an den Dardanellen und dem thrakischen Bosporus und nicht in Südrußland und an dem Asowschen Meere gedacht. Einmal schildert er sie als Eroberer von Ionien, welches an dem Hellespontus lag:

Ἄρδυος δὲ τοῦ Γύγεω μετὰ Γύγεα βασιλεύσαντος μνήμην ποιήσομαι. Οὗτος δὲ Πριηνέας τε εἷλε ἐς Μιλητόν τε ἐσέβαλε, ἐπὶ τούτου τε τυραννεύοντος Σαρδίων Κιμμέριοι ἐξ ἠθέων ὑπὸ Σκυθέων τῶν νομάδων ἐξαναστάντες ἀππίκοντο ἐς τὴν Ἀσίην καὶ Σάρδις πλὴν τῆς ἀκροπόλιος εἷλον[1]).

Ἄρδυος δὲ βασιλεύσαντος ἑνὸς δέοντα πεντήκοντα ἔτεα, ἐξεδέξατο Σαδυάττης ὁ Ἄρδυος, καὶ ἐβασίλευσε ἔτεα δυώδεκα, Σαδυάττεω δὲ Ἀλυάττης. Οὗτος δὲ Κυαξάρῃ τε τῷ Δηιόκεω ἀπογόνῳ ἐπολέμησε καὶ Μήδοισι, Κιμμερίους τε ἐκ τῆς Ἀσίης ἐξήλασε, Σμύρνην τε τὴν ἀπὸ Κολοφῶνος κτισθεῖσαν εἷλε ἐς Κλαζομενάς τε ἐσέβαλε[2]).

Οὗτος ὁ Κροῖσος βαρβάρων πρῶτος τῶν ἡμεῖς ἴδμεν τοὺς μὲν κατεστρέψατο Ἑλλήνων ἐς φόρου ἀπαγωγήν, τοὺς δὲ φίλους

---
[1]) Herodot., I, 15.
[2]) Herodot., I, 16.

προσεποιήσατο· κατεστρέψατο μὲν Ἴωνάς τε καὶ Αἰολέας καὶ Δωριέας τοὺς ἐν τῇ Ἀσίῃ φίλους δὲ προσεποιήσατο λακεδαιμονίους. πρὸ δὲ τῆς Κροίσου ἀρχῆς πάντες Ἕλληνες ἔσαν ἐλεύθεροι· τὸ γὰρ Κιμμερίων στράτευμα τὸ ἐπὶ τὴν Ἰωνήν ἀπικόμενον Κροίσου, ἐὸν πρεσβύτερον οὐ καταστροφὴ ἐγένετο τῶν πολίων, ἀλλ' ἐξ ἐπιδρομῆς ἁρπαγή¹).

Μετὰ δὲ τὴν Βαβυλῶνος αἵρεσιν ἐγένετο ἐπὶ Σκύθας αὐτοῦ Δαρείου ἔλασις. ἀνθεύσης γὰρ τῆς Ἀσίης ἀνδράσι καὶ χρημάτων μεγάλων συνιόντων, ἐπεθύμησε ὁ Δαρεῖος τείσασθαι Σκύθας, ὅτι ἐκεῖνοι πρότεροι ἐσβαλόντες ἐς τὴν Μηδικὴν καὶ νικήσαντες μάχῃ τοὺς ἀντιουμένους ὑπῆρξαν ἀδικίης. Τῆς γὰρ ἄνω Ἀσίης ἦρξαν, ὡς καὶ πρότερόν μοι εἴρηται, Σκύθαι ἔτεα δυῶν δέοντα τρήκοντα. Κιμμερίους γὰρ ἐπιδιώκοντες ἐσέβαλον ἐς τὴν Ἀσίην, καταπαύσαντες τῆς ἀρχῆς Μήδους· οὗτοι γὰρ πρὶν ἢ Σκύθας ἀπικέσθαι ἦρχον τῆς Ἀσίης²).

Ἔστι δὲ καὶ Ἄλλος λόγος ἔχων ὧδε, τῷ μάλιστα λεγομένῳ αὐτὸς πρόσκειμαι· Σκύθας τοὺς νομάδας οἰκέοντας ἐν τῇ Ἀσίῃ, πολέμῳ πιεσθέντας ὑπὸ Μασσαγετέων, οἴχεσθαι διαβάντας ποταμὸν Ἀράξεα ἐπὶ γῆν τὴν Κιμμερίην (τὴν γὰρ νῦν νέμονται Σκύθαι, αὕτη λέγεται τὸ παλαιὸν εἶναι Κιμμερίων)³).

Καὶ νῦν ἔστι μὲν ἐν τῇ Σκυθικῇ Κιμμέρια τείχεα, ἔστι δὲ πορθμήϊα Κιμμέρια, ἔστι δὲ καὶ χώρη οὔνομα Κιμμερίη, ἔστι δε Βόσπορος Κιμμέριος καλεύμενος. φαίνονται δὲ οἱ Κιμμέριοι φεύγοντες ἐς τὴν Ἀσίην τοὺς Σκύθας καὶ τὴν χερσόνησον κτίσαντες ἐν τῇ νῦν Σινώπῃ πόλις Ἑλλὰς οἴκισται⁴).

Der oben erwähnte Fluß Araxea, von Jordanis Abraxes genannt, ist der Fluß Ebrus oder Maritza, an dem die Massageten gewohnt haben. Danach kann man schon beurteilen, welchen Bosporus man kimmerischen Bosporus nannte.

¹) Herodot., I, 6.
²) Herodot., IV, 1.
³) Herodot., IV, 11.
⁴) Herodot., IV, 12.

Die Kimmerier wohnten also an dem thrakischen Bosporus, denn um nach Ionien oder nach Sardes und Smyrna zu gehen, müßten die Skythen die Dardanellen überschritten haben; um nach Sinope zu gehen, müßten sie den thrakischen Bosporus überschritten haben und nicht den asowschen. Vom Asowschen Meere kommt man weder nach Sardes und Smyrna noch nach Sinope. Denselben Begriff über den kimmerischen Bosporus hat auch Strabo. Er schreibt:

Τὸ δὲ Κιμμερικὸν πόλις ἦν πρότερον, ἐπὶ χερρονήσου ἱδρουμένη, τὸν ἰσθμὸν τάφρῳ καὶ χώματι κλείουσα· ἐκέκτηντο δ' οἱ Κιμμέριοι μεγάλην ποτὲ ἐν τῷ Βοσπόρῳ δύναμιν, διόπερ καὶ Κιμμερικὸς Βόσπορος ὠνομάσθη. οὗτοι δ' εἰσὶν οἱ τοὺς τὴν μεσόγαιαν οἰκοῦντας ἐν τοῖς δεξιοῖς μέρεσι τοῦ Πόντου μέχρι Ἰωνίας ἐπιδραμόντες. τούτους μὲν οὖν ἐξήλασαν ἐκ τῶν τόπων Σκύθαι, τοὺς δὲ Σκύθας Ἕλληνες οἱ Παντικάπαιον καὶ τὰς ἄλλας οἰκίσαντες πόλεις τας ἐν Βοσπόρῳ[1]).

Wie wir sehen, gibt Strabo Herodots Meinung in bezug auf den kimmerischen Bosporus wieder. Nach ihm aber tritt noch klarer hervor, daß der kimmerische Bosporus nichts weiter ist als der thrakische Bosporus. Das Bosporanische Reich erstreckte sich bis Ionien und Pantikape und bildete eine Halbinsel, welche wohl die Byzantinische Halbinsel sein kann. Weiter schreibt Strabo:

Μετὰ δὲ τὰ Τρωικὰ αἵ τε τῶν Ἑλλήνων ἀποικίαι καὶ αἱ Τρηρῶν καὶ αἱ Κιμμερίων ἔφοδοι καὶ Λυδῶν καὶ μετὰ ταῦτα Περσῶν καὶ Μακεδόνων, τὸ τελευταῖον Γαλατῶν, ἐτάραξαν πάντα καὶ συνέχεαν. Lib. XII, c. VIII, 7.

Καὶ μὴν καὶ τὸν Κιμμερικὸν Βόσπορον οἶδε (Homerus) τοὺς Κιμμερίους εἰδώς, οὐ δήπου τὸ μὲν ὄνομα τῶν Κιμμερίων εἰδὼς, αὐτοὺς δὲ ἀγνοῶν, οἵ κατ' αὐτὸν ἢ μικρὸν πρὸ αὐτοῦ μέχρι Ἰωνίας ἐπέδραμον τὴν γῆν τὴν ἐκ Βοσπόρου πᾶσαν. Lib. I, c. I, 10.

Οἵ τε Κιμμέριοι, οὓς καὶ Τρῆρας ὀνομάζουσιν, ἢ ἐκείνων τι ἔθνος, πολλάκις ἐπέδραμον τὰ δεξιὰ μέρι τοῦ Πόντου καὶ, τὰ συνεχῆ αὐτοῖς, τοτὲ μὲν ἐπὶ Παφλαγόνας, τοτὲ δὲ καὶ Φρύγας

---

[1]) Strabon., XI, c. II, 5.

ἐμβαλόντες, ἡνίκα Μίδαν αἷμα ταύρου πιόντα φασὶν ἀπελθεῖν εἰς τὸ χρεών. Λύγθαμις δὲ τοὺς αὐτοῦ ἄγων μέχρι Λυδίας καὶ Ἰωνίας ἤλασε καὶ Σάρδεις εἷλεν, ἐν Κιλικίᾳ δὲ διεφθάρη. πολλάκις δὲ καὶ οἱ Κιμμέριοι καὶ οἱ Τρῆρες ἐποιήσαντο τὰς τοιαύτας ἐφόδους· τοὺς δὲ Τρῆρας καὶ Κῶβον ὑπὸ Μάδυος τὸ τελευταῖον ἐξελαθῆναί φασι τοῦ τῶν Σκυθῶν βασιλέως. Lib. I, c. III, 21.

Καὶ τὸ παλαιὸν δὲ συνέβη τοῖς Μάγνησιν ὑπὸ Τρηρῶν ἄρδην ἀναιρεθῆναι, Κιμμερικοῦ ἔθνους, εὐτυχήσαντας πολὺν χρόνον· τῷ δ' ἐξῆς ἔτει Μιλησίους κατασχεῖν τὸν τόπον. Lib. XIV, c. I, 40.

Φησὶ δὲ Καλλισθένης ἁλῶναι τὰς Σάρδεις ὑπὸ Κιμμερίων πρῶτον, εἶθ' ὑπὸ Τρηρῶν καὶ Λυκίων, ὅπερ καὶ Καλλῖνον δηλοῦν, τὸν τῆς ἐλεγείας ποιητήν, ὕστατα δὲ τὴν ἐπὶ Κύρου καὶ Κροίσου γενέσθαι ἅλωσιν. Lib. XIII, c. IV, 8. Siehe auch Strabo Lib. XII, c. III, 8.

Das sind alle Stellen, wo Strabo die Kimbern erwähnt. Aus allem ersieht man ganz klar, daß seine Kimbern sich immer in Ionien, Mysien, Phrygien, d. h. iu Kleinasien an den Dardanellen, sodann in Sinope und Paphlagonien, d. h. ebenfalls in Kleinasien, bewegt haben und niemals nördlich vom Schwarzen Meere. Sie lebten also immer in der Nähe von den Dardanellen und dem thrakischen Bosporus, daher ist der thrakische Bosporus der kimmerische. **Einen anderen Bosporus hat es überhaupt nicht gegeben.**

b) Palus Mäotis.

Mit dem kimmerischen Bosporus ist Palus Mäotis und Pontus Euxinus eng verbunden. Unter Palus Mäotis versteht man das Asowsche Meer. Palus Mäotis heißt Muttersee, weil er das Wasser für den Pontus hergibt. Das ist in der Tat das Asowsche Meer nicht, da es keine Mutter für das Schwarze Meer ist. Außerdem schreibt Herodot, daß in den See Mäotis vier Flüsse münden: Ὑπὲρ δὲ τῆς ἐρήμου Θυσσαγέται οἰκέουσι, ποταμοὶ δὲ ἐξ αὐτῶν τέσσερες μεγάλου ῥέοντες διὰ Μαιητέων ἐκδιδοῦσι ἐς τὴν λίμνην τὴν καλευμένην Μαῖητιν, τοῖσι οὐνόματα κέεται τάδε, Λύκος, Ὄαρος, Τάναϊς, Ὕργις (Σύργις)[1].

---

[1] Herodot., IV, 123.

In das Asowsche Meer münden nicht vier Flüsse, sondern nur einer, so daß das Asowsche Meer nicht der Palus Mäotis sein kann. Unter den Flüssen, die in den See Mäotis fließen, befindet sich auch der Lykos, der in der Wissenschaft für einen asiatischen Fluß gehalten wird. Dies allein zeigt genug, wie sehr die geographischen Begriffe in bezug auf Palus Mäotis verworren sind. Da Palus Mäotis jener See ist, in welchen der Lykos fließt, so ist klar, daß Palus Mäotis nicht das Asowsche Meer war. Die obigen vier Flüsse sind makedonische Flüsse. So z. B. Ὄαρος oder Var ist der Vardar. Var ist ein hunnischer oder bulgarischer Name. Jordanis schreibt, daß nach dem Siege über Attilas Söhne die Hunnen sich nach jenen Gegenden Skythiens zurückgezogen hätten, welche von den Fluten des Danabr bespült werden, den die Hunnen in ihrer Sprache Var nennen[1]). Var ist ein bulgarisches Wort. Altbulgarisch v a r ŭ heißt H i t z e , warm. Es ist der bulgarische Ausdruck für das griechische Therma (Saloniki), wo der Wardar mündet. Λύκος ist wohl der griechische Ausdruck für das bulgarische Bistritza oder Wistritza, wie die Griechen es aussprechen. Λύκος hängt mit lux, griechisch λύκ-η = Licht, hell, zusammen. Bistritza hängt mit dem bulgarischen b i s t r o = k l a r , h e l l zusammen, so daß Λύκος gleich Bistritza sein kann. Dem Sinne nach ist Lykos = Halia-cmon.

Ὕργις ist wohl ein bulgarisches Wort, welches mit der heutigen Bregalnitza, einem Nebenflusse des Wardar, in Zusammenhang steht. Der Tanais entspringt nach Jordanis auf den riphäischen Bergen[2]). Wo ist das? Waren die Riphäischen Berge der heutige Kaukasus? Der Don aber, welcher bis jetzt für den Tanais gehalten wurde, entspringt nicht auf dem Kaukasus. Allein diese Tatsache zeigt, das weder der Tanais gleichbedeutend mit dem Don ist, noch die Riphäischen Berge mit dem Kaukasus. Da der Tanais neben dem War, Lykos und Vrgis fließt, so ist es klar, daß er auch ein makedonischer Fluß ist. Die Riphäischen Berge, auf denen er entspringt, sind wohl gleichbedeutend mit Rila-Planina und den Rhodopen. Dort befindet sich auch das Défilé Ruppel, südlich von Melnik, durch

---

[1]) Jord. G., L II, 269.
[2]) Jord. G., V, 32, 45; VII 54; VIII, 56.

welches die Struma fließt. Diese aber entspringt auf der Witoscha, einem Vorgebirge von Rila. Es ist nicht ausgeschlossen, daß Ruppel und Ripäus ein und dasselbe Wort ist. Dies ist um so wahrscheinlicher, als nach Strabo der Tanais über dem Ister entspringt: οἱ δ'ἀπὸ τῶν ἄνω μερῶν τοῦ Ἴστρου φέρεσθαι [1]).

Und an einer andern Stelle schreibt Strabo:

Οὐκ ἄξιοι δὲ λόγου τινὲς οἱ μὲν εἶπον, ἀπὸ τῶν κατὰ τόν Ἴστρον τόπων αὐτὸν τὰς ἀρχὰς ἔχειν καὶ ἀπὸ τῆς ἑσπέρας, ουκ ἐνθυμηθέντες ὡς μεταξὺ ὁ Τύρας καὶ Βορυσθένης καὶ Ὕπανις, μεγάλοι ποταμοί, ῥέουσιν εἰς τὸν Πόντον, ὁ μὲν τῷ Ἴστρῳ παράλληλος, οἱ δε τῷ Τανάϊδι· οὔτε τοῦ Τύρα τῶν πηγῶν κατωπτευμένων, οὐδὲ τοῦ Βορυσθένους, οὐδὲ τοῦ Ὑπάνιος, πολὺ ἂν εἴη ἀγνωστότερα τὰ ἐκείνων ἀρκτικώτερα· ὥσθ' ὁ δι' ἐκείνων ἄγων ἐπὶ τὴν Μαιῶτιν τὸν Τάναϊν, εἶτ' ἐπιστρέφων ἐπ' αὐτήν (αἱ γὰρ ἐκβολαὶ φανερῶς ἐν τοῖς προσαρκτίοις μέρεσι τῆς λίμνης δείκνυνται, καὶ τούτοις τοῖς ἑωθινωτάτοις), πλαστὸς ἄν τις εἴη καὶ ἀπέραντος λόγος. ὡς δ' αὔτως ἀπέραντος καὶ ὁ διὰ τοῦ Καυκάσου πρὸς ἄρκτον φήσας ῥεῖν, εἶτ' ἐπιστρέφειν εἰς τὴν Μαιῶτιν· εἴρηται γὰρ καὶ τοῦτο· ἀπὸ μέντοι τῆς ἀνατολῆς οὐδεὶς εἴρηκε τὴν ῥύσιν· καὶ γὰρ εἰ ἔρρει οὕτως, οὐκ ἄν ὑπεναντίως τῷ Νείλῳ, καὶ τρόπον τινὰ κατα διάμετρον ῥεῖν αὐτὸν ἀπεφαίνοντο οἱ χαριέστεροι, ὡς ἂν ἐπὶ ταὐτοῦ μεσημβρινοῦ [ἢ] παρακειμένου τινὸς τῆς ῥύσεως οὔσης ἑκατέρῳ ποταμῷ [2]).

Strabo also hat keine sichere Meinung über die Quelle und den Lauf des Tanais. Er bestreitet die Meinung, daß der Tanais in der Nähe vom Istros entspringt, kann aber nichts Glaubwürdigeres anführen.

Auf der Rila-Planina entspringen noch die Maritza, welche oft für den Ister gehalten wurde, wie wir weiter sehen werden, und der Isker. Istros' und Tanais' Lage kann auch aus den ihnen benachbarten Flüssen klar werden. Herodot z. B. schreibt über den Tyras: „Der Istros also ist der eine Strom im Skythenlande, nach diesem aber der Tyras. Der kommt von Mitternacht her und entspringt in einem großen See, der die Grenze zwischen dem Skythenlande und dem Lande Neuris

---

[1]) Strabon., Lib. IX, c. II, 2.
[2]) Strabon., Lib. II, c. IV, 6.

bildet¹).“ In dem Lande der Neurer, d. h. dem heutigen Newrokop, entspringt der Fluß Siras oder Seres, der an Seres vorbeifließt und in den Tachinosee mündet. Kein Zweifel, daß Tyras und Siras ein und dasselbe sind. Östlich vom Tyras fließt der Hypanis. Herodot schreibt darüber folgendermaßen: „Der dritte Fluß, der Hypanis, entspringt im Skythenlande und kommt aus einem großen See, an dem wilde, weiße Pferde weiden, und es heißt dieser See ganz richtig der Vater der Hypanis²).“

Es handelt sich offenbar um einen Fluß bei Kawala. Kawala ist ein bulgarisches Wort, das mit Kobila = Stute, Pferd zusammenhängt, welches die Griechen Καβάλος aussprechen, und von ihnen ist es zu den Römern oder Italienern gegangen. Dieses Kawala hat seinen Namen daher, daß vorzeiten hier Pferde geweidet haben. Das will auch das griechische Hypanis, welches man in Hipanis korrigieren soll, besagen. Der genannte Fluß ist wohl der heutige Dramatitza oder Angista, welcher in dem Sumpf Prawischta neben Kawala entspringt. Hier haben die Pferde auch im Winter geweidet. Aus dem Angeführten geht nur das klar hervor, daß der Tanais ein makedonischer Fluß ist. Welcher aber von den heutigen makedonischen Flüssen, können wir vorläufig mit absoluter Sicherheit nicht sagen. Wahrscheinlich aber ist es der Janitza-Wardar, ein Fluß zwischen Wardar und Bistritza, da Herodot einmal sagt: διαβάντων δὲ τούτων τὸν Ταναΐν ποταμὸν οἱ Πέρσαι ἀπίκοντο ἐς τὴν τῶν Βουδίνων³).

Um zu den Wodinnen zu gelangen, muß man den Janitza-Wardar überschreiten. Jordanis nennt diesen Fluß Danabr⁴) = Tanai-Var = Dianus-Var = Janitza-Wardar.

Für Borysthenus bleiben Mesta oder Nestus und für Istros Maritza übrig. Nach den bulgarischen Volksliedern urteilend ist Borysthenus gleichbedeutend mit Struma. Nördlich vom Asowschen Meere gibt es solche Flüsse nicht.

Da wir im allgemeinen die skythischen Flüsse bezeichnet haben, wollen wir auf Mäotien zurückkommen.

---

¹) Herodot., IV, 51.
²) Herodot., IV, 52.
³) Herodot., IV, 122.
⁴) Jord. G., LII, 269.

Das Wort *Μαιῶτις* wird auf *μαιόομαι*, entbinden, und *μαῖα*, Mutter, zurückgeführt, so daß *μαιῶτις λιμήν* oder *λίμνη* Mutterbucht oder Muttersee heißt. *Μαῖα* heißt bulgarisch Máika, während das griechische *μήτηρ* bulgarisch Mater heißt. Das letztere aber ist bei den Bulgaren wenig im Gebrauch. Der Bulgare sagt gewöhnlich zu seiner Mutter Maika oder Makja. Dieses *Μαῖα* nun wird auch als Beteuerungsartikel in der verkürzten Form *μᾶ* gebraucht: *μᾶ Δία* bei Zeus, *μά τόν* bei Gott. In demselben Sinne wird auch das bulgarische Maika oder Makja, in der Form von make, gebraucht: make, kakwo li schte stane? (Bei Gott, was kann werden?) So sehen wir, daß *μαῖα* bulgarisch Makja oder Make heißt. Und das ist Make—donien, welches ein aus make und don zusammengesetztes Wort ist.

Wir glauben, daß **Mäotes** und **Mäones** ein und dasselbe sind. Die Mäones aber sind ein mit den Phrygiern und Lydiern [identisches Volk[1]). Die letzteren aber sind makedonische Völker.

Hierher muß auch Emathien gehören: *οτι Ἠμαθία εκαλεῖτο πρότερον ἡ νυν Μακεδονία*[2]).

Was heißt *Ἠμαθία*? Welches ist der Unterschied zwischen den Begriffen: *Ἠμαθία* und *Μαιῶτια* und *Μακεδονία*? Ich glaube, daß man es hier mit ein und demselben Begriff, der auf verschiedene Arten ausgedrückt ist, zu tun hat, und daß man unter diesen Begriffen Makedonien zu verstehen hat. Palus Mäotis ist demnach das Mare Thracicum gewesen.

c) Skythien.

Unter Skythien verstehen wir jenes Land, welches von dem persischen König Darius bekriegt wurde. Herodot berichtet uns darüber folgendes: „Nach der Eroberung von Babylon geschah Darius' Zug wider die Skythen. Denn weil Asien in blühendem Zustande war durch die Menge des Volkes und viele Gelder eingingen, so gelüstete es den Darius, die Skythen dafür zu züchtigen, daß sie zuerst in das medische Land eingefallen und im Kampf die überwunden, welche

---

[1]) S t r a b o n., Lib. XII, c. III, 20; Lib. XIV, c. V, 23; XIII, c. III, 2
[2]) S t r a b o n., Lib. VII Fragm. 11.

ihnen entgegenstanden und also den Streit angefangen; denn Oberasien beherrschten die Skythen, wie ich auch schon zuvor gesagt habe, achtundzwanzig Jahre. Nämlich auf der Verfolgung der Kimmerier fielen sie in Asien ein und entrissen den Medern die Herrschaft eine Zeitlang, denn diese waren Herren in Asien, ehe die Skythen kamen. Als aber die Skythen achtundzwanzig Jahre aus ihrem Vaterlande fortgewesen waren und nach so langer Zeit nun wieder heimzogen, da wartete ihrer ein neuer Kampf, der dem medischen nichts nachgab, denn sie fanden ein nicht unbedeutendes Heer, das sich ihnen entgegenstellte. Nämlich die Weiber der Skythen waren, als ihre Männer so lange wegblieben, zu ihren Knechten gegangen... Von diesen Knechten nun und von ihren Weibern war ihnen ein junges Volk aufgewachsen, und als dieses von ihrem Herkommen gehört, gingen sie ihnen entgegen, als sie aus dem Mederlande heimkamen. Und zuerst schnitten sie das Land ab, indem sie einen breiten Graben zogen; der ging von den taurischen Bergen bis an den See Mäotis, der sehr groß ist[1]." Um diese Skythen anzugreifen, begab sich Darius an den thrakischen Bosporus:

Παρασκευαζομένου Δαρείου ἐπὶ τοὺς Σκύθας, καὶ ἐπιπέμποντος ἀγγέλους ἐπιτάξοντας τοῖσι μὲν πεζὸν στρατὸν, τοῖσι δὲ νέας παρέχειν, τοῖσι δὲ ζευγνύναι τὸν Θρηΐκιον Βόσπορον, Ἀρτάβανος ὁ Ὑστάσπεος, ἀδελφεὸς ἐὼν Δαρείου, ἐχρήϊζε μηδαμῶς αὐτὸν στρατηΐην ἐπὶ Σκύθας ποιέεσθαι, καταλέγων τῶν Σκυθέων τὴν ἀπορίην[2]). Nach Europa ging Darius über das Marmarameer:

Δαρεῖος δὲ ἐπείτε πορευόμενος ἐκ Σούσων ἀπίκετο τῆς Καλχεδονίης ἐπὶ τὸν Βόσπορον, ἵνα ἔζευκτο ἡ γέφυρα, ἐνθεῦτεν ἐσβὰς ἐς νέα ἔπλωε ἐπὶ τὰς Κυανέας καλευμένας, τὰς πρότερον πλαγκτὰς Ἕλληνές φασι εἶναι, ἑζόμενος δὲ ἐπὶ τῷ ἱρῷ ἐθηεῖτο τὸν Πόντον ἐόντα ἀξιοθέητον[3]).

Kalchedon liegt an dem Marmarameere. Von ihm aus ist Darius über das Marmarameer gegangen. Da dieses Meer

---

[1] Herodot., IV, 1—3.
[2] Herodot., IV, 83.
[3] Herodot., IV, 85.

von Herodot Pontos genannt wird, so folgt daraus, daß Herodots Pontos das Marmara- und nicht das Schwarze Meer ist. Dies erhellt auch aus einer anderen Stelle bei Herodot:

Ὁ δὲ Δαρεῖος ὡς ἐθηήσατο τὸν Πόντον, ἔπλωε ὀπίσω ἐπὶ τὴν γέφυραν, τῆς ἀρχιτέκτων ἐγένετο Μανδροκλέης Σάμιος· θηησάμενος δὲ καὶ τὸν Βόσπορον στήλας ἔστησε δύο ἐπ᾽ αὐτῷ λίθου λευκοῦ, ἐνταμὼν γράμματα ἐς μὲν τὴν Ἀσσύρια, ἐς δὲ τὴν Ἑλληνικά, ἔθνεα πάντα ὅσα περ ἦγε. Ἦγε δὲ πάντα τῶν ἦρχε· τούτων μυριάδες ἐξηριθμήθησαν, χωρὶς τοῦ ναυτικοῦ, ἑβδομήκοντα σὺν ἱππεῦσι, νέες δὲ ἑξακόσιαι, συνελέχθησαν. Τῇσι μέν νυν στήλῃσι ταύτῃσι Βυζάντιοι, κομίσαντες ἐς τὴν πόλιν, ὕστερον τούτων, ἐχρήσαντο πρὸς τὸν βωμὸν τῆς Ὀρθωσίης Ἀρτέμιδος, χωρὶς ἑνὸς λίθου· Οὗτος δὲ κατελείφθη παρὰ τοῦ Διονύσου τὸν νηὸν ἐν Βυζαντίῳ γραμμάτων Ἀσσυρίων πλέος. Τοῦ δὲ Βοσπόρου ὁ χῶρος τὸν ἔζευξε βασιλεὺς Δαρεῖος, ὡς ἐμοὶ δοκέειν συμβαλλομένῳ, μέσον ἐστὶ Βυζαντίου τε καὶ τοῦ ἐπὶ στόματι ἱροῦ[1]).

Da Byzantium an dem Marmarameere und nicht an dem Schwarzen Meere liegt, so ist es klar, daß Herodots Pontos das Marmarameer ist.

Weiter schreibt Herodot:

Δαρεῖς δὲ θωρησάμενος Μανδροκλέα διέβαινε ἐς τὴν Εὐρώπην, τοῖσι Ἴωσι παραγγείλας πλώειν ἐς τὸν Πόντον μέχρι Ἴστρου ποταμοῦ, ἐπεὰν δὲ ἀπίκωνται ἐς τὸν Ἴστρον, ἐνθαῦτα αὐτὸν περιμένειν, ζευγνύντας τὸν ποταμόν· τὸ γὰρ δὴ ναυτικὸν ἦγον Ἴωνές τε καὶ Αἰολέες καὶ Ἑλλησπόντιοι. Ὁ μὲν δὴ ναυτικὸς στρατὸς τὰς Κυανέας διεκπλώσας ἔπλωε ἰθύ τοῦ Ἴστρου, ἀναπλώσας δὲ ἀνὰ τὸν ποταμὸν δυῶν ἡμερέων πλόον ἀπὸ θαλάσσης, τοῦ ποταμοῦ τὸν αὐχένα, ἐκ τοῦ σχίζεται τὰ στόματα τοῦ Ἴστρου, ἐζεύγνυε. Δαρεῖος δὲ ὡς διέβη τὸν Βόσπορον, κατὰ τὴν σχεδίην, ἐπορεύετο διὰ τῆς Θρῄκης, ἀπικόμενος δὲ ἐπὶ Τεάρου ποταμοῦ τὰς πηγὰς ἐστρατοπεδεύσατο ἡμέρας τρεῖς[2]).

Die Ionier, Äolier und Hellespontier sollen über den Pontus bis an den Istros gefahren sein.

Wo waren dieser Pontus und dieser Istros? Die genannten Völker wohnten in Asien an dem Ionischen Meere und an dem Hellespont. Sollte Istros die Donau sein, so mußte man von

---

[1]) Herodot., IV, 87.
[2]) Herodot., IV, 89.

hier aus den Hellespont, das Marmarameer, den Bosporus und das Schwarze Meer durchfahren, um an die Donau zu gelangen. Das ist aber aus dem Bericht nicht zu ersehen. Im Gegenteil ersieht man aus dem Bericht, daß die Ionier, Hellespontier usf. von Ionien direkt in den Pontus gefahren sind, und diese direkte Fahrt führt nach der Maritza oder dem Ebrus hin.

Herodot schreibt weiter, daß vor dem Skythenlande, aber an der Seeseite, Thrake liegt. Dieses Land bildet erst einen Busen, und dann kommt das Skythenland, und der Istros fließt in denselben. Vom Istros an das Skythenland streift die Meeresküste. Dies ist nämlich das alte Skythenland, das liegt nach Mittag und Süden bis an die Stadt Karkinitis. Von da an immer an dem Meere entlang wohnt das taurische Volk in einem Lande, das dort gebirgig ist, und liegt vor in den Pontus hinein bis an den sogenannten thrakischen Chersones, der sich in das Meer nach Osten erstreckt.

Skythenland nämlich grenzt an zwei verschiedenen Stellen an das Meer, erst gegen Mittag und dann gegen Morgen, wie die Landschaft Attika. Und wörtlich:

Τῆς δὲ Σκυθικῆς γῆς ἡ Θρηΐκη τὸ ἐς θάλασσαν προκέεται· κόλπου δὲ ἀγομένου τῆς γῆς ταύτης, ἡ Σκυθική τε ἐκδέκεται καὶ ὁ Ἴστρος ἐκδιδοῖ ἐς αὐτήν, πρὸς εὖρον ἄνεμον τὸ στόμα τετραμμένος. Τὸ δὲ ἀπὸ Ἴστρου ἔρχομαι σημανέων τὸ πρὸς θάλασσαν αὐτῆς τῆς Σκυθικῆς χώρης ἐς μέτρησιν. Ἀπὸ Ἴστρου αὕτη ἤδη ἀρχαίη Σκυθική ἐστι, πρὸς μεσαμβρίην τε καὶ, νότον ἄνεμον κειμένη, μέχρι πόλιος καλευμένης Καρκινίτιδος. Τὸ δὲ ἀπὸ ταύτης τὴν μὲν ἐπὶ θάλασσαν τὴν αὐτὴν φέρουσαν, ἐοῦσαν ὀρεινήν τε χώρην καὶ προκειμένην τὸ ἐς Πόντον, νέμεται τὸ Ταυρικὸν ἔθνος μέχρι χερσονήσου τῆς τρηχέης καλευμένης· αὕτη δὲ ἐς θάλασσαν τὴν πρὸς ἀπηλιώτην ἄνεμον κατήκει. Ἔστι γὰρ τῆς Σκυθικῆς τὰ δύο μέρεα τῶν οὔρων ἐς θάλασσαν φέροντα, τήν τε πρὸς μεσαμβρίην καὶ τὴν πρὸς τὴν ἠῶ, κατά περ τῆς Ἀττικῆς χώρις· καὶ παραπλήσια ταύτῃ καὶ οἱ Ταῦροι νέμονται τῆς Σκυθικῆς, ὡς εἰ τῆς Ἀττικῆς ἄλλο ἔθνος καὶ μὴ Ἀθηναῖον νεμοίατο τὸν γουνὸν τὸν Σουνιακόν, μᾶλλον ἐς τὸν πόντον τὴν ἄκρην ἀνέχοντα, τὸν ἀπὸ Θορικοῦ μέχρι Ἀναφλύστου δῆμον[1]).

---

[1]) Herodot., IV, 99.

Herodots Skythien ist also Ostthrakien nicht nur der Form nach, d. h. weil es sich als Landzunge in das Meer hinein erstreckt und gegen Morgen und Mittag an das Meer grenzt, was Südrußland nicht tut, sondern auch, weil es bis zum thrakischen Chersones reicht.

Skythiens Lage läßt sich am besten durch die Wohnsitze der skythischen Völker, welche von Darius verfolgt wurden, bestimmen. Herodot bezeichnet als skythische Völker die Taurer, Agathirser, Neurer, Androphager, Melanchläner, Geloner, Budiner, Saurmater:

Οἱ δὲ Σκύθαι δόντες σφίσι λόγον ὡς οὐκ οἶοί τέ εἰσι τὸν Δαρείου στρατὸν ἰθυμαχίῃ διώσασθαι μοῦνοι, ἔπεμπον ἐς τοὺς πλησιοχώρους ἀγγέλους· τῶν δὲ καὶ δὴ οἱ βασιλέες συνελθόντες ἐβουλεύοντο ὡς στρατοῦ ἐπελαύνοντος μεγάλου. Ἔσαν δὲ οἱ συνελθόντες βασιλέες Ταύρων καὶ Ἀγαθύρσων καὶ Νευρῶν καὶ Ἀνδροφάγων καὶ Μελαγχλαίνων καὶ Γελωνῶν καὶ Βουδίνων καὶ Σαυρματέων [1]).

Außer den genannten Völkern nennt Ammianus Marcellinus noch das skythische Volk der Serer [2]), das östlich von den anderen Skythen gewohnt hat. Herodot selbst nennt uns das Volk der Päoner, das an der Struma wohnte. Strabo nennt das skythische Volk Peucini. Alle diese Völker

---

[1]) Herodot., IV, 102.

[2]) Hister advenarum magnitudine fluenti Saurmatas praetermeat adusque amnem Tanaim pertinentes, qui Asiam terminat ab Europa. Hoc transito, in immensum extentas Scythiae solitudines Alani inhabitant, ex montium adpellatione cognominati, paullatimque nationes conterminas crebritate victoriarum attritas ad gentilitatem sui vocabuli traxerunt ut Persae. Inter hos Neuri mediterranea incolunt loca, vicini verticibus celsis, quos praeruptos geluque torpentes aquilones adstringunt. Post quos Budini sunt, et Geloni perquam feri, qui detractis peremptorum hostium cutibus indumenta sibi, equisque tegmina conficiunt, bellatrix gens. Gelonis Agathyrsi collimitant, interstincti colore caeruleo corpora simul et crines: et humiles quidem minutis atque raris, nobiles vero latis, fucatis et densioribus notis. Post hos Melanchlaenas et Antropophagos palari accepimus per diversa, humanis corporibus victitantes: quibus ob haec alimenta nefanda desertis finitimi omnes longa petiere terrarum. Ideoque plaga omnis Orienti aestivo objecta, usque dum venitur ad Seras, inhabitabilis mansit. Ammien Marcellin, Collection des auctcures latins publiés sous la direction De M. Nisard p. 348—9.

wohnten in Makedonien und Thrakien. So z. B. wohnten die Serer an der Struma, dort wo jetzt Seres liegt, welches von ihnen seinen Namen hat. Die Päoner wohnten und wohnen noch heute an der Struma, in demselben Lande, welches auch heute Peanetz heißt. Die Agathirser an der Maris oder Maritza. Die Neurer an der Mesta (Nestus) in der Gegend, wo jetzt die Stadt Newrokop liegt. Die Melanchläner an der Struma, dort wo jetzt die Stadt Melnik ist. Die Budiner oder Wudiner zwischen Wardar und Bistritza, dort wo sich die Stadt Woden befindet. Die Peucini nordwestlich von den Melanchlänern bzw. der Stadt Melnik, rund um die heutige Stadt Pechtschewo. Bulgarisch heißen sie auch Smoljani, von Smola = Pech, Pix. Die Sarmaten haben sowohl das obere als das untere Mysia bewohnt. Der Kaiser Trajan hat in Mysien die Sarmaten besiegt und daraufhin die Stadt Nicopolis an der Iantra, nicht weit vom heutigen Tirnowo, wo jetzt das Dorf Niküp liegt, gegründet[1]).

In Thrakien und Makedonien wohnten also die skythischen Völker, dort war Skythien. Dahin zog Darius! Das werden wir auch aus seinem Feldzuge selbst ersehen. Herodot berichtet weiter: „Solange nun die Perser durch das skythische und sarmatische Land zogen, fanden sie nichts zu zerstören, denn das Land war verödet. Als sie aber in das Land der Budiner eindrangen, da stießen sie auf die hölzerne Stadt und verbrannten sie, da die Budiner sie verlassen und die Stadt ganz leer war. Als sie das getan, ging es wieder vorwärts, immer den Skythen auf den Fersen nach, bis sie endlich durch dieses Land in die Wüste kamen. In dieser Wüste wohnen keine Menschen, und sie liegt über dem Lande der Budiner und ist sieben Tagereisen lang. Über der Wüste aber wohnen die Thyssageten, und von diesen kommen vier große Flüsse, die laufen durch das Land der Mäeten in den See, der da heißt Mäetis; dieselben werden mit Namen genannt also: der Lykos, der Oaros, der Tanais, der Yrgis.

(Ὅσον μὲν δὴ χρόνον οἱ Πέρσαι ἤϊσαν διὰ τῆς Σκυθικῆς καὶ τῆς Σαυρομάτιδος χώρης, οἱ δὲ εἶχον οὐδὲν σινεσθαι, ἅτε τῆς

---

[1]) Jord. G., XVIII, 101; LVI, 285.

χώρης ἐούσης χέρσου· ἐπείτε δὲ ἐς τὴν τῶν Βουδίνων χώρην ἐσέβαλλον. ενϑαῦτα δὴ ἐντυχόντες τῷ ξυλίνῳ τείχεϊ, ἐκλελοιπότων τῶν Βουδίνων καὶ κεκεινωμένου τοῦ τείχεος πάντων, ἐνέπρησαν αὐτό. Τοῦτο δὲ ποιήσαντες εἴποντο αἰεὶ τὸ πρόσω κατὰ στίβον, ἐς ὃ διεξελϑόντες ταύτην ἐς τὴν ἐρῆμον ἀπίκοντο. Ἡ δὲ ἐρῆμος αὕτη ὑπ᾽ οὐδαμῶν νέμεται ἀνδρῶν, κέεται δὲ ὑπὲρ τῆς Βουδίνων χώρης, ἐοῦσα πλῆϑος ἑπτὰ ἡμερέων ὁδοῦ. Ὑπὲρ δὲ τῆς ἐρήμου Θυσαγέται οἰκέουσι, ποταμοὶ δὲ ἐξ αὐτῶν τέσσαρες μεγάλοι ῥέοντες διὰ Μαιητέων ἐκδιδοῦσι ἐς τὴν λίμνην τὴν καλευμένην Μαιῆτιν, τοῖσι οὐνόματα κέεται τάδε Λύκος, Ὄαρος, Τάναϊς, Ὕργις[1]).)

Darius' Feldzug war also nach Woden gerichtet. Die Wodiner haben die äußerste Grenze von Skythien gebildet, was in der Tat richtig ist, denn wenn man von Byzantium aus durch Thrakien geht, so ist Woden die äußerste Stelle.

Wie wir sehen, wohnten die Wodiner im Verhältnis zu den anderen Skythen den Hellenen am nächsten. So meint auch Herodot. Er schreibt darüber:

„Die Budiner aber, ein großes und zahlreiches Volk, haben ganz blaue Augen und ganz blondes Haar. In ihrem Lande liegt eine hölzerne Stadt; diese Stadt heißt Gelones, und die Mauer ist auf jeglicher Seite dreißig Stadien lang und ist hoch von Holz, und ihre Götter auf hellenische Art ausgeschmückt mit Götterbildern und Altären und Gotteshäuschen, alles von Holz. Und alle drei Jahre feiern sie dem Dionysos ein Fest und sind in Bacchuswut. Denn die Gelonen sind ursprünglich Hellenen; sie wurden aber vertrieben aus ihren Handelsstätten und ließen sich nieder unter den Budinern. Und ihre Sprache ist halb skythisch und halb hellenisch. Auch nicht einmal die Lesart der Gelonen ist wie die der Wudiner. (Εἰσὶ γὰρ οἱ Γελωνοὶ τὸ ἀρχαῖον Ἕλληνες· ἐκ δὲ τῶν ἐμπορίων ἐξαναστάντες οἴκησαν ἐν τοῖσι Βουδίνοισι· καὶ γλώσσῃ τὰ μὲν Σκυθική, τα δὲ Ἑλληνικῇ χρέονται[2]).

Dieses Verhältnis der unter den Budinern wohnhaften Gelonen zu der griechischen Sprache erklärt sich aus ihrer Nach-

---

[1]) Herodot., IV, 123.
[2]) Herodot., IV, 108.

barschaft zu den Hellenen. Herodot sagt weiter, daß die Budiner in waldigen Gegenden wohnen, und in dem dichtesten Walde ist ein großer See, in dem man Fischottern und Biber = κάστορες fängt:

Βουδῖνοι δὲ οὐ τῇ αὐτῇ γλώσσῃ χρέονται καὶ Γελωνοί. Ἀλλ' οὐδὲ δίαιται ἡ αὐτή ἐστι Γελωνοῖσι καὶ Βουδίνοισι· οἱ μὲν γὰρ Βουδῖνοι ἐόντες αὐτόχθονες νομάδες τέ εἰσι καὶ φθειροτραγέουσι μοῦνι τῶν ταύτῃ, Γελωνοὶ δὲ γῆς τε ἐργάται καὶ οἰτοφάγοι καὶ κήπους ἐκτημένοι, οὐδὲν τὴν ἰδέην ὁμοῖος οὐδὲ τὸ χρῶμαι. Ὑπὸ μέντοι Ἑλλήνων καλεῦνται καὶ οἱ Βουδῖνοι Γελωνοί, οὐκ ὀρθῶς καλεύμενοι. ἡ δὲ χώρη σφέων πᾶσα ἐστι δασέα ἴδῃσι παντοίῃσι· ἐν δὲ τῇ ἴδῃ τῇ πλείστῃ ἐητὶ λίμνη μεγάλη τε καὶ πολλὴ καὶ ἕλος καὶ κάλαμος περὶ αὐτήν· ἐν δὲ ταύτῃ ἐνύδρεις ἀλίσκονται καὶ κάστορες καὶ ἄλλα θηρία τετραγωνοπρόσωπα, τῶν τὰ δέρματα περὶ τὰς σισύρνας παραρράπτεται, καὶ οἱ ὄρχεις αὐτοῖσί εἰσι χρήσιμοι ἐς ὑστερέων ἄκεσιν [1]).

Der hier in Frage stehende See, in dem man κάστορες gefangen hat, ist der See Kostur oder Kastoria, welcher seinen Namen von den Kastoren hat und nicht weit von Woden liegt. Dadurch ist die geographische Lage von Herodots Budinern festgestellt.

In seinem siebenten Buche schildert Herodot den Feldzug der Perser gegen die Hellenen unter Xerxes. Dieser Feldzug hat aus Asien nach Europa über den Hellespont stattgefunden. Der Hellespont wurde bei Abydus überschritten, und von dort ging der Zug an der Küste des Ägäischen Meeres entlang bis nach Therma (Solun) und von hier weiter nach Griechenland.

Bei dieser Beschreibung gebraucht Herodot ganz andere geographische Namen für dieselben geographischen Begriffe, was beweist, daß seine Bücher von **verschiedenen** Verfassern herstammen. Statt Var oder Vardar gebraucht er jetzt den Namen Axius. Sein Var entsprang oberhalb des Landes der Budiner, welche, wie wir sahen, westlich vom Vardar und an dem Kastoriasee wohnten. Dort entspringt der Janitza-Wardar, heute Wladowska genannt. Danach müßte man glauben, daß unter Var auch der Janitza-Wardar verstanden

---

[1]) Herodot., IV, 109.

wurde. Sein Axius aber trennt die Bottiäen (Budinen) von den Mygdoniern, was beweist, daß Axius und Vardar ein und derselbe Fluß ist:

Ἀπὸ δὲ Αἰνείης, ἐς τὴν ἐτελεύτων καταλέγων τὰς πόλις, ἀπὸ ταύτης ἤδη ἐς αὐτόν τε τὸν Θερμαῖον κόλπον ἐγινετο τῷ ναυτικῷ στρατῷ ὁ πλόος καὶ γῆν τὴν Μυγδονίην, πλώων δὲ ἀπίκετο ἔς τε τὴν προειρημένην Θέρμην καὶ Σινδόν τε πόλιν καὶ Χαλέστρην ἐπὶ τὸν Ἀξιὸν ποταμὸν ὃς οὐρίζει χώρην τὴν Μυγδονίην τε καὶ Βοττιαιίδα, τῆς ἔχουσι τὸ παρὰ θάλασσαν στεινὸν χωρίον πόλιες Ἴχναι τε καὶ Πέλλα[1]).

Und etwas weiter:

Ὡς δὲ ἐς τὴν Θέρμην ἀπίκετο ὁ Ξέρξης, ἵδρυσε αὐτοῦ τὴν στρατιήν. Ἐπέσχε δὲ ὁ στρατὸς αὐτοῦ στρατοπεδευόμενος τὴν παρὰ θάλασσαν χώρην τοσήνδε, ἀρξάμενος ἀπὸ Θέρμης πόλιος καὶ τῆς Μυγδονίης μέχρι Λυδίεω τε ποταμοῦ καὶ Ἁλιάκμονος, οἳ οὐρίζουσι γῆν τὴν Βοττιαιίδα τε καὶ Μακεδονίδα, ἐς τὠυτὸ ῥέεθρον τὸ ὕδωρ συμμίσγοντες[2]).

Mygdonien hat östlich vom Axius oder Wardar gelegen und Βοττιαίδα westlich. Bottiäda ist das heutige Pelagonien, nicht nur der Lage nach, sondern auch dem Sinne der Benennung nach. Pelagonien ist ein griechisches Wort und stammt von Πέλαγος = Flut, Meer. Bottiäda oder Wottiäda ist ein bulgarisches Wort und heißt wässerig, Wasser. Auch hier haben wir einen Fall, wo der bulgarische Begriff älter ist und später vom griechischen ersetzt wird. In Bottiäda lag die Stadt Pella (Woden), die Hauptstadt der makedonischen Könige. Pella ist Woden, nicht nur der Lage, sondern auch dem Sinne nach. Pella, Πέλαγος = See, Meer; πελάγιος in oder auf der hohen See. Woden ist ein bulgarisches Wort, das mit woda (Wasser), woden (wässerig) zusammenhängt und denselben Sinn wie Pella hat.

Das soeben Angeführte wird von Strabo auf folgende Weise wiederholt:

Ὅτι τὴν Πέλλαν, οὖσαν, μικρὰν πρότερον, Φίλιππος εἰς μῆκος ηὔξησε, τραφεὶς ἐν αὐτῇ· ἔχει δὲ λίμνην πρὸ αὐτῆς ἐξ ἧς ὁ Λου-

---
[1]) Herodot., VII, 123.
[2]) Herodot., VII, 127.

δίας ποταμὸς ῥεῖ τὴν δὲ λίμνην πληροῖ τοῦ Ἀξιοῦ τι ποταμοῦ ἀπόσπασμα. εἶτα ὁ Ἀξιος, διαιρῶν τήν τε Βοττιαίαν καὶ τὴν Ἀμφαξῖτιν γῆν, καὶ παραλαβὼν τὸν Ἐρίγωνα ποταμὸν ἐξίησι μεταξὺ Χαλάστρας καὶ Θέρμης· ἐπίκειται δὲ τῷ Ἀξιῷ ποταμῷ χωρίον, ὕπερ Ὅμηρος Ἀμυδῶνα καλεῖ, καὶ φησι τοὺς Παίονας ἐντεῦθεν εἰς Τροίαν ἐπικούρους ἐλθεῖν[1]).

Und weiter:

Ὅτι Ἠμαθία ἐκαλεῖτο πρότερον ἡ νῦν Μακεδονία. ἔλαβε δὲ τοὔνομα τοῦτο ἀπ᾽ ἀρχαίου τινὸς τῶν ἡγεμόνων Μακεδόνος. ἦν δὲ καὶ πόλις Ἠμαθία πρὸς θαλάσσῃ. κατεῖχον δὲ τὴν χώραν ταύτην Ἠπειρωτῶν τινες καὶ Ἰλλυριῶν, τὸ δὲ πλεῖστον Βοττιαῖον καὶ Θρᾷκες· οἱ μὲν ἐκ Κρήτης, ὥς φασι, τὸ γένος ὄντες, ἡγεμόνα ἔχοντες Βόττωνα[2]).

Die Schwankung des Namens zwischen *Βουδῖνοι* und *Βοττιαῖοι* beweist, daß man es hier mit einem fremden Worte zu tun hatte, das man nicht sicher übergeben konnte. Es ist aber klar, daß man durch *Βουδῖνοι* und *Βοττιαῖοι* sich bemüht hat, das bulgarische W o d e n auszudrücken.

Wir wollen nun den Rückweg des Darius verfolgen, um zu sehen, ob er nach der obigen Beschreibung Sinn hat. Herodot berichtet weiter:

„Als nun Darius in die Wüste gekommen war, hielt er an seinen Lauf und stellte sein Heer an dem Flusse Varos auf. Sodann baute er acht große Burgen, die waren eine gleich weit von der anderen, ungefähr sechzig Stadien. Davon waren noch zu meiner Zeit die Trümmer zu sehen. Während er aber damit beschäftigt war, gingen die verfolgten Skythen oben herum und lenkten um nach Skythenland. Als sie nun ganz und gar verschwunden und nicht mehr zu sehen waren, ließ Darius jene Burgen halbfertig stehen, wendete ebenfalls um und ging nach Abend, denn er glaubte, das waren die Skythen alle und sie flöhen nun nach Abend. Und als er nun in möglichster Eile daherzog und nach Skythenland kam, da stießen sie auf die beiden Haufen der Skythen. Und als er sie getroffen, verfolgte er sie; sie aber waren

---

[1]) Strabon., Lib. VII, Fragm. 23.
[2]) Strabon., Lib. VII, Fragm. 11.

immer eine Tagereise voraus. Und als nun Darius mit der Verfolgung nicht aufhörte, flohen die Skythen in das Land derer, die ihnen ihren Beistand versagt, zuerst in das Land der Melanchläner. Und als diese in Schrecken gesetzt waren durch den Einfall der Skythen und der Perser, lockten die Skythen den Feind in das Land der Andropophager. Und als auch diese in Schrecken gesetzt, gingen sie los auf das neurische Land. Und als auch dieses in Schrecken gesetzt, flohen die Skythen auf die Agathyrser los. (Καὶ οὐ γὰρ ἀνίει ἐπιὼν ὁ Δαρεῖος, οἱ Σκύθαι κατὰ τα βεβουλευμένα ὑπέφευγον ἐς τῶν ἀπειπαμένων τὴν σφετέρην συμμαχίην, πρώτην δὲ ἐς τῶν Μελαγχλαίνων τὴν γῆν. Ὡς δὲ εσβαλόντες τούτους ἐτάραξαν οἵ τε Σκύθαι καὶ οἱ Πέρσαι, κατηγέντο οἱ Σκύθαι ἐς τῶν Ἀνδροφάγων τοὺς χώρους. Ταραχθέντων δέ καὶ τούτων ὑπῆγον ἐπὶ τὴν Νευρίδα. Ταρασσομένων δὲ καὶ τούτων ἦισαν ὑποφεύγοντες οἱ Σκύθαι ἐς τοὺς Ἀγαθύρσους[1]).)

Wo war das?

Von Wardar ist Darius nach Melnik und von Melnik nach Newrokop gegangen. Das ist ja ganz richtig, denn so liegen diese Ortschaften zueinander. Von den Neurern (Newrokop) ging Darius zu den Agathyrsern, die an der Maritza wohnten. Das ist auch ganz richtig, denn der der Mesta (Nestus), wo Newrokop liegt, benachbarte Fluß ist die Maritza, eigentlich deren Nebenfluß Arda. Herodot schreibt, daß der Fluß Maris aus dem Lande der Agathyrser komme:

Ἐκ δὲ Ἀγαθύρσων Μάρις ποταμὸς ῥέων συμμίσγεται τῷ Ἴστρῳ[2]); oder umgekehrt das Land der Agathyrser muß sich an der Quelle der Maritza befunden haben. Dies war die geographische Lage der skythischen Völker, wenn man vom Wardar aus an den Istros oder die Maritza geht. Geht man vom Istros aus, so hat man dieselben Völker in umgekehrter Reihenfolge. Herodot schreibt darüber: „Von dem Taurischen an aber kommen nun wieder Skythen, die wohnen über den Tauern und an der See gegen Morgen zu und im Abend von dem kimmerischen Bosporus und dem See Mäotis an, bis

---

[1]) Herodot., IV, 125.
[2]) Herodot., IV, 48.

zum Tanais, der sich in eine Bucht desselben Seees ergießt. Aber nun von dem Istros hinauf, mitten in das Land hinein, wird Skythenland begrenzt erst von den **Agathyrsern**, dann von den **Neurern**, darauf von den Menschenfressern und zuletzt von den **Melanchlänern**." [*Τὸ δ' ἀπὸ τῆς Ταυρικῆς ἤδη Σκύθαι τὸ κατύπερθε τῶν Ταύρων καὶ τὰ πρὸς θαλάσσης τῆς ἠοίης νέμονται (τοῦ τε Βοσπόρου τοῦ Κιμμερίου τὰ πρὸς ἑσπέρης καὶ τῆς λίμνης τῆς Μαιήτιδος) μέχρι Τανάϊδος ποταμοῦ, ὃς ἐκδιδοῖ ἐς μυχὸν τῆς λίμνης ταύτης. Ἤδη ὦν ἀπὸ μὲν Ἴστρου τα κατύπερθε ἐς τὴν μεσόγαιαν φέροντα ἀποκληΐεται ἡ Σκυθικὴ ὑπὸ πρῶτον Ἀγαθύρσων, μετὰ δὲ Νευρῶν, ἔπειτεν δὲ Ἀνδροφάγων, τελευταίων δὲ Μελανχλαίνων*[1]).]

Die Reihenfolge ist dieselbe, nur umgekehrt. Nachdem Darius durch das Land der Melanchläner (Melnik), Neurer (Newrokop) und Agathyrser gezogen war, gelangte er an den Istros, den er überschritt:

Ἦν δὲ περὶ Δαρεῖον ἀνὴρ Αἰγύπτιος φωνέων μέγιστον ἀνθρώπων· τοῦτον τὸν ἄνδρα καταστάντα ἐπὶ τοῦ χείλεος τοῦ Ἴστρου ἐκέλευε Δαρεῖος καλέειν Ἱστιαῖον Μιλήσιον. Ὁ μεν δὴ ἐποίεε ταῦτα, Ἱστιαῖον δὲ ἐπακούσας τῷ πρώτῳ κελεύσματι τάς τε νέας ἁπάσας παρεῖχε διαπορθμεύειν τὴν στρατιὴν καὶ τὴν γέφυραν ἔζευξε[2]).

Da kann man sich wohl denken, welchen Fluß Darius für den Istros hielt, wenn er von Newrokop kommend dahin gelangt. Kein Zweifel, daß er darunter den unteren Lauf der Maritza verstanden hat. Von hier aus ging er über den Hellespont nach Asien zurück:

Δαρεῖος δὲ διὰ τῆς Θρηΐκης πορευόμενος ἀπίκετο ἐς Σηστὸν τῆς Χερσονήσου· ἐνθεῦτεν δὲ αὐτὸς μὲν διέβη τῇσι νυσι εσ τὴν Ἀσίην, λείπει δὲ στρατηγὸν ἐν τῇ Εὐρώπῃ Μεγάβαζον ἄνδρα Πέρσην[3]).

Damit schließt sich der Kreis, den Darius in Europa beschrieben hat. Wie war er gegangen? Er überschritt das Marmarameer, ging nach Makedonien und nachher wieder

---

[1] Herodot., IV, 100.
[2] Herodot., IV, 141.
[3] Herodot., IV, 143.

zurück bis Sestus auf dem Chersones und von da nach Asien hinüber.

Hat dieser Feldzug einen Sinn nach der bisherigen Auffassung, die man von Skythien hatte? Um die Taurer, die auf dem Kaukasus gewohnt haben sollen, anzugreifen, sollte Darius durch Kleinasien, über das Marmarameer, durch Thrakien, über die Donau gezogen sein? Daß das ein Unsinn ist, ist klar, denn wenn man über die Donau geht, stößt man nicht auf den Kaukasus. Der Kaukasus liegt ja nicht so sehr weit von Persien, und wenn man von Persien dorthin gehen wollte, so konnte man den direkten Weg nehmen und brauchte nicht einen Umweg zu machen, welcher mehrere tausend Kilometer beträgt und kaum in einem Jahre gemacht werden konnte.

In Europa hatte Darius seinen Feldherrn Megabazus zurückgelassen, um seine Hoheitsrechte über die angeblich unterjochten Völker zu wahren. Blieb nun Megabazus in Südrußland, im Kaukasus, auf der Krim oder in Makedonien? Er blieb in Makedonien. Herodot berichtet weiter:

„Die Perser aber, welche Darius in Europa zurückgelassen, deren Anführer Megabazus war, unterwarfen den Hellespontiern[1] zuerst die Perinthier, die da nicht wollten dem Darius untertänig sein und die schon früher von den Päonern hart mitgenommen worden waren.

(Οἱ δὲ ἐν τῇ Εὐρώπῃ τῶν Περσέων καταλειφθέντες ὑπὸ Δαρείου, τῶν ὁ Μεγαβάζος ἦρχε, πρώτους μὲν Περινθίου Ἑλλησποντίων οὐ βουλομένους ὑπηκόους εἶναι Δαρείου κατεστρέψαντο, περιεφθέντας πρότερον καὶ ὑπὸ Παιόνων τρηχέως[2]).)

„So gingen die Päoner an die Perinthier, die den Päon sangen, und brachten ihnen eine große Niederlage bei und ließen wenige von ihnen übrig. Was ihnen also früher von den Päonern geschehen war, geschah also; damals aber stritten

---

[1] Unter Hellespontiern sind die an dem Ägäischen Meere wohnenden Thrakier zu verstehen. So sind z. B. die Perinthier einerseits Hellespontier, anderseits Päoner. Die Päoner aber wohnten und wohnen noch heute an dem Flusse Struma in Makedonien. Längs dieses Flusses zieht sich das Perin-Gebirge hin, von dem die Perinthier ihren Namen haben.

[2] Herodot., V, 1.

die Perinthier zwar ritterlich um ihre Freiheit, die Perser aber und Megabazus bezwangen sie doch durch Übermacht. Und als Perinthus unterworfen war, zog Megabazus mit seinem Heer durch Thrake und machte dem König untertänig Städte und Völker dieses Landes. (Οὕτω τοῖσι Περινθίοισι παιωνίσασι ἐπιχειρέουσι οἱ Παίονες, καὶ πολλόν τε ἐκράτησαν καὶ ἔλιπόν σφεων ὀλίγους. Τὰ μὲν δὴ ἀπὸ Παιόνων πρότερον γενόμενα ὧδε ἐγένετο· τότε δὲ ἀνδρῶν ἀγαθῶν περὶ τῆς ἐλευθερίης γινομένων τῶν Περινθίων οἱ Πέρσαι τε καὶ ὁ Μεγάβαζος ἐπεκράτησαν πλήθεϊ. Ὡς δὲ ἐχειρώθη ἡ Πέρινθος, ἤλαυνε τὸν στρατὸν ὁ Μεγάβαζος διὰ τῆς Θρηΐκης, πᾶσαν πόλιν καὶ πᾶν ἔθνος τῶν ταύτῃ οἰκημένων ἡμερούμενος βασιλέϊ. ταῦτα γάρ οἱ ἐντέταλτο ἐκ Δαρείου, Θρηΐκην καταστρέφεσθαι[1]).)

Und weiter:

„Es begab sich aber, daß Darius dem Megabazus befahl, die Päoner zu bezwingen und aus ihren Sitzen in Europa nach Asien hinüberzuführen, und dazu hatte ihn folgende Geschichte, die er mitangesehen, bewogen: Da waren Pigres und Mantyes, zwei Päoner. Diese wollten gern Oberherren über die Päoner werden, und als Darius nach Asien hinübergegangen, kamen sie nach Sardis und brachten ihre Schwester mit, die war groß und schön.

(Δαρεῖον δὲ συνήνεικε πρῆγμα τοιόνδε ἰδόμενον ἐπιθυμῆσαι ἐντείλασθαι Μεγαβάζῳ Παίονας ἑλόντα ἀνασπάστους ποιῆσαι ἐκ τῆς Εὐρώπης ἐς τὴν Ἀσίην. Ἦν Πίγρης καὶ Μαντύης ἄνδρες Παίονες, οἳ ἐπείτε Δαρεῖος διέβη ἐς τὴν Ἀσίην, αὐτοὶ ἐθέλοντες Παιόνων τυραννεύειν ἀπικνέονται ἐς Σάρδις, ἅμα ἀγόμενοι ἀδελφεὴν μεγάλην τε καὶ εὐειδέα[2]).)

Sodann berichtet Herodot über folgendes Gespräch zwischen dem Darius und den Päonern:

„Und als Darius fragt, von wannen sie (die Schwester) wäre, sprachen die Jünglinge, sie wären Päoner, und das wäre ihre Schwester. Er aber antwortete: Was das für Leute wären, die Päoner, und in welchem Lande sie wohnten, und in welcher Absicht sie nach Sardis gekommen. Sie aber sagten, sie

---

[1] Herodot., V, 1—2.
[2] Herodot., V, 12.

wären gekommen, sich ihm zu unterwerfen. Päonien aber läge am Strymon, der Strymon aber nicht weit vom Hellespont[1]), und sie wären Abkömmlinge der Teukrer aus Troja. (Οἱ δὲ οἱ ἔφραζον ὡς ἔλθοιεν μὲν ἐκείνῳ δώσοντες σφέας αὐτούς, εἴη δὲ ἡ Παιονίη ἐπὶ τῷ Στρυμόνι ποταμῷ πεπολισμένη, ὁ δὲ Στρυμὼν οὐ πρόσω τοῦ Ἑλλησπόντου, εἴσαν δὲ Τευκρῶν τῶν ἐκ Τροίης ἄποικοι[2]).)

Wo wurde Megabazus zurückgelassen? War das im Kaukasus? Er blieb in Perinthus zurück. Perinthus ist der makedonische Berg Perin, der sich längs des Strymon, wo die Päoner wohnen, hinzieht. In den Atlanten der alten Geschichte ist auf dieser Stelle der Berg Orbelos bezeichnet, während Perinth an dem Marmarameere, wo jetzt Erikli liegt, angegeben wurde. Daß das ein Fehler war, ist klar, da die Päoner ihre Nachbarn, die Perinthier, auf dem Berge Perin unterjochten und nicht die Leute in Erekli, die sehr weit entfernt von ihnen wohnten.

Darius war bis Newrokop und Melnik gegangen. Sein Feldherr geht noch weiter nach Nordwest. Herodot berichtet darüber:

„Also wurden von den Päonern die Siropäoner und die Päoplen und alle bis an den See Prasias aus ihren Wohnsitzen gerissen und nach Asien geführt. Die aber um den Berg Pangäus und die Doberer und die Agrianer und die Odomanter und die an dem See Prasias, die wurden von Megabazus nicht bezwungen."

(Οὕτω δὴ Παιόνων Σιροπαιονές τε καὶ Παιόπλαι καὶ οἱ μέχρι τῆς Πρασιάδος λίμνης ἐξ ἠθέων ἐξαναστάντες ἤγοντο ἐς τὴν Ἀσίην. Οἱ δὲ περί τε Πάγγαιον οὖρος καὶ Δόβηρας καὶ Ἀγριᾶνας καὶ Ὀδομάντους καὶ αὐτὴν τὴν λίμνην τὴν Πρασιάδα οὐκ ἐχειρώθησαν ἀρχὴν ὑπὸ Μεγαβάζου[3]).)

Megabazus bewegte sich also zwischen Siris, dem heutigen Seres, und Prasias, dem heutigen Prespasee. Er hatte daher nur die Siropäoner und die Päoplen bezwungen. Die Päoner

---

[1]) Der Strymon fließt in das Ägäische Meer, welches hier statt des Hellesponts genannt wird.

[2]) Herodot., V, 13.

[3]) Herodot., V, 15, 16.

an der oberen Struma, die Agrianer ebenda, die Doberer westlich vom Ochridasee um die jetzige Stadt Deber herum, lagen außer seinem Bereiche. In den Atlanten der alten Geschichte wird der See Prasias dort angegeben, wo jetzt der Tachinosee ist, d. h. in der Nähe von Seres. Daß dies unrichtig ist, ersieht man aus der Beschreibung selbst, wonach die Siropäoner bezwungen wurden, aber die an dem See Prasias Wohnenden nicht, was nicht hätte gesagt werden können, wenn Prasias und Tachino ein und dasselbe gewesen wäre. Prasias ist gleichbedeutend mit Prespa, nicht nur der Lage nach, sondern auch dem Sinne nach. Das griechische Wort Πρασία bedeutet Gartenbeet, Schicht. Das bulgarische Wort Prjespa bedeutet aufschichten. Es ist ein aus dem Vorworte prje und dem Zeitwort sipwam oder sipati = schütteln zusammengesetztes Wort und bedeutet etwas Aufgeschütteltes, was auch das griechische πρασία ist. Dies ist auch logisch ganz klar, denn es befindet sich bei den Doberern (Deberern), Agrianern usw. der Prespasee, nicht aber der Tachinosee. Infolgedessen müssen sich auch die Berge Pangäos und Orbelos etwas weiter nördlich befunden haben. Da man glaubte, daß Prasias = Tachino wäre, und da der Berg Orbelos sich westlich von diesem Tachino befand, so bezeichnete man den Berg Orbelos da, wo jetzt der Berg Perin ist. Orbelos hat zweifelsohne viel weiter westlich gelegen.

Nachdem Megabazus die Päoner bezwungen hatte, sandte er Boten nach Makedonien, welches nebenan, an dem Prassias, lag ('Ἔστι δὲ ἐκ τῆς πρασιάδος λίμνης σύντομος κάρτα· ἐς τὴν Μακεδονίην)[1].

Megabazus' Feldzug, der eine Fortsetzung von Darius' Feldzug war, fand also nicht in Südrußland oder im Kaukasus statt, sondern in Thrakien und Makedonien.

Dort lag Skythien.

Der maßgebendste Kenner von Skythien nach Herodot ist der römische Dichter Ovid, welcher im Jahre 9 n. Chr. von Augustus nach Tomi in Skythien verbannt wurde.

---

[1] Herodot., V, 17.

In seinen Gedichten gibt es darüber folgende Stellen:
Scythicus caetera Pontus habet.
Proxima sideribus tellus Erymanthidos ursae
Me tenet, adstricto terra perusta gelu.
Bosphoros et Tanais superant, Scythiaeque paludes
Vix satis et noti nomina pauca loci:
Ulterius nichil est, nisi non habitabile frigus[1]).

Cur ego concepi Scythicis me posse carere
Finibus, et terre prosperiore frui[2])?

In Scythia nobis quinquenis Olympias acta est[3]).

Quare loci faciem, Scythicique incomoda caeli[4]).

Nun wollen wir sehen, wo dieses Skythien lag. Es lag an dem heutigen Ägäischen Meere. Ovid selbst hebt hervor, daß er nahe Bistonis, dem heutigen Porto-Lagos, in der Verbannung war:

Nunc quoque tuta, precor, vasti secet ostia Ponti,
Quasque petit, Gelici littoris intret aquas.
Quae simul Aeoliae mare me deduxit in Helles,
Et longum tenui limite fecit iter,
Fleximus in laevum cursus, et ab Hectoris urbe
Venimus ad portus, Imbria terra, tuos.
Inde, levi vento Zerynthia littora nacta,
Threïciam tetegit fessa carina Samon.
Saltus ab hac contra brevis est Tempyra petenti:
Hac dominum tenus est illa secuta suum.
Nam mihi Bistonios placuit pede carpere campos:
Hellesponticas illa relegit aquas,
Dardaniamque petit, auctoris nomen habentum,
Et te ruricola, Lampsace, tuta deo,

---

[1]) Ovidius, Trist. III, IV, 46—50.
[2]) Ovid., ex Ponto. Lib. III, VII, 29—30.
[3]) Ovid., ex Ponto. Lib. IV, VI, 5.
[4]) Ovid., ex Ponto. Lib. IV, IX, 81.

Quodque per angustas vectae male virginis undas,
Seston Abydena separat urbe fretum,
Inque Propontiacis haerentem Cyzicon oris,
Cyzicon, H a e m o n i a e nobile gentis opus,
Quaeque tenent ponti Byzantia littora fauces
Hic locus est gemini janua vasta maris.
Haec, precor, evincat propulsaque fortibus austris,
Transeat instabilis strenua Cyaneas.
Thyniacosque sinus, et ab his per Apollinis urbem,
Arta sub Anchiali moenia tendat iter:
Inde Mesembriacos portus et Odesson et arces
Praetereat dictas nomine, Bacche, tuo:
Et quos Alcathoi memorant e moenibus ortos
Sedibus his profugos constituisse larem:
A quibos adveniat Miletida sospes ad urbem,
Offensi quo me detulit ira dei.
Haec si contigerint, meritae cadet agna Minervae:
Non facit ad nostras hostia major opes.
Vos quoque, Tyndaridae, quos haec colit insula fratres.
Mite, precor, dublici numen adesse viae!
Altera namque parat Symplegadas ire per artas:
Scindere Bistonias altera puppis aquas.
Vos facite, ut ventos, loca cum diversa petamus
Illa suos habeat, nec minus illa suos[1]).

Ovid ist nicht nur nach Bistonis gekommen, sondern hat in der Nähe von Bistonis gelebt:

At, puto, qua fueram gentius, tellure, carenti
In tamen humano contigit esse loco.
Orbis in extremi jaceo desertus harenis,
Fert ubi perpetuas obruta terra nives.
Non ager hic pomum, non dulces educat uvas;
Non salices ripa, robora monte virent.
Neve fretum laudes terra magis, aequora semper
Ventorum rabie, solibus orba, tument.
Quocumque adspicias, campi cultore carentes,
Vastaque, quae nemo vindicet, arva jacent.

---

[1]) O v i d., Tristium I, X, 13—50.

> Hostis adest dextra laevaqua aparte timendus:
> Vicinioque metu terret utrumque latus.
> Altera Bistonias pars est sensura sarissas,
> Altera sarmatica spicula missa manu[1]).

An anderer Stelle hebt Ovid hervor, daß seine Geten Odryssen wären und daß sein Ister zwei Namen habe:

> Stat vetus urbs, ripae vicina binominis Istri,
> Moenibus et positu vix adeunda loci.
> Caspios Aegysos, de se si credimus ipsis,
> Condidit, et proprio nomine dixit opus.
> Hanc ferus, Odrysiis inopino Marte peremtis,
> Cepit, et in regem sustulit arma Getes.
> Ille memor magni generis, virtute quod auget,
> Protinus innumero milite cinctus adest.
> Nec prius abcessit, merita quam caede nocentum
> Se nimis uleiscens, exstitit ipse nocens[2]).

Die Odryssen wohnten in Südthrakien. Sodann schreibt Ovid, daß er unter den Bessen gelebt habe:

> Vivere quam miserum est inter Bessosque Getasque
> Illum, qui populi semper in ore fuit[3])!

> Suppositum stellis numquam tangentibus aequor
> Me sciat in media vivere barbaria.
> Saurmatae cingunt, fera gens, Bessiquae Getaeque,
> Quam non ingenio nomina digna meo[4])!
> An mea Saurmatae scripta Getaeque legent[5])?

> Verba mihi desunt: dedicique loqui.
> Threicio Scythicoque fere circumsonor ore,
> Et videor Geticis scribere posse modis[6]):

---

[1]) Ovid., ex Ponto I, III, 47—60.
[2]) Ovid., ex Ponto I, VIII, 11—20.
[3]) Ovid., Tristium IV, I, 67—68.
[4]) Ovid., Trist. III, X, 3—6.
[5]) Ovid., Trist. IV, I, 94.
[6]) Ovid., Trist. III, XIV, 46.

Die Bessen lebten in dem Rhodopegebirge, so daß Ovids Skythien um das Rhodopegebirge und um Bistonis (Porto-Lagos) herum gelegen war.

Daß Ovids Skythien gerade jenes Land war, welches wir nach Herodot als solches bestimmten, ersieht man am besten aus folgenden seiner Verse:

Nec patria est habitata tibi: sed adusque nivosum
Strymona venisti, Marticolamque Geten [1]).

Seine Geten oder Skythen bewohnten also das Strymontal, d. h. auch Makedonien.

Die Stadt, wohin er verbannt war, hieß Tomes:

Nec vacat, in qua sint positi regione Tomitae,
Quaerere, finitimo vix loca nota Getae:
Aut quid Saurmatae faciant, quid Jazyges acres,
Cultaque Oresteae ac Taurica terra deae:
Quaeque aliae gentes, ubi frigore constitit Ister,
Dura meant celeri terga per amnis equo [2]).

Nasso, Tomitanae jam non novus incola terrae
Hoc tibi de Getico litore mittit opus [3]).

Hoc facit ut misero faveant adsintque Tomitae:
Haec quoniam tellus testificanda mihi est [4]).

Nescio quo videam positios ut in orbe Tomitas,
Exilem facio per mea vota viam [5]).

Da Ovids Verbannungsort sich nicht weit von Bistonis befand, so muß Tomes auch dort gelegen haben. Nach Aelianus lag Tomes in der Nähe von Axius = Wardar.

Μυσὶ δὲ οὐχ οἱ τοῦ Τηλέφου τὸ Πέργαμον κατοικοῦντες (Μυσί), ἀλλὰ ἐκείνους τοὺς πρὸς τῷ Πόντῳ μοι νόει τοὺς κάτω, οἵπερ οὖν καὶ τῇ γῇ τῇ Σκυθίδι προσοικοῦσι τὰς ἐκείνων ἐπιδρομὰς

---

[1]) Ovid., Trist. V, III, 21—22.
[2]) Ovid., ex Ponto I, II, 77—82.
[3]) Ovid., ex Ponto I, I, 1—2.
[4]) Ovid., ex Ponto IV, IX, 97—98.
[5]) Ovid., Trist. I, II, 85—86.

ἀνείργοντες καὶ τῇ Ῥώμῃ τὸν χῶρον προειρημένον φρουροῦντες πάντα [τοὺς] Ἡρακλείας πλησίον φημί, καὶ τῶν Ἀξίου ῥευμάτων [τοῦ καλουμένου Τομέως πλησίον] ἐνταῦθά τοι καὶ τὴν Αἰήτου Μήδειαν οἱ ἐπιχώριοι ὑμνοῦσι τὸ ἔργον ἐκεῖνο τὸ εἰς τὸν Ἄψυρτον τὸν ἀδελφὸν χερσὶ κακαῖς . . .[1]).

Nach Strabo hat die Stadt Tomes in der Nähe von Heraklea (Strumitza) und Apollonia (Bogdanitza, Lagadina) gelegen:

Ἔστιν οὖν ἀπὸ τοῦ Ἱεροῦ στόματος τοῦ Ἴστρου ἐν δεξιᾷ ἔχοντι τὴν συνεχῆ παραλίαν Ἴστρος πολίχνιον ἐν πεντακοσίοις σταδίοις, Μιλησίων κτίσμα· εἶτα Τόμις, ἕτερον πολίχνιον ἐν διακοσίοις πεντήκοντα σταδίοις· εἶτα πόλις Κάλλατις ἐν διακοσίοις ὀγδοήκοντα Ἡρακλεωτῶν, ἄποικος· εἶτ᾽ Ἀπολλωνία, ἐν χιλίοις τριακοσίοις σταδίοις, ἄποικος Μιλησίων, τὸ πλέον τοῦ κτίσματος ἱδρυμένον ἔχουσα ἕν νησίῳ τινὶ ἱερὸν τοῦ Ἀπόλλωνος, ἐξ οὗ Μάρκος Λεύκολλος τὸν κολοσσὸν ᾖρε καὶ ἀνέθηκεν ἐν τῷ Καπετωλίῳ τὸν τοῦ Ἀπόλλωνος, Καλάμιδος ἔργον. ἐν τῷ μεταξὺ δὲ διαστήματι τῷ ἀπὸ Καλλάτιδος εἰς Ἀπολλωνίαν Βίζωνη τέ ἐστιν, ἧς κατεπόθη πολὺ μέρος ὑπὸ σεισμῶν, καὶ Κρουνοὶ καὶ Ὀδησσὸς, Μιλησίων ἄποικος, καὶ Ναύλοχος Μεσημβριανῶν πολίχνιον· εἶτα τὸ Αἷμον ὄρος μέχρι τῆς δεῦρο θαλάττης διῆκον· εἶτα Μεσημβρία Μεγαρέων ἄποικος, πρότερον δὲ Μενεβρία, οἷον Μένα πόλις, τοῦ κτίσαντος Μένα καλουμένου, τῆς δὲ πόλεως βρίας καλουμένης θρακιστί· ὡς καὶ ἡ τοῦ Σήλους πόλις Σηλυβρία προσηγόρευται, ἥ τε Αἶνος Πολτυβρία ποτὲ ὠνομάζετο [2]).

Bei einer anderen Gelegenheit schreibt Strabo:

Μετὰ δὲ τὴν τῶν Σκορδίσκων χώραν παρὰ μὲν τὸν Ἴστρον ἡ τῶν Τριβαλλῶν καὶ Μυσῶν ἐστιν, ὧν ἐμνήσθημεν πρότερον, καὶ τὰ ἕλη τὰ τῆς μικρᾶς καλουμένης Σκυθίας τῆς ἐντὸς Ἴστρου· καὶ τούτων ἐμνηστημεν. ὑπεροικοῦσι δ᾽ οὗτοί τε καὶ Κρόβυζοι καὶ οἱ Τρωγλοδύται λεγόμενοι τῶν περὶ Κάλλατιν καὶ Τομέα καὶ Ἴστρον τόπων [3]).

Die Stadt Tomes hat also neben Kalatin gelegen.

Kalatin oder Galatin ist wohl eine Stadt an dem Flusse Galik, welcher etwas südlich von Saloniki in die Bucht von Saloniki mündet, gewesen. Hier lebten auch die Trogloditen

---

[1]) Aelianus, De natura animalium, Lib. XIV, 25. Ed. Hercher p. 245.
[2]) Strabon., Lib. VII, c. VI, 1.
[3]) Strabon., Lib. VII, c. V, 12.

oder Drogobiten, wie wir weiter sehen werden. In Südthrakien lag auch die Stadt Odyssos: „Ὀδρύσας δὲ καλοῦσιν ἔνιοι πάντας τοὺς ἀπὸ Ἕβρου καὶ Κυψέλων μέχρι Ὀδησσοῦ τῆς παραλίας ὑπεροικοῦντας¹).“ Ovids Skythien ist also Thrakien und Makedonien.

Manche späteren Schriftsteller haben den Begriff von Skythien mißverstanden und sich allerlei dabei gedacht. So z. B. beschreibt der im 6. Jahrhundert lebende Jordanis Skythien folgendermaßen:

Scythia si quidem Germaniae terre confines eo tenus, ubi Ister oritur amnis vel stagnus dilatatur Morsianus, tendens usque ad flumina Tyram, Danastrum et Vagosolam, magnumque illu Danaprum Taurumque montem, non illum Asiae, sed proprium, id est Scythicum, per omnem Meotidis aditum, ultraque Meotida per angustias Bosfori usque ad Caucasum montem amnemque Araxem ac deinde in sinistram partem reflexa post mare Caspium, quae in extremis Asiae finibus ab Oceano coroboro in modum fungi primum tenuis, post haec lattissima et rotunda forma exoritur, vergens ad Hunnus, Albanos et Seres usque digreditur. haec, inquam, patria, id est Scythia, longe se tendens lateque aperiens, babet ab oriente Seres, in ipso sui principio litus Caspii maris commanentes; ab occidente Germanos et flumen Vistulae; ab arctu, id est septentrionali, circumdatur oceano a meridiae Persida, Albania, Hiberia, Ponto atque extremo alveo Istri, qui dicitur Danubius ab ostea sua usque ad fontem in eo vero latere, qua Ponticum litus attingit, oppidis haut obscuris involvitur, Boristhenide, Olbia, Callipolida Chersona, Theodosia, Careon, Myrmicion et Trapezunta, quas indomiti Scytharum nationes Grecis permiserunt condere, sibimet commercia prestaturos. in cuius Scythiae medium est locus, qui Asiam Europamque ab alterutro dividit, Riphei scilicet montes, qui Thanain vastissimum fundunt intrantem Meotida cuius paludis circuitus passuum mil. CXLIIII, nusquam octo ulnis altius subsidentis²).

---

¹) Strabon., VII, Fr. 47.
²) Jord. G., V, 30—33.

Wenn wir alles vorher Gesagte analysieren, so finden wir, daß Jordanis' Skythien unter anderem auch Callipolida Chersona, d. h. Gallipoli auf dem Chersoneses, umfaßte, so daß es nicht ein Land jenseits des Schwarzen Meeres war. Der Mons Taurus ist nicht der asiatische, sondern ein anderer, der an den thrakischen Chersones grenzt. Es ist wohl der östliche Teil des Rhodopegebirges gewesen, da heute der Berg nördlich von der Stadt Gümudschina Toros (Taurus) heißt. Nun aber grenzt Jordanis' Skythien an die Albaner, an die Hunnen am Wardar und an die Serer (Seres in Makedonien). Außerdem heißt es, daß der Ister in dem Sumpfe Morisianus entspringt. Auf dem Berge Mursalitza entspringt der Fluß Kritschim, ein Nebenfluß der Maritza, der ebensogroß wie die Maritza ist, so daß man seine Quelle als die der Maritza betrachten kann.

So sehen wir, daß auch Jordanis' Skythien sich in Thrakien und Makedonien befand. Es ist dasselbe Land, welches von Ovid als Skythien bezeichnet wurde.

Denselben Begriff von Skythien bekommen wir auch von Plinius. Nach ihm sind die Skythen, Geten, Daken alle ein und dasselbe Volk:

Ab eo in plenum quidem omnes Skytharum sunt gentes: variae tamen littori apposita tennere, alias Getae, Daci Romanis diciti: alias Sarmatae, Graecis Saurmatae, eorumque Hamaxobii aut Aorsi: alias Skythae degeneres et a servis arti, aut Troglodytae: mox Alani et Rhoxolani. Superiora autem inter Danubium et Hericinium Saltum usque ad Pannonica hiberna Carnuti Germanorumque ibi confinum campos et plana Yaziges sarmatae: montes vero et Saltus pulsi ab his Daci ad Pathissam amnem[1]).

Plinius' taurische Skythen wohnen neben den Siraci (heute Seres):

Totum eum tractum Tauri Scythae et Siraci tenent[2]). Das bestätigt das vorhin Gesagte, daß der Berg Tauros ein Teil des Rhodopegebirges ist.

---

[1]) Plinius, IV, 25.
[2]) Plinius, IV, 26.

Auch folgende Worte Plinius' sind von Interesse: A Taphris per continentem introrsus tenent Auchate apud quos Hipanis oritur Neuri apud quos Borysthenes, Geloni, Thussagetae, Budini, Basiliade et caeruleo capillo, Agathyrsi. Super eos Nomados: dein Anthropophagi. A Bug super Maeotin Saurmatae et Essedones. At per oram ad Tanaim usque Maeotae, a quibos lacus nomen accepit, ultimaque a tergo eorum Arimaspi (IV, 26).

Da es eine ganz sichere Tatsache ist, daß die Essedones oder Edones ein thrakisches Volk sind, so ist es klar, daß auch die übrigen Völker thrakische Völker sind.

Auch Thukydides faßt die Skythen als Thraker auf. Nach ihm wohnen die Skythen diesseits, d. h. südlich, des Istros:

Ἀνίστησιν οὖν ἐκ τῶν Ὀδρυσῶν ὁρμώμενος πρῶτον μὲν τοὺς ἐντὸς τοῦ Αἵμου τε ὄρους καὶ τῆς Ῥοδόπης Θρᾷκας ὅσων ἦρχε μέχρι θαλάσσης [ἐς τὸν Εὔξεινόν τε πόντον καὶ τὸν Ἑλλήσποντον], ἔπειτα τοὺς ὑπερβάντι Αἵμου Γέτας καὶ ὅσα ἄλλα μέρη ἐντὸς τοῦ Ἴστρου ποταμοῦ πρὸς θάλλασσαν μᾶλλον τὴν τοῦ Εὐξείνου πόντου κατῴκητο· εἰσὶ δ' οἱ Γέται καὶ οἱ ταύτῃ ὅμοροί τε τοῖς Σκύθαις καὶ ὁμόσκευοι, παντες ιπποτοξόται[1]). Aus dem Ausdrucke:

„*οἱ Γέται καὶ οἱ ταύτῃ ὅμοροί τε τοῖς Σκύθαις καὶ ὁμόσκευοι*, d. h. die Geten und die hier den Skythen benachbarten sind gleich bewaffnet", ist klar zu ersehen, daß Thukydides die Skythen mit den Geten identifiziert und diesseits der Ister annimmt. Ebenso faßt auch Strabo die Skythen auf:

Καὶ τὸ ἐπιφερόμενον δ' αὐτοῦ τούτου μαρτύριον, ὅτι τοὺς Ἱππημολγοὺς καὶ Γαλακτοφάγους καὶ Ἀβίους συνῆψεν αὐτοῖς, οἵπερ εἰσὶν οἱ ἁμάξοικοι Σκύθαι καὶ Σαρμάται. καὶ γὰρ νῦν ἀναμένικται ταῦτα τὰ ἔθνη τοῖς Θραξὶ καὶ τὰ Βαστερνικά, μᾶλλον μὲν τοῖς ἐκτὸς Ἴστρου, ἀλλὰ καὶ τοῖς ἐντός[2]).

Φημὶ γαρ κατὰ τὴν τῶν ἀρχαίων Ἑλλήνων δόξαν, ὥσπερ τὰ πρὸς βορρᾶν μέρη τὰ γνώριμα ἑνὶ ὀνόματι Σκύθας ἐκάλουν ἢ Νομάδας, ὡς Ὅμηρος, ὕστερον δὲ καὶ τῶν πρὸς ἑσπέραν γνωσθέντων Κελτοὶ καὶ Ἴβηρες ἢ μικτῶς Κελτίβηρες καὶ Κελτοσκύθαι

---

[1]) Thukydides, II, 96.
[2]) Strabon., Lib. VII, c. III. 2.

προσηγορεύοντο ὑφ᾽ ἓν ὄνομα τῶν καθ᾽ ἕκαστα ἐθνῶν τατтομένων διὰ τὴν ἄγνοιαν[1]).

Nicht nur daraus, daß Strabo die Skythen mit den Thrakern mischt und auf beiden Seiten des Istros wohnen läßt, sondern auch daraus, daß er sie mit den Kelten in Zusammenhang bringt, ersieht man, daß Strabo unter Skythen die Istrosbewohner und nicht die Bewohner von Südrußland versteht.

An einer anderen Stelle schreibt Strabo:

Οἱ μὲν μεταγράφουσιν Ἀλαζώνων οἱ δ᾽ Ἀμαζώνων ποιοῦντες, τὸ δ᾽ ἐξ Ἀλύβης ἐξ Ἀλόπης [ἢ] ἐξ Ἀλόβης, τοὺς μὲν Σκύθας Ἀλαζῶνας φάσκοντες ὑπὲρ τὸν Βορυσθένη καὶ Καλλιπίδας καὶ ἄλλα ὀνόματα ἅπερ Ἑλλάνικος τε καὶ Ἡρόδοτος καὶ Εὔδοξος κατεφλυάρησαν ἡμῶν, τοὺς δ᾽ Ἀμαζῶνας Μεταξὺ Μυσίας καὶ Καρίας καὶ Λυδίας, καθάπερ Ἔφορος νομίζει, πλησίον Κύμης τῆς πατρίδος αὑτοῦ[2]).

Herodot beschreibt dieselben Völker folgendermaßen:

Ἀπὸ τοῦ Βορυσθενεϊτέων ἐμπορίου [τοῦτο γὰρ τῶν παραταλασσίων μεσαίτατόν ἐστι πάσης τῆς Σκυθίης], ἀπὸ τούτου πρῶτοι Καλλιππίδαι νέμονται ἐόντες Ἕλληνες Σκύθαι, ὑπὲρ δὲ τούτων ἄλλο ἔθνος οἳ Ἀλαζῶνες καλεῦνται. Οὗτοι δὲ καὶ οἱ Καλλιππίδαι τὰ μὲν ἄλλα κατὰ ταὐτὰ Σκύθῃσι ἐπασκέουσι, σῖτον δὲ καὶ σπείρουσι καὶ σιτέονται, καὶ κρόμυνα καὶ σκόροδα καὶ φακοὺς κέγχρους. Ὑπὲρ δὲ Ἀλαζώνων οἰκέουσι Σκύθαι ἀροτῆρες, οἳ οὐκ ἐπὶ σιτήσι σπείρουσι τὸν σῖτον, ἀλλ᾽ ἐπὶ πρήσι. Τούτων δὲ κατύπερθε οἰκέουσι Νευροί. Νευρῶν δὲ τὸ πρὸς βορέην ἄνεμον ἐρῆμος ἀνθρώπων, ὅσον ἡμεῖς ἴδμεν. Ταῦτα μὲν παρὰ τὸν Ὕπανιν ποταμόν ἐστι ἔθνεα πρὸς ἑσπέρης τοῦ Βορυσθένεος[3]).

Die Alazonen also wohnten südlich von den Neurern, welche ein thrakisches Volk sind. Danach haben die Alazonen nicht weit von den Gestaden des Ägäischen und des Marmarameeres gewohnt. Durch das Land der Alazonen fließt der Fluß Tyres:

Ἔστι δὲ ἡ κρήνη αὕτη ἐν οὔροισι χώρης τῆς τε ἀροτήρων Σκυθέων καὶ Ἀλαζώνων· οὔνομα δὲ τῇ κρήνῃ, καὶ ὅθεν ῥέει τῷ

---

[1] Strabon., Lib. I, c. II, 27.
[2] Strabon., Lib. XII, c. III, 21.
[3] Herodot., IV, 17.

χώρῳ Σκυθιστὶ μὲν 'Εξαμπαῖος, κατὰ δὲ τὴν Ἑλλήνων γλῶσαν Ἱραὶ ὁδοί. Συνάγουσι δὲ τὰ τέρματα ὅ τε Τύρης καὶ ὁ Ὕπανις κατ' Ἀλάζωνας· τὸ δὲ ἀπὸ τούτου ἀποστρέψας ἑκάτερος ῥέει εὐρύνων τὸ μέσον[1]).

Dieser Fluß Tyres entspringt in dem Lande der Neurer.

Εἷς μὲν δὴ τῶν ποταμῶν τοῖσι Σκύθῃσί ἐστι ὁ Ἴστρος, μετὰ δὲ τοῦτον Τύρης, ὃς ἀπο βορέω μὲν ἀνέμου ὁρμᾶται ἄρχεται δὲ ῥέων ἐκ λίμνης μεγάλης ἢ οὐρίζει τήν τε Σκυθικὴν καὶ τὴν Νευρίαδα γῆν[2]).

Tyras ist Siris oder Seres, so daß die Alazonen in Thrakien und nicht in Südrußland wohnten. Homer aber, der doch der maßgebendste in dieser Beziehung ist, setzt die Alazonen neben die Mysier unter die trojanischen Völker:

Αὐτὰρ Ἁλιζώνων Ὀδίος καὶ Ἐπίστροφος ἦρχον,
Τηλόθεν ἐξ Ἀλύβης, ὅθεν ἀργύρου ἐστὶ γενέθλη.
Μυσῶν δὲ Χρόμις ἦρχε καὶ Ἔννομος οἰωνιστής[3]).

Φόρκυς αὖ Φρύγας ἦγε καὶ Ἀσκάνιος θεοειδής[4]).

Die Alazonen waren also ein trojanisches, d. h. ein thrakisches Volk und kein kaukasisches Volk. Infolgedessen sind auch die Flüsse Borysthenes und Tyras thrakische Flüsse und nicht Flüsse Südrußlands. Außerdem sei hervorgehoben, daß Albanien in Illyrien an dem Adriatischen Meere liegt und nicht am Kaukasus. Neben Albanien lag das Land der Skythen. Die allgemeine Lage ist auch heutzutage so, mit dem Unterschied, daß diese Länder nebeneinander in Illyrien, Makedonien und Thrakien liegen und nicht am Kaukasus.

Wie verworren die geographischen Begriffe der alten Schriftsteller waren, kann man aus folgenden Worten Strabos, in denen er die Albaner und die Skythen zu gleicher Zeit an dem Kaukasus und neben den Achäern wohnen läßt, ersehen: μέχρι τοῦ Καυκάσου καὶ Ἰβήρων καὶ Ἀλβανῶν Σαυρομάται καὶ Σκύθαι καὶ Ἀχαιοι .[5]).

---
[1]) Herodot., IV, 52.
[2]) Herodot., IV, 51.
[3]) Ilias, II, 856—858.
[4]) Ilias, II, 862.
[5]) Strabon., Lib. XII, c. III, 8.

Die Skythen also sind Nachbarn der Achäer und folglich ein makedonisches Volk gewesen. Danach dürfte der Kaukasus ein thrakisches Gebirge gewesen sein. Fassen wir alles zusammen, so sehen wir, daß die späteren Schriftsteller sich irrtümlicherweise Skythien in Südrußland und am Kaukasus dachten. In Wahrheit aber lag Skythien in Thrakien und Makedonien.

II. Die Skythen.

Strabo schreibt, daß die Kimmerier und die Eneten oder Veneten früher in Paphlagonien gewohnt hätten und von dort nach dem Adriatischen Meere gewandert wären:

Το δὲ Τίειόν ἐστι πολίχνιον οὐδὲν ἔχον μνήμης ἄξιον πλὴν ὅτι Φιλέταιρος ἐντεῦθεν ἦν, ὁ ἀρχηγέτης τοῦ τῶν Ἀτταλικῶν βασιλέων γένους· εἶθ᾽ ὁ Παρθένιος ποταμὸς διὰ χωρίων ἀνθηρῶν φερόμενος καὶ διὰ τοῦτο τοῦ ὀνόματος τούτου τετυχηκώς, ἐν αὐτῇ τῇ Παφλαγονίᾳ τὰς πηγὰς ἔχων· ἔπειτα ἡ Παφλαγονία καὶ οἱ Ἐνετοί. Ζητοῦσι δὲ τίνας λέγει τοὺς Ἐνετοὺς ὁ ποιητής, ὅταν φῇ.

*Παφλαγόνων δ᾽ ἡγεῖτο Πυλαιμένεος λάσιον κῆρ,
ἐξ Ἐνετῶν, ὅθεν ἡμιόνων γένος ἀγροτεράων.*

οὐ γὰρ δείκνυσθαί φασι νῦν Ἐνετοὺς ἐν τῇ Παφλαγονίᾳ· οἱ δὲ κώμην ἐν τῷ Αἰγιαλῷ φασι δέκα σχοίνους ἀπὸ Ἀμάστρεως διέχουσαν. Ζηνόδοτος δὲ ἐξ Ἐνετῆς γράφει, καὶ φησι δηλοῦσθαι τὴν νῦν Ἀμισόν· ἄλλοι δὲ φῦλόν τι τοῖς Καππάδοξιν ὅμορον στρατεῦσαι μετὰ Κιμμερίων, εἶτ᾽ ἐκπεσεῖν εἰς τὸν Ἀδρίαν. τὸ δὲ μάλισθ᾽ ὁμολογούμενόν ἐστιν, ὅτι ἀξιολογώτατον ἦν τῶν Παφλαγόνων φῦλον οἱ Ἐνετοὶ ἐξ οὗ ὁ Πυλαιμένης ἦν ..[1])

Danach hätten die Kimbrer oder Hunnen und die Veneten oder Slawen einen und denselben Ursprung. Sie haben zuerst in Paphlagonien gewohnt und sind nachher über den Bosporus nach Makedonien und von dort nach Italien gegangen.

---
[1]) Strabon., Lib. XII, c. III, 8.

Dieser Übergang wird von Prokop folgendermaßen beschrieben:

Πάλαι μὲν Οὔννων, τῶν, τότε Κιμμερίων καλουμένων Προϊόντος δὲ τοῦ χρόνου φασὶν, εἴπερ ὁ λόγος ὑγιής ἐστι, τῶν μὲν Κιμμερίων νεανίας τινὰς εν κυνηγεσίῳ διατριβὴν ἔχειν, ἔλαφον δὲ μίαν πρὸς αὐτῶν φεύγουσαν ἐς τὰ ὕδατα ἐσπηδῆσαι ταῦτα. τούς τε νεανίας, εἴτε φιλοτιμία εἴτε φιλονεικίᾳ τινὶ ἐχομένους, ἢ καὶ τι αὐτοὺς δαιμόνιον κατηνάγκασε, τῇ ἐλάφῳ ἐπισπέσθαι ταύτῃ, μηχανῇ τε αὐτῆς μεθίεσθαι οὐδεμιᾷ, ἕως ξὺν αὐτῇ ἐς τὴν ἀντιπέρας ἀκτὴν ἵκοντο. καὶ τὸ μὲν διωκόμενον ὅ τι ποτ' ἦν εὐθὺς αφανισθῆναι· (δοκεῖ γάρ μοι ὡς οὐδὲ ἄλλου του ἕνεκα ἐνταῦθα ἐφάνη, ὅτι μὴ τοῦ γενέσθαι κακῶς τοῖς τῇδε ᾠκημένοις βαρβάροις) τοὺς δε νεανίας τοῦ μὲν κυνηγεσίου ἀποτυχεῖν, μάχης δὲ ἀφορμὴν καὶ λείας εὑρέσθαι. ἐς ἤδη γὰρ τὰ πάτρια ὅτι τάχιστα ἐπανήκοντες ἔκδηλα πᾶσι Κιμμερίοις πεποίηνται ὅτι δὴ ταύτῃ βατὰ σφίσι τὰ ὕδατα εἴη [1]).

Dieselbe Geschichte wird auch von Jordanis, Sozomenes und Agathias erzählt, mit dem Unterschiede, daß sie statt Kimbrer regelmäßig **Hunnen** sagen. Jordanis schreibt darüber:

Tali igitur Hunni stirpe creati Gothorum finibus advenerunt quorum natio saeva, ut Priscus ictoricus referet, Meotida palude ulteriore ripa insidens, venationi tantum nec alio labore experta, nisi quod postquam crevisset in populis, fraudibus et rapinis vicinarum gentium quiete conturbans. huius ergo gentis, ut adsolet, veneratores, dum interioris Meotidae ripam venationes inquirent, animadvertunt, quomodo ex inproviso cerva se illis optulit ingressaque paludem nunc progrediens nunc subsistens index viae se tribuit quam secuti venatores paludem Meotidam, quem inpervium ut pelagus aestimant, pedibus transierunt. mox quoque Scythica terra ignotis apparuit, cerva disparuit. quod, credo, spiritus illi, unde progeniem trahunt, ad Scytharum invidia id egerunt. illi vero, qui praeter Meotidam alium mundum esse paenitus ignorabant, admiratione ducti terrae Scythica et, ut sunt sollertes, iter illud nullae ante aetati notissimum divinitus sibi ostensum rati, ad suos redeunt, rei gestum edocent, Scythiam laudant persuasaque

---

[1]) Procop., Bell. got. IV, 5.

gente sua via, qua cerva indice dedicerant, ad Scythiam proporant, et quantoscumque prius in ingressa Scytharum habuerunt, litavere victoriae, reliquos perdomitos subegerunt[1]).

Sozomenes, der um ein Jahrhundert älter ist als Jordanis und Prokop, beschreibt diese Ereignisse folgendermaßen:

Γότθοι γὰρ οἳ δὴ πέραν Ἴστρου ποταμοῦ τὸ πρὶν ᾤκουν, καὶ τῶν ἄλλων Βαρβάρων ἐκράτουν, ἐξελαθέντες παρὰ τῶν καλουμένων Οὔννων, εἰς τοὺς Ῥωμαίων ὅρους ἐπεραιώθησαν. Τοῦτο δὲ τὸ ἔθνος, ὥς φασιν, ἄγνωστον ἦν προτοῦ Θρᾳξὶ τοῖς παρὰ τὸν Ἴστρον, καὶ Γότθοις αὐτοῖς Ἐλάνθανον δὲ προσοικοῦντες ἀλλήλοις, καθότι λίμνης μεγίστης ἐν μέσῳ κειμένης, ἕκαστοι τέλος ξηρᾶς ᾤοντο εἶναι τὴν καθ᾽ αὑτοὺς οἰκουμένην, μετὰ τοῦτο δὲ, θάλασσαν καὶ ὕδωρ ἀπέραντον. Συμβὰν δὲ βοῦν οἰστροπλῆγα διαδραμεῖν τὴν λίμνην, ἐπηκολούθησε Βουκόλος· καὶ τὴν ἀντιπέραν γῆν θεασάμενος, ἤγγειλε τοῖς ὁμοφύλοις. Ἄλλοι δὲ λέγουσιν, ὡς ἔλαφος διαφυγοῦσα, τισὶ τῶν Οὔννων θηρῶσιν ἐπέδειξε τήνδε τὴν ὁδὸν, ἐξ ἐπιπολῆς καλυπτομένην τοῖς ὕδασι. Τοὺς δὲ, τότε μὲν ὑποστρέψαι, θαυμάσαντας τὴν χώραν, ἀέρι μετριώτερον, καὶ γεωργίᾳ ἥμερον ἔχουσαν· καὶ τῷ κρατοῦντι τοῦ ἔθνους ἀγγεῖλαι ἃ ἐθεάσαντο. Δι᾽ ὀλίγων δὲ τὰ πρῶτα καταστῆναι εἰς πεῖραν τοῖς Γότθοις. Μετὰ δὲ ταῦτα, πανσυδεὶ ἐπιστρατεῦσαι, καὶ μάχῃ κρατῆσαι, καὶ πᾶσαν τὴν αὐτῶν γῆν κατασχεῖν[2]).

Sozomenes ist unter anderem auch deswegen interessant, weil er das oben erwähnte Tier, einen βοῦς nennt, denn es ist höchstwahrscheinlich, daß daher der Bosporus (Ochsenübergang) seinen Namen hat. Die Hunnen sind also über den Bosporus gegangen, um die Goten oder Geten in Thrakien anzugreifen.

Dieselbe Geschichte wird auch von Agathias (6. Jh.) und Diodorus (1. Jh.) erzählt, mit dem Unterschiede, daß sie statt Kimmerier Skythen sagen. Agathias schreibt:

Οἱ Οὖννοι τὸ γένος, τὸ μὲν παλαιὸν κατῴκουν τῆς Μαιώτιδος λίμνης τὰ πρὸς ἀπηλιώτην ἄνεμον, καὶ ἦσαν τοῦ Τανάϊδος ποταμοῦ ἀρκτικώτεροι, καθάπερ καὶ τὰ ἄλλα βάρβαρα ἔθνη, ὁπόσα ἐντὸς Ἰμαίου ὅρους ἀνὰ τὴν Ἀσίαν ἐτύγχανον ἰδρυμένα, οὗτοι δὲ ἅπαντες

---

[1]) Jord. Get. XXIV, 123—126.
[2]) Sozomen., Hist. eccl. Lib. VI, c. 37.

κοινῇ μὲν Σκύθαι καὶ Οὖννοι ἐπωνομάζοντο· ἰδίᾳ δὲ κατὰ γένη, τὸ μέν τι αὐτῶν Κοτρίγουροι, τὸ δὲ Οὐτιγουροι, ἄλλοι δε Οὐλτιζουροι, καὶ ἄλλοι Βουρούγουνδοι· καὶ ἄλλοι ὡς ἂν αὐτοῖς πάτριόν τε ἦν καὶ εἰθισμένον. γενεαῖς δὲ πολλαῖς ὕστερον διέβησαν ἐς τὴν Εὐρώπην, εἴτε ὡς ἀληθῶς ἐλάφου τινὸς κατὰ τοῦτο δὴ τὸ θρυλλούμενον ταπρῶτα ἡγησαμένης, εἴτε καὶ ἀλλοιᾷ χρησάμενοι τύχῃ, καὶ τὴν ἐκροὴν τῆς λίμνης τὴν ἐς τὸν Εὔξεινον Πόντον φερομένην. Agathias, ed. Bonn. S. 299—300.

Fast ebenso faßt auch Diodor die Skythen auf:

Περὶ δὲ τῶν Σκυθῶν τῶν οἰκούντων τὴν ὅμορον χώραν ἐν μέρει διέξιμεν. Οὗτοι γὰρ τὸ μὲν ἐξ ἀρχῆς ὀλίγην ἐνέμοντο χώραν, ὕστερον δὲ κατ᾿ ὀλίγον αὐξηθέντες διὰ τὰς ἀλκὰς καὶ τὴν ἀνδρείαν, πολλὴν μὲν κατεκτήσαντο χώραν, τὸ δὲ ἔθνος εἰς μεγάλην ἡγεμονίαν καὶ δόξαν προήγαγον. Τὸ μὲν οὖν πρῶτον παρὰ τὸν Ἀράξην ποταμὸν ὀλίγοι κατῴκουν παντελῶς καὶ διὰ τὴν ἀδοξίαν καταφρονούμενοι. ἕνα δὲ τῶν ἀρχαίων ἔχοντες βασιλέα φιλοπόλεμον καὶ διαφέροντα στρατηγίᾳ προσεκτήσαντο χώραν, τῆς μὲν ὀρεινῆς ἕως πρὸς τὸν Καύκασον, τῆς δὲ πεδινῆς τὰ παρὰ τὸν Ὠκεανὸν καὶ τὴν Μαιῶτιν λίμνην καὶ τὴν ἄλλην χώραη ἕως Τανάϊδος ποταμοῦ[1]).

Diodors' Skythen wohnen also da, wo andere Geschichtsschreiber die Kimmerier wohnen lassen.

Vergleichen wir die Berichte Prokops und Jordans über das Auftreten der Hunnen mit den Berichten Diodors, Strabos, Herodots über das Auftreten der Skythen, so sehen wir, daß alle diese Berichte sich auf ein und dasselbe Volk beziehen, welches bald Skythen, bald Kimmerier, bald Hunnen genannt wird.

Auch die Goten sollen aus derselben Gegend gekommen sein. Herodot berichtet über die Massageten folgendes:

Ἦν δὲ τοῦ ἀνδρὸς ἀποθανόντος γυνὴ τῶν Μασσαγετέων βασίλεια· Τόμυρίς οἱ ἦν οὔνομα. Ταύτην πέμπων ὁ Κῦρος ἐμνᾶτο τῷ λόγῳ, θέλων γυναῖκα ἥν ἔχειν. Ἡ δὲ Τόμυρις συνιεῖσα οὐκ αὐτήν μιν μνώμενον, ἀλλὰ τὴν Μασσαγετέων βασιληίην, ἀπείπατο τὴν πρόσοδον. Κῦρος δὲ μετὰ τοῦτο, ὥς οἱ δόλῳ οὐ προεχώρεε, ἐλάσας ἐπὶ τὸν Ἀράξεα ἐποιέετο ἐκ τοῦ ἐμφανέος ἐπὶ τοὺς Μασσαγέτας στρατηῆν, γεφύρας τε ζευγνύων ἐπὶ τοῦ ποταμοῦ διάβασιν

---

[1]) Diodor. Sicil., Lib. II, 43.

τῷ στρατῷ καὶ πύργους ἐπὶ πλοίων τῶν διαπορθμευόντων τὸν ποταμὸν οἰκοδομεόμενος¹). Diese Massageten werden von Prokop Hunnen genannt:

Αἴγαν δὲ ἦν Μασσαγέτης γένος οὕς νυν Οὔννους καλουσῖν²). Und die Hunnen werden Kimbren genannt³).

Nach Jordanis sollen die Perserkönige Darius und Xerxes gegen die Goten statt gegen die Skythen, wie Herodot berichtet, Krieg geführt haben. Er schildert dies folgendermaßen:

„Hierauf unternahm Cyrus, der Perserkönig, nach einem großen Zwischenraume, nämlich nach nahezu 630 Jahren, wie Trogus Pompejus bezeugt, gegen die Königin der Geten Thomyris einen für ihn unheilvollen Krieg. Übermütig gemacht durch seine Siege in Asien, strebte er danach, die Geten zu unterwerfen, deren Königin, wie gesagt, Thomyris war. Obgleich ihn diese an dem Übergang über den Fluß Abraxes (Ebrus, Maritza) hätte hindern können, ließ sie ihn doch herüberkommen, indem sie es vorzog, ihn mit den Waffen in der Hand zu besiegen, statt ihn durch die Gunst der Örtlichkeit fernzuhalten. So geschah es auch. Als nun Cyrus kam, begünstigte das Glück anfangs die Parther so sehr, daß sie den Sohn der Thomyris und den größten Teil ihres Heeres töteten. Aber bei Wiederaufnahme des Kampfes schlugen die Geten mit ihrer Königin das Partherheer bis zur Vernichtung und machten reiche Beute. Hierbei sah auch das Volk der Goten zum ersten Mal syrische Zelte. Hierauf zog die Königin Thomyris, noch mächtiger durch diesen Sieg und nachdem sie sich einer so reichen Beute bemächtigt hatte, in den Teil Mösiens, der jetzt mit Veränderung des Namens entsprechend dem Namen Großskythien, Kleinskythien heißt, und erbaute an der mösischen Küste des Pontus nach ihrem Namen die Stadt Thomes⁴)."

Diese Goten wohnten also an dem Ebrus (Maritza), und als sie sich hier nicht halten konnten, zogen sie sich nach

---

¹) Herodot., I, 205.
²) Procop., B. v., I, 11.
³) Siehe S. 39.
⁴) Jord., G., X, 61—63.

Makedonien zurück, wo Thomyris die Stadt Thomes gründete. Das waren auch Herodots Skythen.

Sodann schreibt Jordanis, daß der älteste König der Goten Telephus ein Sohn des Herkules war: Is ergo Telefus, Herculis filius natus ex Auge, sororis Priami coniungio copulatus, procerus quidem corpore, sed plus vigore terribilis qui paternam fortitudinem propriis virtutibus aequans Haerculis genium formae quoque Similitudinem referebat[1]). Dies ist vielleicht dem Dictus entnommen, der darüber schreibt: (Telephus) Herculi genitus procerus corpore ac pollens viribus divinis patriis virtutibus propriam gloriam aequi paraverat[2]). Teuthranius Teuthrante et Auge genitur frater Telephi uterinus[3]). Astyochen enim Priami iunctam sibi (Telepho) matrimonio[4]).

Herodot aber hält den Herkules für den Urvater der Könige der Skythen: Καὶ ἀπὸ μὲν Σκύθεω τοῦ Ἡρακλέος γενέσθαι τοὺς, αἰεὶ βασιλέας γινομένους Σκυθέων[5]). Es steht also fest, daß Jordanis Goten Herodots Skythen sind.

Auch Prokop hält die Goten für Skythen:

Λίμνην δὲ τὴν Μαιῶτιν καὶ τὴν ἐξ αὐτῆς ἐκβολὴν ὑπερβάντι εὐθὺς μὲν ἐς αὐτήν που τὴν ταύτης ἀκτὴν οἱ Τετραξῖται καλούμενοι Γότθοι τὸ παλαιὸν ᾤκηντο, ὧν ἐπεμνήσθην ἀρτίως· πολλῷ δὲ ἄποθεν Γότθοι τε καὶ Οὐσίγοτθοι καὶ Βανδίλοι καὶ τὰ ἄλλα Γοθικὰ γένη ξύμπαντα ἵδρυντο. οἳ δὴ καὶ Σκύθαι ἐν τοῖς ἄνω χρόνοις ἐπεκαλοῦντο, ἐπεὶ πάντα τὰ ἔθνη, ἅπερ τὰ ἐκείνη χωρία εἶχον, Σκυθικὰ μὲν ἐπὶ κοινῆς ὀνομάζεται, ἔνιον δὲ αὐτῶν Σαυρομάται ἢ Μαλάγχλαινοῖ, ἤ ἄλλο τι επεκαλουντο.

Dexipius, der im Jahre 269 die Goten von Athen abwehrte, hat sein Buch über den Angriff der Goten auf Athen „Σκύθικα" betitelt. Auch Zosimus, der Advokat des Arkadius und Honorius (4. Jh.) kennt die Goten nur unter dem Namen Skythen, und der heilige Hieronymus (331—420) schreibt:

Et certe Gothos omnes retro erudii magis Getas quam

---

[1]) Jord., G., IX, 59.
[2]) Dictus, II, 2, 4.
[3]) Dictus, c. 3.
[4]) Dictus, c. 5.
[5]) Herodot., IV, 10.
[6]) Procop., VIII, 5.

Gog et Magog appellare consueverunt. Hae itaque septem gentes, quas de Japheth venire stirpe memoravi, aquiliones partem habitant [1]).

Derselben Meinung ist auch der heilige Augustinus (geboren um das Jahr 354):

Gentes istae, quas appellat Gog et Magog, non sic sunt accipiendae tanquam sint aliqua parte terrarum barbari constituti, sive quos quidam suspicantur Getas, et Massagetas propter littera horum nominum primas, sive aliquos alios alieni genas, et a Romano jure sejunctos. (August. lib. II de civit. Dei. c. 12.)

Diese Gog und Magog sind Skythen. Jordanis schreibt darüber:

Ioseppus quoque annalium relator verissimus dum ubique veritatis conservet regulam et origines causarum a principio revolvat. haec vero quae diximus de gente Gothorum principia cur omiserit, ignoramus: sed tantu Magog eorum stirpe comemorans, Scythas eos et natione et vocabulo asserit appellatos [2]).

Josephus (37—100 n. Chr.) jedoch schreibt:

Τοὺς μὲν γὰρ νῦν ὑφ᾽ Ἑλλήνων Γαλάτας καλουμένους Γομαρεῖς δὲ λεγομένους, Γομάρης ἔκτισε, Μαγώγης δὲ τοὺς ἀπ᾽ αὐτοῦ μαγόγας ὀνομασθέντας ᾤκισε, Σκύθας δὲ ὑπ᾽ αὐτῶν προσαγορευομένους [3]).

Dies wird weiter auch von Isodorus wiederholt:

Gothorum antiquissima origo de Magog filio Japhet fuit, unde et Scytharum genus extitit: nam iidem Gothi Scythica probantur origine sati unde nec longe a Vocabulo discrepant: demutato enim ac detracto littera Getae quasi Scythae sunt nuncupatur [4]). Weiter derselbe: Magog a quo quidam arbitrantur Scythas et Gothos traxisse originem [5]). Noch weiter ebendaselbst: Gothi a Magog filio Japhet nominati putantur

---

[1]) Migne, XXIII, 2.
[2]) Jord., IV, 29.
[3]) Josephus, I 6, 1.
[4]) Isidorus, C. 66.
[5]) Isidorus, 9. 1, 27.

de similetudine ultimae syllabae, quos Veteres magis Getas quam Gothos vocaverunt[1]).

Von diesen Skythen weiß Herodot weiter zu berichten: „Als die Hellenen wider die Amazonen kriegten (die Amazonen aber nennen die Skythen Öorpata, das bedeutet in unserer Sprache Männertöter; denn Öor heißt bei ihnen der Mann und Pata bedeutet töten): da, so erzählt die Geschichte, schifften die Hellenen, nachdem sie in der Schlacht am Thermodon gesiegt, von dannen und nahmen mit auf drei Fahrzeugen alles, was sie von Amazonen lebendig gefangen. Diese aber legten auf der hohen See Hand an die Männer und brachten sie um. Sie kannten aber keine Schiffe und verstanden weder den Gebrauch des Steuers, noch den der Ruder, sondern nachdem sie die Männer umgebracht, ließen sie sich von Wind und Wellen treiben. Und sie gelangten nach Kremnö, an dem See Mäotis; dieses Kremnö aber liegt in dem Lande der freien Skythen. Daselbst stiegen die Amazonen aus den Schiffen und zogen hinein in das bewohnte Land, und den ersten Haufen Pferde, auf den sie stießen, nahmen sie weg und machten sich beritten damit und plünderten das Land der Skythen. (Σαυροματέων δὲ πέρι ὧδε λέγεται. Ὅτε Ἕλληνες Ἀμαζόσι ἐμαχέσαντο (τὰς δὲ Ἀμαζόνας καλεῦσι Σκύθαι Οἰόρπατα, δύναται δὲ τὸ οὔνομα τοῦτο κατ' Ἑλλάδα γλῶσσαν ἀνδροκτόνοι· οἰὸρ γὰρ καλεῦσι τὸν ἄνδρα, τὸ δὲ πατὰ κτείνειν), τότε λόγος τοὺς Ἕλληνας νικήσαντας τῇ ἐπὶ Θερμώδοντι μάχῃ ἀποπλώειν ἄγοντας τρισὶ πλοίοισι τῶν Ἀμαζόνων ὅσας ἐδυνέατο ζωγρῆσαι, τὰς δὲ ἐν τῷ πελάγεϊ ἐπιθεμένας ἐκκόψαι τοὺς ἄνδρας. Πλοῖα δὲ οὐ γινώσκειν αὐτὰς οὐδὲ πηδαλίοισι χρᾶσθαι οὐδὲ ἱστίοισι οὐδὲ εἰρεσίῃ· ἀλλ' ἐπὶ ἐξέκοψαν τοὺς ἄνδρας, ἐφέροντο κατὰ κῦμα καὶ ἄνεμον· καὶ ἀπικνέονται τῆς λίμνης τῆς Μαιήτιδος ἐπὶ Κρημνούς. Οἱ δὲ Κρημνοί εἰσι γῆς τῆς Σκυθέων τῶν ἐλευθέρων. Ἐνταῦτα ἀποβᾶσι ἀπὸ τῶν πλοίων αἱ Ἀμαζόνες ὡδοιπόρεον ἐς τὴν οἰκεομένην. Ἐντυχοῦσαι δὲ πρώτῳ ἱπποφορβίῳ τοῦτο διήρπασαν, καὶ ἐπὶ τούτων ἱππαζόμενας ἐληΐζοντο τὰ τῶν Σκυθέων[2]).

---

[1]) Isodorus, c. 89.
[2]) Herodot., IV, 110.

Weiter erzählt Herodot eine mehr poetische als auf Wahrheit beruhende Geschichte. Die Amazonen wären Weiber gewesen, zu ihnen hätten die Skythen junge Männer geschickt, um sie zu heiraten. Da die Amazonen mit den Skythenweibern nicht leben konnten, überredeten sie ihre Männer, zu ihren Vätern zu gehen, um das ihnen zufallende Erbe anzutreten, danach Skythien zu verlassen und sich jenseits des Flusses Tanais allein niederzulassen. Sie gingen über den Tanais und zogen nach Sonnenaufgang drei Tagereisen von der See Mäotis und drei Tagereisen von Tanais nach Mitternacht und schlugen daselbst ihre Wohnungen auf.

(Ἐπείθοντο καὶ ταῦτα οἱ νεηνίσκοι διαβάντες δὲ τὸν Τάναϊν ὡδοιπόρεον πρὸς ἥλιον ἀνίσχοντα τριῶν μὲν ἡμερέων ἀπὸ τοῦ Ταναΐδος ὁδὸν) τριῶν δὲ ἀπὸ τῆς λίμνης τῆς Μαιήτιδος πρὸς βορέην ἄνεμον. Ἀπικόμενοι δὲ ἐς τοῦτον τὸν χῶρον ἐν τῷ νῦν κατοιέκαται, οἴκησαν τοῦτον[1]).

So sind die Sarmaten, d. h. die Bewohner Mysiens, entstanden. Die hier in Frage kommenden Amazonen haben nach Virgil in Makedonien an dem Thermondont (Wardar) gelebt:

> Quales Threiciae quum flumina Thermondontis
> Pulsant, et pictis bellantur Amazones armis;
> Seu circum Hypolyten, seu cum se Martia curru
> Penthesilea refert magnoque ululante tumultu
> Feminea extulant lunatis agmina peltis[2]).

Dort haben sie auch nach Homer gelebt, da er sie mit Mygdonien (Wardatal) in Zusammenhang bringt:

> Ἤδη καὶ Φρυγίην εἰσήλυθον ἀμπελόεσσαν,
> ἔνθα ἴδον πλείστους Φρύγας, ἀνέρας αἰολοπώλους,
> λαοὺς Ὀτρῆος καὶ Μύγδονος ἀντιθέοιο,
> οἵ ῥα τότ᾽ ἐστρατόωντο παρ᾽ ὄχθας Σαγγαρίοιο
> καὶ γὰρ ἐγὼν ἐπίκουρος ἐὼν μετὰ τοῖσιν ἐλέχθην
> ἤματι τῷ ὅτε τ᾽ ἦλθον Ἀμαζόνες ἀντιάνειραι·
> ἀλλ᾽ οὐδ᾽ τόσοι ἦσαν ὅσοι ἑλίκωπες Ἀχαιοί[3]).

---

[1] Herodot., IV, 116.
[2] Virgil., XI, 658—603.
[3] Ilias, III, 184—190.

Jordanis bezieht Herodots Erzählung, obzwar ganz anders ausgedrückt, auf die Goten:

„Filimer, König der Goten, Sohn Gaderichs des Großen, der fünfte Beherrscher der Goten nach der Auswanderung von der Insel Skandza, der auch, wie oben von uns berichtet wurde (IV, 26), mit seinem Volke nach Skythien zog, erfuhr von dem Aufenthalt gewisser Zauberweiber in seinem Volke, die er selbst in seiner Muttersprache Haliurunen nennt" [1]).

Die Zauberweiber, die sich mit den Goten vereinigt haben, sind die Amazonen, welche sich nach Herodot mit skythischen Jünglingen vereinigt hatten.

Jordanis schreibt weiter ausdrücklich, daß die Männer der Amazonen Goten waren. Vesozis z. B. hätte mit Goten Krieg geführt statt mit Skythen [2]). Weiter die Geschichte der Amazonen schildernd, schreibt er:

„Sed ne dicas: de viris Gothorum sermo adsumptus cur in feminas tam diu perseverat?" [3]).

Wir haben den Zug der Amazonen mit den Skythen über den Tanais kennen gelernt, nun wollen wir den Zug der Goten nach Skythien verfolgen:

„Von dieser Insel Skandza also sollen einst, wie aus einer Werkstatt der Völker oder einer Mutter der Nationen, die Goten mit ihrem König Berig ausgefahren sein. Sobald sie ihre Schiffe verließen und an das Land stiegen, gaben sie demselben sogleich ihren Namen. Denn noch heute heißt, wie man erzählt, dort ein Land Gothiskandza. Von dort rückten sie bald vor in das Land der Ulmeruger, die damals an der Meeresküste ansässig waren, zogen gegen sie zu Felde, lieferten ihnen eine Schlacht und vertrieben sie aus ihrer Heimat. Ihre Nachbarn, die Vandalen, unterwarfen sie auch damals und machten sie sich durch ihre Siege untertan. Als

---

[1]) Jord., G., XXIV, 121.
[2]) Oros., 1, 14: Vesozes rex Aegipti   Scithis bellum primus induxit   Scythae   Vesozem territum refugere in regnum cogunt cet. c. 15: apud Scythas duo regii iuvenes Plynos et Scolopythus ingentem iuventutem secum traxere   per insidias trucidantur horum uxores exilio ac viduitate permotae arma sumunt — Amazones dictae.
[3]) Jord., G., IX, 58.

nun das Volk immer mehr zunahm und ungefähr der fünfte König nach Berig herrschte, nämlich Filimer, der Sohn des Gaderich, faßte dieser den Entschluß, in bewaffnetem Zuge mit Weib und Kind auszuwandern. Als er nach passenden Ortschaften und geeigneten Wohnsitzen suchte, kam er in die Lande von Skythien, welche in ihrer Sprache Oium heißen. (. qui aptissimas sedes locaqua dum quereret congrua, pervenit ad Scythiae terras, quae lingua eorum Oium vocabantur[1]).)

Die Skythen und Amazonen kamen nach Kremnö, die Goten und Amazonen kamen nach Oium. Das ist ein und dasselbe, da Kremnö gleich Oium ist. Oium ist ein bulgarisches Wort und bedeutet Deichsel. In dem etymologischen Wörterbuch von Miklosič steht: oje, Deichsel, bulgarisch ojište, serbisch oje, tschechisch oje; in dem Wörterbuch von Naÿden Geroff: oijšte, langes Holz für den Pflug, Deichsel, sodann Anhöhe, Haufen. Das griechische $K\varrho\eta\mu\nu\acute{o}\varsigma$ bedeutet: jäher Abhang, Böschung, Anhöhe, Rand. Sowohl mit „Oium" als mit „Kremnö" ist ein in das Meer ragendes Land gemeint. Scandza ist nicht Skandinavien. Das Zeichen dz drückt den bulgarischen Laut tsch aus, so daß Scandza = Scandtscha ist. Das „an" wird im neuen Bulgarischen nasaliert, d. h. es wird zu a oder ę, so daß Scandza = Sketscha, griechisch = Xanti wäre. Dieses Sketscha liegt gegenüber dem Golf Portolagos am Ägäischen Meere, welches in alten Zeiten Bistonis hieß. Dieses Bistonis oder Vistonis ist nachher zu Vistula geworden, welches man mit dem Fluß Weichsel, der gegenüber von Skandinavien in die Nordsee mündet, identifiziert. Trotzdem aber sind wir mehr der Meinung, daß Scandza entweder eine der Inseln in dem Prespasee oder das heutige Kotschani an der Brjegalnitza ist. Östlich vom Prespasee liegt der See Ostrowo, nach welchem vielleicht die Ostrogoti ihren Namen haben.

Weiter schreibt Herodot:

„Wenn man aber über den Tanais geht, so ist es nicht mehr skythisch, sondern die erste Landschaft gehört den Saur-

---

[1]) Jord., G., IV, 26—28.

maten, die bewohnen von dem Winkel der See Mäotis an das Land nach Mitternacht fünfzehn Tagereisen weit, da ist kein Fruchtbaum und kein wilder Baum zu finden.

(*Ταναϊν δὲ ποταμὸν διαβάντι οὐκέτι Σκυθική, ἀλλ' ἡ μὲν πρώτη τῶν λαξίων Σαυροματέων ἐστὶ, οἳ ἐκ τοῦ μυχοῦ ἀρξάμενοι τῆς Μαιήτιδος λίμνης νέμονται τὸ πρὸς βορέην ἄνεμον, ἡμερέων πεντεκαίδεκα ὁδὸν, πᾶσαν ἐοῦσαν ψιλὴν καὶ ἀγρίων καὶ ἡμέρων δενδρέων*)[1].

Über den Tanais gingen nach Herodot die Amazonen mit ihren skythischen Männern. Dasselbe haben nach Jordanis die Goten und Amazonen getan. Er schreibt:

Tunc, ut fertur Vesosis Scythis lacrimabile sibi potius intulit bellum eis videlicet, quos Amazonarum viros prisca tradit auctoritas, de quas et feminas bellatrices Orosius in primo volumine professa voce testatur. unde cum Gothis eum tunc dimicasse evidenter probamus, quem cum Amazonarum viris absolute pugnasse cognoscimus, qui tunc a Borysthene amne, quem accolae Danaparum vocant usque ad Thanain flufium circa sinum paludis Meotis consedebant[2].

Herodots Skythen und Amazonen hatten den Tanais überschritten und sich in dem *μυχός* an der Mäotischen See angesiedelt. Dasselbe haben auch Jordanis' Goten und Amazonen getan, da sein Sinus gleich *μυχός* ist. Das ist nun ein zweiter sicherer Beweis, daß Jordanis' Goten dasselbe wie Herodots Skythen sind.

Herodots Skythen und Jordanis' Goten sind Theophanes' und Nicephorus' Bulgaren. Da die letzteren ihre Berichte erst im 9. Jahrhunderte geschrieben haben, so sind sie den neueren Verhältnissen angepaßt, im Grunde jedoch geben sie das wieder, was schon Herodot über die Skythen geschrieben hat. So z. B. schreibt Nicephorus:

λεκτέον δὲ ἤδη περὶ τῆς τῶν λεγομένων Οὔννων καὶ Βουλγάρων ἀρχῆς καὶ καταστάσεως αὐτων. περὶ τὴν Μαιῶτιν λίμνην κατὰ τὸν Κώφινα ποταμὸν καθίσταται ἡ πάλαι καλουμένη μεγάλη Βουλγαρία καὶ οἱ λεγόμενοι Κότραγοι, ὁμόφιλοι αὐτῶν καὶ οὗτοι τυγχάνοντες ἐν δὲ τοῖς Κωνσταντίνου χρόνοις ὃς κατὰ τὴν δύσιν ἐτελεύτα,

---

[1] Herodot., IV, 21.
[2] Jord. G., V, 44.

Κοβράτος τις τοὔνομα κύριος γενόμενος τῶν φύλων τούτων τὸν βίον μεταλλάξας πέντε καταλιμπάνει υἱούς, ἐφ' οἷς διατίθεται μηδαμῶς τῆς ἀλλήλων ἀναχωρισθῆναι διαίτης, ὡς ἂν διὰ τῆς πρὸς ἀλλήλους εὐνοίας τὰ τῆς ἀρχῆς αὐτῶν διασώζοιτο. οὗτοί μικρὰ τῆς πατρικῆς φροντίσαντες παραινέσεως ὀλίγου παρῳχηκότος χρόνου διέστησαν ἀλλήλων, ἕκαστος αὐτῶν τοῦ λαοῦ ἴδιον μέρος ἀποτεμνόμενος. Ὧν ὁ μὲν πρῶτος Βαϊανὸς υἱὸς λεγόμενος κατὰ τὰ ἐνταλθέντα αὐτῷ παρὰ τοῦ πατρὸς ἐν τῇ προγονικῇ γῇ διέμεινε μέχρι τοῦ δεῦρο, ὁ δὲ δεύτερος λεγόμενος Κότραγος τὸν Τάναϊν περαιωθεὶς ποταμὸν ᾤκησε τού των ἄντικρύ, ὁ δὲ τέταρτος τὸν Ἴστρον ποταμὸν διαβὰς ἐν Πανονίᾳ τῇ νῦν ὑπὸ Ἀβάροις κειμένῃ αὐλίζεται ὑπόσπονδος τῷ ἐγχωρίῳ ἔθνει γενόμενος, ὁ δὲ πέμπτος κατὰ τὴν Ῥαβεννησίαν πεντάπολιν ἱδρυσάμενος ὑπόφορος Ῥομαίος ἐγένετο. Τούτων ὁ λοιπὸς τρίτος ἀδελφὸς ὄνομα Ἀσπαρούχ τὸν Δάναπριν καὶ τὸν Δάνστριν ποταμὸν περαιωθεὶς περὶ τὸν Ἴστρον οἰκίζεται, τόπον πρὸς οἴκησιν ἐπιτήδειον, Ὄγλον τῇ σφῶν καλούμενον φωνῇ, καταλαβόμενος, δυσχερῇ τε καὶ ἀνάλωτον πολεμίοις ὑπάρχοντα· ἀσφαλής τέ ἐστι τὰ μὲν ἔμπροσθεν τῇ τε δυσχωρίᾳ καὶ τῷ τελματώδης εἶναι τυγχάνων, τὰ δ' οὖν ὄπισθεν κ ρ η μ ν ο ῖ ς ἀβάτοις τετειχισμένα[1]).

Fast dasselbe berichtet auch Theophanes:

Ἀναγκαῖον δὲ εἰπεῖν καὶ περὶ τῆς ἀρχαιότητος τῶν Ὀνογουνδούρων, Βουλγάρων καὶ Κοτράγων ἐν τοῖς ἀρκτῴις περατικοῖς μέρεσι τοῦ Εὐξείνου πόντου, ἐν τῇ λεγομένῃ Μαιώτιδι λίμνῃ, εἰς εἰσάγεται ποταμὸς μέγιστος ἀπὸ τοῦ ὠκεανοῦ καταφερόμενος διὰ τῆς τῶν Σαρματῶν γῆς, λεγόμενος Ἀτάλ, εἰς ὃν εἰσάγεται ὁ λεγόμενος Τάναϊς ποτάμος καὶ αὐτὸς ἀπὸ τῶν Ἰβηρίων πυλῶν ἐξερχόμενος τῶν ἐν τοῖς Καυκασίοις ὄρεσιν, ἀπὸ δὲ τῆς μίξεως τοῦ Ταναΐ καὶ τοῦ Ἀτάλ (ἄνωθεν τῆς προλεχθείσης Μαιώτιδος λίμνης σχιζομένου τοῦ Ἀτάλ) ἔρχεται ὁ λεγόμενος Κοῦφις ποταμός, καὶ ἀποδίδει εἰς τὸ τέλος τῆς Ποντικῆς θαλάσσης πλησίον τῶν Νεκροπυλῶν εἰς τὸ ἄκρωμα τὸ λεγόμενον Κριοῦ πρόσωπον· ἀπὸ δὲ τῆς προσημανθείσης λίμνης ἴσα ποταμῷ θάλασσα, καὶ εἰσάγεται εἰς τὴν τοῦ Εὐξείνου πόντου θάλασσαν διὰ τῆς γῆς Βοσπόρου καὶ Κιμμερίου, ἐξ οὗ ποταμοῦ ἀγρεύεται τὸ λεγόμενον Μουρζοῦλιν καὶ τὰ τούτου ὅμοια, καὶ εἰς μὲν τὰ πρὸς ἀνατολὴν μέρη τῆς προκειμένης λίμνης ἐπὶ Φαναγουρίαν καὶ τοὺς ἐκεῖσε οἰκοῦντας Ἑβραίους παράκεινται

---

[1]) Nicephor. Costpl. Patr. Bonnae p. 38—39.

ἔϑνη πλεῖστα· ἀπὸ δὲ τῆς αὐτῆς λίμνης ἐπὶ τὸν λεγόμενον Κοῦφιν ποταμόν, ἔνϑα τὸ ξυστὸν ἀγρεύεται Βουλγαρικὸν ὀψάριν, ἡ παλαιὰ Βουλγαρία ἐστὶν ἡ μεγάλη, καὶ οἱ λεγόμενοι Κότραγοι ὁμόφυλοι αὐτῶν καὶ οὗτοι τυγχάνοντες[1]).

Wie wir sehen, haben Nicephorus' und Theophanes' Bulgaren dieselben Wanderungen gemacht wie Herodots Skythen und Jordanis' Goten. Die Bulgaren haben gleich den Skythen und Goten den Tanais überschritten und sich in einer Gegend, welche sie in ihrer Sprache Ὄγλον (Winkel) nannten, niedergelassen. Das Land der Bulgaren stieß auf der Seite der See Mäotis an die Κρημνοῖς. Theophanes nennt diese κρεμνοῖς „ἄκρωμα", welches ein und dasselbe ist. Ἄκραωα jedoch ist noch näher verwandt mit Oium als κρημνοί. Es ist ein aus ἄκρος = spitz, äußerste, oberste Spitze, Höhe und ὦμος = Schulter, Oberarm zusammengesetztes Wort. Ἄκρομα also ist gleich Deichsel (Oium). Dies geht nicht nur aus der Etymologie des Wortes hervor, sondern auch aus der Bedeutung, die Theophanes diesem Worte beilegt: ἄκρομα τὸ λεγόμενον Κριοῦ πρόσωπον.

Die Tatsache, daß κρέμνοι = Oium ist und μυχός = Sinus = ὄγλον ist, ist der beste Beweis, daß Theophanes' und Nicephorus' Bericht von den Bulgaren nichts weiter sein kann als Jordanis' Bericht von den Goten und Herodots Bericht von den Skythen.

Nicephorus' großes altes Bulgarien befand sich zwischen der See Mäotis und dem Fluß Kofina. Dieser Fluß wird von Pomponius Mela in Makedonien angegeben:

Tum Macedonum populi, aliquot urbes habitant! quarum Pelle est maxime illustris. Alumni efficiunt, Philippus Graeciae domitor, Alexander etiam Asiae. In litere flexus Mecybernaeus, inter promontoria Derrim et Canastraeum et portum qui Cofωs dicitur, urbs Toronen et Myscellam atque, unde ipsi nomen est, Mecybernam incingit. Canastraeo promontorio Sane proxima est. Mecybernaeus autem in medio, qua terra dat gremium, modice in litora ingreditur. Ceterum longis in altum immissis lateribus, ingens inde Thermaicus sinus est. In eum Axius per Mace-

---

[1]) Theophanes, Chronographia I, S. 544—546 (ed. Bonn).

donas, et jam per Thessalos Peneus excurrit. Ante Axium Thessalonice est[1]).

Canastrenum und Tornum, bei welchen sich Kofòs befand, sind die heutige Bucht und Landzunge Kassandra bei Saloniki. Eine Vereinigung von zwei Flüssen, die dadurch einen See bilden, kann man am deutlichsten bei dem Tachinosee beobachten, in den Struma und Dramatitza oder Angista sich ergießen. Wie dem auch sei, daß Kofòs in Theophanes' Bulgarien lag, beweist, daß dieses Bulgarien bei Saloniki lag.

In Theophanes' östlichem Bulgarien wohnten die E b r ä e r, d. h. die am Ebrus wohnenden. Sein $Κριοῦ\ πρόσωπον$ ist der thrakische Chersones oder die heutige Halbinsel Galipoli, wie Strabo berichtet:

Μετὰ δὲ Αἰγιαλὸν Κάραμβις, ἄκρα μεγάλη πρὸς τὰς ἄρκτους ἀνατεταμένη καὶ τὴν Σκυθικὴν χερρόνησον. ἐμνήσθημεν δ᾽ αὐτῆς πολλάκις καὶ τοῦ ἀντικειμένου αὐτῇ Κριοῦ μετώπου, διθάλαττον ποιοῦτος τὸν Εὔξεινον πόντον[2]).

Κατὰ δὲ ταύτην ἐστὶ τὸ ἑπταστάδιον τὸ κατὰ Σηστὸν καὶ Ἄβυδον, δι᾽ οὗ τὸ Αἰγαῖον καὶ ὁ Ἑλλήσποντος ἐκδίδωσι πρὸς ἄρκτον εἰς ἄλλο πέλαγος, ὃ καλοῦσι Προποντίδα· κἀκεῖνο εἰς ἄλλο τὸν Εὔξεινον προσαγορευόμενον πόντον. ἔστι δὲ διθάλατος τρόπον τινὰ οὗτος· κατὰ μέσον γάρ πως ἄκραι δύο προπίπτουσιν, ἡ μὲν ἐκ τῆς Εὐρώπης καὶ τῶν βορείων μερῶν, ἡ δ᾽ ἐκ τῆς Ἀσίας ἐναντία ταύτῃ, συνάγουσαι τὸν μεταξὺ πόρον καὶ ποιοῦσαι δύο πελάγη μεγάλα· τὸ μὲν οὖν τῆς Εὐρώπης ἀκρωτήριον καλεῖται Κριοῦ μέτωπον, τὸ δὲ τῆς Ἀσίας Κάραμβις[3]).

Kriu Metopon oder Prosopon ist also die Landzunge, welche heutzutage unter dem Namen der Halbinsel Galipoli bekannt ist. Das ist das Oium, wohin die Goten und Amazonen, und das Kremnö, wohin die Skythen und Amazonen gekommen waren. Hier zwischen Bistritza und Byzanz war auch das Reich der Gotenkönigin Tamyris[4]).

---

[1]) Pomponius Mela, II, 3.
[2]) Strabon., Lib. XII, c. III, 10.
[3]) Strabon., Lib. II, c. V, 22.
[4]) Siehe S. 42.

Hier lebten auch die Hunnen. Jordanis schreibt darüber folgendes:

„Jenseits von diesen Akatziren wieder oberhalb des Pontischen Meeres breiten sich die Sitze der Bulgaren aus, welche die unglücklichen Folgen unserer Sünden so weit bekannt gemacht haben. Von hier ist durch die Hunnen aus einem an tapferen Stämmen so fruchtbaren Boden zweifache Wut über die Völker gekommen. Die einen nämlich hießen Altziagiren, die anderen Saviren, und sie bewohnen voneinander getrennte Länder: die Altziagiren neben Chersona, wohin der habgierige Kaufmann Asiens seine Waren bringt. Im Sommer durchstreifen sie die weiten Steppen und wählen ihre Wohnsitze, je nachdem sie der Reichtum an Futter für ihr Vieh dazu einladet, im Winter ziehen sie sich an das Gestade des Pontischen Meeres zurück" [1]).

Winterweide gibt es nur an dem Marmara- und Ägäischen Meere, aber nicht nördlich von dem Schwarzen und Asowschen Meere, wo im Winter sehr viel Schnee fällt. Daher lebten Jordanis' Hunnen und Bulgaren an dem Marmara- und Ägäischen Meere und auf dem thrakischen Chersones.

Die Hunnen stammen aber aus Makedonien. Theophylakt Simocata berichtet darüber folgendes:

Ἐπιβαίνει τοίνυν καὶ ἑτέρου ἐγχειρήσεως ὁ Χαγᾶνος (der Abarer), καὶ τοὺς Ὀγὼρ ἐχειρώσατο πάντας. ἔθνος δὲ τοῦτο των ἰσχυροτάτων καθέστηκεν διά τε τὴν πολυανδρίαν καὶ τὴν πρὸς τὸν πόλεμον ἔνοπλον ἄσκησιν. οὗτοι δὴ πρὸς ταῖς ἀνατολαῖς τὰς οἰκήσεις ποιοῦνται. ἔνθα ὁ Τιλ διαρρεῖ ποταμος ὃν Μέλανα Τούρκοις ἀποκαλεῖν ἔθος. οἱ δὲ τούτου τοῦ ἔθνους παλαιότατος ἔξαρχοι Οὐὰρ καὶ Χουννι ὠνομάζοντο ἐκ τούτων καί τινα των ἐθνῶν ἐκείνων τὴν ὀνομασίαν ἐκληρώσαντο Οὐαρ καὶ Χουννι ὀνομαζόμενοι [2]).

Theophylakt Simocata hat gedacht, daß Cheun und Var, von denen die Hunnen ihre Namen führen, hunnische Fürsten gewesen wären. Var ist gleich Therma (Saloniki), und Cheun ist die Stadt Polien oder Polen, das heute auch Doiran genannt wird, östlich von Gevgeli und nördlich von Kukusch

---

[1]) Jord., G., V, 37.
[2]) Theophil. Simoc. VIII, 7.

und Saloniki. Nach Strabo ist Chonon und Polien ein und dasselbe: καὶ διᾳ̃ λαβεῖν τὶν πόλιν Χώνων οὖσαν, καλέσαι δὲ αὐτην Πολίειον [1]).

Nach Aristoteles sind die Choner Veneter, welche auch Sirin (Serer) heißen: Ὤκουν δὲ τὸ μὲν πρὸς τὴν Τυρρηνίαν Ὀπικοὶ καὶ πρότερον καὶ νῦν καλούμενοι τὴν ἐπωνυμίαν Αὔσονες, τὸ δὲ πρὸς τὴν Ἰαπυγίαν καὶ τὸν Ἰόνιον Χῶνες, τὴν καλουμένην Σίριν· ἦσαν δὲ οἱ Χῶνες Οἰνωτροὶ τὸ γένος [2]). Seres liegt an der Struma nicht weit von Polien, so daß auch Aristoteles Choner oder Choni Poliener sind.

Das bulgarische Wort Varŭ = Hitze, Wärme ist gleich Therma (Saloniki) und Polen oder Polien (begossen) ist gleich Χέvον von χέω (gießen). Dies wird auch von Jordanis bestätigt. Er berichtet, daß die Hunnen sich nach dem Siege über Attilas Söhne in ihr altes Vaterland, welches von dem Var bespült wird, zurückgezogen hätten (quae in fuga versa eas partes Skytiae peteret, quas Danabri amnis fluenta pratermeant, quam lingua sua Hunni Var appellant [3]).

Und etwas weiter fährt Jordanis fort:

„Nachdem so der Friede der Goten mit den Römern sicher gestellt worden war, sahen die ersteren, daß das, was sie von dem Kaiser erhielten, ihnen nicht ausreiche, und sie begannen, um zugleich ihre gewohnte Tapferkeit glänzen zu lassen, die Nachbarvölker rings herum auszuplündern. Zuerst wandten sie gegen die Sadagen, die das innere Pannonien besaßen, ihre Waffen. Als dies der Hunnenkönig Dintzik, ein Sohn Attillas, erfuhr, sammelte er alle, welche — wenn auch nur wenige — noch unter seiner Herrschaft standen: die Ultzinzuren, Angiskiren, Bitturguren, Bardoren, und rückte gegen Basiana, eine Stadt in Pannonien, ließ sie mit einem Belagerungswall umgeben und fing an, ihr Gebiet zu brandschatzen" [4]).

Unter Bardoren sind hier die Vardaren oder die Wardar-

---

[1]) Strabon., Lib. VI, c. I, 14.
[2]) Aristoteles, Politica Lib. VII, c. IX (X). Edit. Didot, Parisiis I, S. 610.
[3]) Jord., G., LII, 269.
[4]) Jord., LIII, 272.

— 55 —

bewohner zu verstehen, während Bitturguren = Prokops Uturguren, die nicht weit von dem Pontus wohnten, sind. Die Ultzinzuren sind die an dem Pontus und am Ägischen Meere wohnenden Altziagiren und die Angiskiren, die ihren Wohnsitz an der Angista hatten. Hier sind die hunnischen und gotischen Wohnorte auch nach dem maßgebendsten Geschichtsschreiber der Hunnen und Goten, Orosius, gewesen. Er schreibt, daß schon Alexander der Große mit diesen Völkern zu tun gehabt hat:

Itaque Theodosius atflictam Rempublicam ira Dei reparandam credidit misericordia illius, omnem fiduciam sui ad opem Christi conferens, maximas illas Scythicas gentes formidatasque cunctis majoribus, Alexandro quoque illi Magno, sicut Pompeius Corneliusque testati sunt, evitatas, nunc autem exstincto Romano exercitu, Romanis equis armisque instructissimas, hoc est, Alanos, Hunnos et Gothos, incunctanter aggressus, magnis multisque praeliis vicit[1]). Diese Worte von Orosius mögen denjenigen als Antwort dienen, die die Hunnen für Mongolen und die Goten für Germanen halten.

In der Legenda Ochridica wird gesagt, daß die Bulgaren zuerst am Olymp gewohnt haben und nachher von Alexander nach dem Norden vertrieben wurden[2]). Wir wissen, daß Alexander der Große und sein Vater Philipp die Triballen nach Peuci (Pechtschewo) vertrieb. Pechtschewo liegt an der Struma nördlich von Strumitza und westlich von Melnik. Alexander der Große hat also mit seinen nächsten Nachbarn zu tun gehabt. Joannes Malalas schreibt, daß die Bulgaren gleichbedeutend mit den alten Myrmidonen sind, welche an dem trojanischen Kriege teilgenommen haben:

Καὶ ἀπῆλθε μετὰ τῶν Ἀτρειδῶν ὁ αὐτὸς Ἀχιλλεύς, ἔχον ἴδιον στρατὸν τῶν λεγομένων Μυρμιδόνων τότε, νυνὶ δὲ λεγομένων Βουλγάρων τριῶν χιλιάδων, ἅμα Πατρόκλῳ στρατοπεδάρχῃ καὶ Νέστορι· οἵτινες ἐδυσωπήθησαν παρὰ Χείρωνος καὶ Πηλέως καὶ Θέτιδος συνεῖναι τῷ Ἀχιλλεῖ, ἀπῆλθε δὲ ὁ Ἀχιλλεὺς μόνος μετὰ τοῦ ἰδίου στρατοῦ ἐπὶ τὸ Ἴλιον τῶν Ἀργείων καὶ τῶν Μυρμιδόνων[3]). Die

---
[1]) Orosius, c. XXXIV, 5.
[2]) Bilbassoff, Kyrill i Methodii II S. 301—302.
[3]) Malalas, ed. Bonn, S. 404.

Myrmidonen wohnten in Thessalien und an der Bistritza, so daß die Bulgaren ein altes makedonisches Volk sind. Außerdem sind die Hunnen Malalas' auch ein thrakisches Volk, das in der Nähe des Bosporus gelebt hat. (*Ἐν αὐτῷ δὲ τῷ χρόνῳ καὶ ὁ πλησίον Βοσπόρου ῥὴξ τῶν Οὔννων*[1]).)

Die Schilderung, daß die Hunnen klein, kahlköpfig, kaum menschenähnlich wären, die die Gelehrten veranlaßte, die Hunnen für ein mongolisches Volk zu halten, ist auf Herodot zurückzuführen und eine die Skythen angehende Fabel. So z. B. schreibt Herodot:

„Wenn man über den Tanais geht, so ist nicht mehr Skythien, sondern die erste Landschaft gehört den Saurmaten. Die bewohnen von der Bucht des Sees Mäotis an das Land nach Mitternacht fünfzehn Tagereisen weit, da ist kein Fruchtbaum und kein wilder Baum zu finden. Über diesen in der zweiten Landschaft wohnen die **Budiner**, das Land ist ganz dicht mit allerhand Holz bewachsen. Über den Budinern aber nach Mitternacht ist zuerst eine Wüstenei, sieben Tagereisen lang. Nach dieser Wüstenei, etwas mehr nach Sonnenaufgang zu, wohnen die Thyssageten, ein zahlreiches und eigenes Volk, die leben von der Jagd. Dicht neben ihnen in demselben Lande wohnen Leute, die heißen die Iyrken (*Ἰύρκαι*), auch diese leben von der Jagd. Über diesen gegen Morgen zu wohnen andere Skythen, **die sind abgefallen von den Königsskythen und also in dieses Land gekommen**. Bis an das Land dieser Skythen nun ist alles, davon wir gesprochen, ein Blachfeld und hat schweren Boden, von nun aber ist es steinig und rauh. Und wenn man auch durch dieses steinige Land hindurchgeht eine weite Strecke, da wohnen am Fuße hoher Berge Leute, die sollen Kahlköpfe sein von Kind an, Männer wie Weiber, und haben Stumpfnasen und sprechen eine eigene Sprache, ihre Kleidung aber ist skythisch. Sie leben von Baumfrüchten. Sie heißen die Argippäer. (*Ὑπὲρ δὲ τούτων τὸ πρὸς τὴν ἠῶ ἀποκλίνοντι οἰκέουσι Σκύθαι ἄλλοι, ἀπὸ τῶν βασιληΐων Σκυθέων ἀποστάντες καὶ οὕτω ἀπικόμενοι ἐς τοῦτον τὸν χῶρον. Μέχρι μὲν δὴ τῆς*

---

[1]) Malalas, S. 431—432.

τούτων τῶν Σκυθέων χώρης ἐστὶ ἡ καταλεχθεῖσα πᾶσα πεδιάς τε γῆ καὶ βαθύγαιος, τὸ δ' ἀπὸ τούτου λιθώδης τ' ἐστὶ καὶ τρηχέα. Διεξελθόντι δὲ καὶ τῆς τρηχέης χῶρον πολλὸν οἰκέουσα ὑπώρεαν ὀρέων, ὑψηλῶν ἄνθρωποι λεγόμενοι εἶναι πάντες φαλακροὶ ἐκ γενετῆς γινόμενοι, καὶ ἔρσενες καὶ θήλεαι ὁμοίως, καὶ σιμοὶ καὶ γένεια ἔχοντες μεγάλα, φωνὴν δὲ ἰδίην ἱέντες, ἐσθῆτι δὲ χρεώμενοι Σκυθικῇ, ζώοντες δὲ ἀπὸ δενδρέων Οὔνομα δὲ σφί ἐστι Ὀργιεμπαῖοι[1]).)

Diese häßlichen Leute wohnten nordöstlich von den Budinern. Nordöstlich von Woden liegt Polien oder Cheun, woher die Hunnen stammen. Jordanis und Amm. Marcellinus wiederholen Herodots Schilderung mit dem Unterschiede, daß sie statt Skythen Hunnen sagen. Jordanis schreibt darüber folgendes:

„Nach nicht langer Zeit, wie Orosius berichtet, brach das Volk der Hunnen, das über alle Begriffe roh und wild ist, gegen die Goten los. Über ihren Ursprung haben wir folgenden Bericht vom Altertum überkommen. Filimer, König der Goten, Sohn Gadarichs des Großen, nach der Auswanderung aus der Insel Skandza der fünfte Beherrscher der Geten, der auch, wie oben von uns berichtet wurde (IV, 26), mit seinem Volk nach Skythien zog, erfuhr von dem Aufenthalt gewisser Zauberweiber in seinem Volke, die er selbst in seiner Muttersprache Haliurunen nennt. Da er sie für verdächtig hielt, vertrieb er sie und nötigte sie, fern von seinem Heere in Einöden umherzuirren. Dort wurden sie von unreinen Geistern, als sie in der Wüste umherschweiften, erblickt. Diese begatteten sich mit ihnen und umarmten sie, und so entstand dieses wilde Geschlecht[2]). Zuerst hielten sie sich zwischen den Sümpfen auf, ein unansehnliches, häßliches, kleines, kaum menschenähnliches Geschlecht, an keiner Sprache erkenntlich, außer an einem etwas, das den Schein einer menschlichen Sprache durchblicken ließ. Diese Hunnen also von solchem Ursprung

---

[1]) Herodot., IV, 22—23.

[2]) Haliurunen ist vielleicht ein aus Hala und juri zusammengesetztes bulgarisches Wort. Hala heißt böser Geist, Ungeheuer, Sturmwind, und juri toben, rennen. Böse Geister oder Ungeheuer haben um die Goten getobt, sich mit ihnen vereinigt und so die Hunnen erzeugt.

näherten sich dem Gebiet der Goten. (Quas spiritus inmundi per herimum vagantes dum videssent et eorum conplexibus in coitu miscuissent genus hoc ferocissimum ediderunt quae fuit primum inter paludes, minutum tetrum atque exile quasi hominum genus nec alia voce notum nisi quod humani sermonis imaginem adsignabat[1]).

Ebenso werden die Hunnen auch von Ammian Marcellini beschrieben:

„Hunnorum gens, monumentis veteribus leviter nota, ultra paludes Maeoticas glacialem oceanum accolens, omnem modum feritatis excedit. Ubi quoniam ab ipsis nascendi primitiis infantum ferro sulcantur altius genae, ut pilorum vigor tempestivus emergens conrugatis cicatricibus hebetetur, senescunt imberbes absque ulla venustate, spadonibus similes: compactis omnes firmisque membris, et opimis cervicibus: prodigosae formae et pavendi ut bipedes existimes bestias, vel quales in commarginandis pontibus effigiati stipites dolantur incompte. In hominum autem figura licet insuavi ita visi sunt asperi, ut neque igni neque saporatis indigeant cibis, sed radicibus herbarum agrestium et simicruda cuiusvis pecoris scarne vescantur quam inter femora sua et equorum terga subfertam, fotu calefaciunt brevi. Aedificiis nullis umquam tecti: sed haec velut ab usu communi discreta sepulchra declinant. Nec enim apud eos vel arundine fastigatum reperire tugurium potest. Sed vagi montes peragrantes et silvas, pruinas, famem, sitimque perferre ab incunabulis adsuescunt" [2]).

Das unmenschliche Äußere der Hunnen ist also eine Fabel, welche auf der Boshaftigkeit ihrer Feinde beruht.

Die Hunnen oder die Bewohner Makedoniens wurden später von Theophanes, welcher bis jetzt als Urquelle für die bulgarische Geschichte galt, Bulgaren genannt. Als Quelle für seine bulgarische Geschichte benutzte Theophanes den im sechsten Jahrhundert lebenden Malalas mit dem Unterschiede, daß er statt Hunnen Bulgaren schrieb. Da dies von großer

---

[1] Jord., G., XXIV, 121, 122.
[2] Amm. Marcell., XXXI, 2, 1.

Bedeutung für die Charakteristik der Bulgaren ist, so wollen wir die beiden Schriftsteller vergleichen:

Malalas:

Ἐπὶ δὲ τῆς αὐτοῦ βασιλείας (Anastasius) δύο στρατηγοὶ Οὔννων ἐπιῤῥίψαντες μετὰ πλήθους εἰς τὴν Σκυθίαν καὶ τὴν Μυσίαν, ὄντος ἐκεῖ στρατηλάτου Ῥωμαίων Βαδουαρίου καὶ Ἰουστίνου, καὶ ἐξελθόντων αὐτῶν κατὰ τῶν Οὔννων, καὶ συμβολῆς γενομένης, ἐσφάγη Ἰουστῖνος ἐν τῷ πολέμῳ· καὶ ἐγένετο ἀντ᾽ αὐτοῦ Κωνσταντίολος ὁ Φλωρεντίου στρατηλάτης τῆς Μυσίας. καὶ ἦλθον οἱ Οὖννοι πραιδεύοντες ἕως τῆς Θρᾴκης· καὶ ἠξελθὼν κατ᾽ αὐτῶν ὁ στρατηλάτης Κωνσταντίολος καὶ Γοδιλᾶς καὶ ὁ τοῦ Ἰλλυρικοῦ στρατηλάτης Ἀσκοὺμ ὁ Οὖννος, ὃν ἐδέξατο ὁ βασιλεὺς Ἰουστνιανὸς ἐν ἁγίῳ βαπτίσματι, καὶ μεσολαβηθέντων τῶν Οὔννων ἐν τῷ πολέμῳ, καὶ πολλῶν ἐξ αὐτῶν πιπτόντων, ἀπέφυγεν ἡ πραῖδα πᾶσα, καὶ ἐγένοντο Ῥωμαῖοι ἐπικρατέστεροι, φονεύσαντες, καὶ τοὺς δύο ῥῆγας. καὶ ὡς ὑποστρέφουσιν, ὑπηντήθησαν ὑπὸ ἄλλων Οὔννων· καὶ συμβαλόντες ἀπὸ κόπου, καὶ ἀσθενέστεροι ὄντες οἱ Ῥωμαίων στρατηγοί, δέδωκαν νῶτα· καὶ καταδιώξαντες οἱ Οὖννοι ἐσόκευσαν φεύγοντας τοὺς ἐξάρχους Ῥωμαίων. καὶ ὁ μὲν Γοδιλᾶς ἀποσπάσας τὸ ἴδιον ξίφος ἔκοψε τὸν σόκον καὶ ἐξείλησεν, ὁ δὲ Κωνσταντίολος ἠνέχθη ἀπὸ τοῦ ἵππου ἐπὶ τὸ ἔδαφος· καὶ ὁ Ἀσκοὺμ δὲ συνελήφθη. καὶ λαβόντες τοὺς δύο αἰχμαλώτους, τὸν μὲν Κωνσταντίολον ἀνέδωκαν, λαβόντες παρὰ τοῦ βασιλέως Ῥωμαίον νομίσματα μύρια, καὶ ἀνῆλθεν ἐν Κωνσταντινουπόλει· τὸν δὲ Ἀσκοὺμ τὸν Οὖννον κρατήσαντες ἀνεχώρησαν ἐπὶ τὴν χώραν αὐτῶν μετὰ καὶ ἄλλων πολλῶν αἰχμαλώτων· καὶ εἰρήνευσε λοιπὸν τὰ Θρᾳκικὰ μέρμ[1]).

Theophanes:

Τούτῳ τῷ ἔτει ἐκκίνησαν οἱ Βούλγαροι, δύο ῥῆγες μετὰ πλήθους Βουλγάρων καὶ Δρούγγου, εἰς τὴν Δυσίαν καὶ Μυσίαν στρατηλάτου ὄντος τῆς Μυσίας Ἰουστίνου καὶ τῆς Σκυθίας Βαυδαρίου. οἵ τινες ἐξελθόντες κατὰ τῶν Βουλγάρων, συνέβαλον πόλεμον, καὶ ἐσφάγη Ἰουστῖνος ὁ στρατηλάτης ἐν τῷ πολέμῳ καὶ ἐγένετο ἀντ᾽ αὐτοῦ ὁ Κωνσταντῖνος ὁ Φλωρεντίου· καὶ ἦλθον οἱ Βούλγαροι ἕως τῶν μερῶν τῆς Θρᾳκης. καὶ ἐξῆλθεν κατ᾽ αὐτῶν ὁ στρατηλάτης Ἰλλυρικοῦ Ἀκούμ, ὁ Οὖννος, ὃν ἐδέξατο ὁ βασι-

---

[1]) Joannis Malalae, Chronographia, ed. Bonn. S. 437—438.

λεὺς ἀπὸ τοῦ βαπτίσματος· καὶ μέσον λαβόντες τοὺς Βουλγάρους ἔκοψαν αὐτούς. καὶ ἀπέκτειναν πλήθη πολλά καὶ εξετίναξαν πᾶσαν τὴν πραῖδαν, καὶ ἐνίκησαν κατὰ κράτος, φονεύσαντες καὶ τοὺς δύο ῥῆγας αὐτῶν. καὶ ἐν τῷ ὑποστρέφειν αὐτοὺς μετὰ χαρᾶς ὑπήντησαν αὐτοὶς ἄλλοι Βούλγαροι, καὶ ἐσώκισαν αὐτοὺς φεύγοντας, Κωνσταντῖνον καὶ τὸν Ἀκοὺμ καὶ Γοδίλλαν, καὶ ὁ μὲν Γοδίλλας μετὰ τοῦ παραμηρίου αὐτοῦ κόψας τὸν σωκόν, ἐξήλασεν. ὁ δὲ Κωνσταντῖνος σὺν τῷ Ἀκούμ συνελήφθησαν ζῶντες. καὶ τὸν μὲν Κωνσταντῖνον ἐξέδωκαν λαβόντες χίλια νομίσματα, καὶ ἦλθεν ἐν Κωνσταντιουπόλει. τὸν δὲ Ἀκοὺμ ἐκράτησαν εἰς τὴν ἰδίαν πατρίδα μετὰ καὶ ἄλλων αἰχμαλώτων[1]).

Es ist wohl klar, daß Theophanes dasselbe etwas kürzer gefaßt erzählt, was auch Malalas geschrieben hat, mit dem Unterschiede aber, daß er statt Bulgaren Hunnen sagt. Auch was den Aufstand Vitalians an der Spitze von Bulgaren gegen den Kaiser Anastasius betrifft, hat Malalas als Quelle für Theophanes gedient. So z. B. schreibt Malalas:

Ἐπὶ δὲ τῆς αυτοῦ βασιλείας (Anastasius) ἐτυράννησε Βιταλιανὸς ὁ Θρᾷξ διὰ πρόφασίν τινα, φησί, λέγων ὅτι, διὰ τοὺς ἐξορισθέντας ἐπισκόπους. καὶ παρέλαβε τὴν Θρᾴκην καὶ Σκυθίαν καὶ Μυσίαν ἕως Ὀδησσοῦ καὶ Ἀγχιάλου, ἔχων μεθ' ἑαυτοῦ πλῆθος Οὔννων καὶ Βουλγάρων. καὶ ἔπεμψεν ὁ αὐτὸς βασιλεὺς Ὑπάτιον τὸν στρατηλάτην Θρᾴκης καὶ παρετάξατο αὐτῳ, καὶ προδοθεὶς παρελήφθη ὑπὸ τοῦ αὐτοῦ Βιταλιανοῦ· καὶ δοθέντων χρημάτων πολλῶν ἀνεδόθη Ῥωμαίοις. καὶ διαδεψθέντος τοῦ αὐτοῦ Ὑπατίου, μετὰ τὴν ἐν Κωνσταντινουπόλει ἐπάνοδον αὐτοῦ προήχθη ἀντ' αὐτοῦ στρατηλάτης Θρᾴκης· Κύριλλος Ἰλλυρικιανός. καὶ εὐθέως ἀπελθὼν παρετάξατο τῷ αὐτῷ Βιταλιανῷ· καὶ συνέκρουσαν, καὶ ἔπεσαν πολλοὶ ἐξ ἀμφοτέρων τῶν μερῶν· καὶ περιγενόμενος ὁ Κύρριλλος εἰσῆλθεν ἐν Ὀδησσῷ τῇ πόλει, καὶ διῆγεν ἐκεῖ Βιταλιανοῦ ἀναχωρήσαντος ἐκ τῶν μερῶν ἐκείνων. διὰ δόσεως δὲ χρημάτων ἐξηγόρασεν ὁ αὐτὸς Βιταλιανὸς τοὺς φυλάτοντας τῆς αὐτῆς Ὀδησσοῦ πόλεως τὰς πύρτας, πέμψας διὰ τινων συγγενῶν τῶν αὐτῶν πορταρίων χρήματα καὶ τινας ἐπαγγελίας. προδοσίας δὲ γενομένης, εἰσῆλθε νυκτὸς εἰς τὴν Ὀδησσον πόλιν ὁ αὐτὸς Βιταλιανός, καὶ παρέλαβε τὸν στρατηλάτην Θρᾴκης Κύριλλον καὶ ἀνεῖλεν

---

[1]) Theophanis, Chronogr. Ed. Bonn., I, S. 339.

αὐτόν. καὶ ἦλθε πραιδεύων πάλιν πᾶσαν τὴν Θράκην καὶ τὴν Εὐρώπην, ἕως οὗ ἦλθεν ἐν Σύκαις καὶ ἐπὶ τὸν ἀνάπλουν πέραν Κωνσταντινουπόλεως, βουλόμενος καὶ αὐτὴν Κωνσταντινούπολιν λαβεῖν .¹).

Theophanes erzählt uns dasselbe:

Τούτῳ τῷ εἴτει Βιταλιανὸς παραλαβὼν πᾶσαν τὴν Θράκην καὶ Σκυθίαν καὶ Μυσίαν, ἔχων μεθ' ἑαυτοῦ πλήθη Οὔννων καὶ Βουλγάρων, παρέλαβεν τὴν Ἀγχίαλον καὶ τὴν Ὀδυσσόπολιν πιάσας καὶ τὸν Κύριλλον τὸν στρατηλάτην Θράκης καὶ ἦλθεν πραιδεύων ἕως τοῦ Βυζαντίου. φειδόμενος δὲ τῆς πόλεως ἐν Σωσθενίῳ ἐστρατοπέδευσεν. Ἀναστάσιος δὲ ἀπογνοὺς πέμπει τινὰς τῆς συγκλήτου παρακαλῶν εἰρηνεῦσαι αὐτόν· καὶ ὤμοσεν σὺν τῇ συγκλήτῳ, καὶ τοὺς ἐξορισθέντας ἐπισκόπους ἀνακαλεῖσθαι ἐν Ἡρακλείᾳ τῆς Θράκης. ὁ δὲ Βιταλιανὸς προσέθηκαν, ἵνα καὶ οἱ πρίγκιπες ἑκάστης σχολῆς ὀμόσωσι τοῦτο· καὶ Μακεδόνιος καὶ Φλαβιανός οἱ ἀδίκως ἐκβληθέντες ἀπολάβωσι τοὺς ἰδίους θρόνους, ὁμοίως καὶ πάντες οἱ λοιποὶ ἐπίσκοποι, καὶ οὕτως συγκροτηθῇ ἡ σύνοδος, ἐρχομένου καὶ τοῦ Ῥώμης, καὶ πάντων τῶν ἐπισκόπων, καὶ οὕτω κοινῇ κρίσει ἐξετασθῇ τὰ κατὰ τῶν ὀρθοδόξον τολμηθέντα. τοῦ δὲ βασιλέως καὶ τῆς συγκλήτου καὶ τῶν λοιπῶν ἀρχόντων τε καὶ λαῶν ὁμοσάντων, καὶ βεβαιωσάντως ταῦτα οὕτως γίνεσθαι, εἰρήνη γέγονεν, καὶ ἐπανέζευξεν ἐπὶ τὰ ἴδια. Σεκουνδιανὸς δὲ ὁ πατρίκιος ὁ γαμβρὸς Ἀναστασίου ἐπ' ἀδελφῇ, πατὴρ δὲ Ὑπατίου, εἰς τοὺς πόδας Βιταλιανοῦ προσπεσὼν πολλοῖς δάκρυσιν, Ὑπάτιον τὸν ἴδιον υἱὸν ἐκ τῶν ἐν Μυσίᾳ δεσμῶν ζῶντα ἀπέλαβεν .²).

Es ist demnach klar, daß Theophanes jenes Volk für Bulgaren hielt, welches auch von Malalas als solches bezeichnet wurde. Malalas aber hat die Bulgaren für Goten und Hunnen gehalten, da er an einer anderen Stelle schreibt, daß Vitalian Goten und Hunnen statt Bulgaren und Hunnen angeführt hätte.

Ἀκούσας δὲ Βιταλιανὸς ὅτι μετὰ πολλῆς βοηθείας ἐξέρχεται ὁ Μαρῖνς κατ' αὐτοῦ, ὅσα εὗρε πλοῖα ἐκράτησε καὶ ἐγόμωσεν αὐτὰ Οὐννικὴν καὶ Γοτθικὴν χεῖρα ὡπλισμένους³) καὶ ἀνήφθησαν

---
¹) Malalas, S. 402.
²) Theophan., I., S. 247—248.
³) Malalas, S. 405.

ἐξαίφνης ὑπὸ πυρὸς τὰ πλοῖα ἅπαντα Βιταλιανοῦ τοῦ τυράνου καὶ ἐποντίσθησαν εἰς τὸν βυθὸν τοῦ ῥεύματος μεθ' ὧν εἶχον Γότθων καὶ Οὔννων καὶ Σκύθων στρατιωτῶν συνεπομένων αὐτῷ[1]).

So sehen wir, daß Theophanes' Bulgaren gleichbedeutend mit Malalas' Bulgaren und Hunnen sind, und daß Malalas' Hunnen und Bulgaren die alten Thrakier waren. Wenn man wenigstens diese Tatsache beachtet hätte, so hätte man nicht behauptet, daß die Bulgaren erst um das Jahr 667 von Osten her an die Donau gekommen, daß sie Mongolen wären u. dgl. m.

III. Die bulgarische Mythologie.

a) Troja.

Da die bulgarische Mythologie an den trojanischen Krieg anknüpft, so wollen wir zunächst sehen, wo Troja lag.

Strabo schreibt, daß die Länder der Mysier, Lydier, Phrygier, Lykier und Karier Troja bildeten.

Οἱ ποιηταὶ δὲ, μάλιστα οἱ, τραγικοί, συγχέοντες τὰ ἔθνη, καθάπερ τοὺς Τρῶας καὶ τοὺς Μυσοὺς καὶ τοὺς Λυδοὺς Φρύγας προσαγορεύουσιν, οὕτω καὶ τοὺς Λυκίους Κᾶρας[2]).

Diese Länder lagen in Makedonien. So z. B. schreibt Herodot, daß die Phrygier nach Asien gewanderte Makedonier wären:

Φρύγες δὲ ἀγχοτάτω τῆς Παφλαγονικῆς σκευὴν εἶχον, ὀλίγον παραλλάσσοντες. Οἱ δὲ Φρύγες ὡς Μακεδόνες λέγουσι, ἐκαλεῦντο Βρίγες χρόνον ὅσον Εὐρωπήιοι ἐόντες σύνοικοι ἔσαν Μακεδόσι, μεταβάντες δὲ ἐς τὴν Ἀσίην ἅμα τῇ χώρῃ καὶ τὸ οὔνομα μετέβαλον ἐς Φρύγας[3]).

---

[1] Malalas, S. 401.
[2] Strabon., Lib. XIV, c. III, 3.
[3] Herodot., VII, 73.

Diese Briger lebten an dem Flusse Tzrna oder Tscherna, einem Nebenflusse des Wardars, dort, wo heute die Brsaci wohnen. Strabo berichtet uns darüber:

Ὁ δὲ Ἐρίγων πολλὰ δεξάμενος ῥεύματα ἐκ τῶν Ἰλλυρικῶν ὀρῶν καὶ Λυγκηστῶν καὶ Βρύγων καὶ Δευριόπων καὶ Πελαγόνων εἰς τὸν Ἀξιὸν ἐκδίδωσι[1]).

Weiter bezeichnet Strabo die obigen Völker als in Makedonien wohnende Thrakier:

Καὶ αὐτοὶ δ᾽οἱ Φρύγες Βρίγες εἰσί, Θρᾳκιόν τι ἔθνος, καθάπερ καὶ Μυγδόνες καὶ Βεβρυκες καὶ Μαιδοβιθυνοὶ καὶ Βιθυνοὶ καὶ Θυνοὶ, δοκῶ δὲ τοὺς Μαριανδυνούς. οὗτοι μὲν οὖν τελέως ἐκλελοίπασι πάντες τὴν Εὐρώπην, οἱ δὲ Μυσοὶ συνέμειναν[2]).

Die Bithini (Budini, Wodener) wohnten zwischen dem Olympus und Mygdonien (Wardartal), wie Strabo weiter berichtet:

Ὁ μὲν δὴ Ὄλυμπος τοιόσδε, περιοικεῖταί δὲ πρὸς ἄρκτον μὲν ὑπὸ τῶν Βιθυνῶν καὶ Μυγδόνων καὶ Δολίονων, τὸ δὲ λοιπὸν ἔχουσι Μυσοὶ καὶ Ἐπίκτητοι[3]).

Und weiter:

Πρὸς νότον δ᾽εἰσὶ τοῖς Βιθυνοῖς οἱ περὶ τὸν Ὄλυμπον Μυσοὶ . .[4]).

Weiter identifiziert Strabo die Phrygier mit den Mysiern:

Ὁμοίως δὲ καὶ Βρύγοι καὶ Βρύγες καὶ Φρύγες οἱ αὐτοί, καὶ Μυσοὶ (καὶ Μέρονες) καὶ Μαίονες καὶ Μήονες[5]).

An einer anderen Stelle schreibt Strabo:

Καὶ οἱ Λυδοὶ καὶ οἱ Μαίονες, οὓς Ὅμηρος καλεῖ Μήονας, ἐν συγχύσει πώς εἰσι καὶ πρὸς τούτους καὶ πρὸς ἀλλήλους ὅτι οἱ μὲν τοὺς αὐτοὺς, οἱ δ᾽ἑτέρους, φασι, πρὸς δὲ τούτους, ὅτι τοὺς Μυσοὺς οἱ μὲν Θρᾷκας, οἱ δὲ Λυδοὺς εἰρήκασι, κατ᾽ αἰτίαν παλαιὰν ἱστοροῦντες, ἥν Ξάνθος ὁ Λυδὸς γράφει καὶ Μενεκράτης ὁ Ἐλαΐτης, ἐτυμολογοῦντες καὶ τὸ ὄνομα τὸ τῶν Μυσῶν, ὅτι τὴν ὀξύην οὕτως ὀνομάζουσιν οἱ Λυδοί· πολλὴ δ᾽ἡ ὀξύη κατὰ τὸν Ὄλυμπον, ὅπου

---

[1]) Strabon., Lib. VII, c. VII, 8.
[2]) Strabon., Lib. VII, c. III, 2.
[3]) Strabon., Lib. XII, c. VIII, 10.
[4]) Strabon., Lib. XII, c. IV 10.
[5]) Strabon., Lib. XII, c. III, 20.

ἐκτεϑῆναί φασι τους· δεκατευϑέντας, ἐκείνων δὲ ἀπογόνους εἶναι τοὺς ὕστερον Μυσούς, ἀπὸ τῆς ὀξύης οὕτω προσαγορευϑέντας· μαρτυρεῖν δὲ καὶ τὴν διάλεκτον· μιξολύδιον γὰρ πως· εἶναι καὶ μιξοφρύγιον· τέως μὲν γὰρ οἰκεῖν αὐτοὺς περὶ τὸν Ὄλυμπον, τῶν δὲ Φρυγῶν ἐκ τῆς Θρᾴκης περαιωϑέντων, [ἀν]ελόντων τε τῆς Τροίας ἄρχοντα καὶ τῆς πλησίον γῆς, ἐκείνους μὲν ἐνταῦϑα οἰκῆσαι, τοὺς δὲ Μυσοὺς ὑπὲρ τὰς τοῦ Καΐκου πηγὰς πλησίον Λυδῶν[1]).

Es ist wohl klar, daß Phrygier, Mysier, Lydier und Mäonier alle ein und dasselbe Volk sind. Dies muß Strabo aus Herodot entnommen haben, da auch Herodot derselben Meinung ist:

Λυδοὶ δὲ ἀγχοτάτω τῶν Ἑλληνικῶν εἶχον ὅπλα. Οἱ δὲ Λυδοὶ Μῄονες εκαλεῦντο τὸ πάλαι, ἐπὶ δὲ Λυδοῦ τοῦ Ἄτυος ἔσχον τὴν ἐπωνυμίην, μεταβαλόντες τὸ οὔνομα. Μυσοὶ δὲ ἐπὶ μὲν τῇσι κεφαλῇσι εἶχον κράνεα ἐπιχώρια, ἀσπίδας δὲ σμικράς, ἀκοντίοισι δὲ ἐχρέοντο ἐπικαύτοισι. Οὗτοι δὲ εἰσι Λυδῶν ἄποικοι, ἀπ᾽ Οὐλύμπου δὲ οὔρεος καλεονται Οὐλυμπιηνοί. Λυδῶν δὲ καὶ Μυσῶν ἦρχε Ἀρταφέρνης ὁ Ἀρταφέρνεος, ὅς ἐς Μαραϑῶνα ἐσέβαλε ἅμα Δάτι[2]).

Nach einer anderen Stelle bei Herodot würde man glauben, es lägen die obigen Länder in Asien:

Ταῦτα δὲ εἴπας (Xerxes) καὶ ἐπιτελέα ποιήσας ἐπορεύετο αἰεὶ τὸ πρόσω. Ἄναυα δὲ καλεομένην Φρυγῶν πόλιν παραμειβόμενος, καὶ λίμνην ἐκ τῆς ἅλες γίνονται, ἀπίκετο ἐς Κολοσὰς πόλιν μεγάλην Φρυγίης, ἐν τῇ Λύκος ποταμὸς ἐς χάσμα γῆς ἐσβάλλων ἀφανίζεται· ἔπειτεν διὰ σταδίων ὡς πέντε μάλιστά κη ἀναφαινόμενος ἐκδιδοῖ καὶ οὗτος ἐς τὸν Μαίανδρον. Ἐκ δὲ Κολοσσέων ὁρμεώμενος ὁ στρατὸς ὁρμώμενος ἐπὶ τοὺς οὔρους τῶν Φρυγῶν καὶ Λυδῶν ἀπίκετο ἐς Κύδραρα πόλιν, ἔνϑα στήλη καταπεπηγυῖα, σταϑεῖσα δὲ ὑπὸ Κροίσου, καταμηνύει διὰ γραμμάτων τοὺς οὔρους. Ὡς δὲ ἐκ τῆς Φρυγίης ἐσέβαλε ἐς τὴν Λυδίην, σχιζομένης τῆς ὁδοῦ καὶ τῆς μὲν ἐς ἀριστερὴν ἐπὶ Καρίης φερούσης, τῆς δὲ ἐς δεξιὴν ἐς Σάρδις, τῇ καὶ πορευομένῳ διαβῆναι τὸν Μαίανδρον ποταμὸν. πᾶσα ἀνάγκη, γίνεται καὶ ἰέναι παρὰ Καλλάτηβον πόλιν, ἐν τῇ ἄνδρες δημιοεργεὶ μέλι ἐκ μυρίκης τε καὶ πυροῦ ποιεῦσι, ταύτην ἰὼν ὁ Ξέρξης τὴν ὁδὸν εὗρε πλατάνιστον, τὴν κάλλεος εἵνεκεν

---

[1] Strabon., Lib. XII, c. VIII, 3.
[2] Herodot., VII, 74; VII, 127.

δωρησάμενος κόσμῳ χρυσέῳ καὶ μελεδωνῷ ἀθανάτῳ ἀνδρὶ ἐπιτρέψας δευτέρῃ ἡμέρῃ ἀπίκετο ἐς τῶν Λυδῶν τὸ ἄστυ[1]).

Im ersten Augenblicke scheint es wohl, als sei das Phrygien in Asien gemeint, bei näherer Betrachtung jedoch kann man dem nicht zustimmen. Durch dieses Phrygien fließt der Fluß Lykos, der kein asiatischer, sondern, wie an einer früheren Stelle erwähnt, ein makedonischer Fluß ist. Außerdem ist die phrygische Stadt Kolossa eine makedonische Stadt. Dieselbe Stadt wird auch von Strabo unter dem Namen Nakolia erwähnt:

Τῆς δ' ἐπικτήτου Φρυγίας Ἀζανοί τέ εἰσι καὶ Νακολία καὶ Κοτιάειον καὶ Μιδάειον καὶ Δορύλάειον πόλεις καὶ Κάδοι· τοὺς δὲ Κάδους ἔνιοι τῆς Μυσίας φασίν. ἡ δὲ Μυσία κατὰ τὴν μεσόγαιαν ἀπὸ τῆς Ὀλυμπηνῆς ἐπὶ τὴν Περγαμηνὴν καθήκει καὶ τὸ Καΐκου λεγόμενον πεδίον, ὥστε μεταξὺ κεῖσθαι τῆς τε Ἴδης καὶ τῆς Κατακεκαυμένης, ἥν οἱ μὲν Μυσίαν, οἱ δὲ Μαιονίαν φασίν[2]).

Dieses Nakolia ist das heutige Dorf Nakolez an der Ostküste des Prespasees. Nakolia heißt „auf Pfählen" und besteht aus den Worten „n a" (auf) und „k o l" (Pfahl). Herodot nannte es ganz einfach K o l o s, d. h. Pfahl oder Pfahlstadt. Nakolia wird hier auch im Jahre 1334 erwähnt[3]).

Über diese Wohnungen auf Pfählen an dem See Prasias oder Prespa berichtet uns Herodot folgendes:

„Die aber um den Berg Pangäos und die Doberer und die Agrianer und die Odomanten und die an dem See Prasias, die wurden von Megabazus gar nicht bezwungen. Er versuchte zwar, auch die zu unterwerfen, die in dem See selber wohnten, auf folgende Art: Mitten im See stehen zusammengefügte Gerüste auf hohen Pfählen, und dahin führt vom Lande nur eine Brücke. Und die Pfähle, auf denen die Gerüste ruhen, richteten in alten Zeiten die Bürger insgemein auf. Nachher aber machten sie ein Gesetz, und nun geschieht es also: für jede Frau, die einer heiratet, holt er drei Pfähle aus

---

[1]) Herodot., VII, 30, 31.
[2]) Strabon., Lib. XII, c. VIII, 12.
[3]) Jireček, Bulgarische Geschichte S. 77 (bulg. Übers.).

dem Gebirge, das da Orbelos heißt, und stellt sie unter. Es nimmt sich aber ein jeder viele Weiber[1])."

Nakolia oder Kolossa führt seinen Ursprung auf uralte Zeiten zurück, als man seine Wohnsitze auf Pfählen erbaute, weil der See Prespa oft die Umgegend überschwemmte.

Kolossa wird als makedonische Stadt auch von dem Apostel Paulus erwähnt.

Außer Thessaloniki und Philippi hat der Apostel Paulus auch die Stadt Kolossa besucht, als er in Makedonien war. Er hat auch Briefe an die Kolosser geschrieben. In diesen Briefen war von Skythen, die in Kolossa gewohnt haben, die Rede. So z. B. schreibt Paulus:

„Da nicht ist Grieche, Jude, Beschneidung, Vorhaut, Ungrieche, Scythe, Knecht, Freier, sondern alles ist und in allen Christen[2])." Es hat offenbar Streitigkeiten zwischen den Griechen und den Skythen oder Bulgaren gegeben, so daß Paulus sich gezwungen sah, ihnen zu schreiben, daß alle Christen gleich seien. Die Juden nannten die Makedonier Skythen. Sie sagten auch, daß der makedonische König Alexander der Große aus Chittim (Skythien) zu ihnen gekommen sei: „Alexander, der Sohn des Philippus, König zu Makedonien, der erste Monarch in Griechenland, ist ausgezogen aus dem Lande Chittim und hat große Kriege geführt, viele feste Städte erobert und den Perser- und Mederkönig Darius geschlagen[3])." Tschita oder Sita heißen die Makedonier auch in den bulgarischen Volksliedern. Und daß der Brief des Paulus an die Kolosser den Makedoniern galt, ersehen wir auch aus seinen folgenden Worten an die Kolosser:

„Es grüßt euch Epaphras, der von den Euren ist, ein Knecht Christi, und allzeit ringet für euch in Gebeten, auf daß ihr besteht vollkommen und erfüllet mit allem den Willen Gottes. Ich gebe ihm Zeugnis, daß er großen Fleiß hat um euch und um die zu Laodocea und zu Hieropolis[4])."

Epaphras also hat für seine Landsleute gebetet, und diese

---

[1]) Herodot., V, 16.
[2]) Die Epistel S. Pauli an die Kolosser, Kapitel III, 11.
[3]) Makabäer, Buch I Kap. I, 1.
[4]) Kapitel IV, 12, 13.

seine Landsleute waren unter anderen auch die Bewohner von Hieropolis, dem heutigen Jerobol in Thrakien, und von Laodocea (Makedonien), was beweist, daß Paulus unter Phrygien ein europäisches und nicht ein asiatisches Land verstanden hat. An die Kolosser schreibend nennt sich Paulus Timotheus' Bruder: „Paulus ein Apostel Jesu Christi durch den Willen Gottes und Bruder Timotheus'". I, 1.

Dieser Timotheus ist als Bischof von Kolossa in Makedonien bekannt. Eine bulgarische Nachricht besagt über diese Begebenheit:

„Und da kamen drei in Gott weise Bischöfe: Dionisius und Erotheus aus Athen und Timotheus aus der Stadt Kolossija in Makedonien[1]." In seinem zweiten Briefe an Timotheus aber schreibt Paulus: „Den Mantel, den ich zu Troas ließ bei Karpus, bringe mit, wenn Du kommst, und die Bücher, sonderlich die Pergamente[2]." Karp ist Bischof von Beroe gewesen, woraus folgt, daß Beroe eine trojanische Stadt war. Beroe aber liegt in Makedonien oder Phrygien, wo auch Kolossa lag. In der Kirchengeschichte ist Kolossija als Zentrum eines bulgarischen Bistums bekannt, was nicht der Fall sein könnte, wenn Kolossa eine asiatische Stadt gewesen wäre[3]. Die Kadier sind auch ein makedonisches Volk gewesen. An der Struma in Nordmakedonien gibt es eine alte Brücke, welche „Kadinmost", d. h. „die Brücke der Kadiner" heißt. Schiedsrichter jedoch darüber, ob Phrygien und die mit ihm verwandten Länder in Asien oder in Makedonien lagen, ist Homer, der Phrygien mit Mygdonien oder Makedonien identifiziert. Er läßt Priamos folgende Worte sagen:

'Ήδη καὶ Φρυγίην εἰσήλυθον ἀμπελόεσσαν,
ἔνθα ἴδον πλείστους Φρύγας, ἀνέρας αἰολοπώλους,
λαοὺς Ὀτρῆος καὶ Μύγδονος ἀντιθέοιο,
οἵ ῥα τότ' ἐστρατόωντο παρ' ὄχθας Σαγγαρίοιο[4].

---

[1] I tu predstasche bogmudrie tri episkopa: Dionissie i Erothei ot Athina i Timothei ot Makedonie ot grada Kolossija. — Novakovitsch, Primeri, 2. Aufl. 434.
[2] S. Pauli an Timotheus. IV, 3.
[3] Golubinskij, Istorija praw. Zerkow, S. 499.
[4] Ilias, III, 184—187. Siehe S. 46.

Sodann setzt Homer Phrygien neben Mäonien, indem er sagt:

"Ἄξεις ἢ Φρυγίης ἢ Μηονίης ἐρατεινῆς¹).

Homers Pieria, welches auch heutzutage an der Westseite des Golfes von Saloniki unter diesem Namen bekannt ist, liegt neben Emathia, d. h. in Makedonien:

"Ἥρη δ' ἀΐξασα λίπεν ῥίον Οὐλύμποιο,
Πιερίην δ' ἐπιβᾶσα καὶ Ἠμαθίην ἐρατεινήν,
σεύατ' ἐφ' ἱπποπόλων Θρῃκῶν ὄρεα νιφόεντα,
ἀκροτάτας κορυφάς· οὐδὲ χθόνα μάρπτε ποδοῖιν²).

Dort liegt Pieria auch nach Herodot. Er hat das Volk der Pierer einige Male bei Xerxes' Feldzug in diesen Gegenden erwähnt. So z. B.:

Πεζοῦ δὲ τὸν Θρήϊκες παρείχοντο καὶ Παίονες καὶ Ἐορδοὶ καὶ Βοττιαῖοι καὶ τὸ Χαλκιδικὸν γένος καὶ Βρύγοι καὶ Πίερες καὶ Μακεδόνες καὶ Περραιβοὶ καὶ Ἐνιῆνες καὶ Δόλοπες καὶ Μάγνητες καὶ Ἀχαιοὶ καὶ ὅσοι τῆς Θρηΐκης τὴν παραλίην νέμονται, τούτων τῶν ἐθνέων τριήκοντα μυριάδες δοκέω γενέσθαι³).

Ὁ μὲν δὴ περὶ Πιερίην διέτριβε ἡμέρας συχνάς· τὸ γὰρ δὴ οὖρος τὸ Μακεδονικὸν ἔκειρε τῆς στρατιῆς τριτημορίς, ἵνα ταύτῃ διεξίῃ ἅπασα ἡ στρατιὴ ἐς Παρραιβούς⁴).

Dieses Pieria nennt Herodot Pergamon, welches Priamus' Festung war:

Παραμειψάμενος δὲ ὁ Ξέρξης τὴν εἰρημένην δεύτερα τούτων παραμείβετο τείχεα τὰ Πιέρων, τῶν καὶ ἑνὶ Φάγρης ἐστὶ οὔνομα καὶ ἑτέρῳ Πέργαμος. Ταύτῃ μὲν δὴ παρ' αὐτὰ τὰ τείχεα τὴν ὁδὸν ἐποιέετο, ἐκ δεξιῆς χειρὸς τὸ Πάγγαιον οὖρος ἀπέργων, ἐὸν μέγα τε καὶ ὑψηλόν, ἐν τῷ χρύσεά τε καὶ ἀργύρεα ἔνι μέταλλα, τὰ νέμονται Πίερές τε καὶ Ὀδόμαντοι καὶ μάλιστα Σάτραι⁵).

Pergamon, Priamus' Burg, befand sich also in Thrakien und nicht in Asien.

---
¹) Ilias, III, 401.
²) Ilias, XIV, 225—228.
³) Herodot., VII, 185.
⁴) Herodot., VII, 131.
⁵) Herodot., VII, 112.

Auch Lykien, das sehr oft mit Mysien und Phrygien identifiziert wird, hat in Europa gelegen. Homer selbst verlegt es immer an den Xantusfluß:

Σαρπηδὼν δ' ἦρχεν Λυκίων καὶ Γλαῦκος ἀμύμων
Τηλόθεν ἐκ Λυκίης Ξάνθου ἄπο δινήεντος [1]).

Der Fluß Xanthus, an dem Lykien gelegen hat, ist der heutige Fluß Bistritza oder Haliakmon. Der Name Haliakmon ist aus den Worten ἅλιος, S o n n e (dor.) und κόμα, H a a r zusammengesetzt, und heißt sonnenhelles oder blondes Haar. Dasselbe bedeutet auch ξανθος (blond), ξανθο-κόμης, b l o n d h a a r i g. Der Name Lykiens selbst steht in Zusammenhang mit der Sonne (luceo, λυκ), wie wir schon einmal erwähnten. Daher heißt es, daß Lykien einerseits am Olymp, anderseits am Xantusfluß lag. In dem Uspenie des hl. Kyrillus heißt es, daß einer seiner Schüler Bischof in Lykien gewesen ist[2]). Kyrillus' Schüler hatten in Lychnidus (Ochrid) das Zentrum für ihre Tätigkeit. In Kleinasien haben die Bulgaren keine Bischöfe gehabt. Es kann nun kein Zweifel darüber bestehen, daß das Lykien, in dem ein Schüler Kyrillus' Bischof war, an dem See Lychnidus lag. Wir glauben sogar, daß die Namen Lykien, Lychnidus, Lynkestis auf ein und dieselbe Wurzel, λύκ, lux, zurückgehen und folglich sich auf ein und dieselbe Gegend beziehen. Lykien war also das Land zwischen Bistritza (Lycus) und Ochridasee.

Und schließlich hat Homer Priamus' Reich folgendermaßen bestimmt:

Καὶ σέ, γέρον, τὸ πρὶν μὲν ἀκούμεν ὄλβιον εἶναι,
ὅσσον Λέσβος ἄνω, Μάκαρος ἕδος, ἐντὸς ἐέργει,
καὶ Φρύγιη καθύπερθε, καὶ Ἑλλήσποντος ἀπείρων,
τῶν σε, γέρον, πλούτῳ καὶ υἱάσι φασι κεκάσθαι [3]).

Priamus' Reich lag also zwischen Phrygien (Makedonien), dem Hellespont und Lesbos. Diese Worte Homers haben aber keinen Sinn, wenn man annimmt, daß Troja an dem

---

[1]) Ilias, II, 876—877.
[2]) i priswaw „utschenika swoego, iże bys Episkop w Lykij-Bilbassoff, Kyrill i Methodij, II, 245—246.
[3]) Ilias, XXIV, 543—546.

asiatischen Ufer des Hellespont lag, da zwischen Lesbos, dem Hellespont und dem asiatischen Phrygien kein Land ist. Sie haben nur einen Sinn, wenn man sich Phrygien in Makedonien oder Thrakien denkt. Daraus ersieht man auch, daß Troja ein Staat, d. h. ein Land, und nicht eine Stadt oder Burg war. Dies wird noch klarer, wenn man die Völker in Betracht zieht, welche auf der trojanischen Seite kämpften oder welche Priamus' Reich bildeten. Diese Völker waren: die Dardaner unter Aeneas, die Pelasger unter Hippothoos, die Thrakier unter Akamas, die Kikoner unter Euphemos, die Päoner unter Pyrächmes, ferner die Leute aus Amydon und dem Lande, das vom Axius durchflossen wird, die Paphlagonier aus dem Lande der Veneter, die Halizonen unter Hodios und Epistrophos, die Mysier unter Chromis und Enomos, die Phrygier unter Phorkys und Askanios, die Mäonier unter Mesthles und Antiphos, die Karier unter Nastes, die Lykier unter Sarpedon und Glaukos. In dem zweiten Gesang der Ilias liest man folgende Stellen:

"Εκτορ, σοὶ δὲ μάλιστ' ἐπιτέλλομαι ὧδέ γε ῥέξαι·
πολλοὶ γὰρ κατὰ ἄστυ μέγα Πριάμου ἐπίκουροι
ἄλλη δ' ἄλλων γλῶσσά πολυσπερέων ἀνθρώπων·
τοῖσιν ἕκαστος ἀνὴρ σημαινέτω, οἷσί περ ἄρχει,
των δ' ἐξηγείσθω, κοσμησάμενος πολιήτας [1]).

ἔνθα τότε Τρῶές τε διέκριθεν ἠδ' ἐπίκουροι.
Τρωσὶ μὲν ἡγεμόνευε μέγας κορυθαίολος "Εκτωρ
Πριαμίδης· ἅμα τῷγε πολὺ πλεῖστοι καὶ ἄριστοι
λαοὶ θωρήσσοντο, μεμαότες ἐγχείῃσιν.
Δαρδανίων αὖτ' ἦρχεν ἐὺς πάϊς Ἀγχίσαο
Αἰνείας, τὸν ὑπ' Ἀγχίσῃ τέκε δῖ' Ἀφροδίτη,
Ἴδης ἐν κνημοῖσι θεὰ βροτῷ εὐνηθεῖσα,
οὐκ οἶος, ἅμα τῷγε δύω Ἀντήνορος υἷε,
Ἀρχέλοχός τ' Ἀκάμας τε, μάχης εὖ εἰδότε πάσης [2]).

Οἳ δ' ἄρα Περκώτην καὶ Πράκτιον ἀμφενέμοντο,
καὶ Σηστὸν καὶ Ἄβυδον ἔχον καὶ δῖαν Ἀρίσβην,

---
[1]) Ilias, II, 802—805.
[2]) Ilias, II, 815—823.

τῶν αὖθ᾽ Ὑρτακίδης ἦρχ᾽ Ἄσιος, ὄρχαμος ἀνδρῶν,
Ἄσιος Ὑρτακίδης, ὃν Ἀρίσβηθεν φέρον ἵπποι
αἴθωνες μεγάλοι, ποταμοῦ ἄπο Σελλήεντος.
Ἱππόθοος δ᾽ ἄγε φῦλα Πελασγῶν ἐγχεσιμώρων,
τῶν οἳ Λάρισαν ἐριβώλακα ναιετάσκον·
τῶν ἦρχ᾽ Ἱππόθοός τε Πύλαιός τ᾽ ὄζος Ἄρηος,
υἷε δύω Λήθοιο Πελασγοῦ Τευταμίδαο.
αὐτὰρ Θρήϊκας ἦγ᾽ Ἀκάμας καὶ Πείροος ἥρως,
ὅσσους Ἑλλήσποντος ἀγάρροος ἐντὸς ἐέργει.
Εὔφημος δ᾽ αρχὸς Κικόνων ἦν αἰχμητάων,
υἱὸς Τροιζήνοιο διοτρεφέος Κεάδαο.
αὐτὰρ Πυραίχμης ἄγε Παίονας ἀγκυλοτόξους
τηλόθεν ἐξ Ἀμυδῶνος, ἀπ᾽ Ἀξιοῦ εὐρὺ ῥέοντος,
Ἀξιοῦ, οὗ κάλλιστον ὕδωρ ἐπικίδναται αἶαν.
Παφλαγόνων δ᾽ ἡγεῖτο Πυλαιμένεος λάσιον κῆρ,
ἐξ Ἐνετῶν, ὅθεν ἡμιόνων γένος ἀγροτεράων·
οἵ ῥα Κύτωρον ἔχον, καὶ Σήσαμον ἀμφενέμοντο,
ἀμφί τε Παρθένιον ποταμὸν κλυτὰ δώματ᾽ ἔναιον,
Κρῶμνάν τ᾽ Αἰγιαλόν τε καὶ ὑψηλοὺς Ἐρυθίνους.
αὐτὰρ Ἁλιζώνων Ὀδίος καὶ Ἐπίστροφος ἦρχον,
τηλόθεν ἐξ Ἀλύβης, ὅθεν ἀργύρου ἐστὶ γενέθλη.
Μυσῶν δὲ Χρόμις ἦρχε καὶ Ἔννομος οἰωνιστής·
ἀλλ᾽ οὐκ οἰωνοῖσιν ἐρύσατο κῆρα μέλαιναν,
ἀλλ᾽ ἐδάμη ὑπὸ χερσὶ ποδώκεος Αἰακίδαο
ἐν ποταμῷ, ὅθι περ Τρῶας κεράϊζε καὶ ἄλλους.
Φόρκυς αὖ Φρύγας ἦγε καὶ Ἀσκάνιος θεοειδής,
τῆλ᾽ ἐξ Ἀσκανίης μέμασαν δ᾽ ὑσμῖνι μάχεσθαι.
Μῄοσιν αὖ Μέσθλης τε καὶ Ἄντιφος ἡγησάσθην,
υἷε Ταλαιμένεος, τὼ Γυγαίη τέκε λίμνη,
οἳ καὶ Μῄονας ἦγον ὑπὸ Τμώλῳ γεγαῶτας.
Νάστης αὖ Καρῶν ἡγήσατο βαρβαροφώνων,
οἳ Μίλητον ἔχον Φθειρῶν τ᾽ ὄρος ἀκριτόφυλλον,
Μαιάνδρου τε ῥοὰς, Μυκάλης τ᾽ αἰπεινὰ κάρηνα·
τῶν μὲν ἄρ᾽ Ἀμφίμαχος καὶ Νάστης ἡγησάσθην,
Νάστης Ἀμφίμαχός τε, Νομίονος ἀγλαὰ τέκνα,
ὃς καὶ χρυσὸν ἔχων πόλεμον δ᾽ ἴεν, ἠΰτε κούρη.
νήπιος, οὐδέ τί οἱ τόγ᾽ ἐπήρκεσε λυγρὸν ὄλεθρον.
ἀλλ᾽ ἐδάμη ὑπὸ χερσὶ ποδώκεος Αἰακίδαο

ἐν ποταμῷ, χρυσὸν δ' Ἀχιλεὺς ἐκόμισσε δαΐφρων.
Σαρπηδὼν δ' ἦρχεν Λυκίων καὶ Γλαῦκος ἀμύμων
τηλόθεν ἐκ Λυκίης, Ξάνθου ἄπο δινήεντος¹).

Wenn man nun die Namen der obigen Völker liest, so sieht man, daß sie die Länder von den Flüssen Bistritza und Wardar ab bis an den Hellespont bewohnten. So z. B. wohnten die Dardaner am oberen Wardar und an der Struma, die Pelasger am mittleren Wardar, wo jetzt Bitolja liegt, die Päoner längs der Struma, die Thrakier und die Kikoner in Thrakien, nicht weit vom Marmarameer; sodann die am Axius (unteren Wardar) Wohnenden, die Halizonen an der Struma, die Mäonier in Makedonien, die Mysier in Mysien. Alle diese Völker sind thrakomakedonische und keine asiatischen Völker.

In Makedonien also lag Troja.

Es ist unmöglich, zu denken, daß alle obengenannten Völker mit ihren Wagen, Pferden usw. über den Hellespont gegangen wären und sich in Asien in einer Burg versammelt hätten, um sich gegen die Griechen zu verteidigen. Es ist vielmehr klar, daß der trojanische Krieg ein Rassenkrieg zwischen den Nachbarvölkern Griechen und Bulgaren war und daß die Bulgaren in ihrem Lande, d. h. in Thrakien, von den Griechen angefallen wurden.

Auch die späteren Schriftsteller glauben, daß Troja in Makedonien lag. Aelianus z. B. schreibt, daß Karien neben dem Lande der Budiner lag:

ἐν τοῖς περὶ τὸν Καρίσκον Βουδίνοις οἰκουσιν οὐ γίνεσθαί φησι πρόβατον λευκόν, ἀλλὰ μέλανα πάντα²). Bei einer anderen Gelegenheit bringt Aelianus die Karier mit den Mygdoniern (Makedoniern) in Zusammenhang:

Νηλεὺς δὲ εἰς τὴν Ἰωνίαν ἀφίκετο, καὶ πρῶτον μὲν ᾤκισε Μίλητον, Κᾶρας ἐξελάσας καὶ Μυγδόνας καὶ Λέλεγας καὶ ἄλλους βαρβάρους, ἀφ' ὧν αἱ δώδεκα πόλεις ἐξλήθησαν ἐν Ἰωνίᾳ³).

---

¹) Ilias, II, 835—877.
²) Aelianos, De natura animalium, Lib. XVI, 33. Ed. R. Hercher, S. 277.
³) Aelian. Variae Historiae. Lib. VIII, 5.

Auch nach Strabo sind die Karier ein makedonisches Volk: αἱ δὲ τῶν Καρῶν καὶ Τρηρῶν καὶ Τεύκρων μεταναστάσεις καὶ Γαλατῶν¹).

ἐπὶ μὲν τὰ Κάρουρα τῆς Καρίας ὅριον πρὸς τὴν Φρυγίαν διὰ Μαγνησίας καὶ Τραβελλέων²).

Die Karier sind verwandt mit den Mysiern: τρίτον δ᾽ ἐστὶν ἱερὸν τοῦ Καρίου Διὸς κοινον ἁπάντων Καρῶν, οἷ μέτεστι καὶ Λυδοῖς καὶ Μυσοῖς ὡς ἀδελφοῖς³).

Nach Ovid ist der trojanische Held Telephus ein Päoner, d. h. Makedonier:

Paene decem totis aluit Poeantius annis
Pestiferum tumido vulnus ab angue datum:
Telephus aeterna consumptus tabe perisset,
Si non quae nocuit dextra tulisset opem⁴).

Utque Machaoniis Poeanitus artibus heros
Lenito medicam vulnere sensit opem⁵):

Sint tua Trojanis non leviora malis,
Quantaque clavigeri Poeantius Herculis heres,
Tanta venenato vulnera crure geras⁶).

Jordanis erwähnt ausdrücklich, daß der trojanische Krieg zwischen Goten (Thrakiern und Makedoniern) und Griechen stattgefunden habe: Is ergo Telefus Herculis filius natus ex Auge, sororis Priami coniugio copulatus huius itaque regnum Moesiam appellavere maiores⁷) quae provincia habet a oriente ostia fluminis Danubii a meredie Macedonia, ab occasu Histria, a septentrione Danubium⁸) is ergo antefatus habuit bel-

---
¹) Strabon., Lib. 1, c. III, 21.
²) Strabon., Lib. XIV, c. II, 29.
³) Strabon., Lib. XIV, c. II, 23.
⁴) Ovid., Trist. V, 2, 13—15.
⁵) Ovid., Pont. I, III, 5, 6.
⁶) Ovid., Ibis, 252—254.
⁷) Dictus II 1: Telephus tum Moesiae imperatorerat.
⁸) Orosius: I, 1, 55: Moesia ab oriente habet ostia fluminis Danuvii, ab euro Thraciam, a meredie Macedoniam ab Africo Dalmatiam, ab occasu Histriam, a circio Pannoniam, a septentrione Danuvium.

lum cum Graecia in qua pugna Thesandrum ducem Greciae interemit et dum Aiacem infestus invadit Vliximque persequitur, vitibus equo cadente ipse corruit Achillisque iaculo femur sauciatus diu mederi nequivit; Grecos tamen, quamvis saucius e suis finibus proturbavit. Telepho vero defuncto Euryphylus filius successit in regno ex Priami Frygum regi germana progenitus qui ob Cassandrae amorem bello interesse Troiano, ut parentibus soceroque ferret auxilium, cupiens, mox venisset extinctus est[1]).

Da die Landzunge und die Bucht Kassandra, welche von der Trojanerin Kassandra ihren Namen haben, in Makedonien an der Halbinsel Chalcidice liegen, so hat der trojanische Krieg nach Jordanis in Makedonien stattgefunden. Hier lag Troja auch nach Strabo, was wir aus folgenden Angaben bei ihm entnehmen:

Εἰθ' Ἡράκλεια πόλις μικρὸν ὑπὲρ τῆς θαλάττης, καὶ ποταμοὶ δύο πλωτοὶ Ἄκιρις καὶ Σῖρις, ἐφ' οὗ πόλις ἦν ὁμώνυμος Τρωική· χρόνῳ δὲ τῆς Ἡρακλείας ἐντεῦθεν οἰκισθείσης ὑπὸ Ταραντίνων, ἐπίνειον αὕτη τῶν Ἡρακλεωτῶν ὑπῆρξε. διεῖχε δ' Ἡρακλείας μὲν τέτταρας καὶ εἴκοσι σταδίους, Θουρίων δὲ περὶ τριακοσίους τριάκοντα. τῆς δὲ τῶν Τρώων κατοικίας τεκμήριον ποιοῦνται τὸ τῆς Ἀθηνᾶς τῆς Ἰλιάδος ξόανον ἱδρυμένον αὐτόθι, ὅπερ καταμῦσαι μυθεύουσιν ἀποσπωμένων τῶν ἱκετῶν ὑπὸ Ἰώνων τῶν ἑλόντων τὴν πόλιν· τούτους γὰρ ἐπελθεῖν οἰκήτορας, φεύγοντας τὴν Λυδῶν ἀρχήν, καὶ βίᾳ λαβεῖν τὴν πόλιν Χώνων οὖσαν, καλέσαι δὲ αὐτὴν Πολίειον[2]).

Die hier angegebenen Städte lagen in Thrakien und Makedonien. So z. B. ist Polien die heutige Stadt Poljen (Doiran), westlich von Solun und Kukusch. Siris oder Seres, das etwas östlich von Poljen liegt, ist also eine trojanische Stadt gewesen. Am Schlusse der Erörterung darüber, ob Troja in Thrakien oder in Asien lag, möchten wir noch einmal auf den Umstand aufmerksam machen, daß Olymp, Mysien,

---

[1]) Vgl. Dictus, II, 2 und IV, 14: Nuntius Priamo supervenit Euryphylum Telephi ex Moesiae adventare, quem rex oblatione desponsae Cassandrae confirmaverat c. 17, 18. narrat Euryphylum interfectum esse a Neoptolemo eiusque ossa patri remissa. — Jord., G., IX, 58—61.

[2]) Strabon., Lib. VI, c. I, 14.

Dardanien, Pannonien (pan-Ionien) in Europa lagen und nicht in Asien, und das ist entscheidend für die Frage.

Den schlagendsten Beweis aber dafür, daß die alten Trojaner die späteren Bulgaren sind, geben uns die zahlreichen Überlieferungen aus dem Trojanerkriege, die noch heute im Bulgarenlande erhalten sind. So z. B. der Name der Stadt Trojan am Balkan. Sehr viele Wege und Straßen im Bezirk von Sofia, Ischtiman, Tschirpan, Stara-Sagora werden Trojanerweg (Trojanski pat) genannt. Bei dem Dorfe Slatina in der Nähe von Sofia gibt es das obere und untere Trojan (gorni i dolni Trojan). Der Engpaß bei der Stadt Trojan heißt Trojanerweg (Trojanski pat). Eine Trojansstadt oder -burg gibt es im Tatarpasardschiksbezirk, zwischen dem Dorfe Assalchanla, das am linken Ufer der Topolnitza, eine Stunde westlich von Tatarpasardschik, liegt und den Abhängen der Srednja Gora, genannt Strascha. Östlich von dieser Ruine sieht man die Trümmer einer alten Brücke über den Fluß Topolnitza, die Trojansbrücke (Trojanowmost). Im Bezirk von Rahowa bei dem Dorfe Knescha gibt es drei Gräben, die den Namen Trojansgräben (Trojanow okop) führen. Trojansburg (Trojanow Grad) heißt auch die Ruine der Chissarsbäder (Srednajagora)[1]. Durch die Wanderungen der Goten nach Dalmatien haben sie auch die Trojaerinnerungen verpflanzt. So z. B. führen auch die Trümmer der Stadt Burnum daselbst den Namen Trojastadt, so wie die alten Ruinen bei Scharbaz und Novibasar[2].

Auch bei den Russen sind Erinnerungen an die Trojanerzeit erhalten geblieben. In dem Gedichte „Slowo o plku Igoria" ist einige Male die Rede davon:

1. „O du Bojan, Nachtigall der alten Zeit!
   Hast du vielleicht diese Völker besungen,
   Hüpfend o Nachtigall auf den Ölbaum,
   Fliegend in Gedanken in die Wolken,

---

[1] Sišmanow, Sbornik sa narodni umotworenia IV, S. 338—339.
[2] J. Haupt, Trojanovgrad und die serbische Trojanssage in Mitteilungen der Zentralkommission zur Erhaltung und Erfindung der Baudenkmale X, 1—3. Wien 1865.

Vereinigend, Nachtigall, die beiden Hälften der Zeit? Du bist auf dem Trojanspfad durch Felder in die Berge gegangen.

2. Es waren einmal Trojanszeiten, es vergingen Jaroslavs Jahre.

3. Es entstand ein Unglück in der Macht des Daschbogs Enkel, welches in der Person eines Mädchens in das Trojansland kam[1])."

Diese Zeilen sind von großer Bedeutung, da sie an das Unglück, das durch die schöne Helena nach Troja kam, erinnern.

4. Im siebenten Zeitalter der Troier warf Wseslaw Würfel nach einem ihm geliebten Mädchen[2]).

Auch diese Worte beziehen sich auf die schöne Helena.

Wege, Städte, Ruinen u. dgl. m., welche an Troja erinnern, gibt es in Asien nicht.

Schließlich möchten wir erwähnen, daß der Name Homer ("Ομηρος) nicht griechischen Ursprungs zu sein scheint. Das Wort ὅμηρος heißt Pfand, Geisel. Etymologisch ist der Sinn dieses Wortes aus der griechischen Sprache unerklärlich. Man führt es auf das Wort ὁμορτέω = zusammengehen zurück. Das ist aber eine gesuchte Erklärung. Das altbulgarische o mir oder o mer heißt „für den Frieden". Daher bedeutet das Wort Homer „Pfand oder Geisel für den Frieden", und es scheint eher ein bulgarisches als griechisches Wort zu sein. Troja ist also ein bulgarisches Land gewesen, welches in Thrakien und Makedonien lag. Die bulgarische Mythologie ist nichts weiter als die Geschichte dieses Troja.

---

[1]) 1. O Bojane, solowijo starago wremene! abi ty sija pŭlky uschtekotal, skatscha, slawijo po myslenu drewu, letaja umomi podŭ oblaky, sŭwiwaja slawijo, oba poly wremene, rischta wŭ tropu Trojanjo tschres polja na gory. — Russkaja klassnaja biblioteka. Petersburg 1895. S. 2.
2. Byli wjetzi Trojani minula ljeta Jarosslawlja — S. 6. 3. Wŭstala obida wŭ silach Daschboscha wnuka, wŭstupila djewojo na semljo Trojanjo, wŭspleskala lebednymi krily na sinjem morje, u Donu pleschtschjotschi, ubudu schirina wremena — S. 7.

[2]) Na sedĭmom wjetzje Trojani, wrŭsche Bĭsseslaw schrebji o djewitzjo sebje ljobu.

b) Der Kampf zwischen dem Trojanerkönig und dem Wassergott.

Diodor schreibt, daß Jason ein großes Schiff gebaut hätte, um eine Expedition gegen die barbarischen Völker am Pontus Euxinus zu unternehmen. Zu dieser Expedition hätte er die tapfersten Leute, unter ihnen auch den Herkules, erwählt. Das Schiff wurde Argo, nach dem Namen des Erbauers, genannt. Die Argonauten wählten den Herkules zu ihrem Anführer. Sie gingen von dem Hafen Jolkus aus, und nachdem sie den Berg Athos und Samathrake passiert hatten, warf sie ein Sturm an das Vorgebirge Sigeion (Singus, Vorgebirge von Chalcidice) in Troja. Dort fanden sie am Ufer des Meeres ein gefesseltes Mädchen. Nach der mythologischen Erzählung, schreibt Diodor, zürnte Poseidon dem trojanischen Könige Laomedon wegen des Baues der trojanischen Festung[1]) und schickte ein Seeungeheuer, welches sofort alle an der Küste wohnenden, sowie die benachbarten Landbewohner beraubte. Außerdem suchte die Pest die Bevölkerung heim und alle Feldfrüchte wurden gänzlich vernichtet. Das Volk war in großen Schrecken infolge dieses Unglücks versetzt und versammelte sich, um Rettung aus dem Übel zu suchen. Der König schickte zum Apollo, um sich bei ihm darüber zu befragen. Das Orakel antwortete, daß die Ursache dieses Übels der Zorn Poseidons sei und daß es nicht eher aufhören würde, als bis die Trojaner dem Poseidon eines ihrer Kinder, welches durch das Los dazu bestimmt würde, zum verspeisen schickten. Es wurde gelost und das Los fiel auf die Königstochter Hesion; ihr Vater Laomedon war daher gezwungen, die Jungfrau herzugeben. Sie wurde gefesselt und an das Ufer des Meeres gebracht. Da landete Herkules mit den Argonauten, und nachdem ihm das Mädchen sein Unglück geschildert hatte, zerbrach er die Fesseln, ging in die Stadt und versprach dem König, das

---

[1]) Laomedon hatte dem Apollo und Poseidon, welche ihm die Festung von Troja erbauten, einen Lohn versprochen, welchen er nachher verweigerte.

Ungeheuer zu töten. Laomedon nahm dankbar den Vorschlag an und versprach als Belohnung seine unbesiegbaren Pferde. Das Ungeheuer wurde von Herkules getötet. Der Hesion wurde freigestellt, mit ihrem Befreier zu gehen oder bei den Eltern in dem Vaterlande zu bleiben. Das Mädchen zog es vor, seinem Retter zu folgen, nicht nur aus Dankbarkeit, sondern auch aus Furcht, daß es wieder von seinen Landsleuten für ein Ungeheuer hergegeben würde. Nachdem Herkules durch Geschenke und Gastfreundschaft geehrt worden war, begab er sich mit den Argonauten in den bevorstehenden Kampf, und überließ die Jungfrau und die Pferde dem König Laomedon, bis er aus Kolchida zurückkäme:

(Ἔπειτα ἐκ τῆς Ἰωλκοῦ τὸν ἔκπλουν ποιησαμένους, καὶ παραλλάξαντας τόν τε Ἄθω καὶ Σαμοθράκην, χειμῶνι περιπεσεῖν, καὶ προσενεχθῆναι τῆς Τρῳάδος πρὸς Σίγειον. Ἐνταῦθα δ' αὐτῶν, τὴν ἀπόβασιν ποιησαμένων, εὑρεθῆναί φασι παρθένον δεδεμένην παρὰ τὸν αἰγιαλὸν διὰ τοιαύτας αἰτίας. Λέγεται τὸν Ποσειδῶνα διὰ τὴν μυθολογουμένην τῶν Τρωικῶν τειχῶν κατασκευὴν μηνίσαντα Λαομέδοντι τῷ βασιλεῖ κῆτος ἀνεῖναι ἐκ τοῦ πελάγους πρὸς τὴν χώραν· ὑπὸ δὲ τούτου τούς τε παρὰ τὸν αἰγιαλὸν διατρίβοντας καὶ τοὺς γεωργοῦντας τὴν παραθαλάττιον παραδόξως συναρπάζεσθαι· πρὸς δὲ τούτοις λοιμὸν ἐμπεσεῖν εἰς τὰ πλήθη καὶ καρπῶν παντελῆ φθοράν, ὥστε πάντας ἐκπλήττεσθαι τὸ μέγεθος τῆς περιστάσεως. Διὸ καὶ συντρεχόντων τῶν ὄχλων εἰς ἐκκλησίαν καὶ ζητούντων ἀπαλλαγὴν τῶν ἀτυχημάτων, λέγεται τὸν βασιλέα πέμψαι πρὸς τὸν Ἀπόλλω τοὺς ἐπερωτήσοντας περὶ τῶν συμβεβηκότων. Ἐκπεσόντος οὖν χρησμοῦ μῆνιν ὑπάρχειν Ποσειδῶνος, καὶ τότε ταύτην λήξειν ὅταν οἱ Τρῶες τὸ λαχὸν τῶν τέκνων ἑκουσίως παραδῶσι βορὰν τῷ κήτει, φασὶν ἁπάντων εἰς τὸν κλῆρον ἐμβαινόντων, ἐπανελθεῖν εἰς Ἡσιόνην τὴν τοῦ βασιλέως θυγατέρα· Διόπερ τὸν Λαομέδοντα συναναγκασθέντα παραδοῦναι τὴν παρθένον καὶ δεσμοῖς καταλαβόμενον ἀπολιπεῖν παρὰ τὸν αἰγιαλόν. Ἐνταῦτα τὸν μὲν Ἡρακλέα μετὰ τῶν Ἀργοναυτῶν τὴν ἀπόβασιν ποιησάμενον, καὶ μαθόντα παρὰ τῆς κόρης τὴν περιπέτειαν, ἀναρρῆξαι μὲν τοὺς περὶ τὸ σῶμα δεσμούς, ἀναβάντα δ' εἰς τὴν πόλιν ἐπαγγείλασθαι τῷ βασιλεῖ διαφθερεῖν τὸ κῆτος. Τοῦ δὲ Λαομέδοντος ἀποδεξαμένου τὸν λόγον καὶ δωρεὰν δώσειν ἐπαγγειλαμένου τὰς ἀνικήτους ἵππους, φασὶ τὸ μὲν κῆτος ὑφ' Ἡρακλέους ἀναιρεθῆναι, τῇ δ' Ἡσιόνῃ δοθῆναι τὴν ἐξουσίαν εἴτε βούλοιτο μετὰ τοῦ σώσαντος ἀπελθεῖν, εἴτε μετὰ τῶν γονέων καταμένειν ἐν τῇ πατρίδι. Τὴν μὲν οὖν κόρην ἑλέσθαι τὸν μετὰ τοῦ ξένου βίον, οὐ μόνον τῆς συγγενείας τὴν εὐεργεσίαν προκρίνασαν, ἀλλὰ καὶ φοβουμένην μὴ πάλιν φανέντος κήτους πρὸς τὴν ὁμοίαν ὑπὸ τῶν πολιτῶν ἐκτεθῇ τιμωρίαν. Τὸν δ' οὖν Ἡρακλέα δώροις καὶ τοῖς προσήκουσι ξενίοις λαμπρῶς τιμηθέντα τὴν Ἡσιόνην καὶ τὰς ἵππους παραθέσθαι τῷ Λαομέδοντι συνταξάμενον μετὰ τὴν ἐκ Κόλχων ἐπάνοδον. ἀπολήψεσθαι [ταῦτα], αὐτὸν δ' ἀναχθῆναι μετὰ τῶν Ἀργοναυτῶν κατὰ σπουδὴν ἐπὶ τὸν προκείμενον ἆθλον[1]).

Der Kampf zwischen dem Wassergotte Poseidon und dem trojanischen Könige wird oft in den bulgarischen Volksliedern besungen. Den Anlaß zu diesem Kampfe soll die Gottlosigkeit des Königs gegeben haben, die, wie schon erwähnt, wohl darin bestand, daß er den Göttern gegenüber, die ihm seine Burg erbaut hatten, sein Wort nicht hielt. Wir wissen aber aus der Ilias, daß das Geschlecht des Priamus dem Kronion verhaßt war: Ἤδη γὰρ Πριάμου γενεὴν ἔχθηρε Κρονίων[2]). Statt des Priamus wurde Aeneas von den Göttern zum König der Trojaner gewählt. Diese Gottlosigkeit des Königs nun, die dem Lande so großes Unglück brachte, wird in den bulgarischen Volksliedern verwünscht. Ein solches Lied lautet:

> Gott strafe den König von Trojan! —
> Er sammelte die Trojaner Christen:
> „Hört, o ihr Trojaner Bürger!
> Zerstöret den alleinigen Gott,
> Malet den silbernen Gott!"
> Und sie malten den silbernen Gott.
> Wo in der Stadt Trojan
> An dreiunddreißig Punkten kaltes Wasser floß,
> Da fing an zu fließen
> Weißes Silber und glänzendes Gold.
> Um das baten sie und das fanden sie.
> Da schickte der König von Trojan
> Unterhalb der Stadt Trojan,

---

[1]) Diodor. Sicil., Lib. IV, 42; Parisii 1878.
[2]) Ilias, XX, 306.

Unterhalb des Sees, an den tiefen Brunnen,
Da allein gab es kaltes Wasser.
Dort lebte aber ein Drache
Welcher täglich einen Menschen fraß.
Dorthin gehen nun die Trojaner Christen,
Um mit Silber das Wasser zu kaufen,
Mit Silber, mit feurigem Gold!
Gott strafe den König von Trojan!
Er kleidete schön seine liebe Tochter,
Seine Tochter, die kleine Marie,
Und füllte ihr Taschen und Gürtel
Mit Silber und feurigem Gold.
In die Hand gab er ihr einen silbernen Krug.
Nun Tochter, kleine Marie,
Gehe du zum Brunnen,
Schöpfe jenes kalte Wasser,
Du magst es mit Silber erkaufen.
Schön aber war das Mädchen Marie.
Es schlug ein Kreuz und betete zu Gott:
„Oh du Gott, hilf mir."
Und als sie ging auf den weißen Wegen,
Begegnete ihr ein unbekannter Held,
Ein Held auf einem rotbraunen Pferd.
„Sei gegrüßt trojanisches Mädchen!
Wohin des Weges mit Gottes Hilfe?"
— Ich will unterhalb der Stadt Trojan gehen,
Um dort kaltes Wasser zu schöpfen.
Da antwortete der unbekannte Held:
„Ah! schönes Mädchen Marie.
Dort unten hauset ein Drache,
Du wirst sterben noch jung und zart.
Ich bin kein unbekannter Held
Sondern bin der heilige Georg.
Ich werde meinen Kopf in deinen Schoß legen,
Damit du meinen Zopf streichelst.
Ich bin imstande dich zu retten.
Und er stieg vom Pferde
Und legte sich in ihren Schoß.

Gott strafe den bösen Drachen!
Er zeigte sich jetzt aus dem tiefen See,
Und nun hörte man folgende Stimme:
Mein Gott, du mein lieber Gott!
Täglich hatte ich nur eine Portion,
Und heute habe ich drei,
Und das wunderschöne Mädchen!
Der Drache sah nach dem Mädchen hin,
Und es rührte sich nicht vor Angst,
Auch der heilige Georg rührte sich nicht.
Und es liefen Tränen über ihre Wangen,
Und fielen auf sein Gesicht,
Aus Leid verbrannten ihn die Tränen.
Da stand auf der heilige Georg
Und sagte zu dem Trojaner Mädchen:
„Oh Mädchen, schöne Marie!
Warum vergießest du diese feinen Tränen?
Und das Trojaner Mädchen antwortete:
„Mein Bruder, heiliger Georg,
Sieh auf die weißen Wege,
Wo der schreckliche Drache herkommt,
Und höre was das Ungeheuer spricht.
„Täglich hatte ich nur eine Portion
Und heute habe ich sogar drei."
Der heilige Georg sah dorthin
Und erblickte den bösen Drachen.
Nun sagte zu ihm das Trojaner Mädchen,
Oh mein Bruder, jetzt werden wir getötet!
Da erschrak auch der tapfere heilige Georg,
Er erschrak vor dem Drachen.
Nun kam zur Erde Gott selbst:
„Hörst du, heiliger Georg,"
Sagte Gott selbst,
„Ziehe den Pfeil aus deinem Gürtel
Und wirf ihn auf den Drachen,
Vielleicht komme ich noch zur Hilfe."
Und der tapfere heilige Georg,
Zog den Pfeil aus dem Gürtel

Und warf ihn auf den Drachen
Und traf ihn zwischen die schwarzen Augen,
Da fiel der Drache zu Boden.
Nun bestieg er sein rotbraunes Pferd
Und sagte zu dem Trojaner Mädchen:
„Gehe vor mir her, vor dem Pferd."
Den Drachen nahm er mit sich
Und band ihn mit einer starken Kette.
Dann sprach der heilige Georg zum Pferde:
„Wir haben den Drachen gefangen,
Zieh, Pferd, er muß gezogen werden",
Und er brach auf auf den weißen Wegen.
Als er in die Stadt Trojan kam,
Und ihn die Trojaner Bürger sahen,
Wurden sie von einem dreijährigen Fieber ergriffen.
Oh du Gott, wir danken dir.
Seitdem Trojan erbaut wurde,
Haben wir ein solches Ungeheuer nicht gesehen.
Und nun zog der heilige Georg,
Er zog in der Stadt Trojan umher,
Dann stieg er vom Pferde
Und schickte fort das Mädchen Maria.
„Oh Mädchen, schöne Marie,
Gehe du in deine Höfe,
Bringe Nachricht deinem Vater."
Und sie ging in ihre Höfe,
Und sprach zu ihrem Vater:
„Höre, mein alter Vater,
Es ist ein unbekannter Held gekommen,
Und ruft dich zu sich."
Da machte sich auf den Weg der König Latin
Und ging zu dem heiligen Georg.
„Sei willkommen, unbekannter Held."
— Freue mich, dich wohl zu sehen, König Latin.
— Wenn du willst, ich will dir geben,
Ich will dir meine liebe Tochter geben.
Da sprach der heilige Georg
Zu jenem König Latin:

„Schweig, Latin, dein Mund verstumme,
Sprich solche Worte nicht!
Ich bin kein unbekannter Held,
Ich bin ein Engel Gottes,
Gottes Engel, der heilige Georg.
Siehst du den Drachen?
Wenn ich den Drachen loslasse,
Wird er dreimal die Stadt durchtoben,
Niemand von euch wird lebendig bleiben!"
Da sprach der König Latin:
„Vergib mir, heiliger Georg."
Nun sammelten sich die Trojaner Christen,
Zerstörten den silbernen Gott,
Errichteten den alleinigen Gott.
Und wo flossen dreiunddreißig Brunnen
Reinen Silbers und feurigen Goldes,
Sie hörten auf, und nun floß,
Nun floß das kalte Wasser.
Seit dieser Zeit ist dieses Lied geblieben [1]).

Dieses Lied ist noch in einer anderen Variante bekannt, die in Kukusch (Makedonien) aufgezeichnet ist, doch wird hier die Stadt nicht Trojan, sondern Troem genannt. In dieser Variante wird klar gesagt, daß der Drache Mädchen gefressen hätte, bis die Reihe an die Troemer Königstochter gekommen wäre:

„Es zeigte sich aber bei der Stadt Troem
Ein breiter Sumpf, ein tiefer See,
Drei Stunden weit von der Stadt Troem.
Über das Wasser setzte Gott einen Herrn,
Einen grauenerregenden Drachen [2]), Menschen fressend,
Und befahl, diesem Herrn Nahrung zu geben,
Täglich ein junges Mädchen.
Und die Troemer Christen willigten ein,
Nahrung zu geben für jeden Tag,
Je ein Mädchen, und schöpften Wasser.

---

[1]) Bratja Miladinowtzi, Balgarski narodni pjesni, Sofia 1891, S. 38.
[2]) Sura Lamja.

Das taten sie nacheinander drei Jahre lang.
Als das vierte Jahr kam,
Und alle an die Reihe gekommen waren,
Da kam die Reihe auch an den König,
Nahrung zu geben, um Wasser zu holen.
Des Königs Tochter aber war lieblich und schön,
Als Nahrung schickte er sie an den breiten Sumpf." [1])

In einer anderen Variante, die von Schapkareff in Ochrid aufgezeichnet wurde, wird gesagt:

Es brandete das blaue Meer,
Und es zeigte sich der mächtige Drache,
Jeden Tag fraß er je ein Mädchen.
Nun kam auch die Reihe an die Königstochter,
An die Königstochter, das einzige Kind,
Auch sie sollte gefressen werden.
Da versammelten sich alle Bürger
Sie standen auf den Türmen,
Um zu sehen, wie sie aufgefressen wird,
Wie die Königstochter aufgefressen wird!
Da kam aber der heilige Georg!...[2])

In anderen Liedern wird die Lamja oder der Drache mit dem Nebel oder der das Getreide vernichtenden Witterung identifiziert. So lautet z. B. ein Lied, das in dem Bezirk von Dobritsch aufgezeichnet war:

Es schlug ein dunkler Nebel nieder
Um das Trojaner Dorf
Und blieb lang oder kurz,
Lang oder kurz drei Jahre.
Er vernichtete überall auf der Welt,
Überall auf der Welt die Ackerbauern,
Die Ackerbauern und Weinbauern,
Die Weinbauern und die Schäfer.

---

[1]) Bratja Miladinowtzi, Balgarski narodni pjesni, S. 29—30.
[2]) Sbornik sa narodni umotworenija nauka i knischnina. Sofia 1889, narodni umotworenija, S. 30—31.

Es war aber kein dunkeler Nebel,
Sondern es war ein grauer Drache[1]).
Nun hörten von ihm zwei kleine Brüder,
Zwei kleine Brüder, zwei Zwillinge.
Sie gingen ihm nach, ihn zu verfolgen,
Und verfolgten ihn mehr oder weniger,
Mehr oder weniger zwei bis drei Tage.
Nun holte ihn der jüngere Bruder ein
Und zog seinen dünnen Säbel,
Erschlug ihn und legte ihn zusammen,
Er legte ihn in drei Teile zusammen.
Nun flossen drei Flüsse:
Der erste Fluß gelber Weizen,
Der zweite Fluß roter Wein,
Der dritte Fluß weiße Milch.
Darauf sprachen die zwei kleinen Brüder,
Die zwei kleinen Brüder, die zwei Zwillinge:
— Jetzt gibt es Weizen für die Landbauern,
Nun Wein für die Weinbauern
Und Milch für die Schäfer[2]).

Dieses Seeungeheuer vernichtete also nicht nur die Menschen, indem es Jungfrauen fraß, sondern auch die Felder, wie es bei Diodor Poseidon tat. In einem anderen Volksliede wird gesagt:

Es ärgerte sich der Gott Siwa,
Er ärgerte sich und wurde zornig
Und band sich eine böse Schlange um,
Von dem Kopfe bis zu den Füßen,
In seinen Händen ist ein scharfer Säbel,
Scharfer Säbel, scharfer Blitz.
Unter seinen Füßen sind finstere Wolken,
Finster wurden seine Paläste,
Finster wurde es und nebelig,
Da jetzt ein schwarzes Jahr ist.

---

[1]) Sura Lamja.
[2]) Sbornik, Bd. IX (1893), S. 6. Siehe auch Bd. XVI—XVII np. S. 15 Nr. 4; Bd. XII, np. S. 4, Nr. 5.

Sobald dies die lebendige Juda sah,
Drohte sie zähneknirschend,
Sie kleidete sich und schmückte sich.
Man gab ihr ein schwarzes Tuch,
Das warf sie um den Kopf,
Nun saß sie in den Schlössern
Und badete in dem See.
Bis das schwarze Jahr verging
Bis sich Siwa entfernte.
Er band sich die böse Schlange ab
Und warf sie auf die Erde.
Wohin die böse Schlange fiel,
Fraß sie den Weizen,
Den Weizen und den Wein.
Dann ging sie in die Städte,
In die Städte, in die Dörfer,
Zornig drohte sie, junge Mädchen zu vernichten.
Bis die Schlange zuviel Schaden anrichtete,
So daß auch Gott böse wurde,
Da schickte er den heiligen Georg,
Mit der schweren Lanze in der Hand,
Mit der schweren Lanze, mit scharfem Säbel.
Und schickte ihn an den Fluß,
An den Fluß, an den weißen Brunnen,
Wo kaltes Wasser geschöpft wird,
Wo junge Mädchen kaltes Wasser schöpfen.
Der heilige Georg auf einem Schimmel,
Der Held über allen Helden ist.
Er steigt ab vom Pferde,
Fragt sie und erkundigt sich:
„Oh ihr Mädchen, junge Schwestern,
Ich habe gehört, oh Mädchen, man hat mir gesagt,
Daß sich eine böse Schlange gezeigt habe,
Euren Weizen aufgefressen habe
Und nun in die Städte gegangen sei,
In die Städte, in die Dörfer,
Und zornig hätte sie gedroht,
Zu vernichten auch junge Mädchen."

Sobald die Mädchen das hörten,
Fingen sie an zu weinen und sich zu beklagen,
Und nun sagten sie zu ihm:
„Oh Jüngling, unbekannter Held,
Hier unten ist die böse Schlange,
Hier unten in dem Fluß.
Heute kam sie in unsere Stadt,
Und verspeiste neun Mädchen,
Morgen früh kommt sie wieder,
Und bleibt noch drei Wochen in unserer Stadt,
Zur Nahrung hat sie neun Mädchen,
Bis alle Mädchen verschlungen sind.
Gott ist wohl zornig geworden,
Und hat sich vorgenommen,
Zu vernichten die jungen Mädchen,
Um unsere Stadt zu verwüsten."
Der heilige Georg weinte,
Sagte zu ihnen und sprach:
„Kommt, Mädchen, saget mir,
Wo die böse Schlange ist.
Gott hat mich geschickt,
Sie Stück für Stück zu zerschneiden,
Und eure Stadt zu befreien .
(Der heilige Georg hat schließlich die Schlange getötet.)
Und er hieb ihr alle drei Köpfe ab,
Und flossen daraus drei Flüsse:
Erster Fluß roter Wein,
Zweiter Fluß weißer Weizen,
Dritter Fluß süße Milch.
Als das die jungen Mädchen sahen,
Hielten sie seinen Schimmel an,
Sie hielten ihn an den Zügeln,
Und baten den Helden flehentlich,
Zu ihnen in die starke Burg zu kommen,
In die starke Burg, zu dem König,
Damit der König ihm Geschenke gebe.
Der heilige Georg aber antwortete:
„Ich gehe nicht in die starke Burg,

In die starke Burg, zu eurem König.
Aber ich gehe jetzt in den Himmel
Meinem Gott zu dienen.
Euer König kann mir Geschenke geben
An meinem Feiertag, Georgstag.
Er möchte mir ein junges Lamm schlachten,
Ein junges Lamm, ein goldenes Lamm.
Kaum hatte er dieses gesprochen,
Da gab er seinem Pferde einen Schlag
Und wurde unsichtbar.
Er flog in den Himmel.

— — — — — — — — — — — — — — —[1])

In einem anderen Liede heißt der König Latin, Talatin. Das Land dieses Königs Talatin heißt Turna statt Troja. Dieses Lied lautet:

Oh du Talatin, junger König!
Das Talatinenland ist zur Wüste geworden,
Es sind nun mehr oder weniger,
Mehr oder weniger als zwei Jahre her,
Seitdem der furchtbare Drache
Aus dem weiten Ritschna Land sich zeigt.
Er hat sieben Köpfe und drei Schwänze,
Er vernichtet alle Felder,
Er frißt alles Getreide,
Alles was jung ist, darf nicht vorübergehen.
Er fraß schon alle Felder auf,
Und nun gibt es nichts mehr zu essen.
Er kam sogar bis an die Stadt Turna
Und setzte sich an die Pforte außerhalb der Stadt,
Nun läßt er weder jung noch alt vorbeigehen,
Weder männlich noch weiblich.
Die Leute von Turna wissen nicht, was sie tun sollen.
Sie warten, vielleicht steht das Ungeheuer auf,
Um wo anders hinzugehen.
Es verging so ein Jahr,

---

[1]) Verkowitsch, Veda Slowena, Petersburg 1881. Buch II, S. 133—137.

Der Drache steht nicht auf,
Sondern wird immer böser.
Wenn er mit dem Mund pfeift,
Zittert die ganze Stadt.
Die Leute von Turna konnten das nicht mehr ertragen.
Sie durften weder auf die Felder gehen,
Noch von den Brunnen Wasser. holen.
Alle sagten, sie wollten ausziehen ihn zu verjagen,
Der eine mit dem Pfeil, der andere mit der Schleuder,
Und hofften ihn so zu töten,
Um die Stadt Turna zu retten.
Sie haben gewartet bis der Tag Koleda kam.
Alle Menschen sollten sich versammeln,
Um ein Gebet an Gott zu richten,
Daß er die Stadt retten möge.
Es verging ein Monat,
Und der Tag Koleda kam.
Alle Einwohner versammelten sich in der Kirche
Und beteten inständig zu Gott,
Daß er doch die Stadt retten möge.
Von der Kirche begaben sie sich zu dem Drachen,
Der eine mit dem Pfeil, der andere mit der Schleuder.
Sie kämpften drei Tage und drei Nächte,
Der furchtbare Drache überwand sie alle.
Wie ein hungriger Wolf in die Herde tritt,
Packte er zehn der besten Mädchen.
Sieben verschluckte er auf einmal,
Als verschluckte er sieben Rebhühner,
Die letzten drei band er sich an die drei Schwänze,
Um sie zum Imbiß und Frühstück zu haben.
Alle Bewohner von Turna liefen davon,
Damit er nicht sie alle verspeise.
Das Ungeheuer sperrte sein Maul auf,
Und als es das tat, zitterte die Erde.
Und nun sprach er zu ihnen und redete,
Seine Stimme war wie ein Donnerschlag.
„Oh ihr Bürger, oh ihr Bewohner von Turna!
Laufet nicht davon, rennet nicht.

Ich habe schon meinen Magen gesättigt,
Für mich genügen jeden Tag zehn Mädchen,
Zehn Mädchen, zehn Jünglinge.
Von jetzt an wird das mein Teil sein,
Jeden Tag werde ich zehn Mädchen rauben,
Bis die Reihe auch an euren jungen König kommt,
Um ihn zum Imbiß oder Frühstück zu verspeisen,
Dann erst werde ich eure Stadt verlassen
Und werde in das weite Ritschnaland zurückkehren."
Alle Menschen fingen an vor Furcht zu zittern.
Sie gingen in das Königsschloß
Und sprachen zu dem König und redeten:
„Oh du König, König Talatin!
Den Drachen konnten wir nicht überwinden,
Er raubte uns zehn der schönsten Mädchen.
Sieben verschluckte er auf einmal,
Als ob er sieben Rebhühner verschluckt hätte.
Die drei letzten band er an die drei Schwänze,
Um sie zum Frühstück aufzuheben.
Wir alle liefen davon.
Da machte er sein Maul auf
Und sprach zu uns und redete:
Oh ihr Bürger, ihr Einwohner von Turna,
Laufet nicht davon, rennet nicht!
Ich habe schon meinen Magen gesättigt.
Mir genügen täglich zehn Mädchen,
Zehn Mädchen, zehn Jünglinge.
Von jetzt an wird das mein Teil sein,
Jeden Tag werde ich zehn Mädchen rauben,
Bis die Reihe an euren jungen König kommt,
Auch ihn zum Imbiß zu verzehren.
Dann erst verlasse ich eure Stadt
Und werde in das Ritschnaland zurückkehren.
Denke daran, oh König, die Stadt Turna zu retten,
Der furchtbare Drache wird sie zur Wüste machen.
Der König Talatin grämte sich sehr,
Er wußte nicht, was er tun sollte.
Er erkrankte und lag danieder

Und lag so einen ganzen Monat.
Jeden Tag hörte er Jammer und Geschrei,
Der eine schreit um seine Tochter,
Der andere weint um seinen Sohn.
Da wurde ihm das zuwider,
Er schickte nach seiner Mutter,
Von ihr Vergebung zu erbitten
Und dann zu gehen, um mit dem Drachen zu kämpfen
Und entweder die Stadt zu retten
Oder lieber jung zu sterben.
Der Abgesandte sprach zu seiner Mutter:
„Komm, der König ruft dich,
Er hat dir etwas zu sagen.
Seine alte Mutter begann zu schreien und zu weinen,
Sie glaubte, daß der König sehr krank sei,
Sehr krank, zum Sterben.
Sie ging, um ihn zu sehen.
Als sie in das Zimmer trat,
Verging ihr der Atem in der Kehle,
Denn was sie sah, oh Wunder!
Der König ist aus dem Bett aufgestanden
Und hat goldene Kleider angezogen,
In der Hand hält er sieben goldene Pfeile,
Sie strahlen wie sieben nie untergehende Sonnen.
Neben ihm liegt eine lange Lanze.
Als ihn seine alte Mutter so sah,
Zitterte sie vor Schreck.
Ihr Gesicht wurde weiß und gelb
Und die Hände zitterten ihr.
Kaum imstande zu sprechen, sagte sie:
„Guten Morgen, König Talatin,
König Talatin, mein lieber Sohn!
Warum ziehst du deine goldenen Kleider an?
In der Hand hältst du sieben goldene Pfeile,
Die wie sieben nie untergehende Sonnen strahlen.
Warum steht neben dir die lange Lanze?
Mit wem willst du kämpfen?"
„Guten Morgen, meine alte Mutter!

Mit dem Drachen will ich kämpfen!
Entweder werde ich ihn überwinden
Und unsere Stadt retten,
Oder er soll mich, den jungen König, verspeisen.
Ich kann den Jammer und das Geschrei nicht mehr hören.
Der eine schreit um seine Tochter
Der andere beweint seinen Sohn."
„Gehe nicht, mein Sohn, gegen den Drachen,
Alle sind gegangen, ihn zu verfolgen,
Und konnten ihn nicht überwinden.
Wie könntest du allein ihn denn überwinden?
Er wird nun dich ganz und gar verschlucken,
Deine alte Mutter wird vor Gram sterben."
„Schweige, Mutter, schweige du, ich darf nicht auf dich hören.
Ich werde gehen, mit dem Drachen zu kämpfen.
Nur erbitte ich von dir Vergebung,
Wenn mich der Drache überwindet,
Im Tode deinen Segen zu haben,
Damit mich Charu[1]) nicht in dem See ertränke."
„Ich werde dir meine Vergebung erteilen,
Nur warte ein wenig, mein Sohn!
Ich will die unterirdischen Keller öffnen,
Um die feurige Lanze deines Vaters zu holen,
Welche ihm der alte König von Ritschna gab.
Nur mit ihr kannst du den Drachen überwinden.
Gib nur acht, ihn in den ersten Kopf zu treffen,
Dann wird sein ganzer Körper in Flammen aufgehen,
Blaue Flammen werden aus ihm auflodern
So daß er sich vor Angst in den großen See werfen wird,
In der Hoffnung das Feuer zu löschen.
Aus dem See wird er nie wieder herauskommen."
„Schnell, Mutter, gib heraus die feurige Lanze.
Der Drache soll sehen, welchen Helden es auf Erden gibt.
Er hat auch mir gedroht,
Erst wenn er auch mich zum Imbiß verschlukt hat,

---

[1]) Der greise, schmutzige, grobe Fährmann in der Unterwelt (Χάρων)

Will er unsere Stadt verlassen."
Seine Mutter öffnete die unterirdischen Keller.
Als sie die feurige Lanze herauszog,
Zitterten alle Menschen vor Angst, daß die Stadt verbrenne,
Sie gab die Lanze ihrem lieben Sohn,
Ihrem lieben Sohn, dem König Talatin:
„Nimm, mein Sohn, die feurige Lanze!
Ich erteile dir auch meine mütterliche Vergebung!
Nun geh' schnell zu dem Drachen,
Die Zeit ist schon gekommen,
Da er zehn der schönsten Mädchen rauben wird
Rette wenigstens noch diese,
Damit wir keinen Jammer mehr hören."
Der König stellte alsdann einen Ausrufer an,
Um in der Stadt Turna verkünden zu lassen,
Daß jeder, der etwas Wunderbares sehen wolle,
Außerhalb der Stadt, an das Haupttor gehen möge,
Dorthin wo der Drache lagere.
Er, der König, werde mit ihm kämpfen!
Und nun gingen alle hinaus, um das Wunder zu sehen,
Das ihr junger König tun will,
Ob er den Drachen überwinden werde
Oder noch jung sterben müsse.
Der Drache lag an dem Tor,
Sieben Köpfe mit geöffneten Mäulern nach der Stadt
                                                gewendet,
Um sieben der schönsten Mädchen zu verschlucken.
Die Schwänze hatte er aufgerollt,
Die drei Mädchen damit zu binden,
Die er sich zum Imbiß aufheben will.
Als sich der König Talatin dem Ungeheuer genähert hatte,
Rief er laut:
„Oh du Ungeheuer, graues Ungeheuer,
Geh' hinaus auf die weiße Wiese.
Entweder werde ich dich im Kampf überwinden,
Oder du wirst mich, den jungen König, auffressen.
Du bist unausstehlich geworden,
Du willst die Stadt verwüsten,

Alle Mädchen und Jünglinge auffressen.
Und zuletzt mich,
Und dann erst willst du davon gehen."
Als der Drache hörte,
Daß der König Talatin komme,
Mit ihm einen Kampf auszufechten,
Ärgerte er sich sehr und wurde wild.
Seine Augen, ähnlich dem Mond, wandte er gegen ihn,
Das Maul weit geöffnet wie ein Ofen,
Um ihn lebendig zu verschlucken.
Der König Talatin wartete nicht,
Weder wartete er, noch blieb er stehen,
Er warf schnell die feurige Lanze
Und traf das graue Ungeheuer in den ersten Kopf.
Kaum hatte er es getroffen,
Ging der ganze Körper in Flammen auf,
Blaue Flammen loderten aus ihm,
Es warf sich in den großen See
In der Hoffnung, das Feuer zu löschen.
Kaum atmend sprach der Drache:
„Gott strafe dich, König Talatin!
Mit deiner Tapferkeit hast du mich überwunden,
Gott strafe deine alte Mutter,
Welche dir deines Vaters feurige Lanze gab,
Die ihm von meinem Onkel, dem Ritschnakönig, ge-
              schenkt wurde."
Dies sagte er mit vieler Mühe.
Er wird niemals aus dem See herauskommen[1]).
Alle jauchzten dem König Talatin zu,
Daß er den Drachen überwunden,
Und die Stadt gerettet habe!
Dieses Wunder vollbrachte der König Talatin,
Daher ist dieses Lied zum Singen geblieben[2]).

In anderen Liedern wird besungen, daß dieser König Talatin sich mit der Tochter des Königs der Siten oder

[1]) So geschah es mit Poseidon nach der griechischen Mythologie.
[2]) Verkovitsch, Buch I, Belgrad 1874, S. 272—288.

Kiten verheiratet habe, und daß dadurch das von dem Drachen verwüstete Land der Siten oder Kiten bevölkert wurde[1]). Diese Tochter des Sitenkönigs ist eigentlich eine Tochter der Sonne, da der Sitenkönig kinderlos war. So z. B. heißt es:

> Der Sitenkönig war kinderlos.
> Da bat er die klare Sonne[2]),
> Sich mit seinem Weibe zu vereinigen,
> Damit sie ihm ein Kind gebäre.

Und es vereinigte sich die klare Sonne mit seinem Weibe. Sie vereinigten sich, und es wurde ein Mädchen geboren[3]).

Diese Tochter des Sitenkönigs heißt Taliana[4]). Aus der Ehe nun des Talatin und der Taliana entsproß der Sohn Sada[5]). Dieser Sada nun bevölkert das verwüstete Land der Siten oder Kiten. Der Sitenkönig freute sich sehr, als er von der Geburt dieses Kindes hörte:

> Als dies der Sitenkönig hörte,
> Freute er sich von Herzen
> Und ging auf die hohen Balkons,
> Da beauftragte er den jungen Tatar,
> Und schickte ihn durch die ganze Welt,
> Um die siebenzig Könige einzuladen,
> In das verwüstete Sitenland zu kommen!
> Der Sitenkönig wolle sie bewirten,
> Da Gottes Segen in Erfüllung gegangen ist.
> Er hat seinen jungen Schwiegersohn gesehen
> Und hat einen kleinen, schönen Enkel.

— — — — — — — — — — — —

> Da kamen die siebenzig Könige in das verwüstete Land,
> Alle ritten auf Fischpferden,

---

[1]) Verkovitsch, Buch I, 126—272.
[2]) Sonne ist im Bulgarischen nicht weiblich.
[3]) Verkovitsch, Buch I, S. 134, Vers 115—120.
[4]) Verkovitsch, I, S. 162, Vers 542; S. 166, Vers 598 f.; S. 168, Vers 622.
[5]) Verkovitsch, I, S. 176, Vers 744 f.

Welche über das breite Meer schwammen.
Sie passierten das aufgetaute Meer
Und kamen in die Stadt der Siten.

— — — — — — — — — — — — — —¹)

Das Land der Siten oder Tschiten ist schließlich zu bevölkert geworden, so daß der König Sada ein anderes Land suchte:

Oh du König, oh du Donaukönig,
Morgen früh kleide dich schön,
Um den jungen Tschitenkönig zu empfangen.
Er ist mit einem Heer aufgebrochen,
Um mit allen Königen der Erde zu kämpfen!
Er will sein Land vergrößern,
Sein Land ist zu sehr bevölkert,
Seine Dörfer liegen ganz dicht nebeneinander,
Wenig Platz und große Dörfer,
Weder haben die Pflüge etwas zu pflügen,
Noch die Ochsen etwas zu weiden.
Diese Bitte, oh König, hat der Gott Vischnü erhört.

— — — — — — — — — — — — — —

Sie kamen schon an die weiße Donau.
Da sprach der König und sagte:
„Sie werden nicht über meine Donau gehen können,
Die Donau ist gut aufgetaut.
Und selbst wenn sie über die Donau kommen,
Ich habe ein starkes Heer gesammelt
Und lasse sie nicht in mein Land hinein!"
Der Tschitenkönig steht an der weißen Donau
Und weiß nicht, was er nun tun soll.
Was soll er tun, um über die weiße Donau zu gehen,
Um in das fruchtbare Land zu kommen.
Da sprach er zu seinem Heere und redete also:
„Jeder solle auf die Knie niederfallen
Und zu dem Gott Koleda beten,
Er möge eine Samovilla schicken.

---

¹) Verkovitsch, J, S. 160.

Sie solle einen starken Wind blasen,
Bis die weiße Donau gefriere,
Damit man auf ihr wie auf dem Lande gehen könne.
— — — — — — — — — — — — — — — —[1])

In einer anderen Variante heißt es unter anderem:

Der König Sada hat nicht genug Land.
Sein Land ist zu sehr bevölkert,
Niemand hat Raum zu wohnen.
Es gibt so viele Menschen, so viele Vögel unter dem Himmel.
So sehr sein Land fruchtbar ist,
Sie können sich doch nicht ernähren.
Der König Sada weiß nicht, was soll er tun,
Was soll er tun, was soll er machen.
— — — — — — — — — — — — — —[2])

In einer anderen Variante heißt dieser König Sada Sindje (Sindsche). Dieser Sindsche ist der Sohn des Mädchens Völkana. Mit diesem Mädchen Völkana verheiratete sich der König Brachil, die Sonne schien aus Gram darüber nicht, weil sie dieses Mädchen liebte. Völkana ist schließlich zu der Sonne in den Himmel gegangen, und vor Freude schien die Sonne wieder, so daß die Menschen jetzt mähen gehen und ihre Grotten mit Früchten füllen können. Völkana wurde dann wieder auf die Erde geschickt, damit sie ihr Kind, welches sie von der Sonne im Leibe trug, gebäre. Dieses Kind, ein Sohn, wurde Sindje genannt. Es sprach zu seiner Mutter:

Oh du Mutter, oh du liebe Mutter!
Dein Vater ist der erste König auf der Erde,
Aber sein Land ist zu eng geworden.
Die Menschen haben keinen Platz zu wohnen,
Die Alten haben alles besetzt
Und die Jungen haben kein Land.
Sage mir, wo ein anderes Land ist,
Ich möchte in ein anderes Land gehen.
Alles, was jung ist, möge mitkommen,

---

[1]) Verkovitsch, I, S. 2—10, Vers 10—21; Vers 67—84.
[2]) Verkovitsch, S. 18.

Für sie möchte ich der erste König sein.
Und dein Vater möge hier bleiben,
„Alles, was alt ist, soll ihm untertan sein.
Es gibt, mein Sohn, auch ein anderes fruchtbares Land,
Schon mein Vater wollte dorthin gehen.
Aber der böse furchtbare Drache,
Welcher das schöne Land beherrscht!
Jenseits der Donau sitzt ein schrecklicher Drache
Und läßt niemand vorübergehen
Noch Vögel über sich hinwegfliegen,
Um in sein Land zu kommen" [1]).

Sindsche hat den Drachen getötet und ist in das Land eingezogen.

In den hier angeführten Auszügen aus den bulgarischen Volksliedern ist von der Entstehung der Siten oder Skythen und ihrer Wanderung die Rede. Die Siten hatten einen König Brachil, welcher wohl derselbe ist, der von Jordanis als Gotenkönig bei der Wanderung der Goten unter dem Namen Berig erwähnt wird [2]).

Nach den obigen Überlieferungen stammt Sindjes oder Sadas Volk von dem Sonnengott [3]) und einer Tochter des Sitenkönigs ab.

Diese Tochter wird einmal Taliana, ein anderes Mal Völkana genannt. Beinahe denselben Ursprung haben die Skythen auch nach Herodot:

„Wie die Skythen erzählen, wäre ihr Volk das jüngste von allen und wäre also entstanden: Als das Land noch ganz wüst und leer war, kam der erste Mensch, der hieß Targitaos. Dieses Targitaos Eltern, erzählen sie (ich glaube es ihnen zwar nicht, sie erzählen es aber), wären Zeus und eine Tochter des Stromes Borysthenes. Eines solchen Geschlechtes wäre Targitaos gewesen, und dieser hätte drei Söhne gehabt: Leipoxais und Arpoxais und der jüngste Kolaxais. Zur Zeit dieser fielen vom Himmel herab goldene Werkzeuge, nämlich ein Pflug, ein Joch, ein Beil und eine Schale in das Skythen-

---
[1]) Verkovitsch, S. 112—114.
[2]) Siehe S. 47.
[3]) Sonnengott ist hier statt Sonne gebraucht.

land nieder. Und der älteste sah es zuerst und ging hinzu und wollte es aufnehmen, das Gold aber brannte, als er herankam. Da kehrte er um, und nun ging der andere hinzu, aber das Gold machte es nun wieder ebenso. Diese beiden also wehrte das brennende Gold ab; als aber der dritte, der jüngste nämlich, hinzukam, brannte es nicht mehr, und er trug es in sein Haus. Und die älteren Brüder standen darum zurück und übergaben das ganze Königreich dem jüngsten. Von Leipoxais nun stammen die Skythen, die da heißen das Geschlecht der Auchaten; von dem mittleren, Arpoxais, die da heißen die Katiaren und Traspier (Κατίαροί τε καὶ Τράσπιες), von dem jüngsten Bruder aber, dem Könige, die da heißen Paralaten. Alle insgemein haben den Namen Skoloter, nach dem Namen des Königs, Skythen aber nennen sie die Hellenen. (συμπάσι δὲ εἶναι οὔνομα Σκολότους τοῦ βασιλέος ἐπωνυμίην Σκύθας δὲ Ἕλληνες ὠνόμασαν)[1].

Da Zeus der Gott der Helligkeit oder der Sonne ist, so ist es klar, daß sich Herodots Erzählung von der Entstehung der Skythen in den bulgarischen Volksliedern wiederholt. Unter den verschiedenen skythischen Stämmen verdient unsere Aufmerksamkeit der Stamm der Κατίαροι, denn das sind die Kiten oder Tschiten in dem bulgarischen Epos und die Chitin oder Kiten in der Bibel.

Es gibt nach Herodot ein skythisches Volk Sindi *(Σίνδοι)*[2], welches wohl in Zusammenhang mit dem König Sindje (Sindsche) in dem bulgarischen Epos steht.

Die Tradition von dem Kampf zwischen dem Trojanerkönig und dem Wassergott hat sich nicht nur in den bulgarischen Volksliedern, sondern auch in den bulgarischen Volksgebräuchen erhalten. Wenn sehr viel Regen fällt, bringen die bulgarischen Bauern dem Wasser ein Opfer, das German genannt wird. Es ist eine aus Kleidungsstücken und Lehm hergestellte Puppe. Diesen so aus Lehm gemachten German sieht man als einen Verstorbenen an. Man nimmt einen Sarg, legt den German hinein, schmückt ihn und gibt ihm alle Ehren, die nach den Volkssitten einem Toten gebühren. Nachdem der Sarg ganz

---
[1] Herodot., IV, 5—6.
[2] Herodot., IV, 28, 86; Strabon., Lib. XII c. II, 11.

fertig ist, weint man wie beim Tode eines nächsten Angehörigen. In den nahe der Donau gelegenen Gegenden zündet man den Sarg an, setzt ihn auf die Donau, beweint ihn und kehrt dann nach Hause zurück, wo inzwischen eine Tafel hergerichtet worden ist. Nun setzen sie sich zum Essen und Trinken und bitten um Vergebung der Sünden des German. Dieser Gebrauch findet gewönlich am 9. und 12. Mai statt. In Nordbulgarien ist diese Sitte so verbreitet, daß zur Zeit des vielen Regens oder der großen Trockenheit sogar die angesehensten Leute des Dorfes ihre Töchter oder Enkelinnen dazu anhalten, einen German zu machen. Die Mädchen gehen zuerst im Dorfe umher, um Mehl, Gemüse, Fleisch, kurz alles, was zur Bereitung des Mahles nötig ist, zu sammeln. Dann gehen sie an den benachbarten Fluß, um aus Lehm usw. die Germanpuppe zu bereiten, befolgen weiter die schon erwähnten Volkssitten und weinen bei dem Begräbnis wie bei einem wirklichen Toten. Danach folgt dann das Mahl. G e r m a n n ist wohl ein lateinisches Wort und bedeutet l i e b l i c h, lieblicher Bruder oder liebliche Schwester. Lieblich war auch die Tochter des Trojakönigs, die dem Meere überantwortet wurde, damit die Überschwemmung und die Vernichtung des Getreides aufhöre. Der Mensch der Vorzeit hat wirklich geglaubt, daß man dem Element sein Liebstes opfern müsse, um es zu besänftigen. Das Gefühl, mit dem der begrabene oder dem Wasser geopferte German begleitet wird, ist der beste Beweis dafür, daß vormals ein lebendiger Mensch der Wassergewalt überantwortet wurde. Das wird auch in einem im Kreise Lowetsch aufgezeichneten Liede zum Ausdruck gebracht:

  Es brandete das weiße Meer
  Und unterhöhlte die Athosklöster.
  Da rief der alte Abt:
  „Steht auf, all ihr Popen,
  All ihr Popen und Mönche!
  Nehmet das kleine Büchlein
  Und leset die feine Schrift.
  Hoffentlich beruhigt sich das Meer,
  Daß es nicht mehr so stark unsere Küste bespüle
  Und die Athosklöster unterhöhle!"

Da standen auf alle Popen,
Alle Popen und Mönche.
Sie nahmen das kleine Büchlein
Und lasen die feine Schrift.
Aber das Meer beruhigte sich nicht.
Da rief der alte Abt:
„Suchet in den Gewölben,
Ob es nicht irgendwo einen Kranken gebe,
Einen kranken Menschen, ein lebendiges Wesen.
Fasset ihn unter, zwei von euch,
Werfet ihn in das weiße Meer!
Hoffentlich beruhigt es sich dann."
Da standen auf alle Popen,
Alle Popen und Mönche
Und suchten in den Gewölben.
Sie fanden einen kranken Menschen,
Einen kranken Menschen, eine lebendige Seele.
Zwei von ihnen faßten ihn unter
Und warfen ihn in das weiße Meer.
Alsdann hielt das Meer an[1]!

Dem Meere mußte man also einen Menschen opfern, damit es sich beruhige.

In anderen Varianten ist es der heilige Jovan, d. h. Jovis (Zeus), der die Brandung des Meeres besänftigt:

„Geht heraus, oh ihr Mönche,
Es brandet das weiße Meer
Und nahm den heiligen Berg mit
Und die Klöster des heiligen Berges."
Es traten Mönche heraus,
Mönche und Äbte.
Es trat auch der heilige Jovan heraus,
Der heilige Jovan, der Täufer.
Er trat mit einem vergoldeten Stock heraus
Und machte ein Kreuz über das weiße Meer.
Da wurde das weiße Meer ganz still[2].

---
[1] Sbornik VI, 54.
[2] Atanas Ilieff, Sbornik sa narodni umotworenija, Sofia 1889, S. 177, Nr. 126.

Jovis oder Zeus, der gegen Poseidon auftritt, ist hier zum heiligen Jovan oder Johannes geworden.

In Küstendil gibt es eine warme Quelle, welche zu Bädern dient. Wenn das Wasser steigt und stärker fließt, sagen die alten Leute, das Wasser brandet und wird nicht eher ruhig, als bis man ihm ein Opfer spendet. Um zu verhüten, daß einem Menschen ein Unglück geschehe, bringt man ihm ein Opfer, z. B. einen lebendigen Hahn. Die Angst vor einer Überschwemmung des warmen Wassers ist bei den Einwohnern von Küstendil bekannt. Die Überlieferung berichtet, daß das Wasser einmal übergetreten wäre und die ganze Stadt überflutet hätte, wenn nicht eine Königstochter dem zuvorgekommen wäre und die Quelle mit einem seidenen Taschentuch verstopft hätte[1]). Physisch ist es unmöglich, daß die sehr schwache Quelle die Stadt überflutet, noch weniger möglich aber, daß man dem mit einem seidenen Taschentuch vorbeugen könnte. Es ist nichts weiter als die Überlieferung von dem Kampfe mit Poseidon und der Aufopferung der trojanischen Königstochter, welche das Meer besänftigte. Der Glaube, daß in den Gewässern (Brunnen, Flüssen, Sümpfen) böse Geister wohnen, besteht noch heute bei der bulgarischen Landbevölkerung. Diese bösen Geister verlassen in der Nacht ihre Gewässer, um den Menschen etwas Böses zu tun. Ein bulgarischer Bauer denkt immer daran, wenn er in der Nacht allein an einem Bach, Brunnen oder Sumpf vorübergeht.

c) Der Bau von Troja.

Auch über den Bau von Troja selbst haben sich Erinnerungen erhalten. In einem Liede heißt es:

Drei Brüder haben eine Burg gebaut,
Eine Burg gebaut, die Burg Smindelja,
Am Tage bauten sie, in der Nacht stürzte sie ein.
— — — — — — — — — — — — — — [2])

---

[1]) Jordan Iwanoff, Sewerosapadna Makedonija.
[2]) Sbornik II, S. 78, Konstantinoff.

Smindelja ist wohl auf Σμινθεύς, einen Beinamen Apollos, zurückzuführen. Die Burg Smindelja ist Troja, da dort der trojanische Apollo oder Smintheus seine Altäre hatte, während die drei Brüder die drei Gottheiten sind, die Troja erbaut haben.

In einem anderen Liede wird gesagt:

Drei Brüder bauten eine Burg,
Am Tage bauten sie, in der Nacht zerfiel sie.
Da sagten sich die drei Brüder:
Wessen Frau zuerst kommt,
Um uns das Mittagessen zu bringen,
Die wollen wir in die weiße Burg einbauen[1]).

Dieses Lied ist unter den Rodopebewohnern sehr verbreitet. Es wird auch in der Ebene am Ägäischen Meer und am meisten von Zimmerleuten gesungen. Die Sänger und die alten Leute in Achar Tschelebi sollen dem Aufzeichner dieses Liedes gesagt haben, daß die in diesem Liede erwähnte Burg das noch heute bestehende Mussina Kalessi (Festung Mussina) bei der Stadt Gjumudchina sei. In einer anderen Variante wird die gebaute Burg Pergiowa, d. h. Pergamon genannt. Einer der Baumeister ist Manuil, d. h. **Manus**. Der Fluß Struma ist die Frau eines der Baumeister:

Drei Brüder bauten eine Burg,
Eine Burg, die Burg Pergiowa.
Am Tage bauten sie, in der Nacht zerfiel sie,
Stein auf Stein, Balken auf Balken.
Alle Bauleute wunderten sich sehr,
Was sollen sie mit der Burg Pergiowa tun?
Der Meister Manuil sprach leise:
— Wir wollen schwören,
Welche Frau zuerst kommt,
Um Mittagessen zu bringen,
Die bauen wir in die Burg Pergiowa ein.

---

[1]) **Sbornik** II, S. 78, Konstantinoff.

Manuils Frau ist früh aufgestanden, hat Mittagessen bereitet und ruft:

> Komm, komm du Jungfrau Struma,
> Den Meistern das Essen zu bringen!
> Doch diese sprach leise:
> Gehe du, Manuils Frau, gehe du,
> Ich habe das Mittagessen noch nicht fertig[1]).

In einer anderen Variante heißt diese Burg P i r g u n a, welche von D o i k a (Doina oder Diana oder Apollo) gebaut wird:

> Gradila Doïka
> Grada Pirguna
> Djunja gu gradi
> Nuschtja se sipi
> Kamen pu kamen
> D'rwu pu d'rwu[2]).
> (Gebaut hat Doika
> Die Burg Pirguna.
> Am Tage baute sie,
> In der Nacht fiel sie zusammen
> Stein nach Stein,
> Balken nach Balken.)

Diese Doïka oder Diana wird in einem anderen Liede J a n k a (Jana, Diana, Janus oder Apollo) genannt:

> Die schlanke Janka baute eine Burg,
> Sie baute sie mitten im Meer,
> Mitten im Meer auf einer Insel.
> In der Burg verschloß sie sich
> Und rief so laut sie konnte:
> „Welcher Dumme es unternehmen wird,
> Einen schönen Brunnen zu bauen,
> Einen schönen Brunnen mit neun Ausflüssen,
> Der wird heiraten die schlanke Janka."

Es hat sich aber ein Jüngling gefunden, der einen solchen Brunnen gebaut hat, jedoch die schlanke Janka antwortete

---

[1]) Ilief, Sbornik, S. 366 Nr. 304.
[2]) Sbornik III, S. 272 Nr. 3, St. S. Russeff.

ihm, daß sie gesagt hätte, wer eine Mühle mit neun Mühlrädern bauen würde, der dürfte die schlanke Janka heiraten. Es fand sich ein Jüngling, der auch diese erbaute, jedoch sie antwortete, daß sie nicht eine Mühle gewünscht hätte, sondern daß sie gesagt hätte:

Welcher Dumme es unternehmen wird,
Ein wunderschönes Schloß zu bauen,
Der dürfte die schlanke Janka heiraten.
Da unternahm es ein guter Junge,
Er baute ein schönes Schloß
Und heiratete die schlanke Janka.
Bleib stehen, oh du Gott Janus!
(Stan Janine Gospodine [1]).

Die schlanke Jana, welche in diesem von dem Jüngling erbauten Schloß wohnte, wird in einem anderen Liede Völkana genannt. Hier wird auch gesagt, daß die Burg von dem König der Drachen, d. h. von Poseidon, gebaut wurde:

Oh du Gott, lieber Gott!
Der du Wunder und Schönheiten schufst,
Über die sich der Himmel und die Erde wundern.
Es wundern sich auch noch siebenzig Könige
Ja sogar die Juden Samovillen [2]) in den Bergen.
Drei Tage schien die Sonne am Himmel nicht,
Um zu wärmen und die Erde zu beleuchten.
Die Erde ist mit einem schwarzen Tuche bedeckt,
So daß niemand aus seiner Höhle (Grotte) treten kann,
Um zu gehen in das weite Feld,
Zu mähen weiße Pflanzen schon überreif,
Welche wie Birnen auf die Erde fallen.
Der Sommer ist schon vergangen,
Ein strenger kalter Winter ist gekommen,
Und in den Höhlen (Grotten) hat man nichts.

---

[1]) Sbornik III, S. 19.
[2]) Juda ist eine Waldgöttin. Etymologisch ist dieser Name vielleicht auf ἴδη (Waldgebirge) zurückzuführen. Samowilla ist vielleicht ein aus Samo und willa zusammengesetztes Wort. Es hat dieselbe Bedeutung wie Samodiva. Siehe S. 127.

Da wunderten sich die siebenzig Könige,
Was sollen sie tun, was wird nun werden?
Sie gingen bis an das Ende der Welt,
Bis an das Ende der Welt zu dem ersten König,
Welcher eine neue, prächtige Burg baute.
Bauleute hat er wunderbar und schön,
Wie es sonst nirgends auf Erden gibt.
Alle haben Flügel an den Schultern
Und gar der erste Baumeister,
Er hat goldene Flügel,
Auch ist er der herrliche König der Drachen.
In den Händen hält er zwei silberne Schlüssel,
Mit denen schließt er die geheimen Brunnen.
Der erste Brunnen, der starken Regen gibt,
Wenn er will, schließt er ihn auf
Und sendet viel Regen auf die Erde,
Damit weiße Pflanzen wachsen auf dem Felde.
Der zweite Brunnen, der starken Hagel hat,
Den schließt der Drachenkönig auf, wenn er sehr zornig ist,
Um starken Hagel auf die Erde zu schicken
Und die weißen Pflanzen auf dem Felde abzuschlagen.
Die klare Sonne hat den Drachenkönig geschickt,
Er möchte eine neue herrliche Burg bauen,
Wie es nirgends auf Erden gibt.
Wer sie sieht, soll erstaunt sein
Und dem ersten König Lob spenden,
Daß er eine so schöne Burg hat.
Und in ihr soll das Mädchen Völkana wohnen,
Welches von der klaren Sonne geliebt wird.
Bis die siebenzig Könige an das Ende der Welt kamen,
Hatten die Bauleute schon die Burg vollendet.
Inmitten des Feldes strahlte sie wie die Sonne,
Aber sie strahlte nur dem ersten König.
Allen übrigen erschien sie dunkel.
Der erste König schlachtet dem Gott ein Opfertier
Zum Dank, daß er eine so schöne Burg hat.
Zu dem aus diesem Opfertier bereiteten Mahle
Kamen die siebenzig Könige,

Sie aßen und tranken roten Wein.
Es bediente sie das Mädchen Völkana,
Das nirgends auf Erden seinesgleichen hatte.
Ihr Gesicht strahlte wie die klare Sonne,
Ihre Brust wie der weiße Mond,
Ihre Schöße wie kleine Sterne,
Ihre Augen leuchteten wie Fackeln.
Ihr Haar reichte bis zur Erde,
Es glänzte wie von Gold.
Als sie die siebenzig Könige sahen,
Wollten alle sie zur Schwiegertochter haben.
Sie verlobten sie mit dem König Brachil,
Da er der Tapferste unter den Tapferen war.

Da aber die Sonne das Mädchen liebte, schien sie aus Gram darüber nicht, und die Könige konnten in der Finsternis nicht nach Hause gehen. Sie wunderten sich, wie das komme, bis der Mond zu ihnen sagte:

„Oh ihr siebenzig Könige!
Niemand von euch hat sich versündigt,
Gesündigt hat nur der erste König,
Der das Mädchen Völkana dem König Brachil verlobte
Und dadurch meinen Bruder, den strahlenden Sonnengott, betrog.
Daher wurde dieser zornig
Und will nicht auf die Erde scheinen.
Mein Bruder liebt das Mädchen Völkana,
Das ihresgleichen auf der Erde nicht hat.
Und nicht eher, als bis Völkana in unsere Schlösser kommt,
Wird die Sonne wieder auf die Erde scheinen."

Das Mädchen Völkana ist schließlich zu dem Sonnengott in den Himmel gegangen und seine Frau geworden, alsdann schien die Sonne wieder auf die Erde. Die siebenzig Könige konnten jetzt in ihre Länder zurückkehren. Alle Menschen gingen auf die Felder, um weiße, überreife Pflanzen zu mähen und ihre Grotten damit zu füllen. Aus der Ehe der Sonne mit dem Mädchen Völkana entsproß der König Sindsche, welcher nun das Land des Vaters seiner Mutter bevölkert[1]), Dieses Volk waren die Skythen[2]). Die Burg wird bald von Jana (Janus oder Apollo), bald von dem König der Drachen, d. h. Poseidon oder Neptun, gebaut, wie es auch nach der griechischen Mythologie gewesen sein soll. In einem anderen Liede heißt es, daß Jana oder Janka in der Zeit geboren wurde, als man die Stadt B u d i n erbaute. Die Stellung des bösen Drachen nehmen in diesem Liede die Volksfeinde: Türken, Griechen, Janitscharen ein, vor welchen sie sich in den Wald des Gottes Dan flüchtet. Einige Verse dieses Liedes lauten:

> Oh du Jana, oh du meine Tochter!
> Als Jana geboren wurde,
> Da erbaute man B u d i n.
> Stürmen Türken, stürmen Griechen,
> Stürmen junge Janitscharen,
> Um die weiße Jana zu rauben.

Da sich Jana in dem entferntesten Schloß verborgen hielt und sie sie nicht finden konnten, schlugen sie zuerst Janas Mutter, dann ihren Vater, Brüder, Schwestern, Schwägerinnen, damit sie ihnen sagen sollten, wo sich Jana verborgen hielte. Als sie in das Schloß kamen, fanden sie Jana ebenfalls nicht, weil sie inzwischen in den Wald Bogdans (des Gottes Dan) geflohen war:

> Es verbarg sich Jana in dem heiligen Walde,
> In dem heiligen Walde, Bogdans Wald.
> Nun wußten die verfluchten Türken nicht,
> Wie sie das Mädchen finden sollten.
> Da gingen sie, um es dem Waldkönig zu sagen,
> Um zu dem Waldkönig zu sagen:
> „Oh du König, Waldkönig!
> Es verbarg sich Jana in dem heiligen Wald,
> Und wir können sie nicht finden.
> Da rief der Waldkönig
> Dreihundert Holzfäller,

---

[1]) Verkovitsch, I, S. 56—124.
[2]) Siehe S. 98—99.

Um den heiligen Wald zu fällen,
Und die weiße Jana zu finden.
Sie schlugen nieder den heiligen Wald,
Den heiligen Wald, Gott Dans Wald,
Nur ein Baum blieb,
Der war zerbrochen.
Bald erscheint er wie Jana, bald wie der Mond,
Bald wie der klare Mond.
Als sie den Baum fällten, floß Blut.
Da sprach der Waldkönig:
— Oh ihr Holzfäller!
Fället diesen Baum nicht,
Das ist die weiße Jana.
Und sie fällten diesen Baum nicht,
Hoffentlich ist es die weiße Jana,
Sie banden nun die weiße Jana,
Banden sie und führten sie ab.
Als sie an die Donau kamen,
Fällt diesseits der Donau Tau
Und jenseits scheint die Sonne.
Was soll nun dieser Tau?
Was soll nun diese Sonne?
Jana weint, alle weinen,
Und der König verheiratet seinen Sohn.
Da sprach die weiße Jana:
— Oh ihr Holzfäller,
Lasset mir den rechten Arm frei,
Ich will abwaschen mein weißes Gesicht,
Das weiße Gesicht von Staub,
Die schwarzen Augen von Tränen.
Und sie ließen ihr den rechten Arm frei,
Sie wusch aber nicht ihr weißes Gesicht ab,
Sondern warf sich in die Donau
Und rief so laut sie konnte:
— Liebe du mich, weiße Donau,
Damit mich der Türke nicht liebe[1]).

---

[1]) Sbornik XI, v. L. S. 36—37.

In einer anderen Variante heißt Jana Rada:
Die weiße Rada in der Stadt Budin.
Es stürmen Türken, stürmen Griechen,
Stürmen junge Janitscharen.
Sie konnten nicht erstürmen die neue Burg Budin.

Schließlich haben sie die Burg doch erstürmt und Rada mit ihren Brüdern Petrus und Jovan (Jovis) gefunden[1]).

Im folgenden Liede wird Jana Mond genannt:
Es wurde geboren die schöne Jana.
Sie wurde geboren zu Ostern,
Getauft wurde sie am Georgstag.
Zu sprechen begann sie am Himmelfahrtstag,
Sie fing an zu gehen zu Peter und Paul.
Nun hörte von ihr Janas Pate,
Und der Pate sagte zu ihr:
Oh du schöne Jana,
Ich bitte dich und befehle dir,
Am Tage nicht ohne Schleier auszugehen,
Am Tage nicht ohne Schleier und in der Nacht ohne Licht,
Damit dich die Sonnenmutter nicht sehe
Und dich an die klare Sonne verlobe.
Die schöne Jana verstand ihren Paten nicht
Und ging am Tage ohne Schleier und in der Nacht ohne Licht.
Nun sah sie die Sonnenmutter
Und verlobte sie an die klare Sonne,
Sie verlobte sie und verheiratete sie.
Die schöne Jana sprach nicht,
Sie sprach drei Jahre lang nicht.
Alsdann sagte die Sonnenmutter:
„Oh du Sonne, oh du klare Sonne,
Die schöne Jana ist uns stumm geworden,
Entlassen wir die schöne Jana,
Nehmen wir den Morgenstern[2]),

---
[1]) Miladinowtzi, S. 161; Nr. 107.
[2]) Dswesdodenitza.

— 111 —

Den Morgenstern, den gesprächigen."
Die klare Sonne hörte auf die Mutter
Und verlobte sich mit dem Morgenstern,
Verlobte sich und heiratete ihn [1]).

Die schöne Jana sprach wieder nach drei Jahren, so daß dann der Morgenstern verjagt und die schöne Jana wieder die Frau des Sonnengottes wurde [2]).

Dadurch ist nun ganz klar geworden, daß Jana, Janus usw. keine Menschen, sondern mythische Benennungen der Naturerscheinungen sind.

Der Baumeister der Burg wird meistens M a n o l genannt:

Man baute eine große Burg
Mit siebenzig Bauleuten
Und achtzig Baujungen.
Sie bauten sie, und sie stürzte ein.
Da wunderten sich die Bauleute,
Was wollen sie nun tun, was wollen sie machen?
Da sprach der Baumeister Manol:
„Oh ihr siebenzig Bauleute!
Oh ihr achtzig Baujungen!
Wir wollen nach Hause gehen,
Und niemand soll es verraten.
Ihr dürft nichts zu Hause sagen.
Und wenn es morgen ist,
Die Frau, welche zuerst zu uns kommt,
Um uns das Mittagbrot zu bringen,
Werden wir in die Burg einbauen."

Alle Bauleute sagten ihren Frauen, morgen nicht zu ihnen zu kommen, nur Manol sagte seiner Frau nichts, sie kam und wurde eingebaut [3]).

Es mußte also eine junge Frau dem bösen Geist oder dem Poseidon geopfert werden, um die Burg zu erbauen.

---

[1]) Der Stern ist im Bulgarischen weiblich und die Sonne sächlich.
[2]) Miladinowtzi, S. 15—16 Nr. 18.
[3]) Sbornik II, v. L. S. 72 Nr. 2. Ähnliches Lied auch bei Vuk, II, S. 109 Nr. 25.

Nach einem in Panagjurischte aufgezeichneten Liede soll die ganze Burg aus Menschen gebaut worden sein:

Es baute Samovilla,
Sie baute eine schöne Festung,
Weder im Himmel noch auf der Erde,
Sie baute sie auf einer dunkelen Wolke.
Alle Pfähle, die sie einschlug,
Waren lauter ausgewählte Jünglinge,
Alle Ruten, die durchgeflochten wurden,
Lauter schöne, weißwangige Jungfrauen,
Alle Balken, die sie legte,
Lauter schwarzäugige junge Frauen,
Alle Dachziegel waren
Lauter kleine Säuglinge,
Die Stützen für die Pforte
Lauter graubärtige Schulzen,
Und den Fußboden bildeten
Lauter weißröckige Schulzenfrauen.

Dieser Manol oder Mano vertritt in dem Bau von Troja die Stelle der Sonne oder des Zeus. Er ist ein Stammvater der Phrygier oder Makedonier gewesen. Strabo berichtet, daß die Phryger sehr oft auch Manos genannt worden seien:

Γέγονε δὲ καὶ ἄλλος τῆς χώρας μερισμὸς συμμένων ἐκ παλαιοῦ· τοὺς μὲν γὰρ Δακοὺς προσαγορεύουσι, τοὺς δὲ Γέτας. Γέτας μὲν τοὺς πρὸς τὸν Πόντον κεκλιμένους καὶ πρὸς τὴν ἕω, Δακοὺς δὲ τοὺς εἰς τἀναντία πρὸς τὴν Γερμανίαν καὶ τὰς τοῦ Ἴστρου πηγάς, οὕς οἶμαι Δάους καλεῖσθαι τὸ παλαιόν· ἀφ' οὗ καὶ παρὰ τοῖς Ἀττικοῖς ἐπεπόλασε τὰ τῶν οἰκετῶν ὀνόματα Γέται καὶ Δάοι. τοῦτο γὰρ πιθανώτερον ἢ ἀπὸ τῶν Σκυθῶν, οὕς καλοῦσι Δάας· πόρρω γὰρ ἐκεῖνοι περὶ τὴν Ὑρκανίαν, καὶ οὐκ εἰκὸς ἐκεῖθεν κομίζεσθαι ἀνδράποδα εἰς τὴν Ἀττικήν. ἐξ ὧν γὰρ ἐκομίζετο, ἢ τοῖς ἔθνεσιν ἐκείνους ὁμωνύμους ἐκάλουν τοὺς οἰκέτας, ὡς Λυδὸν καὶ Σύρον, ἢ τοῖς ἐπιπολάζουσιν ἐκεῖ ὀνόμασι προσηγόρευον, ὡς Μάνην ἢ Μίδαν τὸν Φρύγα, Τίβιον δὲ τὸν Παφλαγόνα[1]).

---

[1]) Strabon., Lib. VII, c. III, 12.

Dieser Umstand ist von großer Bedeutung, da hierdurch die mutmaßliche Verwandtschaft der Indier mit den Europäern bestätigt wird. Nach der indischen Mythologie ist M a n u der Vater der Menschen. Diese Bedeutung muß man auch dem bulgarischen Mano beilegen, da er bei dem Bau von Troja den Zeus oder den Gott-Vater vertritt. Der Name Mano ist bei den Bulgaren sehr verbreitet. An Mano knüpft auch der Manichäismus an, wie wir weiter sehen werden. Auch möchten wir erwähnen, daß uns der Name der Burg Budin oder Budim wie eine Erinnerung an Buddha vorkommt. Von besonderer Bedeutung ist auch die Tatsache, daß die junge Frau oder die Frau des ersten Baumeisters S t r u m a heißt:

Drei Brüder bauten eine Burg.
Am Tage bei klarer Sonne bauten sie,
In der Nacht bei Mondschein stürzte sie ein.
Die drei Brüder gaben sich das Wort:
„Wessen Frau am frühesten kommt
Am Morgen, Frühstück zu bringen,
Die wollen sie in die weiße Burg einbauen."
Jeder Mann sagte es seiner Frau,
Nur S t r u m a s Mann sagte es seiner Frau nicht.[1]

Struma kam und wurde in die weiße Burg eingebaut.
In einer anderen Variante aus Struga (Makedonien) heißt es:

Neun Meister bauten eine Mauer,
Neun Meister, neun Brüder,
Am Tage bauten sie, in der Nacht zerfiel sie.
Da gaben sich die neun Meister das Wort:
„Wer am frühesten mit dem Frühstück kommt,
Den legen wir als Fundament."
Am Abend gingen sie alle nach Hause
Und sagten es ihren jungen Frauen.
Des Manols Sohn M a n o, ein junger Meister,
Er sagte seiner jungen Frau nichts.
Es stand in aller Frühe das Mädchen S t r u m a auf,

---

[1] Sbornik usw., III, S. 81 Nr. 17.

In aller Frühe stand sie auf und bereitete das Frühstück
Und brachte es am frühesten den Männern.
Als sie der junge Manol erblickte,
Fing er alsbald an zu weinen.
Die neun Meister ergriffen das Mädchen,
Sie ergriffen die junge Strumnitza
Und bauten sie ein, damit das Fundament halte.
— — — — — — — — — — — — — — —[1])

In einer anderen Variante heißt es:

Oh du Struma, oh du junge Frau Struma!
Der Meister Manuil baut zwei Brücken,
Zwei Brücken baut er über den Fluß Struma.
Am Tage baut er, in der Nacht zerfallen sie.
— — — — — — — — — — — — — — —[2])

Die Frau des ersten Baumeisters heißt also Struma. Dieser erste Baumeister ist nach der griechischen Mythologie Apollo oder der Gott der Helligkeit. Nach den bulgarischen Volksliedern wurde die Burg auf Wunsch oder Befehl der Sonne gebaut, was dasselbe ist. Daher ist Struma die Frau der Sonne oder die Frau des Zeus gewesen. Dieser Umstand ist von großer Bedeutung, da schon Herodot berichtet, daß die Skythen die Sonne zum Vater und eine Tochter des Flusses Boristhenes (Struma) zur Mutter gehabt hätten[3]). So sehen wir, daß die bulgarischen Volkslieder auch in dieser Beziehung zur Klärung der griechischen Mythologie dienen.

In einer anderen Variante wird gesagt, daß als die Brücke über den Fluß Struma gebaut wurde, man dem Flusse ein Opfer gab, damit die Brücke hielte:

Es sammelte Mitre dreihundert Bauleute,
Dreihundert Bauleute, zweihundert Baujungen.
Um eine Brücke über den Fluß Struma zu bauen.
Am Tage baute er, in der Nacht zerfiel sie.

---

[1]) Miladinowtzi, S. 253—284 Nr. 162.
[2]) N. A. Natschoff, Knischitzi sa protschit, Solun 1891, Buch X S. 208.
[3]) Siehe S. 98.

Da dachte der Meister Mitre nach,
Was sollte er tun, was sollte er machen.
Ein Opfer will der Fluß Struma,
Sprach der Meister Mitre.

Darauf beschloß er, jene junge Frau, die morgen am frühesten kommt, in den Fluß Struma zu werfen. Das wurde getan und der Bau fortgesetzt[1]).

Der Fluß Struma wurde also mit dem Wassergott oder mit der Überschwemmung, Feuchtigkeit u. dgl. m. identifiziert.

Wo lag nun die Burg Troja?

Vorhin sahen wir, daß diese Burg Smindelja heißt. Dieses Smindelja lag an dem Fluß Struma:

> Es wetteten drei Brüder,
> Drei Brüder, drei Bruderkinder,
> Um zu erbauen die Stadt Smilen,
> Die Stadt Smilen an dem Fluß Struma.
> — — — — — — — — — — —[2])

In einer anderen Variante heißt diese Burg Tiradin:

> Ein junges Mädchen baute eine Burg,
> Oh du Koleda, schöne Koleda,
> Eine neue Burg, die Burg Tiradin.
> Es fing an, sie aus Groschen zu bauen,
> Baute sie aber fertig aus Goldstücken[3]).

In einer anderen Variante heißt dieselbe Burg Tirusa. Der Meister Manol hätte eine Burg in Pasardschik gebaut:

> Ich baute eine große Burg,
> Eine große, eine geräumige,
> Die hohe Burg Tirusa.
> Am Tage bauten wir,
> In der Nacht zerfiel sie[4]).

---

[1]) Natschoff, Knischitzi, Solun 1891, Buch I S. 210.
[2]) Mehmed Tumbeff und Jusuf Sinapoff, Sbornik II, S. 75—77.
[3]) A. P. Stoiloff: Sasischdane na živi tschowetzi waw, osnowitje na nowi gradeži. Perioditschesko Spisanie Buch LXIII 1902. S. 10.
[4]) Sbornik VIII, v. L. S. 11 Nr. 20.

Unter der Burg Tirusa kann wohl die Stadt Seres oder Siris (Tiris?) gemeint sein, welche an der Struma liegt. Trojan aber wird am häufigsten Legen genannt. So heißt es z. B. in einem Liede:

> Wir danken Gott für das große Wunder,
> An welchem wir uns satt sehen können.
> Einen Schatz teilen vier Engel,'
> Einen Schatz oben im Himmel.
> Wer waren die vier Engel?
> Der erste war der alte, heilige Elias,
> Der andere war der alte, heilige Nikolaus,
> Und der dritte war der heilige Jowan,
> Der vierte aber der heilige Petrus.
> Da kamen die zwei lieben Schwestern,
> Die heilige Maria und die heilige Magdalena.
> Es liefen Tränen über ihre Wangen,
> Über das schöne, goldene, heilige Gesicht.
> Niemand darf sie fragen.
>
> Da fragte sie dennoch der heilige Elias:
>
> „Warum laufen Tränen über Eure Wangen,
> Über das schöne, goldene, heilige Gesicht?
> Seid Ihr von dem alleinigen Gott,
> Oder seid Ihr von dem christlichen Geschlecht?"
> Magda schweigt, Maria schweigt nicht.
> „Oh du lieber Bruder, heiliger Elias
> Von Gott kommt uns alles Gute,
> Unser Übel kommt von dem christlichen Geschlecht.
> Wir waren in dem Legener-Land.
> Gott strafe die Legener Christen.
> Dort weiß man nicht, wer älter und wer jünger ist,
> Dort ehrt man die Heiligen nicht."

Nach der Teilung sind dem heiligen Elias Blitz und Donner untertan, damit die Christen vor ihm erbeben. Dem heiligen Nikolas sind die Gewässer untertan, zu ihm sollen diejenigen beten, die auf dem Wasser fahren wollen. Der heilige Jowan soll die Brüderlichkeit unter den Menschen pflegen, und der heilige Petrus hütet die Schlüssel des Himmels[1]). In einer anderen Variante dieses Liedes heißt diese Stadt Troem:

> Welches Wunder ist in der Stadt Troem geschehen!
> Die Troemer Christen sind ungläubig,
> Sie glauben an den wahren Gott Jesus Christus nicht,
> Sie glauben an das Gold und an das Silber.
> Aus Gold und Silber machen sie einen Gott.
> Sie ehren Gott nicht.
> Die Jugend hat keine Ehrerbietung vor dem Alter.
> Sie ehren keine Heiligen,
> Weihrauch und Lichte zünden sie nicht an.
> Gott strafe die Troemer Christen!
> Es zeigte sich ein Wunder in der Stadt Troem.
> Die dortigen siebenundsiebzig Brunnen,
> Wo frisches Wasser floß,
> Sie trockneten alle ein.
> Gott tat dieses Wunder.
> — — — — — — — — — — — — — —[2])

Troem oder Trojan und Legena sind also eine und dieselbe Stadt.

In einem anderen Liede heißt es über diese Stadt Legen:

> Als Konstantin Zar wurde,
> Ging er von einem Ende der Erde bis zu dem anderen,
> Um zu suchen eine ihm passende,
> Um zu suchen eine liebe Schwiegertochter.
> Er ging durch die ganze Welt,
> Nirgends fand er eine, die ihm gefiel.
> Er kehrte um ohne eine junge Frau
> Und kam an das blaue Meer.
> Hier fand er drei Schiffer.
> — Guten Morgen, oh ihr Schiffer!
> — Guten Morgen, unbekannter Held!

---

[1]) Bratja Miladinowtzi, S. 25 Nr. 30.
[2]) Bratja Miladinowtzi, S. 29 Nr. 31.

Wohin gehst du, wohin mit deinem müden Pferd?
— Ich ging durch die ganze Welt,
Nirgends fand ich eine mir passende Schwiegertochter.

Da sprachen die drei Schiffer:

— Was sagst du, oh unbekannter Held?
Kehre um dein schnelles Pferd,
Kehre um und gehe zurück.
Gehe in die Stadt Legena,
Da herrscht der König Smeletin.
Er hat eine liebe Tochter,
Eine liebe Tochter, die holde Angelina,
Vielleicht wird sie dir gefallen,
Wird sie dir gefallen, wirst du die nehmen.
Er tat was die drei Schiffer sagten.
Er schwamm über das blaue Meer,
Und kam an die Stadt Legena.

Dort traf er Angelinas Mutter, die ausgegangen war, um Wasser zu holen, und rief ihr zu:

— Gott grüße dich, o du alte Mutter!
— Grüß Gott, unbekannter Held!
Wohin gehst du, wohin mit deinem müden Pferd?
— Ich gehe in die Stadt Legena.
Da gibt es eine liebe Tochter,
Eine liebe Tochter zum Verheiraten.
Und ich habe einen lieben Sohn,
Den lieben Sohn Ognenin, sagte er.
Da sprach die alte Frau:
Komm, komm, oh unbekannter Held,
Wir wollen zu dem König Smeletin gehen.
— — — — — — — — — — — — — —[1])

Der König Smeletin, d. h. Smindel, Smintheus oder Apollo (Dianus, Janus) wohnte also in der Stadt Legena, so daß die Burg Smindelja oder Apollosburg in der Stadt Legena lag.

---

[1]) Sbornik XIII, S. 104 Nr. 12.

Wo ist nun diese Stadt gewesen? In einem anderen Liede
wird es gesagt:

Es kamen zusammen siebenzig Könige
Und unterhielten sich untereinander:
„Es gibt von der See bis an die Donau
Siebenundsiebenzig Städte,
Eine größere Stadt als Legena gibt es nicht.
Inmitten von Legena lebt die schöne Angelina,
Angelina, König B o g d a n s Schwester,
Ihretwegen war die Erde beunruhigt.
Dem König Bogdan war das nicht recht,
Er stand auf und ging nach Hause.
Dort sprach Bogdan zu seiner Schwester:
„Oh meine Schwester Angelina!
Es wäre besser, wenn du nicht wärst.
Deinetwegen ist die Erde unruhig.
— — — — — — — — — — —" [1])

Angelina oder Jana ist also die Schwester des Königs
Bogdan, d. h. des Gottes Dan oder Dian (Apollo), da Bogdan
ein aus Bog (Gott) und Dan (Dian) zusammengesetztes Wort
ist. Die Burg also war jene, in welcher Dianus oder Apollo
gelebt hat. Diese Stadt Bogdan oder Legena, wo Dan oder
Dian gelebt hat, befindet sich östlich von Saloniki (Solun) und
trägt den Namen L a g a d i n a oder Bogdan. Dort gibt es
auch ein Flüßchen, das Lagadina oder Bogdanitza heißt. Dieses
Flüßchen mündet in den See L a g a d i n a (östlich von Solun).
Das Land östlich von dem See Lagadina heißt B o g d a n s k o
d. h. Land des Gottes Dan (Dian, Apollo). In den alten Atlanten ist dieses Land mit dem Namen Apollonia bezeichnet,
was eine Übersetzung des bulgarischen Bog-Dan-sko ist. Unter
Apollonia verstand man in alten Zeiten die Halbinsel Chalcidice
überhaupt. Hier lag Troja auch nach Homer selbst. Der
trojanische Fürst Telephus ist nach Ovid ein Päoner gewesen,
und die Päoner sind Strumabewohner. Hier waren nach
Diodor die Argonauten, die mit dem Trojanerkönig zu tun

---

[1]) B r a t j a M i l a d i n o w t z i, S. 395 Nr. 341.

hatten, tätig. Hier befindet sich auch der berühmte Fluß Halis, welcher heute Galik heißt, und in die Bucht von Saloniki mündet. Von hier, glauben die alten Schriftsteller, stammten die Hunnen und Bulgaren her. Troja ist also ein bulgarisches Land gewesen. Ich glaube, daß der Name selbst diese Tatsache bestätigt. Aus der griechischen Sprache kann man das Wort Troja etymologisch nicht erklären. Es kann kein Zweifel darüber bestehen, daß Troja eine Verkürzung des bulgarischen Trojan ist, welches ein aus Tro (drei) und jan (Janus) zusammengesetztes Wort ist und d r e i J a n u s bedeutet. Das ersieht man auch aus der Form T r o e m oder T r o e n, wo statt j a n j e n gebraucht wird, da Janus in der Verkürzung j e n und j a n in der bulgarischen Sprache vorkommt, wie wir weiter sehen werden. In der Form Trojan (Drei-Janus) bringt man die drei Gottheiten, die Troja gebaut haben, zum Ausdruck.

In den bulgarischen Volksliedern haben sich auch Erinnerungen an die neun Jahre dauernde Seefahrt nach der Zerstörung Trojas erhalten. Ein in Gabrowo aufgezeichnetes Lied lautet:

  Ein Segelschiff fährt auf dem Meer,
  Auf dem Meer, auf dem weißen Meer,
  Ein junger Bursche lenkt es,
  Er spielt auf einer metallenen Flöte,
  Die Flöte spielt und spricht:
  — Oh ihr Kameraden, getreu und einig!
  N e u n J a h r e s i n d e s, seitdem wir fahren,
  Und doch kennen wir uns noch nicht,
  Und wissen nicht, woher jeder von uns kam.
  Ist vielleicht jemand aus T r o j a n,
  Aus Trojan, aus der Trojaner Stadt?
  Geschenke möchte ich schicken [1]

d) Janus.

Der Sonnengott Janus, der die Burg Troja gebaut hat, war die höchste Gottheit der Bulgaren. Seine Feiertage sind der 25. Dezember und der 24. Juni. Vom 25. Dezember ab

---

[1] Sbornik XV, S. 26. Nr. 3.

werden die Tage länger, und die Sonne fängt an, die Finsternis und die Kälte zu vertreiben. Darum feiern die Menschen diesen Tag und begrüßen den Gott Janus. Dieser Feiertag heißt K o l e d a. Fast alle bulgarischen mythologischen Lieder knüpfen an Koleda an. Jedes Lied, das am Koledatage gesungen wird, beginnt gewöhnlich mit dem Aufrufe:

„Stan Janine Gospodine[1]).
(Bleib stehen, oh du Gott Janus)
Wir sind deine willkommenen Gäste,
Gute Geschenke haben wir dir gebracht[2])."

Und dann folgen die verschiedenen Wünsche, welche die Singenden dem Janus vortragen. In sehr vielen Varianten wird statt „Stan Janine Gospodine" einfach D a n, d. h. D i a n, gesagt. Es gibt auch solche Varianten, in denen einmal „Stan Janine" und das andere Mal „Dan" gesagt wird. So z. B.:

Stan Janine Gospodine
Dane, bane, Dan Woiwodo
(Bleib stehen, oh du Gott Janus,
Oh du Banus Dan, oh du Woiwoda Dan)[3]).

Andere Varianten fangen einfach mit Dan an:

Oh du Banus Dan, oh du Boljar
Wir haben von dir gehört, darum sind wir gekommen.
Du hast den Sohn Konstantin,
Goldmündig, silberhaarig
Gib ihn uns, gib ihn uns, oh du Banus Dan,

---

[1]) „Stan-Janine Gospodine" wird in dem Bezirk von Dupnitza (A t a n a s I l i e f f, Sbornik, Sofia 1889, S. 150—156) und dem Bezirk von Sofia (Sbornik, herausg. von dem bulg. Unterrichtsm. Bd. III und V) gesagt. In anderen Teilen Bulgariens wird mehr „Stan-Jenine Gospodine" gesagt. Die Form Stan ist wohl eine Verkürzung von Sto-Jan = Stoj-Janus, was vielleicht „bleib stehen, oh Janus" bedeutet.

[2]) Siehe die Koledalieder im S b o r n i k sa narodni umotworenija nauka i knižnina. Herausgegeben vom bulgarischen Unterrichtsministerium Bd. V.

[3]) S b o r n i k IV, S. 10.

Gib ihn uns, gib ihn uns, mit uns zu kommen,
Mit uns zu kommen, unser Zar zu werden.
— — — — — — — — — — — — — — — [1]).

In einer anderen Variante wird gesagt:

Gestern Abend sind bei dem D a n Gäste angekommen,
Oh du Dan, lieber Dan, Woiwoda Dan.
Gäste sind gekommen, Koleda-Gäste[2]).

Es gibt auch solche Lieder, wo Dan (Dianus) mit Koleda gleichgestellt wird:

„Dane le, Dan woïwodo
Braïno le, moï Kolade[3])
(Oh du Dan, oh du Woiwoda-Dan,
Oh du mein Brüderchen, mein Koleda!)."

„Danjo leschi o Sindschiri
Heï, Danjo le, Kolada le[4]).
(Dan liegt in Ketten,
Oh du Dan, oh du Kolada.)"

Es gibt Varianten, in denen „Stan Janin" oder „Stan Jenin" zu T a n a n i n verkürzt wird:

Dobro jutro, Tananine
Tananine gospodine.
Dobro sme ti gostje doschli
Dobr sme ti glas doneli etc.[5]).
(Guten Morgen, oh Tananin,
Oh du Gott Tananin!
Wir sind deine willkommenen Gäste!
Gute Nachricht haben wir dir gebracht.)

Man wünscht sich von Janus gewöhnlich einen König für das Land des Gottes Dan:

Tschuli smi te i rasbrali
Starjanine gospodine!

---
[1]) Sbornik II, S. 4 Nr. 7.
[2]) Sbornik IV, S. 10.
[3]) Sbornik VIII Nr. 7.
[4]) Sbornik VIII Nr. 19.
[5]) Sbornik III, S. 5.

Tschi si imasch malku momtsche
Dai gu, dai gu zar da badi
Zar da badi v vlaschka simja
Vlaschka simja i Bugdanska
I balgarska pukrainina [1]).
(Wir haben von dir gehört,
Oh du alter Gott Janus,
Du hättest einen kleinen Sohn,
Gib ihn uns, gib ihn uns, unser Zar zu werden,
Zar zu werden in dem Wlassen Land,
In dem Wlassen und dem Gott Dans Land
Und in der Bulgaren Gegend.)

Ein König wurde also für das Land des Gottes Dan (Dianus, Apollo) gesucht, welches Land zugleich Bulgarien ist. Schon diese Tatsache zeigt, daß die Koledalieder der Bulgaren einen mythologischen Charakter haben, und daß sie noch an den Beginn der Welt oder noch an Troja, welches Dianus oder Dans Land war, anknüpfen. Wlassen Land (wlaschka semja) heißt: Waldland. Etymologisch ist es auf ὕλη zurückzuführen, welches die Bulgaren wla aussprechen. Das w ist weggefallen, so daß man jetzt Wald mit les bezeichnet. Unter Wlassen oder Waldland hat man die Wälder verstanden, in welchen die Gottheiten wohnten. Mit dem Namen Wlassi bezeichnen die Bulgaren heutzutage noch die Rumänen oder die Aromunen, weil sie als Nomaden in den Wäldern wohnen. In einem Liede wird die Wlaïna eine Bulgarin genannt:

Wlaïno bugarko,
Wlaschki mi bek
Poratschil, naratschil
Schto tschini Wlaina
Wlaïna bugarka etc.[2]).
(Oh du Bulgarin Wlaïna,
Der walachische Bey
Hat gefragt:
„Was tut Wlaina,
Die Bulgarin Wlaïna?")

---
[1]) Iliefff, Sbornik, S. 139.
[2]) Sbornik XI, S. 36 Nr. 5.

— 124 —

Dies beweist, daß die Bezeichnung „Wlassi" sich auf die Bulgaren bezieht.

Dianus ist auch bei den Russen unter dem Namen D i o s verehrt worden. In der russischen Mythologie heißt es: „Sie verehrten viele Götter: den Perun und Chors, den D'ija und Trojana[1])." Bei den anderen Slaven wird dieser Dios oder Zeus Ž i v a (Ζεύς) genannt. Živa (jiva) heißt lebendig und ist verwandt mit dem indischen Gi, Giv (leben). Zeus, Dios, Deus, Dianus ist also die Kraft, die das Leben gibt. Diese Eigenschaft des Zeus wird durch keine andere Sprache so deutlich zum Ausdruck gebracht. Auf Živa, Jovis, Jov-pater, Jupiter, französisch j u p i n (Herr) ist das bulgarische Župan (Herr, Fürst), verkürzt zu P a n oder B a n (Banus), zurückzuführen. Das bulgarische Wort D e n oder D a n (Tag) ist auch von Dian abgeleitet. Das Wort Den steht mit dem bulgarischen Wort Denitza (Morgenstern, Morgendämmerung, Diana) in Zusammenhang. D e n oder D a n sind also nichts weiter als Verkürzungen von Dienus oder Dianus. Einen solchen Zusammenhang zwischen dem Gotte der Helligkeit und dem Tage oder der Helligkeit selbst finden wir weder im Griechischen noch im Lateinischen. Dies beweist, daß Dian durchaus ein bulgarischer Gott ist. Es ist nicht ausgeschlossen, daß der Name Janus mit j a s s n o (hell) in Verbindung steht. Die lateinische Sprache gibt uns keine treffendere Erklärung dafür. Auch die Benennung des am 25. Dezember zu Ehren Dians stattfindenden Feiertages K o l e d a oder K o l e n d a muß aus der bulgarischen Sprache entnommen sein. Man führte dieses Wort auf das lateinische K a l e n d a e zurück. Die Kalendae sind die ersten Tage jedes Monats. Man glaubte, daß dieses Wort aus c a l a r e (rufen) und d i e s (Tag) zusammengesetzt sei und Ausrufungstag bedeute. Wie aber aus c a l a r e und d i e s das bulgarische K o l ę d a (Kolenda) zustande gekommen ist, hat niemand erklärt. Kolenda ist vielleicht = Kol-en-da d. h. Kolo-(J)ena-Dia. K o l o heißt Rad, runde Scheibe d. h. Vollmond, e n ist Janus oder Jenus und d a ist gleich Dia. Das bedeutet volle Scheibe des Gottes Janus. Zu dieser Hypothese veranlaßt mich die in Bulgarien herrschende

---

[1]) Ogonowski, Slowo o plku Igorewje, Lwow 1876, S. 39.

Sitte, daß man zu Koleda (Weihnachten) Kolatschen bäckt. Die Kolatschen sind aus Kuchen- oder Brotteig gebackene runde Reifen, welche wohl den Vollmond symbolisieren sollen. Das Auftreten dieser Scheibe oder des Vollmondes feierte man vielleicht am 24. Dezember. Oder Koleda ist ein aus S k o l - e n - d a zusammgesetztes Wort. S k o l = aufstehen, aufspringen, e n = Janus, da = Dan (Tag) d. h. Aufstehen oder Geburtstag des Gottes Janus. Eine endgültige Erklärung dieses Wortes steht jedoch noch aus.

Der Gott Janus wird nicht nur am 24. Dezember, sondern auch am 24. Juni gefeiert. Am 24. Dezember beginnt der Tag länger zu werden. Die Menschen freuen sich über die Geburt des Gottes der Helligkeit, der ihnen alles Gute bringen wird. Am 24. Juni ist der längste Tag, die Natur hat ihre höchste Üppigkeit erreicht, und die Menschen, durch so viel Schönheit andächtig gestimmt, danken dem Gott Janus und weihen ihm auch diesen Tag. Er heißt auf bulgarisch E n j o w oder E n e w - d e n d. h. Janustag und Jowanow-den, d. h. Jovistag, was dasselbe ist. Die Kirche hat am 25. Dezember an Stelle der Geburt des Janus die Geburt Christi und am 24. Juni die Geburt des heiligen Johannes festgesetzt und auf diese Weise die so tief in der Seele der europäischen Völker wurzelnden Feiertage christianisiert.

Die verbreitetste Sitte am Enjow-den oder Jowanow-den ist der zauberische Raub von fremdem Korn. In der Nacht zum 24. Juni gehen Zauberfrauen nackt in das Feld, wo sie Korn rauben wollen. Im Bezirk von Küstendil hat man eine solche festgenommen. Sie hatte sich eine Schürze an die Füße gebunden, um durch das Nachschleifen der Schürze den Tau zu sammeln. Nachher wand sie die Schürze auf ihrem Stück Land aus und wollte auf diese Weise fremde Fruchtbarkeit auf ihr Feld überführen. Danach nahm sie eine Sichel, um an verschiedenen Stellen des fremden Feldes zu ernten. Die Schnitte begleitete sie mit dem Ruf: „Guten Abend Großvater Enjo, warum fragst du mich nicht, weshalb ich gekommen bin[1]." Im Bezirk von Trewna hörte ein

---

[1] Ljubenoff, Baba Ega 18; Arnaudorff, Obredi i legendi in der Zeitschrift der bulgarischen Akademie, Sofia 1912, S. 73.

Reisender eine solche Frau bei dieser Gelegenheit rufen; „Siehst du mich Enjo, wie ich bin .[1]."

Sie gehen wohl deshalb nackt, um dem Gott verführerischer zu erscheinen und ihn dadurch ihren Wünschen leichter zugänglich zu machen. Dieser Enjow-den oder Enew-den heißt in Prilep (Makedonien) **Tanjanin**, was eine Verkürzung von **Stanjanin**, dem Anfang der Koleda-Lieder, ist. Das ist ein Beweis dafür, daß die Feiern am 24. Dezember und am 24. Juni eine und dieselbe Gottheit angehen und zwar den Gott Janus. Tanjanin ist in Kruchewo zu Tajani geworden[2]) und in den rumänischen Volksliedern zu **Tayani**[3]), was wiederum beweist, daß diese rumänischen Lieder von den Bulgaren entlehnt sind, da die Form Stanjanin rein bulgarisch ist. Die Griechen feiern den Janustag ebenfalls im Sommer, unter dem Namen Γιαννι. Dieses Wort Gianni oder Jani ist ebenfalls eine Entlehnung aus dem Bulgarischen, da die Griechen den Gott Janus Apollo nennen.

Dianus oder Janus kommt in den bulgarischen Volksliedern in verschiedenen Gestalten vor. Er kämpft sehr oft mit der schlechten Gottheit, welche als Drache oder Schlange gedacht wird. Ein Lied erwähnt dies folgendermaßen:

> Es beschloß der Heerführer Dan,
> Oh du Dan, lieber Dan, Heerführer Dan!
> Er beschloß auf die Jagd zu gehen.
> Dazu lud er die Dolnosseler,
> Die Dolnosseler mit den Hengsten ein.
> Er lud sie ein und sie kamen.
> Da führte sie der Heerführer
> Tief in einen dunkelen Wald,
> Um auf eine kleine Jagd zu gehen,
> Eine Jagd auf Rebhühner.
> Er fand aber keine kleine Jagd,

---

[1]) Sbornik XXII—XXIII, 10.
[2]) Sbornik XV, 166.
[3]) Weigand, G., Aromunen II, 129.

Keine Jagd auf Rebhühner,
Sondern er fand eine kleine Schlange,
Er fand sie und nahm sie mit
— — — — — — — — — — — — —[1]).

Dianus oder Janus verheiratet sich sehr oft mit Jana oder Diana. In einem in Lowetsch aufgezeichneten Koledaliede wird gesagt, daß Dian, der Schafhirt ist, einer furchtbaren Hitze ausgesetzt wurde, welche nicht eher aufhörte, als bis er versprach, die Samodiva[2]) zu heiraten. Die Hitze ist die Sonne, welche sich mit Diana, in diesem Falle mit dem Abendstern oder mit dem Mond verheiraten will. Dieses Lied lautet:

Es fiel ein dunkeler Nebel.
Es war aber kein dunkeler Nebel,
Sondern Dians schöne Herde.
Er führte sie in den Nußbaumwald,
Dahin trieb sie der Schafhirt Dian.
Aber er erreichte keinen Schatten.
Nun rief der Schafhirt Dian:
Oh weh, Ihr Hirten!
„Stehet auf und schlaget ein,
Schlaget eure krummen Haken ein
Und werfet darauf je einen Mantel,
Vielleicht haben wir dann Schatten."
Da schlug nieder eine dunkele Wolke,
Und es kam der Schatten.
Es war aber keine dunkele Wolke,
Sondern es war eine Samodiva,
Eine Samodiva, eine Wald-Diva.
Da rief der Schafhirt Dian:
„Oh weh, Ihr Schafhirten!

---

[1]) Ilieff, Sbornik S. 33 Nr. 18.
[2]) Mit Samodiva bezeichnen die Bulgaren die weiblichen Gottheiten. Dieses Wort ist von großem archäologischem Werte, da es wohl mit dem indischen Sâmigîva in Zusammenhang steht. Sâmigîva ist ein aus Sami (halb) und daiva (Gott), gîva (Leben) zusammengesetztes Wort. (Fick, Vergleichendes Wörterbuch der indogermanischen Sprachen) und bedeutet „halb-Gott" oder „halb-Leben".

Gebet jeder ein Lamm,
Die Samodiva zu beschenken,
Die Samodiva, Wald-Diva.".
Aber die Samodiva antwortete:
„Oh weh, du Schafhirt Dian!
Ich möchte keine Lämmer,
Sondern ich will Dians schlanken Körper,
Den schlanken Körper, das weiße Gesicht."
Der Schafhirt Dian antwortete:
„Oh weh, Samodiva!
Samodiva, Wald-Diva.
Ich will spielen und du sollst singen,
Wenn der Schafhirt Dian siegt,
Soll er die Samodiva heiraten.
Wenn die Samodiva siegt,
Soll sie Dians weißes Gesicht heiraten,
Sein weißes Gesicht, seinen schlanken Körper."
So wetteten sie beide.
Nun spielte der Schafhirt Dian,
Und die Samodiva sang,
Die Samodiva sang und schlief ein,
Der Schafhirt Dian spielte weiter.
Die Zähne fielen ihm heraus,
Sein Mund wurde schief.
Also übertraf sie der Schafhirt Dian[1]).

Dasselbe Lied ist auch in dem Bezirk von Sofia aufgezeichnet, mit dem Unterschiede, daß anstatt Dian „Jan" und statt Samodiva „Mädchen Wida" (Morgenröte, Diana, Jana) gesagt wird:

Es sprach der Oberhirt Jan:
„Oh ihr Kameraden getreu und gehorsam!
Schlaget ein die krummen Stöcke,
Breitet darauf die Mäntel,
Um Schatten zu machen,
Für die Mittagsruhe unserer Herde.
(Sie haben den Schatten gemacht, aber er war zu klein.)

---

[1]) Sbornik VI, S. 5 Nr. 3.

Das sah das Mädchen Wida
Und es überschleierte die klare Sonne
Und bereitete ihnen Schatten.
(Jan wollte sie dafür belohnen, aber sie wollte keinen Lohn.)
Aber es wollte das Mädchen Wida,
Es wollte den Oberhirten Jan[1]).

Als man aber den Sinn dieser Mythologie vergaß und dachte, daß die Geschwister Janus und Jana gewöhnliche Menschen wären, wollte man ihre Heirat dadurch rechtfertigen, daß man sagte, sie wären als kleine Kinder den Eltern geraubt worden und wußten nicht, daß sie Bruder und Schwester seien. So wird z. B. in einem Liede gesagt:

Als auf der Erde Plünderung stattfand,
Wurde Jankula gefangen
Und in das Ostland abgeführt,
Wo die Sonne aufging.
Auch Janka wurde gefangen
Und in das Westland gebracht,
Wo die Sonne unterging.
Ihre Mutter wohnte inmitten des schwarzen Meeres.
Nun wuchsen sie und wurden groß.
Jankula wurde ein Jüngling zum Heiraten,
Und Janka eine Jungfrau, sich zu vermählen.
Jankula stieg auf das Pferd,
Um bis an das Ende der Welt zu reiten
Und sich eine schöne Frau zu suchen.
Aber er fand keine Passende,
Dort wo die Sonne aufgeht.
Nirgends gefiel ihm ein Mädchen.
Da ging Jankula
Dorthin, wo die Sonne untergeht,
Und fand das Mädchen Janka,
Verlobte sich mit ihr und heiratete sie .[2]).

---

[1]) Sbornik V, S. 7—8.
[2]) Bratja Miladinowtzi, Nr. 110; A. P. Stoïloff: Sbornik sa narodni umotworenija, Sofia 1895, Buch II Nr. 6; Tscholakoff, Sbornik Nr. 72; Schapkareff, Sbornik 298, 301, 319.

Es hat sich wohl ursprünglich um die Heirat zwischen dem Abend- und Morgenstern oder Janus und Jana gehandelt, welche nachher zu gewöhnlichen Menschen geworden sind.

e) Volkanus, Ognen, Mars, Cekula, Charon, Rhesus.

Volkanus wird in den bulgarischen Volksliedern **Völkaschin** und **Ognen** (Feuer) genannt. Er wird meistens als feuriger Drache gedacht. In einem Liede wird von der Geburt und der Heirat dieses Drachens folgendes gesagt:

Zu Gott betet die arme Wlahinka:
„Gib mir, Gott, ein Kind, was es auch sein mag,
Selbst wenn es eine Schlange ist, nur gib mir ein Kind."
Und was sie erbat, das gab ihr Gott!
Neun Monate trug sie es unter dem Herzen,
Da kam die Zeit, das Kind zu gebären.
Als es die arme Wlahinka gebar,
War es kein Kind, sondern eine böse Schlange.
Es fiel vom Mutterleibe eine Schlange nieder.
Die Mutter sah sie an und wußte nicht,
Ob sie die Schlange in die Hände nehmen sollte,
Ob sie sie an ihr Herz drücken sollte,
Sie wunderte sich und war erstaunt.
Nun bückte sie sich, die Schlange aufzunehmen,
Die Schlange aber lief von der Mutter weg
Und kroch in die steinernen Wände.
Die arme Mutter vergoß Tränen. —
Es vergingen vierundzwanzig Jahre,
Als das fünfundzwanzigste Jahr kam,
Rief die Schlange aus den Wänden:
„Oh du meine Mutter, du meine alte Mutter,
Du bist alt geworden, alt und schwach,
Warum, Mutter, suchst du mir kein Mädchen,
Warum suchst und findest du für mich kein Mädchen,
Für mich zum Weibe und für dich Ersatz?"
Seine Mutter fragte und sprach:
„Oh du mein Sohn, oh du böse Schlange!
Wer wird dir, mein Sohn, seine Tochter geben?"

„Oh du Mutter, oh du meine alte Mutter,
Soll ich dich, Mutter, darin belehren?
Backe ein schönes, weißes Brot
Und fülle einen Krug voll goldenen Branntweins,
Dann wirst du leicht eine Schwiegertochter finden.
Gehe zu dem König Kalpetan,
Der König hat zwei schöne Töchter,
Die ältere möchte er mir geben.
Und, Mutter, du sollst nichts verheimlichen,
Sondern, Mutter, geradezu sagen,
Daß dich dein Sohn, die böse Schlange, geschickt hat."

(Die Mutter ist diesem Wunsche gefolgt und zu dem König Kalpetan gegangen. Der König aber hat ihr geantwortet, daß er nur dann seine Tochter geben würde, wenn die Schlange von ihrem bis zu seinem Hofe eine mit Steinen gepflasterte Straße anlegen würde. Diese Straße sollte dann mit Gold und Silber begossen werden, und zu beiden Seiten der Straße sollten Apfel- und Quittenbäume gepflanzt werden, zwischen diesen sollten drei grüne Fichten stehen. Die Schlange führte alles aus, und darauf gab ihr der König seine Tochter Denitza (Morgenstern). Das junge Paar wurde in der Kirche getraut, und nun war man neugierig, was die Schlange mit der Königstochter Denitza tun würde.)

Nun führet das junge Paar,
Führet es in ein kühles Zimmer.
Bereitet ein buntes Lager,
Wir wollen sehen, was die böse Schlange tun wird,
Was sie mit der Jungfrau Denitza machen wird.
Man führte die böse Schlange,
Man führte sie mit der Jungfrau Denitza.
Man führte sie in ein kühles Zimmer
Und bereitete ihnen ein buntes Lager.
Nun wurden sie beide allein gelassen,
Sie waren allein in dem kühlen Zimmer.
Die Mutter aber konnte es nicht länger ertragen,
Sie sah in das kühle Zimmer.
Als sie ihren Sohn, die böse Schlange erblickte,

War er keine Schlange mehr wie früher,
Sondern ein schöner Jüngling, wie er nirgends zu finden ist.
Er saß mit untergeschlagenen Beinen auf dem Bett,
Neben ihm saßen der heilige Petka und die heilige Marie,
Die junge Frau Denitza stand vor ihnen
Und reichte ihnen Wein.
Da freute sich die Mutter von Herzen
Und sprach bei der Hochzeitstafel:
„Trinket, liebe Gäste, lasset es euch gut schmecken!
Nun mag der Pate Marko sehen,
Nun mag er meinen Sohn, die böse Schlange, sehen.
Er ist ein Jüngling, so schön, wie er nirgends zu finden ist.
Der Pate Marko sprang auf vor Freude
Und ging hin, um auch ihn zu sehen.
Er blickte in das kühle Zimmer,
Als er der bösen Schlange ansichtig wurde,
Saß sie auf dem Bett mit untergeschlagenen Beinen.
Sobald sie der tapfere Marko sah,
Flog das junge Paar davon.
Der tapfere Jüngling flog von dem Lager
Und nach ihm die junge Frau Denitza,
Sie flogen hinauf in den Himmel.
Nun verwünschte sie der Pate Marko,
Es verwünschte sie ihre alte Mutter:
„Verflucht sei derjenige, der sein Kind hütet."
Denitza aber wurde ein klarer Stern,
Und leuchtet oben am Himmel.
Der Stern Denitza leuchtet am Morgen
Und der Stern Junak (Jupiter) am Abend[1]).

Es handelt sich hier, wie wir sehen, um die Heirat des Morgensterns oder der D i a n a mit dem Abendstern, vielleicht dem Jupitter. Zeuge ist Marko, d. h. Mars gewesen. Die Mutter Wlaïna ist das Mädchen Völkana, die wir aus den früheren Liedern kennen. Der Vater des Morgensterns oder der Diana ist der König Kalpetan. Heißt das nicht König des Kapitols? Ein solcher war Saturn oder Kronos, welcher

---
[1]) Sbornik IX, S. 20—24.

nach der griechisch-römischen Mythologie der Vater des Dianus (Apollo), Neptun (Poseidon) und Pluto war.

In einer anderen, kürzeren Variante des vorhergehenden Liedes wird der Junak Mond genannt:

> Ich werde neue Straßen pflastern,
> Neue Straßen bis zum Zarenschloß,
> Da ich meinen Sohn, den Mond, verheirate,
> Und werde mir als Schwiegertochter Denitza holen,
> Schwiegertochter Denitza, den klaren Stern[1]).

Nach einer anderen Variante gebiert die Wlaïnka nicht eine böse Schlange, sondern den goldhaarigen Jungen Jowantscho d. h. Jovis. Diesen Jowantscho verheiratet sie nicht mit der Tochter des Königs Kalpetan, sondern mit des Schibinenkönigs Tochter. Einige Verse davon lauten:

> Es gebar die arme Wlaïnka.
> Sie gebar diesen Knaben,
> Diesen Knaben, diesen goldhaarigen Sohn.
> Sobald er geboren war, sprach er:
> „Oh du Mutter, meine alte Mutter!
> Du sollst drei Popen rufen,
> Damit mich drei Popen taufen
> Und mir den Namen Jowantscho geben."
> Die Mutter folgte dem Kinde.
> Sie berief drei Popen,
> Um das goldhaarige Kind taufen zu lassen.
> Sie tauften es auf den Namen Jowantscho.
> Da begann das Kindlein zu weinen,
> Nun schaukelte es die arme Wlaïnka,
> Sie wiegte es und sprach zu ihm:
> „Schlaf, schlaf, mein Kind,
> Du bist mein goldhaariges Kind.
> Du wirst König aller Könige,
> Du wirst Banus aller Banus'.
> Ich werde für dich die Königstochter auswählen,
> Die Tochter des Schibinerkönigs.
> Und niemand soll darüber neidisch sein.

---

[1]) Ilieff, Sbornik S. 189—190.

(Eine neidische Schwägerin hat dies dem Schibinerkönig mitgeteilt, welcher das Kind durch List der Frau wegnahm. Er tat, als wollte er es als sein Kind annehmen, statt dessen warf er es jedoch in einen Kerker, unter Aufsicht des Kerkermeisters Petrus. Dort blieb das Kind neun Jahre. Nach dieser Zeit wollte der König sehen, was aus dem Kinde geworden war. Der Knabe war aber inzwischen herangewachsen, tötete den König, als dieser in den Kerker trat und wurde so der König aller Könige [1].)

Nach der griechisch-römischen Mythologie vernichtete Kronos seine männlichen Nachkommen, weil er fürchtete, daß sie ihn töten und statt seiner regieren würden. Trotzdem aber blieben Jovis, Neptun und Pluto am Leben. Diesen Sinn hat auch das eben angeführte Lied. Jowantscho oder Jovis tötet den Schibinerkönig und wird auf diese Weise König aller Könige. Dieses Lied ist in sehr vielen Varianten bekannt. Später nimmt die Stelle des Schibinerkönigs oder des Königs Kalpetan oft der Kaiser Konstantin ein [2]. Unter dem Schibinerkönig ist wohl der S i v a der indischen Mythologie zu verstehen. Er wird sehr oft statt Jovis erwähnt. In einem Liede wird von ihm gesagt, daß er in der Stadt Legen eingesperrt war:

> Verhaftet ist der Haiduck S a w a,
> Verhaftet ist er in der Stadt Legena.
> Es verhaftete ihn der Legener König,
> Aber unschuldig und ohne Fehl war er.
> Der König nämlich wollte von ihm drei Schätze.
> Erster Schatz Sawas Frau,
> Die Frau mit dem männlichen Kinde,
> Dritter Schatz Sawas Schwester . [3]

Da dieser Sawa in der Stadt Legen, d. h. in der Apollosburg verhaftet ist, so ist es klar, daß auch er eine der ersten Gottheiten gewesen ist.

In einem serbischen Liede ist die Schlange, welche die Tochter des Königs Latin heiratete, der D r a c h e W u k oder

---

[1] Sbornik XIII, S. 65.
[2] Sbornik VII, S. 10; V, S. 17; Ilieff, Sbornik S. 107 Nr. 76.
[3] Sbornik IX, S. 81.

Wulk, da die serbische Sprache das Wort Wulk als Wuk ausspricht. Die Königstochter, die dieser Drache Wuk heiratet, heißt Rossanda, Wuks Mutter heißt Angelina. Als Hochzeitsgäste werden der alte Janus und der Sabiner Janko eingeladen. Einige Verse davon lauten:

> Lieber Gott, welch großes Wunder!
> Da ging der Drache Despot Wuk
> Über das Meer in die latinische Mletaka,
> Um sich um ein schönes Mädchen zu bewerben,
> Bei einem Banus in Mletaka.

(Der Banus hat ihm seine Tochter versprochen und beim Abschied den Wunsch geäußert, er möge tausend Hochzeitsgäste mitbringen, weder mehr noch weniger:)

> Und als er in den weißen Hof kommt
> Da fragt ihn die Mutter Angelina:
> „Wie war es, mein Sohn, in dem latinischen Lande,
> Hast du dir eine Frau erbeten?"

(Als er ihr erzählt hat, was er getan, bekommt er einen Brief von seiner Braut Rossanda, in welchem sie ihn bittet, zwölfhundert Hochzeitsgäste einzuladen:)

> Als Wuk den Brief durchgelesen,
> Fragte er seine alte Mutter:
> „Was soll ich jetzt tun, meine Mutter?
> Soll ich auf den Banus, meinen Schwiegervater, hören
> Oder aber auf Rossanda, das schöne Mädchen?"

(Seine Mutter gibt ihm den Rat, auf sie zu hören, aber auch der Mutter soll er folgen und als Hochzeitsgäste tapfere Männer einladen, damit ihm nichts zustöße.)

> „Schreibe, mein Sohn, einen Brief auf weißem Papier
> Und sende ihn in die Burg Dmitrovitza,
> An den greisen **Janus, König von alten Zeiten her.**
> — — — — — — — — — — — — — — — —
> Einen anderen feinen Brief, mein Sohn, schreibe
> Und schicke ihn in die Burg Sabin
> An deinen Paten, den Sabiner Janko[1]."

---

[1] **Vuk Karadschitsch**, Srpske narodne pjesme. Belgrad 1898 Bd. V, S. 187.

Die Stadt Mletaka oder Smletaka, wo der König Latin gewohnt hat, ist die Burg oder Stadt Smindelja.

Der Drache Wuk wird in einem anderen Liede der Feuerdrache Wuk (Smajogneni Wuk) und Markos Schwesterkind genannt. Da wird gesagt, daß Marko eines Morgens ausgeritten sei. Auf dem Wege begegnete ihm ein Knabe, der mit ihm kämpfen wollte. Marko wäre beinahe besiegt worden, da fragte er seinen Gegner, wer er sei:

„Aber Bruder, unbekannter Held,
Wo kommst du her, aus welchem Lande?
Wie heißt du bei Namen?"

Da antwortete der einjährige Knabe:

„Weil du mich fragst, so sage ich dir die Wahrheit:
Ich bin ein Knabe aus trotzigem Geschlecht,
Mein Name ist der Feuerdrache Wuk.
Ich bin ein Schwesterkind des Königssohns Marko,
Habe von ihm gehört, aber ihn nie gesehen . . .[1]."

Dieser Wuk oder Wolk war also ein feuriger Drache, was als Beweis dienen möge, daß Wolk gleich Volkanus ist.

Wuk, der in den bulgarischen Volksliedern Ognen (Feuer) genannt und mit Jovis identifiziert wird, ist bald der Sohn, bald der Bruder, bald der Vater Markos (Mars). In einem Liede wird gesagt, daß der Latiner König seinen Sohn verheiraten wollte und den König Marko zum Zeugen (Paten) eingeladen hätte. Marko aber, statt persönlich zu gehen, schickte seinen Sohn Ognen:

„Nun, mein Sohn, du kleiner Ognen!
Ich schicke dich zum König zur Hochzeit.
Aber hüte dich, mir Schande zu bereiten[2]."

In einem anderen Liede ist Ognen Markos Bruder[3]). Wieder in einem anderen ist Wolkaschin, d. h. Wolk, Markos Vater:

„Oh du Marko, schämst du dich nicht?
Du prahlst, die Erde umzudrehen!
Wolkaschin war dein Vater[4]."

---

[1]) Vuk, Bd. VI, S. 95.
[2]) Bratja Miladinowtzi, S. 116—123.
[3]) Sbornik XVI—XVII, S. 179—180.
[4]) Sbornik II, S. 116 Nr. 2.

Dieser Wolkaschin oder Ognen (Feuer) ist jedenfalls der Blitz, von welchem Marko (Mars) bald einen Pfeil, bald ein Schwert geerbt hat. Mit diesem Pfeil oder mit dem Blitz siegte er, daher ist Mars auch der Gott des Sieges. Die Mutter dieses Volkanus oder feurigen Drachens ist Angelina, welche in anderen Liedern als Markos Frau erwähnt wird. So heißt es in einem Liede:

> Es ging hinaus der prächtige Marko,
> Um einen Spaziergang zu machen,
> Mit seiner ersten Frau Angelina
> Durch diesen grünen Wald,
> Durch dieses Perin-Gebirge[1]).

Diese Angelina ist nach dem ersten Liede eine Tochter des Königs Kalpetan, d. h. Diana (Jana), mit welcher sich der Feuerdrache verheiratet. Dieser Drache wurde an einer Stelle ein Schwesterkind Markos genannt, weil seine Mutter Angelina Markos Schwester ist, alsdann heißt er der Sohn Markos, weil Angelina oder Jana Markos Frau ist, schließlich aber heiratet dieser Sohn Markos, der in einem anderen Liede Cekula heißt, selbst diese Angelina, die Tochter des Königs Latin:

> Marko sitzt auf dem hohen Balkon.
> Da fiel ein Brief auf seine Schulter.
> Er liest den Brief und lächelt.
> Die junge Frau Markos sah ihm zu:
> „Oh du Marko, mein Herr,
> Etwas Schlechtes ist dir passiert.
> Den Brief liest du und lächelst so?"
> Da sprach zu ihr der Königssohn Marko:
> „Oh du junge Frau Markos,
> Der Brief ist von dem König Latin.
> Der König hat eine liebe Tochter,
> Ich habe einen lieben Sohn.
> Wir beide wollen uns verschwägern.
> Gehe du nun in das bunt gemalte Zimmer,
> Schließe den bunt bemalten Koffer auf,

---

[1]) Bratja Miladinowtzi, S. 167 Nr. 114.

Um seidene Kleider herauszunehmen
Und Cekula, unser Kind, anzuziehen.

Da kleidete sie das Kind Cekula
Und brachte aus dem Stall zwei schnelle Pferde.
Zwei große Helden bestiegen sie,
Das Kind leuchtete wie die Sommersonne.
Sie ritten und näherten sich der Stadt.
Da sah sie der König vom Balkon
Und rief seine liebe Tochter,
Er rief sie auf den hohen Balkon
Und lehrte seine liebe Tochter:
„Oh du meine Tochter Angelina!
Gehe in das bunt gemalte Zimmer,
Schließe den bunt bemalten Koffer auf,
Nimm deine Mädchenkleider heraus,
Schmücke dich und ziehe neue Kleider an[1]."

Dieser Cekula wird sehr oft auch Jankula, d. h. Janus' Sohn und Schwesterkind, genannt. Markus (Mars) und Jankula (Janus) werden bald als dieselbe Person, bald als Brüder angenommen. In einem Liede heißt es:

„Marko spaziert auf dem Berge Pirin
Und neben ihm Ive (Jovis), sein Wahlbruder[2]."

Jana oder Diana ist bald die Schwester, bald die Frau Markos. In einem Liede wird besungen, wie Marko und sein Bruder Marinko um Jana gestritten haben:

Eine Taube girrt auf einer tauigen Wiese,
Eine Taube girrt und weckt das Mädchen Jana.
„Stehe auf Jana, um Wein zu trinken,
Wir werden nicht viel Wein trinken,
Wir werden mehr zusehen,
Wie sich Marko und Marinko schlagen,
Wie sie sich um ein schönes Mädchen schlagen.

---
[1] Miladinowtzi, S. 221—227.
[2] Sbornik 1, S. 55 Nr. 2.

Marko sagt: „mein ist das Mädchen,"
Und Marinko: „nicht dein, mein ist sie."
Marko sagt: „Ich lasse sie nicht, Marinko.
Von mir hat sie Quittenäpfel angenommen,
Mit mir hat sie Ringe getauscht,
Der Ring bedeutet die halbe Trauung,
Das Mädchen Jana ist zu mir wie zu einem Bruder.
Ich liebe sie von Kind auf.
Ihre Wege gehen durch meine Höfe,
Wasser schöpft sie aus meinem Brunnen,
Blumen pflückt sie in meinem Garten.
Kränze windet sie auf meinem Lager
Und legt sie unter mein Kissen."
Da wurde das Mädchen Jana wach
Und rief mit schläfriger Stimme:
„Lieber Gott, was ist geschehen?
So wenig habe ich geschlafen,
In der kurzen Zeit floß Blut für mich?
Gestern abend wollte ich nach Hause gehen,
Meine Mutter sagte aber, ich sollte noch hier bleiben
Und ihr helfen, den gelben Weizen zu mähen."
Die Taube girrt und spricht zu dem Mädchen:
„Bist du ein Mädchen, mußt du zu Hause bleiben."
Es schlugen sich zwei Brüderlein,
Sie schlugen sich und verständigten sich,
Marko nahm das schöne Mädchen
Und Marinko wurde Brautführer[1]).

In einem anderen Liede ist Jana Markos (Mars) Schwester. Es wird gesagt, daß Marko mit Deutschen gezecht habe. Die Deutschen waren schlauer, sie tranken Honigwasser, dem Marko aber mischten sie Wein mit Schnaps, machten ihn betrunken und nahmen ihm seine Schwester Jana:

    Betrunken gab er seine Schwester Jana,
    Da kamen deutsche Hochzeitsgäste,
    Es kamen deutsche Zeugen,

---

[1]) Sbornik XIII, S. 33 Nr. 2.

Auch kamen deutsche Brautführer,
Um Markos Schwester Jana fortzuführen.
Und Marko gab Jana den Hochzeitsgästen .[1])

Marko wird auch als König der Stadt B u d i m erwähnt:

Es wurde der Königssohn Marko krank,
Der Königssohn Marko, der König von Budim.
Bei ihm steht die Budimer Königin,
Sie spricht zu dem König und redet zu ihm:
„Oh du, oh du Königssohn Marko,
Königssohn Marko, Budimer König,
Du hast neun Schlösser voll Gold."

(Er soll Gold geben, um seine Seele zu retten. Und er gab den Engeln Gold, sie nahmen es aber nicht und nahmen seine Seele. Die Budimer Königin wurde also Witwe und ist mit neun Söhnen zurückgeblieben. Als diese neun Söhne einmal in die Kirche gehen wollten, begegnete ihnen Jurum [χάρων] und brachte sie um.)

Da begegnete ihnen der Mörder J u r u m.
Er brachte die neun Königssöhne um
Und eroberte die neun Königsschwiegertöchter[2]).

In einer anderen Variante dieses Liedes nimmt Markos Stelle der thrakische König R h e s u s ein. Rhesus kam in den letzten Jahren der Belagerung Trojas der Stadt zu Hilfe, um sie zu retten, wurde aber von Diomedus und Odysseus samt seinen Pferden getötet. Einige Verse von diesem Liede lauten:

Der König Rhesul war sehr reich
Und war sehr freigebig.
In Lehm und Schmutz legte er Straßen an,
Über die Flüsse schlug er Brücken.
Er baute auch Kirchen und Klöster
Und gab ein Schloß voll Gold aus[3]).

---

[1]) Sbornik XII, S. 67.
[2]) Sbornik VI, S. 57 Nr. 3.
[3]) Nach dieser Beschreibung kann Resul auch Krösus, der reiche König Lydiens sein. Lydien ist, wie wir schon zeigten, ein thrakisches Land gewesen.

Es blieben ihm aber noch fünf solche.
Er hatte sechs liebe Kinder,
Das älteste war sechs Jahre alt.
Da wollte es Gott, daß Rhesul starb,
Er hinterließ seine junge Frau
Mit sechs ganz kleinen Kindern.

(Die Kinder wuchsen heran und wurden heiratsfähige Jünglinge. Rhesuls Frau suchte ihnen sechs Bräute aus, doch als sie zusammen in die Kirche gehen wollten, um das Abendmahl zu nehmen, trat ihnen Korun [χάρων] entgegen.)

Sie gingen in die Kirche, um das Abendmahl zu nehmen.
Als sie inmitten der Berge waren,
Erblickte sie Korun von einer hohen Mauer;
Gott strafe den Mörder Korun!

(Er machte ihnen Vorwürfe, daß sie ihn nicht gefragt hätten, ehe sie Hochzeit machten, und köpfte sie alle sechs. Darüber wurde Gott zornig und sandte ein schweres Gewitter, um den Korun mit Blitzen zu schlagen, zuletzt versetzte er ihn in die tiefsten Gründe der Erde, in die Unterwelt[1]).

Der König Rhesus wird in sehr vielen Varianten auch Radul genannt.

Nach einer anderen Variante hat Korun Jankulas oder Janus' Kinder umgebracht:

Oh du, oh du, Woiwoda Jankula,
Du hast zwei hohe Türme gebaut.
Sie stehen einander gegenüber,
Die Türme sind gleich groß.
In den Türmen sind buntbemalte Zimmer.
Es sprach Cekulas junge Frau:
„Oh du Woiwoda Jankula!
Ich möchte dich etwas fragen
Und bitte dich, mir die Wahrheit zu sagen.
Wozu hast du die zwei schönen Türme,
Die zwei Türme, die zwei hohen,
Und die Zimmer gleich bunt bemalt?"

---

[1] Sbornik XIII, S. 95—97 Nr. 6.

— Oh du meine, Jankulas junge Frau!
Was der Mann vorhat, braucht er nicht zu sagen,
Weder seinem Weibe, noch seinen Kindern.
(Schließlich sagte er ihr es doch.)
Die Türme baute ich für meine beiden Kinder,
Wenn sie von B u d i m zurückkehren,
Von Budim, von der Zarenarmee,
Werde ich sie verloben und verheiraten.
Werde sie verheiraten und werde sie trennen
Mit ihren zwei jungen Frauen.
Deswegen ließ ich zwei Türme bauen.
So sprach der Woiwoda Jankula,
So sprach er und so tat er.
Er verlobte die zwei Zwillingssöhne.
Den einen verlobte er in der Burg Budim (Woden?).
Den anderen in der Burg Varadin (Var, Saloniki?).

(Zu der Hochzeit hatte er tausend Hochzeitsgäste eingeladen, von welchen fünfhundert nach Budim und die andere Hälfte nach Varadin gingen, um die Bräute abzuholen. Sie holten die Bräute ab, und bei der Rückkehr kamen sie durch einen wasserlosen Wald. Sie fanden nirgends Wasser, aber schließlich eine steinerne Schenke und in dieser den Mörder Korun. Korun hatte sich betrunken und wollte nun den Wirt umbringen, weil er für die Zeche Geld verlangte. Danach wollte er auch die jungverheirateten Brüder töten.)

Gott strafe den Mörder Korun!
Der kein mitleidiges Herz hatte.
Als er hörte die Bitte der Brüder
Und erkannte, wessen Söhne sie waren,
Brachte er zuerst den Wirt um,
Alsdann stürzte er sich auf die beiden Brüder:
„Oh ihr Jankulas Söhne!
Ich suchte euch im Himmel,
Und ihr waret auf der Erde."

(Die Brüder fielen auf die Knie und baten ihn um ihr Leben, aber Korun war herzlos und unerbittlich. Er köpfte sie alle beide[1]).)

---

[1]) Sbornik XIII, S. 68—90 Nr. 1.

Markos Mutter war Efrossina (*Εὐφροσύνη*), d. h. eine der drei Grazien:

> Wein trinkt der Königssohn Marko
> Mit Evrossima, seiner alten Mutter[1].

> Marko ging im Hofe umher
> Evrossima, seiner alten Mutter, vorsingend:
> „Evrossima, meine alte Mutter,   [2])."

In den bulgarischen Volksliedern wird sie Efrossina genannt:

> Meine Mutter ist die alte Efrossina[3]).

Markos Vater ist aus dem Fluß Maritza gerettet und von dem Mustafa-Aga ermordet worden:

> Es ging in aller Frühe ein türkisches Mädchen
> Vor der Morgenröte und dem hellen Tage
> An die Maritza, um Leinwand zu bleichen.
> Vor dem Sonnenaufgang war das Wasser klar,
> Nach dem Sonnenaufgang wurde das Wasser trübe.
> Es floß trübes und blutiges Wasser
> Und schleppte Pferde und Mützen.
> Zuerst trug es einen verwundeten Helden,
> Das Wasser riß ihn in die Mitte,
> Er sah sich nach Hilfe um
> Und erblickte am Ufer ein Mädchen,
> Rief sie an als Schwester in Gott:
> „In Gott Schwester, schönes Mädchen!
> Wirf mir ein Ende deines Tuches zu,
> Ziehe mich aus der Maritza heraus.
> Ich werde dich dafür glücklich machen!"
> Das Mädchen half ihm sogleich,
> Warf ihm ein Ende ihres Tuches zu,
> Und zog ihn an das Ufer.
> Der arme Held hat siebenzig Wunden.

---

[1] Vuk, II, S. 429 Nr. 72.
[2] Vuk, II, S. 428—429 Nr. 71.
[3] Sbornik II, S. 103.

Er trägt eine wunderbare Rüstung,
An der Seite hat er einen beschlagenen Säbel,
Der Säbel hat drei goldene Griffe,
In den Griffen drei Edelsteine.
Der Säbel ist drei Königstädte wert.

(Der Held hat das Mädchen gefragt, ob es Angehörige habe. Das Mädchen erzählte von seinem Bruder Mustafa Aga, und der Held bat, ihn dorthin bringen zu lassen und ihn bei dem Bruder gesund zu pflegen. Er habe drei Beutel mit Gold bei sich, einen wolle er dem Bruder aus Dankbarkeit schenken und einen dem Mädchen und nur den letzten für sich behalten. Das Mädchen sagte alles seinem Bruder, aber dieser wollte den Helden nicht bei sich aufnehmen, ging hin und tötete ihn. Dann nahm er ihm seinen Säbel, konnte ihn aber nicht herausziehen, und niemand vermochte es.)

Der Säbel ging von Hand zu Hand.
Da kam er auch in die Hände des Königssohns Marko,
Und nun ging er von selbst heraus.
Als Marko den Säbel betrachtete,
Erblickte er auf ihm drei christliche Buchstaben:
Einen Buchstaben des Schmiedes Novak,
Einen Buchstaben des Königs Vukaschin,
Den dritten Buchstaben des Königssohns Marko.

Marko fragte nun den Türken, woher er den Säbel habe, und dieser erzählte ihm die ganze Geschichte. Marko aber sagte, daß er den Säbel seines Vaters wiedererkannt habe:

„Ich erkannte den Säbel meines Vaters[1]."

Mit dem hier erwähnten Türken ist nicht etwa ein Türke der Neuzeit, sondern ein trojanischer Held gemeint. Diese Bezeichnung steht mit dem Namen Turadin oder Turna aus den vorhergehenden Liedern in Zusammenhang, und die letzteren wieder mit Troja. Der Mörder Mustafa Aga wird in anderen Liedern „Mussa Kesedschia", d. h. der „Mörder Mussa", genannt und gilt als zweiter Name des „Korun Kesedschia",

---

[1] Vuk, II, S. 330. Siehe auch: Bratja Miladinowtzi, S. 179—180 Nr. 124.

des „Mörders Korun". Die Tatsache, daß Markos Vater in der Maritza schwamm, deutet auf den Mythus hin, der Fluß Boristhenes (Struma, Maritza?) sei die Mutter der Skythen. Es ist höchstwahrscheinlich, daß der Name Maris (Maritza) mit Mars zusammenhängt. In ähnlichem Zusammenhang steht vielleicht der Fluß Jantra mit Janus und die Donau mit dem Dianus.

f) Erinys und Hera.

Erinys ('Εϱῖνυς) ist die Beschützerin der sittlichen Weltordnung. Sie ist die Schwester des Ares (Mars, Marko). Hera ("Ηϱᾱ) ist die älteste Tochter des Kronos und die Mutter des Ares. In den bulgarischen Volksliedern sind diese Göttinnen oder Samovillen Wahlschwestern Cekulas, der bald Sohn, bald Bruder, bald Schwesterkind Jankulas (Janus) und Markos (Mars) ist:

Es beschlägt sein Pferd Woiwoda Jankula,
Er beschlägt es frühmorgens am Sonntag.
Die Hufeisen macht er aus Münzen,
Die Nägel sind durchgesiebte Perlen,
Viertausend Stück für die vier Hufe.
Da sah ihn Cekula, der liebe Neffe,
Er sah ihn und sagte freundlich zu ihm:
„Oh du, mein Onkel Jankula!
Welche Not hat dich dazu getrieben,
Dein Pferd beschlägst du früh am Sonntag,
Die Hufe machst du aus Groschen,
Die Nägel sind durchgesiebte Perlen,
Vier Füße, viertausend Stück?"
„Oh du, Cekula, lieber Neffe!
Ich will gehen in mein Land,
Darum beschlage ich das Drachenpferd."
„Oh, mein lieber Onkel!
Ich möchte dich herzlich bitten,
Mich in dein Land mitzunehmen,
In dein Land, das Arbanesenland!
Ich möchte sehen, was ihr dort treibt."

Nun sprach sein Onkel Jankula:
„Oh du Cekula, lieber Neffe!
Ich breche am Karfreitag auf.
Da werden zu Hause drei schöne Reigentänze getanzt.
Erster Reigen, alle kräftigen Jünglinge,
Zweiter Reigen, alle jungverheirateten Frauen,
Dritter Reigen, alle stattlichen Mädchen.
Zuerst tanzt Dswesda, die goldene Dswesda[1]),
Und neben ihr die Arbanesin Tzweta.
Dswesda hält einen goldenen Becher,
Ganz gefüllt mit kaltem Wasser,
Um jeden, der es wünscht, damit zu laben."
Nun bittet Cekula das Kind:
„Nimm mich mit, lieber Onkel Jankula!"
„Ich möchte dich mitnehmen, Kind Cekula,
Du darfst mir aber keine Schande bereiten!"
„Oh du, lieber Onkel Jankula!
Wenn ich dir Schande gemacht habe,
Und kehre nachher wieder nach Hause zurück,
Dann mag sich meine Kriegslanze in meine weiße Brust
　　　　　　　　　　　　　　　　　　　　stoßen,
　Sobald ich an ihr vorbeigehe."
Nun glaubte ihm der Onkel Jankula
Und nahm ihn mit in sein Land.
Sie brachen am Karfreitag auf.
In seinem Lande tanzten sie die drei schönen Reigentänze.
Erster Reigen, alle kräftigen Jünglinge,
Zweiter Reigen, alle jungen Frauen,
Und der dritte, alle stattlichen Mädchen.
Die erste Tänzerin ist Dswesda, die goldene Dswesda,
Neben ihr Tzweta, die Arbaneserin.
Dswesda hält einen goldenen Becher,
Ganz gefüllt mit kaltem Wasser.
Nun wurde ungezogen Cekula das Kind
Und wollte von diesem kalten Wasser trinken,
Er bat die Dswesda, die goldene Dswesda.

---

[1]) **Dswesda** heißt Stern.

Er verlangte es, und sie reichte ihm das Wasser.
Gott strafe Cekula das Kind!
Es faßte nicht nach dem Becher,
Sondern faßte nach des Mädchens rechter Hand,
Und zog es zu sich auf sein Pferd.
Schnell lief das Pferd durch den Wald
Und an seiner Kriegslanze vorbei,
Sie stieß ihn in seine weiße Brust.
Dann sprach Cekula, das Kind:
„Oh du schönes Mädchen!
Rufe Erina Samovilla.
Sie ist meine treue Wahlschwester,
Sie kennt heilende Kräuter
Und wird mein krankes Herz heilen!"
Da sprach das schöne Mädchen:
„Oh du unbekannter Held!
Wenn ich auch rufe, sie kennt mich nicht,
Sie kennt meine Stimme nicht,
Rufe selbst, dich wird sie erkennen."
Und Cekula, das Kind, rief selbst:
„Komm, komm, Erina Samovilla,
Komm, komm, meine Schwester,
Bringe mir heilende Kräuter."

(Erina Samovilla kam sofort und heilte ihren Bruder, so daß er gesund mit seiner Braut nach Hause zurückkehren konnte[1]).)

In einem anderen Liede heißt es:

Es saßen sieben Könige,
Sie saßen in einer kühlen Schenke,
Aßen, tranken und sagten,
Sie wollten einen Spaziergang in die benachbarten
                    Länder machen.
Da sagte Cekula, das Kind:
„Ich bitte dich, Onkel, mich mitzunehmen,
Zu spazieren in den benachbarten Ländern,
Zu spazieren in dem Schwarzwalachenlande,

---

[1]) Bratja Miladinowtzi, S. 82—84.

Zu spazieren in dem Arbaneserlande,
Zu spazieren in dem Engländerlande,
Zu spazieren in dem Araberlande,
Zu spazieren in dem Turatinerlande."
Alsdann sprach der Königssohn Marko:
„Ich möchte dich, mein Sohn, mitnehmen,
Aber dort, mein Sohn, ist es nicht schön.
Da gibt es kein kaltes Wasser,
Da gibt es keinen kühlen Schatten,
Um zu ruhen und sich zu erfrischen.
Dort ist nur ein verlassener Brunnen,
Darin haust eine dreiköpfige Schlange,
Wer in die Nähe kommt, den frißt sie auf,
Keinem erlaubt sie, Wasser zu schöpfen."
Da sprach Cekula, das Kind:
„Laß mich mitgehen, lieber Onkel!"
Und sie nahmen Cekula, das Kind, mit.
Nun brachen sie auf, das Land zu durchziehen,
Zu durchziehen das benachbarte Land.
Sie fanden einen verlassenen Brunnen
Und hatten Durst auf kaltes Wasser.
Da sprach der ungezogene Cekula:
„Oh ihr sieben Könige!
Bindet ab eure seidenen Gürtel,
Schlinget sie mir um die Taille,
Dann lasset mich hinab in den verlassenen Brunnen,
Ich will kaltes Wasser schöpfen."
Die Könige nahmen die seidenen Gürtel ab,
Banden sie ihm um in der Mitte,
Gaben ihm einen grünen Becher
Und ließen ihn in den verlassenen Brunnen hinab.
Dort schöpfte er von dem kalten Wasser
Und gab zuerst seinem Onkel zu trinken.
Siebenmal ließen sie ihn in den Brunnen,
Es tranken sich satt die sieben Könige.
Nun wollte Cekula selbst sich satt trinken.
Die Schlange war fest eingeschlafen.
Siebenmal hatte sie das Kind nicht bemerkt,

Bis sich alle satt getrunken hatten,
Nun aber wachte sie auf,
Erfaßte den ungezogenen Cekula
Und verschluckte ihn bis zu den Knien,
Und noch einmal bis zum Gürtel.
Da rief Cekula das Kind:
„Oh weh, Onkel, mein lieber Onkel!
Gebt mir meinen scharfen Säbel,
Die dreiköpfige Schlange zu zerschneiden."
Sie gaben ihm seinen scharfen Säbel.
Nun holte das Kind aus, die Schlange zu zerschneiden,
Es traf aber nicht die dreiköpfige Schlange,
Sondern zerschnitt die seidenen Gürtel
Und fiel nun in den verlassenen Brunnen.
Da sprach der ungezogene Cekula:
„Oh ihr sieben Könige!
Gehet nur, wartet nicht auf mich,
Lasset mir nur mein schnelles Pferd hier,
Wie mich die Schlange auffressen wird,
Mögen das Pferd die Adler fressen."
Da brachen die sieben Könige auf
Und ließen ihm nur sein schnelles Pferd.
Das Pferd wieherte in den Bergen,
Seine Stimme hörte man über drei, über neun Berge.
Dort wurden drei Tanzreigen getanzt.
Die Tänzerinnen waren nur Samovillen,
Zuerst kam G j o r g a Samovilla,
Neben ihr E r i n a Samovilla,
Das war seine treue Wahlschwester.
Es hörte die Stimme Gjorga Samovilla:
„Es wiehert irgendwo Cekulas Pferd."
Und es ließ ab vom Tanz Erina Samovilla,
Krümmte sich zusammen wie ein weißes Tuch
Und ging in den grünen Wald.
Bald fand sie Cekulas Pferd,
Und die Erina Samovilla rief:
„Laß, laß, du dreiköpfige Schlange!
Laß mir den ungezogenen Cekula!

Er ist mein lieber Bruder,
Damit nicht die Samovilla Gjorga komme
Und dir ein großes Wunder verschaffe."
Die dreiköpfige Schlange aber rief:
„Weg, weg mit dir, oh Erina Samovilla!
Nun bin ich mit Fleisch gesättigt,
Das suchte ich, und das habe ich gefunden."
Die Samovilla krümmte sich zusammen
Und ging zurück, woher sie gekommen war.
Dort sagte sie zur Gjorga Samovilla:
„Oh du meine liebe Schwester!
Die dreiköpfige Schlange hat keine Furcht,
Sie läßt unsern lieben Bruder nicht los."
Da krümmte sich zusammen die Samovilla Gjorga,
Sie krümmte sich zusammen wie ein weißes Tuch
Und ging in den grünen Wald
Und setzte sich auf den verlassenen Brunnen:
„Laß, laß ab, oh du dreiköpfige Schlange!
Laß mir meinen lieben Bruder.
Wenn ich hinunterkomme, werde ich dich herausziehen,
Und wenn der Brunnen dreihundert Sajen tief ist."
Die Schlange sprach: „Du kannst nicht herunterkommen."
Da krümmte sich die Samovilla wie ein weißes Tuch
Und stieg in den verlassenen Brunnen.
Nun faßte sie den ungezogenen Cekula,
Sie faßte ihn an den zarten Schultern
Und zog ihn heraus samt der Schlange.
Dann sprach die Samovilla Gjorga:
„Oh du dreiköpfige Schlange!
Wie konntest du meinen lieben Bruder verspeisen?
Seine Wahlschwester ist die Samovilla Gjorga,
Seine Wahlschwester ist die Samovilla Erina."
Dann zog sie den zweischneidigen Säbel
Und zerschnitt die dreiköpfige Schlange .[1]

Die Samovilla Gjorga hier kann keine andere als Hera sein.
Sie vertritt den Herkules der älteren und den heiligen Georg

---

[1] Bratja Miladinowtzi, S. 203—207 Nr. 142.

der neueren Zeit. Eine Variante dieses Liedes ist in dem Bezirk von Sofia aufgezeichnet, nur mit dem Unterschied, daß das Kind statt Cekula G r u j t s c h o genannt wird und Markos Sohn ist. Hier tötet der Marko die Schlange[1]). In anderen Liedern ist das Kind Grujo Jankos Sohn und Markos Schwesterkind. Diese Lieder werden gewöhnlich zu Koleda (Weihnachten) gesungen. Einige Beweise davon:

>Es ritt aus der Held Janko
>Und hinter ihm das Kind Grujo,
>Über ungeackerte Äcker,
>Über ungemähte Wiesen,
>Um zu jagen kleines Wild,
>Kleines Wild, Rebhühner
>Und auch Wachteln.
>Aber sie fanden keine Jagd.
>Da sprach das Kind Grujo:
>„Oh du mein Vater, Held Janko!
>Wir finden keine Jagd,
>Nun komm, wir wollen gehen
>Unten in das Dorf, in das neue Dorf."

(Sie gingen in die Schenke des Novak, wo Grujo sich in die Tochter des Wirtes, die beim Essen bedient, verliebt und sie heiratet. Dieses Lied endet mit dem Ausruf:

>Stan-Janine gospodine.
>(Bleib stehen, oh du Gott Janus[2]).)

In einem anderen Liede ist Grujo oder Grujtscho ein Schwesterkind Markos. Dieses Lied lautet:

>Bleib stehen, oh du Gott Janus!
>(Stan-Janine gospodine)
>Es saßen zwei Helden,
>Sie saßen in einer Schenke
>Und tranken roten Wein,
>Da saß der Held, der tapfere Marko,
>Ein anderer Held, das Kind Grujtscho.

---

[1]) Sbornik V, S. 6.
[2]) Sbornik XIII, S. 33 Nr. 2.

Es war eine böse Schlange bekannt
In den Engpässen von Wissilski.
Sie versperrte den Durchgang dreier Pässe
Und vertrieb die Einwohner von neun Dörfern.
Da hörten die zwei Helden,
Daß sich eine böse Schlange gezeigt habe,
Und das Kind Grujtscho sprach:
„Ich danke dir, Onkel Marko,
Ich werde in die Engpässe gehen,
Um die böse Schlange zu töten."
Das Kind Grujtscho stand auf,
Sattelte ein kräftiges Pferd
Und ritt in die Engpässe.
Nun rief der Held von weitem,
Als ihn aber die böse Schlange hörte,
Die böse dreiköpfige Schlange,
Zischte sie ihn an.
Er hielt seine starke Lanze ihr entgegen,
Um die böse Schlange zu erstechen.
Die böse Schlange fürchtete sich nicht,
Sie griff das Kind Grujtscho an!
Da rief das Kind Grujtscho:
— „Leb' wohl, Onkel Marko,
Es stirbt das Kind Grujtscho."
Sobald ihn der Held Marko hörte,
Der Held Marko im dritten Dorfe,
Schmiedete er seine starke Lanze,
Die starke Lanze, die dreizackige,
Sattelte ein starkes Pferd
Und ritt in die Engpässe.
Er rief schon von weitem,
Als ihn aber die böse Schlange hörte,
Die böse, dreiköpfige Schlange,
Zischte sie ihn an.
Marko legte seine starke Lanze an,
Die starke Lanze, die dreizackige,
Und erstach die böse Schlange,
Die böse Schlange, die dreiköpfige.

Nun schnitt der Held Marko,
Nun schnitt er die böse Schlange auf,
Da kam der ganze Hochzeitszug heraus,
Der ganze Hochzeitszug mit den Hochzeitsgästen,
Auch kam das Kind Grujtscho.
Nun zerschnitt er die böse Schlange
Und warf sie auf die rechte Schulter.
Dann rief der Held Marko:
„Kommt zurück, oh ihr Bewohner der neun Dörfer!
Ich habe die böse Schlange getötet,
Bleib stehen, oh du Gott Janus."

In diesem Liede ersetzte Grujo oder Grujtscho den Cekula, als Sohn des Marko und der Jankula. Grujo, welcher in einem anderen Liede Gjuro heißt, verheiratet sich später mit Erina. Letzteres Lied ist von großer Bedeutung, da in demselben auch der goldene Apfel, dessen sich die Eris bediente, um Unfrieden zu stiften, erwähnt wird. Einige Verse dieses Liedes lauten:

Als Gjuro von Smederevo sich verheiraten wollte,
Ging er weit fort, um um ein Mädchen zu freien,
In die schöne Stadt Dubrovnik (Ragusa)
Zu dem König Michael[1]).
Dort lebte die Jungfrau E r i n a.

(Sein Schwiegervater riet ihm, zur Hochzeit keine Serben zu laden, weil die Serben unerzogen wären, sondern nur Bulgaren und Griechen. Erina jedoch wollte auch Serben haben, und er lud nun auch Serben ein):

Als Kum (Pate) den Novak Debelitsch,
Als Kumitza (Patin) Frau Gruja Novakowa (Debelitsch).
Als älteren Hochzeitsgast (Stariswat) den Sabiner Janko,
Als Brautführer den Königssohn Marko,
Als Korporal den Belja Krilatitza,
Als Woiwoda (Hochzeitsführer) Milosch Obilitsch,
Als Fahnenträger den Milan Topolitsch.

---

[1]) Der Name Michael in den Volksliedern vertritt den Namen Manol, Manuil, d. h. den Manu.

„Nun rate mir meine alte Mutter:
Soll ich auf den König, meinen Schwiegervater, hören,
Oder auf Erina, die schöne Jungfrau?"
Da antwortete seine greise Mutter:
„Oh du mein Sohn, Smederver Gjuro!
Die Latiner[1]) sind von altersher Betrüger,
Sie werden dich, mein Sohn, betrügen."

(Alsdann wird erzählt, daß den Hochzeitsgästen, als sie in Dubrovnik ankamen, vorgeschlagen wurde, verschiedene Heldentaten zu verrichten. Dann erst sollten sie die Jungfrau Erina zu sehen bekommen. Eine solche Heldentat wurde auch Gruitza Novakowitsch vorgeschlagen. Er tötete seinen Gegner und ging dann in das weiße Schloß zu Erina:)

Da zeigte sich die Jungfrau Erina:
„Steh' ein wenig still, du Kind Gruitza."
Und sie warf ihm einen goldenen Apfel zu:
„Nimm das, du Kind Gruitza,
Wenn du in Not kommen solltest,
Kannst du wissen, wo Erina ist[2])."

Die Fabel von dem goldenen Apfel wird auch auf andere Weise erzählt. Es ist die Rede von einem vergoldeten Pokal, worin der Morgenstern Wein herumreicht und der von dem Königssohn Marko gestohlen wird:

Wein trinken dreißig Kameraden,
Es bedient sie der Stern Denitza,
Jedem reicht sie den Pokal,
Der Pokal aber war vergoldet.
Da verschwand der vergoldete Pokal,
Und der Stern Denitza sprach:
„Wer hat den Pokal vom Tisch gestohlen?
Ihr müßt alle der Reihe nach schwören."
Mancher schwur bei Mutter und Vater,
Einer schwur bei Frau und Kind.

---

[1]) Der König Michael ist also ein Latiner gewesen. Latin hieß der Trojakönig (siehe S. 79—83). Michael oder Manu wird also anstatt des Trojakönig gebraucht.

[2]) Vuk, II, 460—469.

Auch Marko, auch er schwur,
Er schwur aber bei Pferd und Waffe.
Da sprachen die dreißig Kameraden:
Oh du Marko, guter Held!
Mancher schwur bei Mutter und Vater,
Mancher bei Frau und Kind,
Du schwurst bei Pferd und Waffe!
Pferdefleisch wird von Hunden gefressen,
Und die Waffe ist kaltes Eisen.
Du hast den vergoldeten Pokal gestohlen!

(Marko schämte sich sehr, ging nach Hause zu seiner Mutter und erzählte ihr alles. Aber auch seine Mutter schob ihm den Diebstahl zu. Alsdann befahl sie ihm, nach Osten zu gehen und seinen älteren Bruder zu suchen. Marko verkleidete sich als Derwisch und ging nach Osten. Dort sagte er):

„Oh ihr Türken aus Anatolien!
Wo gibt es Wein und Branntwein?"
Da sprachen die Türken aus Anatolien:
„Dort oben sind vergoldete Pforten,
Da gibt es Wein und Branntwein."
Nun warf er seine Derwischkleidung ab
Und ging an die Pforte, an die vergoldete,
Einmal rief er, dann klopfte er zweimal.
Da kam heraus die junge Wirtin,
Nun sprach der gute Held Marko:
„Oh du gute Wirtin!
Hast du Wein und Branntwein?"
„Hier gibt es Wein und Branntwein,
Hier wird um die Wette Wein getrunken.
Wenn du die Wette gewinnst,
Wirst du dem Wirte seine liebe Frau nehmen,
Wenn er die Wette gewinnt,
Wird er deinen blonden Kopf nehmen.
Da ging Marko hinein, Wein zu trinken,
Wein um die Wette zu trinken.
Sie tranken drei Tage und drei Nächte.
Der Ognen (der Blitz) wurde müde,

Da sprach der gute Held Marko:
„Oh du junge Wirtin!
Wenn ich die Wette gewinne,
Werde ich dich in die Stadt Prilep führen."
Die junge Wirtin antwortete:
„Oh du unbekannter Held!
Ich habe in der Stadt Prilep,
Ich habe dort einen jüngeren Schwager,
Wenn er das hört, wird er dich töten."
Da sagte der Königssohn Marko:
„Oh du junge Wirtin!
Wer ist dein jüngerer Schwager?"
Da sprach die junge Wirtin:
„Mein junger Schwager ist der Königssohn Marko!"
Nun sagte der Königssohn Marko:
„Ich bin der Königssohn Marko!"
Als dies die junge Wirtin hörte,
Weckte sie den Helden Ognen,
Alsdann erkannten sie sich.
Sie erkannten sich und umarmten sich
Und setzten sich wieder, um Wein zu trinken.
Sie tranken noch drei Tage lang Wein[1]).

g) Orpheus.

Orpheus ist der Sohn Apollos, des Gottes der Helligkeit, und der Klio. Er lebte in Thrakien, im Hämus und in dem Rhodopegebirge. In den bulgarischen Volksliedern ist er unter dem Namen Ufren, Orfen, Orphen, Orpju bekannt. Dieser Orphen oder Orpju ist ein Enkel des Sonnengottes. Seine Mutter ist die Tochter einer schönen Jungfrau und des Sonnengottes[2]). Als sie ein Kind war, lebte noch der König Rinda. Er war schon sehr alt und hatte keine Kinder, und er war sehr unglücklich, daß er keine Erben hatte, denen er seine Länder einmal übergeben könnte. Da schickte ihm der Gott

---

[1]) Sbornik XVI—XVII, S. 179—180.
[2]) Verkovitsch, Veda Slovena 1874, S. 290—294 Vers 1—70.

Vischnju dieses kleine Mädchen als Tochter. Sie verheiratete
sich später mit dem König der Juden[1]). Dieser Ehe entsproß
ein Knabe, der durch sein wunderbares Flötenspiel wilde
Tiere zähmen und Berge zum Tanzen bringen konnte. Einige
Verse aus einem Liede über Orpheus lauten:

Oh, mein Gott, lieber Gott!
Warum bist du, Gott, so wundervoll?
Vor einem Monat hast du ein Wunder getan,
So groß, daß die ganze Erde erzitterte,
Nun vollbringst du schon wieder ein Wunder.
Es wurde auf der Erde ein wunderschönes Mädchen geboren,
Welches seinesgleichen auf der Welt nicht findet.
Es hatte weder Vater noch Mutter
Und weilte verlassen mitten im Walde,
Welcher die Heimat der Drachen war.
Es blieb da im Walde
So ungefähr drei Monate,
Bis der Gott V i s c h n j u[2]) sich seiner erinnerte.
Er schickte zwei Deven in den Wald,
Die sollten sehen, wie es dem kleinen Mädchen ginge,
Ob es noch lebte oder schon gestorben wäre.
Als die zwei Deven[3]) auf die Erde kamen,
Geschah auf der Erde ein Wunder.
Die Sonne schien hell und heller,
Um den zwei Deven zu leuchten,
Damit sie das kleine Mädchen in dem Walde fänden.
Kaum waren die zwei Deven auf die Erde niedergestiegen,
Da fanden sie schon das kleine Mädchen in dem Walde.
Es weinte jämmerlich und schrie
Nach seiner Mutter, damit sie ihm die Brust gebe,
Oder nach dem Vater, damit er es mit Wasser tränke.

---

[1]) Juden sind Waldgottheiten. Vielleicht kommt dieser Name von dem trojanischen Berg Ida.

[2]) Vischnju ist der höchste Gott, der er auch in der indischen Mythologie ist. Mit Brahma und Siva bildete er die indische Trinität. Beinahe denselben Sinn hatte er auch in der bulgarischen Mythologie.

[3]) Dev ist wohl mit dem sskr. daiva, Gott, verwandt. Gott hat also zwei Gottheiten auf die Erde geschickt.

Es hat aber weder Vater noch Mutter.
Sein Vater war der erste König im Drachenlande,
Er besaß eine geistige (göttliche) Kraft
Und schlug sich mit Wäldern und Bergen.
Es kam ihm in den Sinn, und er faßte den Entschluß,
Das Meer unter seine Gewalt zu bringen.
Er sprang bis auf den Grund des Meeres hinab,
Mit dem Meere einen Kampf auszufechten.
Aber Gott war nicht einverstanden,
Ihn mit dem Meere kämpfen zu lassen,
Und nahm ihm die geistige Kraft,
Da wurde er im Herzen wie alle übrigen
Und mußte nun auf dem Grunde des Meeres bleiben,
Von wo er nie wieder herauskonnte[1]).
Und seine Frau wartete auf ihn,
Daß er aus dem Meere wieder auf die Erde kommen sollte,
Sie wartete auf ihn ungefähr drei Jahre lang,
Aber er kam nicht wieder.
Nun begann sie zu klagen:
Oh Gott, du Gott Vischuju!
Was hast du mir getan?
Ich werde meinen Mann nicht mehr wiedersehen,
Und bin noch jung, was soll ich tun?
Während sie so klagte, hörte sie der Sonnengott,
Er neigte sich vom Himmel herab,
Um zu sehen, wer auf der Erde so weinte.
Und als er hinsah, oh Wunder!
Eine junge Frau irrte im Walde,
Händeringend, Tränen vergießend.
Als sie so hin und her ging, leuchtete ihr Gesicht
                                  wie die Sonne,
Und als der Sonnengott sie erblickte, gefiel sie ihm sehr.
Er stieg vom Himmel auf die Erde hinab,
Um die junge weinende Frau zu lieben.
Da Gott nicht einverstanden war,

---

[1]) Diese Zeilen erinnern an den Kampf der Titanen und den Streit zwischen Poseidon und Zeus.

Die junge Frau in den Himmel aufzunehmen,
Weil sie kein junges Mädchen, keine Jungfrau war,
Und dem Gotte selbst nicht dienen konnte,
Vereinigte sich der Sonnengott mit der jungen Frau.
Sie vereinigten sich, und die junge Frau wurde alsbald
schwanger.
Es kam die Zeit der Niederkunft,
Und sie gebar ein schönes Mädchen,
Das seinesgleichen auf der Erde nicht hatte.
Gott strafe aber den grauenhaften Drachen!
Er fletschte die Zähne gegen die junge Frau,
Er fletschte die Zähne und drohte ihr böse,
Daß er sie in den lichtlosen Kerker werfen würde,
Dort sollten ihre Knochen verfaulen,
Weil sie sich mit dem strahlenden Sonnengott vereinigte.
Die junge Frau erschrak sehr vor dem Drachen
Und warf sich auf den Grund des Meeres:
„Statt daß meine Knochen in lichtlosen Kerkern verfaulen,
Mag mein Körper sich im Meere baden[1].“
Bis dahin lebten die Drachen auf der Erde,
Jetzt wohnen sie im Meere.
Das kleine Mädchen blieb nun verlassen im Walde,
Niemand war da, sich seiner anzunehmen,
Selbst dem Gotte tat es leid.
Er schickte zwei Deven vom Himmel
Auf die Erde in den Wald.
Wenn das Mädchen noch lebend wäre,
Sollten sie es nehmen und in den Himmel bringen.
Sie sollte bleiben in den klaren Schlössern der Sonne
Und sogar dem Gotte selbst dienen.
Nun nahmen es die zwei Deven in den Himmel,
Das kleine Mädchen saß in den Schlössern der Sonne
Und diente sogar dem Gott.
Das Mädchen war noch nicht einen Monat im Himmel,
Da hörte man Stimmen von der Erde her,

---

[1] Siehe S. 109. Diese Zeilen erinnern an Aphrodite. Aphrodite ist Mondgöttin gewesen, d. h. Diana oder Jana, von welcher dasselbe erzählt wird. Das Wort Sonnengott ist statt Sonne gebraucht.

Der König Rinda¹) weint und jammert,
Weil er kein Leibeskind hat,
Um sein wüstgewordenes Land zu bevölkern.
Er richtet an Gott selbst seine Bitte:
„Oh Gott, oh du Gott Vischnju!
Gib mir, Gott, einen Leibeserben."

Der Gott war nicht zufrieden,
Daß der König Rinda kein Leibeskind hatte,
Jedoch wußte er nicht, was er tun sollte.
Schließlich kam ihm ein Gedanke,
Er schickte zwei Deven
Zu der Sonne in ihre Schlösser.
Sie sollten die Sonne um Erlaubnis bitten
Und von ihr das schöne, kleine Mädchen nehmen
Und es hinunter auf die Erde bringen,
Eine Tochter des Königs Rinda zu werden,
Da er kein Leibeskind hat
Und auch kein Weib hat,
Um ihm ein Leibeskind zu gebären.
Da gingen die zwei Deven zu der Sonne in ihre Schlösser.
Die Sonne schlief noch.
Nun weckten sie die zwei Deven:
„Steh' auf, steh' auf, Sonne, schlafe nicht,
Der Gott Vischnju schickt uns zu dir,
Dich zu fragen, dich um die Erlaubnis zu bitten,
Das kleine, schöne Mädchen mit uns zu nehmen,
Es hinunter auf die Erde zu bringen.
Es soll eine Tochter des Königs Rinda werden,
Da er kein Leibeskind hat,
Und auch kein Weib hat,
Um ihm ein Leibeskind zu gebären."
„Oh ihr zwei Deven, ich erlaube es!
Nehmt es mit und bringt es auf die Erde,
Es soll eine eigene Tochter des Königs Rinda werden,

---

¹) Wer der König Rinda ist, ist uns unbekannt. Vielleicht ist dieser Name mit dem Namen des Golfes Rendina oder Orphano verwandt. Orphano kann seinerseits mit Orpheus in Zusammenhang stehen.

Ihn soll es bedienen,
Und mich braucht es nicht zu vergessen.
Da nahmen die zwei Deven das kleine Mädchen
in ihre Arme
Und stiegen auf die Erde hinab.
Sie gingen geraden Weges zu dem König Rinda
Und traten sogar in sein goldenes Zimmer ein,
Wo der sehr traurige König Rinda schlief.
Sie warteten drei Tage, daß er aufstehe,
Aber er schlief wie betäubt.
Weder rührte er den Kopf
Noch schlug er die Augen auf,
Um zu sehen, wer in sein Zimmer gekommen sei.
Die zwei Deven konnten nicht länger warten.
Sie flogen wieder in den Himmel zurück,
Um dem Gott zu dienen.
Das kleine Mädchen blieb allein im Zimmer.
Nun wartete es noch drei Tage,
Daß der König Rinda aufstände,
Es wartete vergebens, er stand nicht auf.
Da weckte ihn das kleine Mädchen:
„Stehe auf, oh Vater, schlafe nicht länger,
Sieh' dein Leibeskind an,
Das dir der Gott Wischnju vom Himmel geschickt hat.
Es soll dir dienen, wenn du alt bist,
Und auch dein verwüstetes Land bevölkern."
Nun erst bewegte der König Rinda den Kopf,
Schlug die Augen auf
Und sah ein kleines Mädchen, seine Tochter,
Die ihm der Gott Wischnju vom Himmel geschickt hatte.
Ihr Gesicht leuchtet wie die klare Sonne,
Ihre Brust wie der weiße Mond,
Ihre Schöße wie kleine Sterne,
Sie hat goldene Kleider an.
Jetzt erst erfreute sich sein Herz,
Daß er ein Leibeskind hatte.
Er stieg hinab in den Garten,
Wo fliegende Vögel weiden und brüten,

Und fing neun schwarze Puten,
Schlachtete sie als Opfer dem Gott Wischnju,
Dafür, daß er ihm ein Leibeskind gegeben hatte.
Das Opfer stieg bis zu dem Gott,
Und Gott gefiel sein Opfer.
Er beschloß, ihm einen berühmten Enkel zu geben,
Der sollte ihm das wüst gewordene Land bevölkern.
Und der Gott Wischnju fragte die klare Sonne und sagte:
„Sage mir, oh du klare Sonne,
Wenn du unten auf der Erde leuchtest,
Hast du nirgends den König der Juden gesehen?
Er wird der erste Mann deiner Tochter werden,
Mit ihr soll er zusammen schlafen, noch morgen, vor der
                                           Morgenröte.
Sobald er sie besucht hat, wird sie schwanger werden
Und wird ein schönes, wunderbares Kind gebären,
Welches das ganze wüst gewordene Land bevölkern wird."
„Oh du Gott, oh du Gott Wischnju!
Heute habe ich ihn in seinem Lande gesehen,
Als er in den weiten Feldern spazieren ging
Und eine ihm passende Frau suchte.
Aber er fand keine Frau, die ihm gefiel."
Kaum sprach die Sonne das aus,
Da ging das kleine Mädchen bis in den Himmel,
Flügel hatte es nicht und doch flog es in die Wolken.
Als es bei der Sonne angekommen war,
Sprach die Sonne zu ihm und redete:
„Oh du Mädchen, oh du kleines Mädchen!
Fliege nicht in den Himmel,
Sondern gehe wieder auf die Erde
Und in das Land der Juden,
Um dort eine dir würdige Liebe zu suchen.
Es gibt im Lande der Juden eine dir würdige Liebe.
Der König der Juden ist jung und schön
Und sucht eine seiner würdige Frau,
Aber er findet eine solche Frau in seinem Lande nicht.
Wenn er dich sieht,
Wie schön du bist,

Und deinesgleichen auf Erden nicht hast,
Du wirst ihm gefallen, und er wird dich lieben.
Aber du sollst nicht in einem schwarzen Jahr mit ihm
zusammenkommen,
Da dann dein Kind ein Ungeheuer sein wird.
Du sollst mit ihm in einem weißen Jahr zusammenkommen,
In einem weißen Jahr am Surawa Tag[1]),
Wenn die Juden in dem See baden."
(Die Tochter der Sonne oder die Waldjuda hat sich mit dem König der Juden verheiratet, dem sie ein Kind gebar.)
Und sie gebar ein merkwürdiges, kleines Kind.
Eine Flöte hält es in der rechten Hand,
Das Kind merkwürdig, die Flöte merkwürdig.
Das Kind hat Flügel an den Schultern,
Seine Haare sind wie von Gold,
Seine Stimme wird bis in den Himmel gehört.
Sobald es von der Mutter kam,
Fing es an ein melodisches Lied zu singen.
Sein Lied wird bis in den Himmel gehört.
Alle Vögel kamen in das Schloß,
Um dem melodischen Gesang zuzuhören,
Er war so melodisch, daß die Vögel davon betäubt wurden.
Sie flogen nicht, sie liefen von dem Schloß nicht fort,
Sondern blieben ganz still, um dem melodischen Liede
zuzuhören.

---

¹) Die Benennung Surawatag (Surawaden) ist von großem archäologischem Werte, da das Wort Surawa auf das sskr. Suri (Sonne, Sonnengott) und Svari (Sonne) zurückgeht und Tag des Sonnengottes oder des Janus heißt. Daher heißt auch das Jahr „weißes Jahr". Das bulgarische Suro, Mehrzahl Suri, heißt hell, jung. In Bulgarien gehen am Neujahrstage Surawakatschi (das sind kleine Knaben mit einer grünen Rute in der Hand) in die Häuser und beglückwünschen die Einwohner. Diese Glückwünsche bestehen in Liedern, welche häufig mit folgenden Versen anfangen und enden: „Surava, Surava Godina, wessela godina, golem kloss na niva živo sdravo do godina, do godina do amina." (Möge es ein surava [sonniges] Jahr, ein freudiges Jahr sein, große Ähren auf dem Felde, Leben und Gesundheit bis zum nächsten Jahre, bis zum nächsten Jahre und bis an die Ewigkeit.) Surawo messo = rohes Fleisch, surawo drwo = grüner Baum.

Als das kleine Kind das Lied beendet hatte,
Wurden die Vögel wieder munter und flogen fort.
(Zu seiner Geburt waren siebenzig Könige gekommen.)
Da sang das kleine Kind ein melodisches Lied
Und spielte zum Tanz auf.
Seine Stimme klang bis in den Himmel.
Da fingen die Berge und die Wälder an zu tanzen.
Die Vögel flogen bis in die Schlösser,
Um das melodische Lied zu hören.
Sie flogen in den Schlössern umher
Und fielen dann betäubt zu Boden.
Die siebenzig Könige waren sehr lustig,
Sie saßen nicht, noch standen sie auf ihren Füßen,
Sondern tanzten einen Tanz an der Königstafel.
Sie tanzten so ungefähr drei Wochen,
Bis sie endlich müde wurden!
Aber das kleine Kind wurde nicht müde,
Es läßt seine Flöte nicht aus den Händen,
Als die Waldjuda sah,
Daß die Könige sehr müde waren,
Und sich nicht niedersetzen können,
Weil sie das melodische Spiel nicht läßt,
Bat sie ihr Kind:
„Oh du, mein Sohn, mein lieber Sohn!
Laß die Flöte jetzt aus der Hand,
Da die siebenzig Könige sehr müde sind."
Erst als das Kind aufhörte zu spielen,
Setzten sich die siebenzig Könige an die Tafel.
Das kleine Kind aber setzte sich nicht an den Tisch
Sondern es wollte fliegen,
Um in den Himmel zu kommen,
Und sich vor dem Gott Wischnju zu zeigen,
Daß es als Wunderkind auf der Erde geboren sei.
Seine Mutter konnte es kaum abhalten:
„Bleib' mein Sohn, gehe noch nicht,
Bis dir die siebenzig Könige einen schönen Namen gegeben haben,
Dann kannst du gehen, wohin du willst."

Da wartete das kleine Kind,
Bis ihm die siebenzig Könige einen schönen Namen gaben.
Es gaben ihm die siebenzig Könige einen schönen Namen,
Den schönen Namen des tapferen U f r e n.
Da er ein Spieler auf der Erde ist,
Fliegt er wie der Vogel Renu[1]) in den Himmel,
Dort zu spielen und sich vor Gott zu rühmen.
Sobald ihm die Könige einen Namen gegeben hatten,
Flog er fort bis in den Himmel.
Dort blieb er drei volle Jahre,
Und rühmte sich vor dem Gott Wischnju,
Daß er so vor allen ausgezeichnet auf Erden sei.
Er blieb in dem Himmel bis er groß wurde.
Es kam die Zeit sich zu verheiraten
Und nun ging er auf die Erde hinunter zu seiner Mutter.
Die Mutter fand er, der Vater war nicht mehr da.
Sein Vater war fort in sein Land gegangen,
Um seine J u d e n - S a m o v i l l e n zu regieren,
Weil er auf den tapferen Ufren neidisch war:
„Von einer Hündin ist er geboren, aber mein Land wird
er erobern
Und wird der erste König auf der Erde werden[2])."
Er ging davon, aber seine Frau ging nicht mit ihm,
Weil ihr Vater sehr alt geworden war
Und niemand hatte, ihn zu bedienen.
Sie verliebte sich dann in den König J a n s k i (Janus),
Er lebt in ihren Schlössern,
So daß Ufren einen anderen Vater hatte,
Als er in die Schlösser zu seinem Vater kam.
Er erbat von seiner Mutter ihren Segen,
Ihren Segen, er wollte auf der Erde umherreisen,
Um sich seine erste Liebe zu suchen,
Da er sich schon verheiraten wollte:
„Gehe du, mein Sohn, warum sollte ich dich hindern,
Vielleicht findest du eine zu dir passende Frau."

---
[1]) Unbekannt.
[2]) Das ist eine Anspielung auf Saturns oder Kronos' Furcht vor seinen Kindern, daß sie ihm sein Reich nehmen würden.

Er flog weg und durchwanderte die Welt,
Er wanderte drei volle Jahre,
Bis er die ganze Welt durchzogen hatte,
Doch nirgends fand er eine zu ihm passende Frau.
Er kehrte zurück zu seiner Mutter
Und war sehr betrübt und niedergeschlagen,
Kaum war er in das Zimmer getreten,
Da fiel er krank auf das Lager nieder.
Er liegt krank und wird wohl sterben,
Aber niemandem sagt er, was er auf dem Herzen habe.
Schließlich fragte ihn seine Mutter:
„Sage mir, mein Sohn, was hast du auf dem Herzen,
Du bist krank und wirst sterben?"
„Nichts, Mutter, habe ich auf dem Herzen.
Aber ich bin sehr betrübt und niedergeschlagen,
Weil ich durch die ganze Welt ging
Und keine zu mir passende Frau fand.
Vielleicht, Mutter, weißt du eine Frau für mich?"
„Grämst du dich, mein Sohn, etwa darum?
Eine für dich passende Frau gibt es im Mornalande[1]).
Der Mornakönig hat drei schöne Töchter,
Die jüngste hat ihresgleichen nicht auf Erden,
Sie kann deine erste Frau werden.
Aber in dem Mornaland gibt es drei Schlangen,
Welche Flügel zum Fliegen haben,
Und die drei Königstöchter bewachen.
Wer in das Mornaland geht,
Sich um eine Königstochter zu bewerben,
Der kehrt nie wieder zurück.
Die Schlangen bringen den Jüngling um,
Das hat mir die klare Sonne erzählt."

— — — — — — — — — — — —

Als der tapfere Ufren hörte,

---

[1]) Mornaland heißt das Land des Todes. Ein solches Land ist die Unterwelt. Nach der griechischen Mythologie hatte Orpheus Eurodyke zur Frau, welche an einem Schlangenbiß starb. Aus zu großer Sehnsucht nach ihr ist er in die Unterwelt gegangen, um sie zu sehen und in die Welt zurückzuführen.

Daß es eine für ihn passende Liebe im Mornalande gebe,
Sprang er alsbald auf die Füße
Und begann ein schönes Lied zu spielen,
Um sein Herz zu erfreuen.
Er spielte so ungefähr,
So ungefähr drei ganze Wochen.
Er wird schon in das Mornaland gehen,
Um dort seine Liebe zu suchen.

(Er nimmt Abschied von seiner Mutter, die ihm Ratschläge gibt, wie er sich verhalten solle. Sie gibt ihm goldene Flügel für seine junge Geliebte, auf daß sie mit ihm davon fliegen könne. Sie gibt ihm auch ein goldenes Messer, die Schlangen zu töten, falls sie ihn angreifen sollten.)

Da nahm Ufren die goldenen Flügel und das goldene Messer
Und flog fort, um in das Mornaland zu kommen.
Er flog und flog und kam in das Mornaland.
Kaum war er in die Schlösser eingetreten,
Da begann er ein melodisches Lied zu blasen,
Einen melodischen Tanz zu spielen,
Und schritt, sich wiegend, vorwärts,
Bis er in den Königsschlössern war.
Die drei Schlangen wurden betäubt,
Betäubt wurde auch der Mornakönig,
Und sie lagen wie tot auf der Erde.
Dann trat Ufren in das Frauengemach,
Wo die drei Königstöchter saßen,
Alle drei waren schön,
Aber das jüngste Mädchen, Rossida!
Aus ihrem Gesicht leuchtet die klare Sonne,
Von ihrer Brust der weiße Mond,
Von ihren Schößen kleine Sterne,
Ihr Haar reicht bis zur Erde,
Wenn sie spricht, fallen Perlen aus ihrem Munde.
Sie ist die schönste auf Erden.
Sobald Ufren sie sah, verliebte er sich in sie,
Und Rossida[1] verliebte sich in Ufren.

---

[1] Siehe S. 135.

„Das ist ein Jüngling für mich, sagte sie.
Gott strafe den König Charapin[1])!
Der ein wenig in mich verliebt ist.
Wenn der König Charapin nicht wäre,
Würde ich den tapferen Spieler Ufren heiraten."
Als Rossida dies gesprochen hatte,
Begann sie feine Tränen zu vergießen.
Ufren aber fing an, ein Tanzlied zu spielen.
Da tanzten die drei Mädchen,
Sie tanzten ungefähr drei Wochen,
Bis sie endlich müde wurden,
Auch Ufren wurde müde,
Er wollte nun in sein Land zurückkehren
Und wollte das Mädchen Rossida mitnehmen,
Aber die zwei Schwestern ließen sie nicht gehen.
Da spielte Ufren das Betäubungslied.
Es wurden die drei Schlangen sehr betäubt,
Betäubt wurden auch die zwei Könige,
Nur die zwei Schwestern wurden nicht betäubt,
Sie paßten auf den tapferen Spieler Ufren auf.
Ufren wußte nicht, was er tun sollte,
Was sollte er tun, was sollte er beginnen,
Wie sollte er das Mädchen Rossida nach Hause führen.
Aber es fiel ihm alsbald ein.
Er faßte das Mädchen mit der linken Hand
Und legte ihr die goldenen Flügel unter die Arme,
Mit der Rechten spielte er ein wunderbares Lied
Und flog davon in sein Land.
Gott strafe aber die zwei Schwestern!
Sie wurden auf das Mädchen Rossida sehr neidisch
Und gingen nach oben auf den Balkon
Zu dem König Charapin und sagten:
„Oh du König, König Charapin,
Warum sitzest du hier, oh König, warum bleibst du stehen?
Deine Liebe ist davon gelaufen,
Sie verliebte sich in einen anderen König,

---

[1]) Charon.

Welcher auf einer wunderbaren Flöte spielt.
Wenn er auf der Flöte spielt,
Tanzt sogar das Feld."

(Der König Charapin (Charon) geriet in Wut, aber er konnte nichts tun, da er schläfrig und wie betäubt war. Die beiden Schwestern gingen nun nach unten in das Gefängnis zu den drei fliegenden Schlangen, welche auch betäubt dalagen, und sagten ihnen, daß Rossida mit dem wunderbaren Spieler davongegangen sei. Als das die Schlangen hörten, wurden sie sehr zornig und flogen bis in den Himmel, um Rossida zu verfolgen. Rossida aber konnte nicht fliegen, so daß die Schlangen sie bald einholten. Als sie das Mädchen verschlucken wollten, zog Ufren das goldene Messer, das ihm seine Mutter gegeben hatte, heraus. Mit der linken Hand faßte er das Messer, mit der Rechten hielt er die Flöte und spielte ein betäubendes Lied, daß die Schlangen bald wie tot zu Boden fielen. Nun schnitt er sie mit seinem Messer auf, und es floß so viel Blut, daß sich ein ganzes Meer bildete. Ufren flog nun weiter mit seiner Rossida, aber sie war müde und konnte nicht mehr fliegen. Auf dem Felde konnten sie nicht gehen, weil das Feld zum Meer geworden war. Da berührte Ufren mit seiner Flöte das Meer, und das Meer trat zurück und machte ihnen einen Weg. Als aber das ganze Meer eintrocknete, gab es kein Wasser zum Trinken. Rossida wurde durstig, sie konnte vor Durst nicht weiter gehen, es brannten ihre Füße. Ufren aber fand nirgends Wasser, und er bat Gott, ihm Wasser zu geben. Die zwei Deven rieten ihm, seine Flöte auf die Erde zu werfen. Er tat das, und sofort brach auf der Stelle eine kühle Quelle aus der Erde hervor. Rossida trank sich satt, und nun konnten sie weiter in sein Land gehen. Rossida gefiel seiner Mutter der gorska Juda (Waldgöttin) sehr, weil sie die schönste auf Erden war.)

Als sie die Königsschlösser betraten,
Ging ihnen der König Janski (Janus) bis in den Hof entgegen,
Der König Janski plante eine große Hochzeit
Für seinen so berühmten Sohn.
Er lud siebenzig Könige zu der Hochzeit ein,
Um sie mit Essen und Trinken zu bewirten,
Da er seinen berühmten Sohn verheiratete.

(Er bewirtete sie drei Monate. Als sie sich satt gegessen hatten, wollten sie sich belustigen. Der junge Sohn sang ein melodisches Lied und spielte auf seiner Flöte. Seine Töne drangen bis in den Himmel. Alle Vögel kamen, um ihm zuzuhören. Dann spielte er ein Tanzlied, und sogar die Berge fingen an zu tanzen. Nachdem sie drei Wochen getanzt hatten, baten die Könige den Ufren aufzuhören, weil sie nach Hause gehen wollten. Die siebenzig Könige kehrten in ihre Länder zurück, und Ufren blieb allein mit seiner jungen Frau.)

Der tapfere Ufren blieb in den Schlössern,
Um zu lieben seine junge Frau,
Und zu spielen auf seiner wunderbaren Flöte.
Es kam die Zeit, sich auf der Erde umzusehen,
Wo ihm ein Land gefiele,
Damit er sich dort niederließe,
Da sein eigenes Land ihm nicht gefiel.

— — — — — — — — — — —

Aber nirgends gefiel ihm ein Land.
Er flog weiter fort
Und kam in das Land seines Vaters Janski,
Und seines Vaters Land gefiel ihm sehr,
Da es fruchtbar und einträglich war.
Es war aber ganz verödet,
Weder gehen Leute auf dem Felde,
Noch fliegen Vögel unter dem Himmel.

(Ufren nahm alle jungen Leute aus seinem Lande mit und brach nach dem Janskalande auf. Als sie an dem Schwarzen Meer angelangt waren, wußten sie nicht, wie sie über das Meer kommen würden. Ufren aber berührte mit seiner Flöte das Meer, welches ihnen einen Weg freigab, so daß sie wie auf dem trockenen Lande hinübergehen konnten. So zogen sie nach dem Janskalande und bevölkerten es[1]).

Orpheus ist also der Sohn des Königs Janski oder Janus. Dieser Umstand ist von großer Bedeutung, da dadurch klar wird, daß dieses Lied ein bulgarisches Lied ist und keine Entlehnung aus dem griechischen, wie in manchen wissenschaftlichen Kreisen vermutet wird. Die Griechen sagen

---

[1] Verkovitch, Veda Slovena S. 290—367.

nicht Janus sondern Apollo. Auch das ist von Bedeutung, daß das Land, welches er bevölkert hat, das Land seines Vaters Janski (Janus) war. Diese Tatsache steht mit den anderen Liedern, in denen man sich einen König für das Bogdanska Semja (Gott Dans Land) wünscht, in Zusammenhang. Nicht weniger wichtig ist es, daß Ufrens Frau Rossida heißt. In der griechischen Mythologie hat sie den Namen Eurydike. Was das Wort Eurydike bedeutet, ist uns unklar. Rossida jedoch steht mit dem Wort Rossa (Tau) in Zusammenhang. Sie vertritt das Mädchen Taljana in anderen Liedern. Beide Mädchen oder jungen Frauen bevölkern das Land des Janus. Taljana ist wohl aus Tal (tel = Erde, Rasen) und Jana zusammengesetzt. Mit dieser Erde oder diesem Rasen-Jana vereinigte sich die Sonne, um das Reich des Gottes Janus zu bevölkern. Statt mit dem Rasen oder der Erde-Jana vereinigte sich der Sonnenenkel Orpheus mit dem Tau, um das Janusland zu bevölkern.

In einem anderen Liede heißt Ufren Orfen. Dieser Orfen verheiratet sich mit der Tochter des Königs Feyski oder Feyus. Dieser König Feyski wird mit Jankula oder Janus identifiziert, da es in dem Liede heißt:

Vischnjus Engel wartete auf ihn an dem Schwarzen Meer,
Und als er den Orfen erblickte,
Wie er mit seiner ersten Liebe ging,
Da sprach er und sagte:
„Oh du Orfen, ich will keine Vergeltung für meinen Dienst,
Den ich dir hier in dem Schwarzen Meere leistete,
Da du ein Held aller Helden warst.
Niemand war in das Feyskaland gegangen,
Du gingst auch in die Feyskaschlösser
Und nahmst Jankulas Tochter.
Du wirst sehr glücklich sein,
Da sie sieben Brüder hat,
Sieben Brüder, alle Götter[1].
Alles, was du wünschest, wirst du bei ihnen finden[2].

---

[1] Die sieben Brüder entsprechen den sieben Hauptgottheiten der griechischen Mythologie.
[2] Verkovitch, I, S. 540.

Orfen ist also hier Janus' Schwiegersohn. In einem anderen Liede wird Orfen Farklen genannt, d. h. der Fliegende, weil er fliegen konnte. Dieser Farklen ist ein Sohn des Königs Brava[1]). Brava ist wohl der Brahma der indischen Mythologie. Nach einem anderen Liede ist Orfen ein Sohn des Königs Sindsche, und der König Samandra verhilft ihm zu seiner Frau:

> Er ging durch die ganze Welt.
> Aber er konnte keine passende Frau finden.
> Er wußte nicht, was er nun tun sollte,
> Was soll er tun, wo soll er sich ein Mädchen suchen?
> Da fiel ihm ein,
> Zu dem König Samandra zu gehen
> Und ihn zu fragen, wo es für ihn eine passende Frau gäbe.
> Er bestieg das Schlangenpferd
> Und ritt in das Land der Samander[2]).

(Der König Samandra hatte ihm ein Mädchen empfohlen, das eine Tochter der Sonne war[3]). Es kann kein Zweifel darüber bestehen, daß der Name Samandra hier auf den trojanischen Fluß Skamandros ($\Sigma\kappa\acute{\alpha}\mu\alpha\nu\delta\varrho\sigma\varsigma$) hinweist. Der zweite Name dieses Flusses ist Xanthos ($\Xi\acute{\alpha}\nu\vartheta\sigma\varsigma$), die heutige Bistritza oder vielleicht der Wardar.

In einem anderen Liede wird Orpheus Orpju genannt. Dieser Orpju verheiratet sich mit dem Mädchen Vrida, was wohl eine Verkürzung von Evridike ist. Dieses Mädchen Vrida ist in einer Höhle eingesperrt gewesen. Durch Orpjus Spiel fielen die Vorhängeschlösser ab, und die Höhle tat sich auf, so daß das Mädchen Vrida befreit war[4]).

Über Orpheus' Namen ist viel gestritten worden. Die griechische Sprache kann uns keine Erklärung für ihn geben. Sein Name kann nur durch die skythische oder bulgarische Sprache erklärt werden. Orpju ist ein aus Or und pju zusammengesetztes Wort. Or heißt Mann. Herodot schreibt,

---

[1]) Verkovitch, I, S. 408—450.
[2]) Verkovitch, S. 392.
[3]) Verkovitch, S. 396 Vers 421.
[4]) Verkovitch, II, S. 567.

daß die Skythen den Mann Ör nannten: οἰὸρ γὰρ καλεῦσι τὸν ἄνδρα¹). Pju heißt singen (peja). Orpju oder Orpheus heißt also „der Mann Sänger" oder Sangesheld, was Orpheus in der Tat war. Es heißt ja in dem Liede, daß Orfen diesen Namen erhalten hatte, weil er ein Spielmann war²).

h) Vesta.

Vesta, griechisch Ἑστία, ist eine Göttin des Feuers und des Herdes gewesen. Das Feuer galt bei den Römern als heilig und durfte niemals verlöschen. Um dies zu verhindern, gab es Vestalinnen, die das Feuer beständig unterhielten. Sie waren Töchter aus guten Familien, ohne körperliche Fehler, und wurden zwischen dem sechsten und zehnten Lebensjahre von dem König oder dem Pontifex Maximus ausgewählt und in den Tempel der Vesta aufgenommen. Es war ihnen strengste Keuschheit vorgeschrieben, und bei Vergehungen gegen dieses Gesetz wurden sie lebendig eingemauert. Die Priesterinnen standen in hohem Ansehen bei dem Volke. Die Feiertage der Vesta waren der 1. März und der 9. Juni. An diesen Tagen löschte der Pontifex Maximus das heilige Feuer aus und erneuerte es dann, indem er zwei Holzstücke gegeneinander rieb oder indem er Sonnenstrahlen mittels einer Linse konzentrierte. Im Vestatempel befand sich außer dem heiligen Feuer auch das Palladium. Das Palladium soll eine hölzerne Statue der Pallas gewesen sein. Es war vom Himmel in Troja niedergefallen, um als Bürge für die Erhaltung der Stadt zu dienen. Odysseus und Diomedes sollen es geraubt und nach Griechenland gebracht haben. Nach anderen Legenden soll Dardanus, der Vater des Ilos, eine Kopie der Statue gemacht haben, und diese soll von Odysseus entführt worden sein. Das wahre Palladium aber soll von Äneas gerettet und nach Rom gebracht worden sein. Die Vesta ist auch eine bulgarische Gottheit. Auch in Bulgarien gilt das Feuer als heilig. Das heilbringende Feuer

---

¹) Herodot., IV, 110.
²) Siehe S. 165, 5.

muß auch bei den Bulgaren durch Reiben zweier Holzstücke gegeneinander erzeugt werden[1]). Bei den Russen wird dieses Feuer ljekarstwenij (heilendes) oder Tzar-ogon (Zar-Feuer), bei den Serben živi-ogan (lebendiges Feuer), bei den Tschechen boži ohen (Gottesfeuer), bei den Deutschen Notfeuer genannt[2]). Man zündet das Feuer am Heiligen Abend (24. Dezember) an und unterhält es während des ganzen Jahres. Am 24. Dezember bringt man einen Baum aus dem Walde mit und legt ihn in das Feuer. Einen Zweig, den man vorher abgehauen hat, stellt man draußen vor das Haus. Wer am 25. Dezember dann am frühesten aufsteht, der bringt diesen Zweig hinein mit dem Glückwunsch, daß Gott schon gekommen sei und Fruchtbarkeit auf dem Felde und in den Ställen geben werde. Den Baum, den man aus dem Walde mitbringt und in das Feuer legt, nennt man Badnik[3]). Derselbe Brauch herrscht auch in Serbien. Der Baum wird dort Badnjak genannt. Sobald jemand mit diesem Baum in das Haus tritt, werfen die Bewohner Weizen und Reis auf ihn und beantworten den Glückwunsch. Dann legt man den Badnjak in das Feuer[4]). In den Gegenden, wo es Tannenbäume gibt, zündet man am 24. Dezember abends (wohl dem Gotte Janus) Tannenzweige als Fackeln an. Seit dieser Zeit ist der Tannenbaum als Symbol des Weihnachtsfestes geblieben. Auch nach der bulgarischen Sitte darf das Feuer nie verlöschen. Man muß immer etwas Feuer im Herde haben. Auch darf man Feuer nie aus dem Hause geben. Neben dem Herde steht immer ein aus Lehm gemachter Kegel, etwa 20—30 cm hoch, den man Pop nennt. Dieser vertritt das Palladium der Römer.

Das Feuer vertreibt die bösen Geister, welche in den Gewässern und Wäldern wohnen. Ein Bauer aus Boinitza erzählte mir einmal, daß, als er in einer Winternacht den

---

[1]) A. T. Ilieff, Sbornik (herausgeg. vom bulgar. Unterrichtsministerium), Bd. VII S. 398—399.
[2]) Ilieff, S. 398.
[3]) Ilieff, S. 396.
[4]) V. Karadschitsch, Rječnik; Militschewitsch: Život Srba seljaka, in Glasnik srbskog utschenog druschstwa, Buch V, Belgrad 1867, S. 122, 126.

benachbarten Bach überschritt, ein Geist aus dem Wasser herausgestiegen wäre und ihn in verschiedenen Gestalten, bald als Weib, bald als Bock, Stier und Hirsch, verfolgt hätte. Sobald er aber seine Pfeife anzündete und so stark rauchte, daß Feuer zu sehen war, zog sich der Geist zurück, und er konnte unbeschädigt nach Hause gehen. Öffentliche Feuer zündet man einige Male im Jahre an, besonders aber in aller Frühe des 9. März (nach dem Julianischen Kalender), also am Frühlingsanfang, und am 24. Juni, am Janustage. Das Feuer wird meistens aus Stroh, weil es die hellste Flamme gibt, auf dem Hofe angezündet, und alle Anwesenden springen darüber hinweg. In dem Feuer selbst tanzen die Ischtinari oder Nestinari[1]). Dieses Wort kommt von Ἑστία und heißt Hestianer oder Vestalier. Nestinari ist mit Nevesta verwandt. Diesen Namen spricht man meistens als Ne'esta aus. Vielleicht ist das gleichbedeutend mit neue Hestia. Nevesta nennen die Bulgaren die Jungfrau in dem Augenblick, da sie geschmückt dem Bräutigam zur Vermählung entgegengeführt wird. Eine solche Jungfrau war auch Vesta.

Das Palladium führt man auf Pallas Athene zurück, was sinnlos ist, da Athene eine Feindin und nicht eine Beschützerin von Troja war. Alsdann bezeichneten die Römer die Pallas Athene als Minerva. Da sie in keiner Beziehung griechische Namen für ihre Gottheiten gebrauchten, so ist es unklar, warum sie in diesem Falle einen griechischen Namen angewendet haben sollten. Das Palladium steht zweifellos im Zusammenhang mit dem heiligen Feuer, welches der Stadt Troja von den Göttern geschenkt wurde. Solange das heilige Feuer brannte, bestand Troja, als aber das Palladium geraubt worden war, ging Troja zugrunde. Darum bemühten sich die verschiedenen Völker, das wahre Palladium zu besitzen. Steht

---

[1]) Siehe darüber: Slaweĭkoff, Gaĭda III, Nr. 12, 194—195; Balgarska Chrestomatia ot Vasoff und Velitschkoff 1884, I. Teil, 131—135; C. Jireček, Das Fürstentum Bulgarien; S. Schivatscheff in Zeitschrift Swetlina, Buch 12; St. Russeff in Sbornik (herausg. v. bulgarischen Unterrichtsministerium VI [1891], 224—227); Dr. M. Arnaudoff, Studii warchu balgarskitje obrjedi i legendi, in der Zeitschrift der bulgarischen Akademie, Sofia 1912, S. 1—16.

das Wort Palladium in so engem Zusammenhange mit dem Feuer, so glaube ich, daß es auf das bulgarische palla (anzünden) zurückzuführen ist. Diesen Sinn hatte das Palladium, da man es immer in der Nähe des Feuerherdes hielt. Man sagte, das Palladium sei vom Himmel gefallen. Damit wollte man vielleicht andeuten, daß das Anzünden des heiligen Feuers vom Himmel aus geschehen sei. Da das Feuer die bösen Geister beherrschte, so glaubte man, daß Troja bestehen würde, solange die Stadt das Palladium hütete. Das bulgarische Wort Pop kann wohl eine Verkürzung von pod-pal = Zündstoff, anzünden, sein, woraus man sich erklären kann, daß an jedem Herde ein Pop stehen muß. Alle diese Feierlichkeiten zu Ehren des Feuers galten im Grunde doch dem Gotte Janus, da sie besonders am 24. Juni stattfanden. Nach Slaweikoff fanden früher bei dem Kloster Johannes Pretetscha, in der Nähe der Dörfer Penka und Jana, Nestinarstänze im Feuer statt. Heute finden die Tänze nicht mehr statt. Nur alte Frauen kommen in das Kloster, welche sich manchmal bei dem Kuß des heiligen Bildes vergessen und ausrufen: Sweti Jane! (Oh du heiliger Janus!).

Die älteren bulgarischen Volkslieder sind also nichts weiter als mythische Gesänge. Mit der Zeit hat man die Naturereignisse personifiziert. Janus oder die Helligkeit wurde zu dem Menschen Jano, Jankula, Jana; Mars zu Marko; Hera oder Gjorga zu Georgi usw. Die Stelle der bösen Gewalten nehmen der Türke, der schwarze Araber und andere Volksfeinde ein. In einem im Bezirk von Sofia aufgezeichneten Liede wird unter anderem gesagt:

> Es waren beisammen fünfzig Helden,
> Sie waren beisammen in einer Schenke,
> Um zu trinken und sich zu unterhalten.
> Da rief der tapfere Jankula,
> Er rief, so laut er konnte:
> „Oh ihr fünfzig Kameraden!
> Hört zu, was ich euch sagen werde.
> Es siedelte sich der schwarze Araber an,

---

[1]) Arnaudoff, S. 4.

Er siedelte sich im Bulgarenlande an.
Eingenommen hat er Stege und Wege
Und bewacht die steinernen Engpässe,
So daß weder Vögel darüber fliegen,
Noch Menschen hindurchgehen dürfen.
Er verbot den Mädchen und Burschen,
Sich zu lieben und zu heiraten,
Sie dürfen nicht an die kühlen Brunnen gehen,
Noch dürfen sie Tänze und Zusammenkünfte veranstalten.
Wer heiratet, dem nimmt er seine Frau.
Die Mädchen wurden schon grau,
Die Burschen bekamen Vollbärte bis zum Gürtel."

(Dann wird weiter erzählt, wie dieser schwarze Araber getötet wird.)

Der schwarze Araber, der nichts weiter vorhatte, als den Mädchen und Burschen zu verbieten, sich zu lieben, ist eine Personifizierung des Drachen der älteren Zeit, der immer junge Menschen fressen wollte.

i) Das Verhältnis der bulgarischen Mythologie zu der römischen.

Die große Ähnlichkeit der Namen der in den bulgarischen Volksliedern erwähnten mythischen Gestalten mit denen der römischen Gottheiten könnte uns auf den Gedanken bringen, daß die bulgarische Mythologie eine Entlehnung der römischen sei. Bei näherer Betrachtung aber sieht man sofort ein, daß die bulgarische Mythologie eine skythische oder thrakische Mythologie ist. Schon Herodot berichtet, daß die Hauptgottheiten der alten Skythen Jovis, Vesta, Gea, Janus, Jana oder Venus und Poseidon waren:

Τὰ μὲν δὴ μέγιστα οὕτω σφι εὔπορά ἐστι, τὰ δὲ λοιπὰ νόμαια κατὰ τάδε σφι διακέεται. Θεοὺς μὲν μούνους τούσδε ἱλάσκονται, Ἱστίην μὲν μάλιστα, ἐπὶ δὲ Δία τε καὶ Γῆν, νομίζοντες τὴν Γῆν τοῦ Διὸς εἶναι γυναῖκα, μετὰ δὲ τούτους Ἀπόλλωνά τε καὶ οὐρανίην Ἀφροδίτην καὶ Ἡρακλέα, καὶ Ἄρεα. Τούτους μὲν πάντες οἱ Σκύθαι νενομίκασι, οἱ δὲ καλεύμενοι βασιλήϊοι Σκύθαι καὶ τῷ Ποσειδέωνι θύουσι. Οὐνομάζεται δὲ Σκυθιστὶ Ἱστίη μὲν Ταβιτί,

Ζεὺς δὲ ὀρθότατα κατὰ γνώμην γε τὴν ἐμὴν καλεύμενος Παπαῖος, Γῆ δὲ Ἀπία, Ἀπόλων δὲ Οἰτόσυρος, οὐρανίη δὲ Ἀφροδίτη Ἀργίμπασα, Ποσειδέων δὲ Θαμιμασάδας. Ἀγάλματα δὲ καὶ βωμοὺς καὶ νηοὺς οὐ νομίζουσι ποιέειν πλὶν Ἀρεί τούτῳ δὲ νομίζουσι [1]).

Ares oder Mars, Marko wurde also bei den Skythen am meisten verehrt. Auch die Bulgaren erwiesen dem Marko die höchste Ehre. Der skythische König Idanthyrsos hat dem Darius unter anderem auch folgendes geantwortet:

Πρότερον δέ, ἢν μὴ ἡμέας λόγος αἱρέῃ, οὐ συμμείξομέν τοι. Ἀμφὶ μὲν μάχῃ τοσαῦτα εἰρήσθω, δεσπότας δὲ ἐμοὺς ἐγὼ Δία τε νομίζω τὸν ἐμὸν πρόγονον καὶ Ἱστίην τὴν Σκυθέων βασίλειαν μούνους εἶναι. Σοὶ δὲ ἀντὶ μὲν δώρων γῆς τε καὶ ὕδατος δῶρα πέμψω τοιαῦτα οἷα σοι πρέπει ἐλθεῖν, ἀντὶ δὲ τοῦ ὅτι δεσπότης, ἔφησας εἶναι ἐμὸς, κλαίειν λέγω. Τοῦτό ἐστι ἡ ἀπὸ Σκυθέων ῥῆσις. Ὁ μὲν δὴ κῆρυξ οἰχώκεε ἀγγελέων ταῦτα Δαρείῳ [2]).

Dieselben Gottheiten sind auch thrakische Gottheiten. Herodot berichtet darüber:

Θεοὺς δὲ σέβονται μούνους τούσδε, Ἄρεα καὶ Διόνυσον καὶ Ἄρτεμιν οἱ δὲ βασιλέες αὐτῶν, πάρεξ τῶν ἄλλων πολιητέων, σέβονται Ἑρμῆν μάλιστα θεῶν, καὶ ὀμνῦσι μοῦνον τοῦτον, καὶ λέγουσι γεγονέναι ἀπὸ Ἑρμέω ἑωυτούς [3]).

Mars ist besonders von den Hunnen verehrt worden. Attila soll sein Schwert gefunden haben, und daher hatte er so große Erfolge in den Kriegen. Priscus schreibt darüber:

Σημαίνειν καὶ τοῦτο τὸν θεὸν τὸ τοῦ Ἄρεος ἀναφήναντα ξίφος, ὅπερ ὂν ἱερὸν καὶ παρὰ τῶν Σκυθικῶν βασιλέων τιμώμενον, οἷα δὴ ἐφόρῳ τῶν πολέμων ἀνακείμενον, ἐν τοῖς πάλας ἀφανισθῆναι χρόνοις, εἶτα διὰ βοὸς εὑρεθῆναι [4]).

Jordanis berichtet über diesen Umstand folgendes: Qui (Attila) quamvis huius esset naturae, ut semper magna confideret, addebat ei tamen confidentia gladius Martis inventus, sacer apud Scytharum reges semper habitus, quem Priscus istoricus tali referet occasione detectum. cum pastor, inquiens, quidam gregis unam buculam conspiceret claudicantem nec

---

[1] Herodot., IV, 59.
[2] Herodot., IV, 127.
[3] Herodot., V, 7.
[4] Prisc., ed. Bonn. S. 201.

causam tanti vulneris inveniret, sollicitus vestigia cruoris insequitur tandemque venit ad gladium, quem depascens herbas bucula incauta calcaverat, effossumque protinus ad Attilam deferet. quo ille munere gratulatus, ut erat magnanimus, arbitratur se mundi totius principem constitutum et per Martis gladium potestatem sibi concessam esse bellorum [1]).

Sodann schreibt Jordanis:

„So berühmt waren die Goten, daß man ehedem erzählte, Mars, den der Trug der Dichter den Kriegsgott nennt, sei bei ihnen geboren worden. Daher sagt Virgil [2]): „Auch der Vater Gradivus, der Herr der getischen Lande [3])."

Priscus und Jordanis rühmen die große Sangeslust der alten Skythen oder Goten. Jordanis schreibt von den Goten:

„Vorher schon feierten sie mit Gesang und Zitherspiel die Taten ihrer Vorfahren, des Eterpamara, Hanala, Fridigern, Vidigoia und anderer, deren Namen bei diesen Völkern in so hohem Ansehen stehen, wie das bewundernswerte Altertum kaum von den Heroen rühmt [4])."

Von den hier erwähnten Namen ist Hanala oder Janala der Jankula oder Janus in den neueren Liedern.

Priscus berichtet, daß nach einem Essen bei Attila zwei Sänger gekommen wären, die Attilas Kriegstaten besungen hätten:

Ἐπιγενομένης δὲ ἑσπέρας δᾷδες ἀνήφθησαν, δύο δὲ ἀντικρὺ τοῦ Ἀττήλα παρελθόντες βάρβαρος ᾄσματα πεποιημένα ἔλεγον, νίκας αὐτοῦ καὶ τὰς κατὰ πόλεμον ᾄδοντες ἀρετας· ἐς οὓς οἱ τῆς εὐωχίας ἀπέβλεπον, καὶ οἱ μὲν ἥδοντο τοῖς ποιήμασιν, οἱ δὲ τῶν πολέμων ἀναμιμνησκόμενοι διηγείροντο τοῖς φρονήμασιν, ἄλλοι δὲ ἐχώρουν, ες δάκρυα, ὧν ὑπὸ τοῦ χρόνου ἠσθένει τὸ σῶμα καὶ ἡσυχάζειν ὁ θυμὸς ἠναγκάζετο. μετὰ δὲ τὰ ᾄσματα Σκύθης τις παρελθὼν φρενοβλαβής, ἀλλόκοτα καὶ παράσημα καὶ οὐδὲν ὑγιὲς φθεγγόμενος, ἐς γέλωτα πάντας παρεσκεύασε παρελθεῖν [5]).

Es ist wohl klar, daß diese bulgarischen Lieder schon von den alten Skythen oder Thrakiern gesungen worden sind.

---

[1]) Jord. G., Kap. XXXV. 183—184.
[2]) Aeneide III, 35.
[3]) Jord. G., V, 40.
[4]) Jord. G., V, 43.
[5]) Prisc., S. 205.

Die Thrakier aber sind in der Geschichte älter als die Römer, da sie schon von Homer erwähnt werden, der von den Römern noch nichts weiß. Darum ist auch die bulgarische Mythologie älter als die römische. In den bulgarischen mythologischen Liedern werden die indischen Gottheiten **Manu, Brahma, Wischnju, Siva, Buda, Surava, Samodiva** erwähnt, welche weder von Römern noch von Griechen genannt werden. Die Bulgaren nennen die Hölle **Pakal**. Dieses Wort ist mit dem indischen Wort **Patala** verwandt. Die Griechen und Römer haben ganz andere Bezeichnungen dafür. Die Hauptgottheit Zeus, Janus oder Dianus, findet eine Erklärung nur in der bulgarischen Sprache, wie wir auf Seite 124 gezeigt haben. **Di-janus** entspricht auch dem bulg. **çi-jane** = Strahlen, Scheinen.

Herodot schreibt, daß die Skythen Apollo *Οἰτοσυρος* und Vesta *Τάβιτι* nannten. Das sind bulgarische Worte. *Οἰτοσυρος*, d. h. Vitosor oder Itosor, ist ein aus **Vit** (sehen, Helligkeit) und **sor** (Sora, Morgenröte) zusammengesetztes Wort und bedeutet das Anbrechen der Morgenröte oder der Helligkeit. Das ist ja auch die Bedeutung des Apollo. Vitosor oder Itosor ist in der modernen bulgarischen Sprache zu **itro** oder **utro** (Morgen) verkürzt worden. *Τάβιτι* ist das bulgarische **Devitza** = Jungfrau, d. h. Vesta. So finden wir bulgarische Worte schon zur Zeit Herodots. Die heutigen Bulgaren erinnern sich der Einwanderung der Gallier, welche im 3. Jahrhundert v. Chr. stattfand, noch in ihren Liedern.

Ein solches Lied lautet:

> Trinke, Draganka, nicht von diesem Wasser,
> Dieses Wasser ist nicht zum Trinken.
> Gestern abend sind Gallier vorübergegangen.
> Einen blutigen Kopf trugen sie,
> Blutige Wäsche wuschen sie
> (Nepij Draganke tas woda
> Tasi se woda ne pic,
> Snoschti mi Galati minacha
> Krwawa glawa nosjecha
> Krwawi risi perjecha.)

Nach der geschichtlichen Überlieferung sollen die Römer von Thrakien aus nach Italien gewandert sein. Da ihre Gottheiten bulgarische Gottheiten sind, so scheint diese Überlieferung wahr zu sein. Wunderbar ist die Tatsache, daß die Bulgaren fast keine Gottheit der Griechen, deren ewige Nachbarn sie waren, entlehnt haben. Wir hören von Jana, Janus, aber nicht von Apollo. Dies möge als Beweis dafür dienen, wie schwer eine Mythologie entlehnt werden kann und wie sehr die bulgarische Mythologie eine rein bulgarische ist.

Die Verwandtschaft zwischen den Bulgaren und den Bewohnern von Italien und Gallien könnte man auch aus ihren Sprachen ersehen. Ein Vergleich zwischen diesen Sprachen kann hier jedoch keinen Platz finden, da dies eine weitläufige spezielle Arbeit ist. Wir möchten hier nur erwähnen, daß die sicher als keltisch bekannten Worte sich nur in dem Bulgarischen finden. So ist z. B. das Wort e s s e d u m verwandt mit dem heutigen bulgarischen Wort E s d a (reiten), E s d a r i (Reiter); D r u i d a e und D r u i d e s, die Priesterkaste der alten Kelten, ist mit dem bulgarischen d r ü t i (alte) verwandt, weil die Priester alte Leute waren. Da die heutigen Bulgaren Slawisch sprechen, so könnte man fragen, welcher Abstammung sie eigentlich sind: ob Slawen oder Thrakier? Das ist vorläufig nicht ganz klar. Ihrer Geschichte und Mythologie nach sind sie Thrakoillyrier oder Kelten. Die Namen ihrer Fürsten sind nicht slawisch im heutigen Sinne des Wortes. So z. B. gelten die Namen Kuber, Kubrat, Attila, Irnak, Asparuch, Trebell, Teletz, Tellerik, Sabin, Martagon, Omirtag, Malamir, Kardam, Krum, Presiam, Asen nicht als slawisch. Diese Namen sind thrakisch. Asparuch ist z. B. mit dem thrakischen Namen A s p a r verwandt, T e l e t z und T e l l e r i k mit dem Namen des thrakischen Königs T e l e f u s, der an dem trojanischen Krieg teilgenommen hat. S a b i n ist mit dem keltischen Namen S a b i n u s, T r e b e l l mit dem Namen des C. Annius T r e b e l l i a n u s, der sich im Jahre 264 zum Kaiser proklamierte, sodann mit dem Namen des römischen Historikers T r e b e l l i a n u s Pollio verwandt, und A t t i l a mit A t t i l i u s, einem römischen Dichter im 2. Jahrhundert v. Chr. In Omirtag haben wir vielleicht einen mit dem Namen Omir (Homer) in Zusammenhang stehenden Namen, ebenso hängt vielleicht Martagon und Mars zusammen.

Die Namen der bulgarischen Könige sind also thrakisch, und das ist entscheidend für ihre Nationalität. Außerdem müssen wir erwähnen, daß die bulgarische Tracht gleich der thrakischen Tracht ist. Die Bulgaren trugen die thrakische Kopfbedeckung. So z. B. antwortet der Papst Nikolaus auf die Anfrage der Bulgaren, ob sie mit bedecktem oder mit unbedecktem Haupte in die Kirche gehen sollten, unter anderem folgendes:

Graecos prohibere vos asseritis cum ligatura lintei quam in capite gestatis ecclesiam intrare[1]).

Die bulgarische Kopfbedeckung war also ein Tuch oder eine Tiara, welche schon von den Thrakiern oder Goten getragen wurde, wie Jordanis berichtet:

„Als sie in Dakien, Thrakien und Moesien saßen, erwähnen sehr viele Geschichtsschreiber bei ihnen den Zalmoxes als einen in der Philosophie ausnehmend unterrichteten Mann. Denn auch vor diesem hatten sie den Zeuta, einen weisen Mann, nachher noch den Dicineus, als dritten den Zalmoxes, von dem ich oben gesprochen. Auch hatten sie reichlich Lehrer der Weisheit. Daher waren die Goten stets gebildeter als fast alle anderen Barbaren und kamen nahezu den Griechen gleich, wie Dio berichtet, der die Geschichten und Jahrbücher derselben in griechischer Sprache verfaßt hat. Er sagt, daß diejenigen, welche unter ihnen durch edle Geburt hervorragten und aus welchen sowohl die Könige als auch die Priester entnommen wurden, zuerst Tarabosten, dann Pilleaten geheißen hätten[2]).“ Die Tarabosten sind diejenigen, welche die Tiara trugen. Diese Tuchkopfbedeckung hat sich bis heute bei den Bulgaren erhalten. Von Jambol in Bulgarien an bis Konstantinopel, an dem Marmara- und Ägäischen Meer entlang

---

[1]) Responsa Nicolai ad consulta Bulgarorum. Migne 119 p. 1005.
[2]) Jord. V, 39—40.

bis Thessalien, sodann westlich bis Skopie trägt die Bevölkerung noch heutzutage mehr ein Tuch als eine Mütze oder einen Hut. In Thrakien ist dieses Tuch schwarz, weil die ganze Kleidung der Bevölkerung schwarz ist, und in Makedonien ist die Tracht weiß und auch das Tuch. In Südthrakien oder in dem Vilajet von Adrianopel spricht die Bevölkerung Bulgarisch und Griechisch gemischt. In den Städten ist das Griechische vorherrschend. Dieser Umstand ist der griechischen Kirche und den griechischen Schulen zuzuschreiben. Die Türken und der griechische Patriarch erlaubten keine bulgarischen Schulen in dieser Provinz, so daß die Bevölkerung durch die griechische Kirche und die griechischen Schulen griechisiert wurde. Städtenamen wie T s c h o r l u, das von den christlichen Völkern Torla genannt wird, sind nicht griechisch, sondern bulgarisch. Torla heißt Schafstall. In den Bergen, Wiesen und Wäldern umzäunen die Hirten ein Stück Land, wo die Schafe übernachten. Dieser umzäunte Platz heißt bulgarisch T ö r l o. Der christliche Bauer von Südostthrakien ist auch heute noch vornehmlich Schafzüchter, wie er schon zur Zeit Herodots war. Den Slawismus der Bulgaren könnte man späteren slawischen Einwanderungen zuschreiben, wenn slawische Worte wie Woden, Wardar, Poljen, Vitosor, Tabiti u. dgl. m. nicht schon von Herodot und Strabo erwähnt würden. Diese Tatsache zwingt uns andererseits zu vermuten, daß die Thrakoillyrier eine den Slawen verwandte Nation waren. Als Nation haben sie zwischen den Nordslawen einerseits und den Römern oder Italienern andererseits gestanden, haben aber eine Nation für sich gebildet. Das Verhältnis der Thrakier zu den Slawen bedarf noch einer Untersuchung. Für uns ist vorläufig nur das sicher, daß die Bulgaren im Grunde Thrakoillyrier und durch ihre Mythologie eine den Kelten am nächsten verwandte Nation sind.

IV. Das Christentum bei den Bulgaren.

a) Zalmox, Manu, Kubrat oder Krowat.

Das Christentum der Bulgaren steht im Zusammenhang mit dem Glauben der alten Thrakier. Die alten Thrakier hatten einen Lehrer, der Zalmoxis hieß. Herodot berichtet über diesen Zalmoxis folgendes:

„Wie ich aber von den Hellenen gehört habe, die da wohnen am Hellespontus und am Pontus, so war dieser Zalmoxis ein Mensch und diente als Knecht zu Samos, diente auch dem Pythagoras, des Menesarchos Sohn. Hier wurde er frei gemacht und erwarb sich große Schätze, und mit diesen kehrte er in seine Heimat zurück. Und weil die Thrakier eine so schlechte und rohe Lebensart führten, so baute sich dieser Zalmoxis, der da die ionische Lebensweise kannte und mildere Sitten als die thrakischen, weil er mit den Hellenen umgegangen und mit einem der ersten Weisen der Hellenen, dem Pythagoras, einen Saal, wo er die vornehmen Bürger bewirtete, und beim Mahle lehrte er sie, daß weder er selber, noch seine Gäste, noch ihre Nachkommen auf ewige Zeiten jemals sterben würden, sondern sie würden an einen Ort kommen, wo es ihnen immer und ewig wohl sein würde. Während er aber das Besagte tat und also sprach, ließ er sich eine Wohnung unter der Erde machen, und als seine Wohnung fertig war, verschwand er unter den Thrakiern und stieg hinab in seine Wohnung und lebte daselbst drei Jahre. Sie aber beklagten und bejammerten ihn wie einen Toten. Aber im vierten Jahre erschien er wieder unter den Thrakiern, und so glaubten sie an das, was ihnen Zalmoxis gesagt hatte."

(Ὡς δὲ ἐγὼ πυνθάνομαι τῶν τὸν Ἑλλήσποντον οἰκεόντων Ἑλλήνων καὶ Πόντον, τὸν Ζάλμοξιν τοῦτον ἐόντα ἄνθρωπον δουλεῦσαι ἐν Σάμῳ, δουλεῦσαι δὲ Πυθαγόρῃ τῷ Μνησάρχου· ἐνθεῦτεν δὲ αὐτὸν γενόμενον ἐλεύθερον χρήματα κτήσασθαι συχνά, κτησάμενον δὲ ἀπελθεῖν ἐς τὴν ἑωυτῦ· ἅτε δὲ κακοβίων τε ἐόντων τῶν Θρηΐκων καὶ ὑπαφρονεστέρων, τὸν Ζάλμοξιν τοῦτον ἐπιστάμενον δίαιταν τε Ἰάδα καὶ ἤθεα βαθύτερα ἢ κατὰ Θρήϊκας, οἷα Ἕλλησί τε ὁμιλήσαντα καὶ Ἑλλήνων οὐ τῷ ἀσθενεστάτῳ σοφιστῇ Πυθαγόρῃ, κατασκευάσασθαι ἀνδρεῶνα, ἐς τὸν πανδοκεύοντα τῶν ἀστῶν τοὺς πρώτους καὶ εὐωχέοντα ἀναδιδάσκειν ὡς οὔτε αὐτὸς οὔτε οἱ συμπόται αὐτοῦ οὔτε οἱ ἐκ τούτων αἰεὶ γινόμενοι ἀποθανέονται, ἀλλ᾽ ἥξουσι ἐς χῶρον τοῦτον ἵνα αἰεὶ περιεόντες ἕξουσι τὰ πάντα ἀγαθά. Ἐν ᾧ δὲ ἐποίεε τὰ καταλεχθέντα καὶ ἔλεγε ταῦτα, ἐν τούτῳ κατάγαιον οἴκημα ἐποιέετο. Ὡς δὲ οἱ παντελέως εἶχε τὸ οἴκημα, ἐκ μὲν τῶν Θρηΐκων ἠφανίσθη, καταβὰς δὲ κάτω ἐς τὸ κατάγαιον οἴκημα διαιτᾶτο ἐπ᾽ ἔτεα τρία· οἱ δὲ μιν ἐπόθεόν τε καὶ ἐπένθεον ὡς τεθνεῶτα· τετάρτῳ δὲ ἔτεϊ ἐφάνη τοῖσι Θρήϊξι, καὶ οὕτω πιθανά σφι ἐγένετο τὰ ἔλεγε ὁ Ζάλμοξις. Ταῦτά φασί μιν ποιῆσαι[1]).

Dieselbe Geschichte wird von Strabo etwas ausführlicher erzählt. Strabos Bericht lautet:

Λέγεται γὰρ τινα τῶν Γετῶν, ὄνομα Ζάμολξιν δουλεῦσαι Πυθαγόρᾳ, καὶ τινα τῶν οὐρανίων παρ᾽ ἐκείνου μαθεῖν, τὰ δὲ καὶ παρ᾽ Αἰγυπτίων πλανηθέντα καὶ μέχρι δεῦρο· ἐπανελθόντα δ᾽εἰς τὴν οἰκείαν σπουδάσθῆναι παρὰ τοῖς ἡγεμόσι καὶ τῷ ἔθνει, προλέγοντα τὰς ἐπισημασίας· τελευτῶντα δὲ πεῖσαι τὸν βασιλέα κοινωνὸν τῆς ἀρχῆς αὐτὸν λαβεῖν ὡς τὰ παρὰ τῶν θεῶν ἐξαγγέλλειν ἱκανόν· καὶ κατ᾽ ἀρχὰς μὲν ἱερέα κατασταθῆναι τοῦ μάλιστα τιμωμένου παρ᾽ αὐτοῖς θεοῦ, μετὰ ταῦτα δὲ καὶ Θεὸν προσαγορευθῆναι, καὶ καταλαβόντα ἀντρῶδές τι χωρίον ἄβατον τοῖς ἄλλοις ἐνταῦθα διαιτᾶσθαι, σπάνιον ἐντυγχάνοντα τοῖς ἐκτός, πλὴν τοῦ βασιλέως καὶ τῶν θεραπόντων· συμπράττειν δὲ τὸν βασιλέα, ὁρῶντα τοὺς ἀνθρώπους προσέχοντας ἑαυτῷ πολὺ πλέον ἢ πρότερον, ὡς ἐκφέροντι τὰ προστάγματα κατὰ συμβουλὴν θεῶν. Τουτὶ δὲ τὸ ἔθος διέτεινεν ἄχρι καὶ εἰς ἡμᾶς, ἀεί τινος εὑρισκομένου τοιούτου τὸ ἦθος, ὃς τῷ μὲν βασιλεῖ σύμβουλος ὑπῆρχε, παρὰ δὲ τοῖς Γέταις ὠνομάζετο Θεός· καὶ τὸ ὄρος ὑπελήφθη ἱερόν, καὶ προσαγορεύουσιν οὕτως. ὄνομα δ᾽αὐτῷ Κωγαίονον, ὁμώνυμον τῷ παραρρέοντι ποταμῷ. καὶ δὴ ὅτε Βυρεβίστας ἦρχε τῶν Γετῶν, ἐφ᾽ ὃν ἤδη παρεσκευάσατο Καῖσαρ ὁ Θεὸς στρατεύειν, Δεκαίνεος εἶχε ταύτην τὴν τιμήν, καὶ πως τὸ τῶν ἐμψύχων ἀπέχεσθαι Πυθαγόρειον τοῦ Ζαμόλξιος ἔμεινε παραδοθέν[2]).

---

[1]) Herodot, IV, 95.
[2]) Strabon., Lib. VII, c. III, 5. Siehe auch Jordanis S. 182.

Der Glaube der Thrakier knüpft also an die pythagoreische Lehre an. Daran knüpft auch der bulgarische Manichäismus oder Bogomilismus, der sich durch die ganze Welt verbreitete. Der Kirchenhistoriker Sokrates erzählt uns über die Entstehung des Manichäismus folgendes:

Ein Skythe mit Namen Sarkinos hat sich mit einer Sklavin aus Obertheba[1]) verheiratet und lebte deshalb in Ägypten. Nachdem er dort die ägyptische Bildung kennen gelernt hatte, vermischte er die Lehre des Empedokles und des Pythagoras mit dem Christentum. Er behauptete, daß es zwei Naturen gäbe: eine gute und eine schlechte, ähnlich dem Empedokles, der den Streit die schlechte und die Freundschaft die gute nannte. Von diesem Skythen wurde Buddha, der früher Terebinthos hieß, ein Schüler. Er ging nach Babylon, das von den Persern bewohnt war, und erzählte da verschiedene Unwahrheiten von sich, so z. B., daß er von einer Jungfrau geboren und in den Bergen groß geworden wäre. Dieser Mann schrieb vier Bücher, von denen das erste die Mysterien, das zweite das Evangelium, das dritte der Schatz und das vierte die Köpfe hieß. Als er aber einmal Mysterien zu gestalten vorgab, wurde er von dem Geist in einen Abgrund hinuntergestürzt, und so kam er um. Eine Frau, bei der er wohnte, begrub ihn, nahm sein Vermögen und kaufte einen Knaben im Alter von sieben Jahren mit Namen Kubrikus. Diesen Knaben befreite sie und lehrte ihn lesen und schreiben. Bald darauf starb sie und hinterließ ihm alles, was dem Terebinthos gehört hatte, auch die Bücher, die Terebinthos, als er ein Schüler des Skythen war, gesammelt hatte. Der befreite Kubrikus nahm die Bücher und ging bis nach Persien, dort änderte er seinen Namen, indem er sich selbst Manos nannte. Die Bücher Buddhas und Terebinthos' lehrte er seine irregeführten Schüler als seine eigenen. Der Inhalt dieser Bücher ist daher christlich dem Ausdruck nach, der Lehre nach hellenisch. Da Manichäos gottlos war, trieb er an, viele Götter zu verehren und

---

[1]) Das ist wohl das thessalische Theba, welches in der Nähe von Skythien lag. Die Fabel aber hat daraus ein ägyptisches Theba gemacht.

lehrte, die Sonne anzubeten, er führte den Glauben an das Schicksal ein und lehrte auch die Wanderung der Seele von einem Körper in den anderen, was entsprechend der Lehre des Empedokles, Pythagoras und der Ägypter war. Sie sagten auch, daß es Christus nicht fleischlich gegeben habe und daß er nur eine Erscheinung sei. Er verwarf die Gesetze und die Propheten, indem er sich selbst den Tröster nannte.

(Περὶ Μάνεντος τοῦ ἀρχηγοῦ τῆς αἱρέσεως τῶν Μανιχαίων, καὶ ὅθεν ἦν τὴν ἀρχήν.
Ἀλλὰ μεταξὺ τοῦ χρηστοῦ σίτου εἴωθε καὶ ζιζάνια φύεσθαι. Φθόνος γὰρ τοῖς ἀγαθοῖς ἐφεδρεύειν φιλεῖ. Παρεφύη γὰρ μικρὸν ἔμπροσθεν τῶν Κωνσταντίνου χρόνων τῷ ἀληθεῖ Χριστιανισμῷ, Ἑλληνίζων Χριστιανισμὸς, καθάπερ καὶ τοῖς προφήταις ψευδοπροφῆται, καὶ ἀποστόλοις ψευδοαπόστολοι παρειρύοντο. Τηνικαῦτα γὰρ τὸ Ἐμπεδοκλέους τοῦ παρ' Ἕλλησι φιλοσόφου δόγμα, διὰ τοῦ Μανιχαίου Χριστιανισμὸν ὑπεκρίνατο. Περὶ οὗ Εὐσέβιος μὲν ὁ Παμφίλου ἐν τῇ ἑβδόμῃ τῆς Ἐκκλησιαστικῆς ἱστορίας ἐπεμνήσθη· οὐ μὴν ἀκριβῶς διηγήσατο. Διόπερ τὸ παραλειφθὲν ἐκείνῳ ἀναπληρῶσαι ἀναγκαῖον ἡγοῦμαι. Γνωσθήσεται γάρ, τίς τε ὢν ὁ Μανιχαῖος καὶ πόθεν, τοιαῦτα ἐτόλμησε. Σκυθιανός τις Σαρακηνὸς γυναῖκα εἶχεν αἰχμάλωτον ἐκ τῶν ἄνω Θηβῶν· δι' ἣν τὴν Αἴγυπτον οἰκήσας, καὶ τὴν Αἰγυπτίων παιδείαν μαθὼν, τὴν Ἐμπεδοκλέους καὶ Πυθαγόρου δόξαν εἰς τὸν Χριστιανισμὸν παρήγαγε. Δύο φύσεις εἰπὼν, ἀγαθήν τε καὶ πονηρὰν, ὡς καὶ Ἐμπεδοκλῆς, νεῖκος ὀνομάζων τὴν πονηράν, φιλίαν δὲ τὴν ἀγαθήν. Τούτου δὲ τοῦ Σκυθιανοῦ μαθητὴς γίνεται Βούδδας, πρότερον Τερέβινθος καλούμενος. Ὅστις ἐπὶ τὴν Βαβυλωνίαν χώραν ὁρμήσας, ἥτις ὑπὸ Περσῶν οἰκεῖται, πολλὰ περὶ ἑαυτοῦ ἐτερατεύετο, φάσκων ἐκ παρθένου γεγενῆσθαι, καὶ ἐν ὄρεσιν ἀνατετράφθαι. Εἶτα συγγράφει βιβλία τέσσαρα, ἓν μὲν ἐπονομάσας τῶν Μυστηρίων· ἕτερον δὲ, τὸ Εὐαγγέλιον· καὶ τὸν Θησαυρὸν τρίτον, καὶ τὰ Κεφάλαια τέταρτον. Τελετὰς δέ τινας ποιεῖν σχηματιζόμενος, ἐδισκεύθη ὑπὸ πνεύματος, καὶ οὕτως ἀπώλετο. Γυνὴ δὲ τις παρ' ᾗ κατέλυεν, ἔθαψεν αὐτόν· καὶ τὰ ἐκείνου χρήματα κατασχοῦσα, παιδάριον ὠνήσατο, περὶ ἑπτὰ ἔτη τὴν ἡλικίαν, ὀνόματι Κούβρικον· τοῦτον ἐλευθερώσασα, καὶ γράμματα ἐκδιδάξασα, μετὰ χρόνον ἐτελεύτηθε, πάντα αὐτῷ τὰ χρήματα τοῦ Τερεβίνθου καταλείψασα, καὶ τὰ βιβλία ἅπερ ἦν συντάξας ἐκεῖνος, ὑπὸ Σκυθιανῷ παιδευόμενος. Ταῦτα λαβὼν ὁ

ἀπελεύθερος Κούβρικος, καὶ ἐπὶ τὰ Περσῶν μέρη χωρήσας, μετονομάζει μὲν ἑαυτὸν Μάνην· τὰ δὲ τοῦ Βούδδα ἤτοι Τερεβίνθου βιβλία, ὡς οἰκεῖα, τοῖς ὑπ' αὐτοῦ πλανηθεῖσιν ἐξέδωκεν. Αἱ τῶν βίβλων τοίνυν ὑποθέσεις, χριστιανίζουσι μὲν τῇ φωνῇ, τοῖς δὲ δόγμασιν ἑλληνίζουσι· καὶ γὰρ, πολλοὺς Θεοὺς σέβειν ὁ Μανιχαῖος προτρέπεται ἄθεος ὤν, καὶ τὸν ἥλιον προσκυνεῖν διδάσκει· καὶ εἱμαρμένην εἰσάγει, καὶ τὸ ἐφ' ἡμῖν ἀναιρεῖ· καὶ μετενσωμάτωσιν δογματίζει φανερῶς, Ἐμπεδοκλέους καὶ Πυθαγόρου καὶ Αἰγυπτίων ταῖς δόξαις ἀκολουθήσας· καὶ τὸν Χριστὸν ἐν σαρκὶ γεγονέναι οὐ βούλεται, φάντασμα αὐτὸν λέγων εἶναι· καὶ νόμον καὶ προφήτας ἀθετεῖ· καὶ ἑαυτὸν ὀνομάζει Παράκλητον· ἅπερ πάντα, ἀλλότρια τῆς ὀρθοδόξου Ἐκκλησίας, καθέστηκεν. Ἐν δὲ ταῖς ἐπιστολαῖς, καὶ ἀπόστολον ἑαυτὸν ὀνομάζειν ἐτόλμησεν. Ἀλλὰ τοῦ τηλικούτου ψεύδους ἀξίαν εὕρετο δίκην διὰ τοιάνδε αἰτίαν· Τοῦ βασιλέως Περσῶν υἱὸς νόσῳ περιπεπτώκει· ὁ δὲ πατὴρ, τὸ δὴ λεγόμενον, πάντα λίθον ἐκείνει, τὸν υἱὸν σωθῆναι βουλόμενος· μαθών τε περὶ τοῦ Μανιχαίου, καὶ τὰς τερατείας αὐτοῦ νομίσας εἶναι ἀληθεῖς, ὡς ἀπόστολον μεταπέμπεται, πιστεύσας δι' αὐτοῦ σωθήσεσθαι τὸν υἱόν. Ὁ δὲ, παραγενόμενος μετὰ τοῦ ἐπιπλάστου σχήματος ἐγχειρίζεται τὸν τοῦ βασιλέως υἱόν. Ὁ δὲ βασιλεὺς ἑωρακὼς ὅτι ὁ παῖς ἐν ταῖς χερσὶν αὐτοῦ ἐτεθνήκει, συγκλείσας αὐτὸν, τιμωρεῖσθαι ἕτοιμος ἦν. Ὁ δὲ διαδρὰς ἐπὶ τὴν Μεσοποταμίαν διασώζεται. Μαθών τε αὐτὸν ὁ τῶν περσῶν βασιλεὺς ἐκεῖ διατρίβειν, ἀνάρπαστον ποιήσας, ζῶντα ἐξέδειρεν· καὶ ἀχύρων τὴν δορὰν πληρώσας, πρὸ τῆς πύλης τῆς πόλεως προὔθηκε. Ταῦτα δὲ ἡμεῖς, οὐ πλάσαντες λέγομεν, ἀλλὰ διὰ λόγου Ἀρχελάου τοῦ ἐπισκόπου Κασχάρων, μιᾶς τῶν ἐν Μεσοποταμίᾳ πόλεων, ἐντυχόντες συνηγάγομεν. Αὐτὸς γὰρ Ἀρχέλαος διαλεχθῆναι αὐτῷ φησι κατὰ πρόσωπον, καὶ τὰ προγεγραμμένα εἰς τὸν βίον αὐτοῦ ἐκτίθεται. Τοῖς οὖν ἀγαθοῖς ἐνακμάζουσιν ὁ φθόνος, κατὰ ἔφην, ἐφεδρεύειν φιλεῖ. Τίς δὲ ἡ αἰτία, δι' ἣν ὁ ἀγαθὸς Θεὸς τοῦτο γίνεσθαι συγχωρεῖ, πότερον γυμνάσαι τὰ ἀγαθὰ τῶν δογμάτων βουλόμενος τῆς Ἐκκλησίας, καὶ τὴν ἐπὶ τῇ πίστει προσγινομένην ἀλαζονείαν ἐκκόπτειν· ἢ ὅπως ποτὲ ἔχοι, δυσχερὴς μὲν καὶ μακρὰ ἡ ἀπόδοσις· οὐκ εὐκαίρως δὲ νῦν ἐξετάζεται· οὔτε γὰρ δόγματα πρόκειται γυμνάζειν ἡμῖν, οὔτε τοὺς περὶ Προνοίας καὶ κρίσεως τοῦ Θεοῦ δυσευρέτους λόγους κινεῖν, ἀλλ' ἱστορίαν γεγονότων περὶ τὰς Ἐκκλησίας πραγμάτων ὡς οἷόν τε διηγήσασθαι. Ὅπως μὲν οὖν μικρὸν ἔμπροσθεν τῶν Κωνσταντίνου χρόνων ἡ Μανιχαίων παρεφύει θρησκεία, εἴρηται· ἐπανέλθομεν δὲ ἐπὶ τοὺς χρόνους τῆς προκειμένης ἱστορίας[1]).

Der Manichäismus ist also eine skythische oder thrakische Lehre, weil sie von einem Skythen herstammt. Diese skythische oder thrakische Lehre nun war eine Mischung aus ägyptischer Bildung und Pythagoreismus, wie auch die Lehre des Zalmoxis. Entsprechend der Lehre der Thrakier oder Skythen lehrten die Manichäer, die Sonne anzubeten. Ihr Prediger Buddha soll von einer Jungfrau geboren sein, und die alten Skythen oder Bulgaren glaubten, daß sie aus der Vereinigung einer Jungfrau mit der Sonne entsprossen seien. Der Name Manos ist ein Beiname der Phrygier oder der Makedonier gewesen, wie wir auf Seite 112 gezeigt haben. Und wenn bis jetzt diese Sekte für eine aus Asien hergekommene gehalten wurde, so ist es dem Umstande zuzuschreiben, daß ihre Begründer **Manus** und **Buddha** in Asien (Indien, Persien) verehrt werden[2]). Manus und Buddha sind auch bulgarische Gottheiten, wie wir in der bulgarischen Mythologie gesehen haben. Nach Manus wurden die Bulgaren „Manos" und ihr Christentum Manichäismus genannt. Daher wird das Auftreten der Bulgaren zur Zeit des Kaisers Konstantinus von Sokrates als ein Auftreten der Manichäer bezeichnet. Über dieses Auftreten der Bulgaren oder Manichäer schreibt der berühmte Konstantinopeler Patriarch Photius folgendes:

Ἀλλά γε δή, καὶ Βουλγάρων ἔθνος βαρβαρικὸν, καὶ μισόχριστον, εἰς τοσαύτην μετέκλινεν ἡμερότητα καὶ θεογνωσίαν, ὥστε τῶν δαιμονίων καὶ πατρῴων ἐκστάντες ὀργίων, καὶ τῆς Ἑλληνικῆς δεισιδαιμονίας ἀποσκευασάμενοι τὴν πλάνην, εἰς τὴν τῶν Χριστιανῶν παραδόξως μετενεκεντρίσθησαν πίστιν.

Ἀλλ' ὦ πονηρᾶς καὶ βασκάνου καὶ ἀθέου βουλῆς τε καὶ

---

[1]) Socrates, Historia ecclesiastica Lib. I c. XXII. Migne Patrologia Graeco-latina LXVII. Siehe auch Eusebius Buch VII, c. 31.

[2]) Diese Tatsache könnte auch aus folgenden Werken klar werden: Franz Cumont, La cosmogonie manichéenne d'après Théodore Bar Khônig, Bruxelles 1908; M. A. Kugener et Franz Cumont, Extrait de la CXXIII^e homélie de Sévères d'Antioche, Bruxelles 1912.

πράξεως! Ἡ γὰρ τοιαύτη διήγησις, Εὐαγγελίων οὖσα ὑπόθεσις, εἰς κατήφειαν μετατίθεται, τῆς εὐφροσύνης καὶ χαρᾶς εἰς πένθους τραπείσης καὶ δάκρυα. Οὔπω γὰρ ἐκείνου τοῦ ἔθνους, οὐδ' εἰς δύο ἐνιαυτοὺς, τὴν ὀρθὴν τῶν Χριστιανῶν τιμῶντος θρησκείαν· ἄνδρες δυσσεβεῖς καὶ ἀποτρόπαιοι (καὶ τί γὰρ οὐκ ἄν τις εὐσεβῶν τούτους ἐξονομάσειεν;), ἄνδρες ἐκ σκότους ἀναδύντες (τῆς γὰρ ἑσπερίου μοίρας ὑπῆρχον γενήματα) οἴμοι πῶς τὸ ὑπόλοιπον ἐκδιηγήσομαι; οὗτοι, πρὸς τὸ νεοπαγὲς εἰς εὐσέβειαν καὶ νεοσύστατον ἔθνος, ὥσπερ κεραυνὸς, ἢ σεισμὸς ἢ χαλάζης πλῆθος, μᾶλλον δὲ οἰκειότερον εἰπεῖν, ὥσπερ ἄγριος μονιός ἐμπηδήσαντες τὸν ἀμπελῶνα Κυρίου, τὸν ἠγαπημένον καὶ νεόφυτον καὶ ποσὶν καὶ ὀδοῦσιν, ἤτοι τρίβοις αἰσχρᾶς πολιτείας, καὶ διαφθορᾷ δογμάτων, τόγε εἰς τόλμαν ἧκον τὴν αὐτῶν, κατανεμησάμενοι ἐλυμήναντο· ἀπὸ γὰρ τῶν ὀρθῶν καὶ καθαρῶν δογμάτων, καὶ τῆς τῶν Χριστιανῶν ἀμωμήτου πίστεως, παραφθείρειν τούτους, καὶ ὑποσπᾶν, κατεπανουργήσαντο.

Καὶ πρῶτον μὲν αὐτοὺς ἐκθέσμους, εἰς τὴν τῶν Σαββάτων νηστείαν μετέστησαν. Οἶδε δὲ καὶ ἡ μικρὰ τῶν παραδοθέντων ἀθέτησις, καὶ πρὸς ὅλην τοῦ δόγματος ἐπιτρίψαι καταφρόνησιν. Ἔπειτα δὲ τὴν τῶν νηστειῶν πρώτην ἑβδομάδα, τῆς ἄλλης νηστείας περικόψαντες, εἰς γαλακτοποσίας, καὶ τυροῦ τροφὴν, καὶ τὴν τῶν ὁμοίων ἀδδηφαγίαν καθείλκυσαν. Ἐντεῦθεν αὐτοῖς τὴν ὁδὸν τῶν παραβάσεων ἐμπλατύνοντες, καὶ τῆς εὐθείας τρίβου καὶ βασιλικῆς διαστρέφοντες, καὶ δὲ καὶ τοὺς ἐνθέσμῳ γάμῳ πρεσβυτέρους διαπρέποντας, οἱ πολλὰς κόρας χωρὶς ἀνδρὸς γυναῖκας δεικνύντες, καὶ γυναῖκας παῖδας ἐκτρεφούσας, ὧν οὐκ ἔστι πατέρα θεάσασθαι, οὗτοι, τοὺς ὡς ἀληθῶς Θεοῦ ἱερεῖς, μυσάττεσθαί τε, καὶ ἀποστρέφεσθαι, παρεσκευάσαν· τῆς Μανοῦ γεωργίας, ἐν αὐτοῖς, τὰ σπέρματα κατασπείροντες, καὶ ψυχὰς ἄρτι βλαστάνειν ἀρξαμένας τὸν σπόρον τῆς εὐσεβείας, τῇ τῶν Ζιζανίων ἐπισπορᾷ λυμαινόμενοι[1]).

Die Bulgaren sind also nach Photius die alten Thrakier oder Illyrier, welche von den Manichäern, die von den nördlichen Provinzen herkamen, überfallen wurden. Die Manichäer aber sind auch Bulgaren. Sie werden, nach den Wundertaten

---

[1]) Photius Patriarchae Epistolarum Lib. I. Epist. XIII, Migne CII, 2, S. 724—725.

des heiligen Demetrius, von den Bulgaren Kuber (Kubrikos oder Manos) und Maur (Mars oder Marko) geführt: Περὶ τοῦ μελετηθέντος κρυπτῶς ἐμφυλίου πολέμου κατὰ τῆς πόλεως (Saloniki) παρὰ τοῦ Μαύρου καὶ Κούβερ τῶν Βουλγάρων[1]). Die angreifenden Manichäer und die angegriffenen Bulgaren waren also Völker eines Stammes (ἐμφύλιοι). Kuber und Maur standen an der Spitze der Droguviten, Sagudaten, Welegesiten, Baiuniten, Beresiten:

Τὸ τῶν Σκλαβίνων ἐπαρθῆναι ἔθνος, πλῆθος ἄπειρον συναχθὲν ἀπό τε τῶν Δρογουβιτῶν, Σαγουδατῶν, Βελεγεζιτῶν, Βαιουνητῶν, Βερεζητῶν καὶ λοιπῶν ἐθνῶν[2]).

Das sind alte makedonische Völkerschaften. Die Droguviten oder Drugobiten werden schon von Plinius in Makedonien erwähnt:

Thracia sequitur, inter validissimas Europae gentes, in strategias quinquginta divisa. Populorum ejus quos nominare non pigeat amnem Strymonem accolunt dextro latere Denseletae et Medi ad Bisaltos usque supra dictos: laevo, Digeri, Bessorumque multa nomina ad Nestum amnem Pangaei montis ima ambientiem inter Elethos, Diobessos, Carbilesos inde Brysos, Sapaeos, Odomantos Odrysarum gens fundit Hebrum, accolentibus carbyletis, Pyrogeris D r u g e r i s [3]) Caenicis Hypsaltis, Benis, Corpillis, B o t t i a e, E d o n i s [4]).

Die Drugobiten und Sagudaten werden als alte makedonische Völkerschaften auch von J o h a n n e s C a m e n i a t a geschildert:

Διήκει δὲ τὴν ἡλίου δύσιν ἀποσκοποῦν, ἕως τινῶν ἄλλων ὀρέων ὑψηλῶν καὶ μεγάλων παρατεινόμενον, ἔνθα καὶ πόλις τις Βέρροια καλουμένη κατῴκισται, καὶ αὐτὴ περιφανεστάτη τοῖς οἰκήτορσί τε καὶ πᾶσι τοῖς ἄλλοις οἷς αὐχεῖ πόλις τὴν σύστασιν. ἐμπεριέχει δὲ τῷ διὰ μέσου χώρῳ τὸ πεδίον τοῦτο καὶ ἀμφιμίκτους τινὰς κώμας, ὧν αἱ μὲν πρὸς τῇ πόλει τελοῦσι, Δ ρ ο υ γ ο υ -

---

[1]) Tougard, De l'histoire profane, S. 186.
[2]) Tougard, S. 118.
[3]) Plinius, Hist. nat. IV, 18.
[4]) Drugeri ist wohl das bulgarische „drugari", d. h. Kameraden. Drugobiti würde alsdann ein aus drug (Kemerad) und obitati (leben) zusammengesetztes Wort sein. Theophanes nennt sie Drugov (Δρούγγον). Siehe S. 59.

βῖται τινες καὶ Σαγουδάτοι τὴν κλῆσιν ὀνομαζόμενοι, αἱ δὲ τῷ συνομοροῦντι τῶν Σκυθῶν ἔθνει οὐ μακρὰν ὄντι τοὺς φόρους ἀποδιδόασι. πλὴν γειτνιάζουσιν ἀλλήλαις αἱ κῶμαι τὴν οἴκησιν, καὶ ἔστι καὶ τοῦτο πρὸς τοῖς ἄλλοις Θεσσαλονικεῦσιν οὐ μικρῶς συμβαλλόμενον, τὸ πρὸς τοὺς Σκύθας διὰ τῶν ἐμπορικῶν μεθόδων συναναμίγνυσθαι, καὶ μάλισθ᾽ ὅταν ἔχωσι πρὸς ἀλλήλους καλῶς καὶ μὴ κινῶσιν ὅπλα την μάχην ἐξαγριαίνοντα· ὃ δὴ καὶ πολλῷ τινὶ τῷ πάλαι χρόνῳ παρ᾽ ἑκατέρων μελετηθέν, κοινότητα ζωῆς τὰς χρείας ἀλλήλοις ἀμείβουσι, θαυμασίαν τινὰ καὶ βαθεῖαν εἰρήνην ἐν ἑαυτοῖς συντηροῦμενοι. ποταμοὶ δὲ τινες παμμεγέθεις ἐκ τῆς Σκυθῶν ἐξορμιώμενοι καὶ τὸ προλεχθὲν πεδίον καθ᾽ ἑαυτοὺς δειλόμενοι πολλὴν δαψίλειαν καὶ αὐτοὶ τῇ πόλει παρέχονται ταῖς τε χορηγίαις ταῖς ἀπὸ τῶν ἰχθύων καὶ ταῖς δι᾽ αὐτῶν ἀπὸ τῆς θαλάσσης τῶν νηῶν ἀναδρομαῖς, δι᾽ ὧν ἐπινοεῖτα ποικίλη τις πρόσοδος τῶν χρειῶν τῶν ὑδάτων εκείνων συγκαταρρέουσα [1]).

Die Drugobiten werden als altes makedonisches Volk in den Wundertaten selbst erwähnt. Es wird darin gesagt, daß Kuber sich an den Kaiser gewendet habe, er möchte ihm erlauben, an diesem Orte bleiben zu dürfen und von den der Stadt Saloniki nahewohnenden Drugobiten Lebensmittel zu bekommen. (Καὶ τότε τῷ δοκεῖν, ἔστειλε πρὸς τὸν Κύριον τῶν σκήπτρων πρεσβεύσων αὐτῷ, ἐφ᾽ ᾧ μεῖναι μετὰ τοῦ σὺν αὐτῷ ὑπάρχοντος λαοῦ ἐκεῖσε αἰτῶν κελευσθῆναι τὰ παρακείμενα ἡμῖν τῶν Δρογουβιτῶν ἔθνη δαπάνας κατὰ τὸ ἱκανὸν αὐτοῖς ἐπιχορηγῆσαι, ὃ δὲ καὶ γεγένηται [2]).)

Kubers Bulgaren waren also alte Thrakier oder Makedonier. Sie sind auf folgende Weise entstanden. Als die Abaren Pannonien, Dakien, Dardanien, Mysien, Prevala, Rhodope und das ganze Thrakien bis nach Byzanz verwüstet hatten, entführten sie alle dort wohnenden Völkerschaften. In dieser Zeit haben sich die Abaren mit den Bulgaren und anderen Völkern gemischt, sie bekamen Nachkommen und wurden auf diese Weise ein großes Volk. Bei diesem Volke hat die Erinnerung an sein altes Vaterland immer bestanden, und es sehnte sich danach, dahin zurückzukehren. In den sechzig Jahren, seit die

---

[1]) Joannes Camenita, De Excidio Thessalonicensi, Bonnae, S. 495—496.

[2]) Tougard, S. 190.

Abaren seine Väter vernichteten, entstand ein neues junges Volk, welches mit der Zeit frei geworden war¹). Für dieses Volk hatte der König der Abaren den Kuber zum Fürsten gewählt.

(Ὡς ἴστε, φιλόχριστοι, ἐν τοῖς προτέροις τὴν τῶν Σκλαβίνων ἤγουν τοῦ κληθέντος Χάτζονος καὶ τῶν Ἀβάρων καὶ ἐν μέρει ἔκθεσιν ἐποιησάμεθα, καὶ ὅτι περ τὸ Ἰλλυρικὸν σχεδὸν ἅπαν, ἤγουν τὰς αὐτοῦ ἐπαρχίας, λέγω δὴ Παννονίας δύο, Δακίας ὡσαύτως δύο [Δαρδανίαν, Μυσίαν, Πρέβαλιν, Ῥοδόπην καὶ πάσας ἐπαρχίας ἔτι μὴν καὶ Θράκην, καὶ τὰ πρὸς τὸ Βυζάντιον μακρὸν τεῖχος] καὶ λοιπὰς πόλεις τε καὶ πολιτείας ἐκπορθήσαντες, ἅπαντα τὸν αὐτὸν. λαὸν εἰς τὸ ἐκεῖθεν πρὸς Παννονίαν μέρος τὸ πρὸς τῷ Δανουβίῳ ποταμῷ, ἧστινος ἐπαρχίας πάλαι μητρόπολις ὑπῆρχεν τὸ λεχθὲν Σερμεῖον· ἐκεῖσε οὖν, ὡς εἴρηται, τὸν ἅπαντα λαὸν τῆς αἰχμαλωσίας κατέστησεν ὁ λεχθεὶς χάγανος, ὡς αὐτῷ λοιπὸν ὑποκειμένους· ἐξ ἐκείνου οὖν ἐπιμιγέντες μετὰ Βουλγάρων καὶ Ἀβάρων καὶ τῶν λοιπῶν ἐθνικῶν, καὶ παιδοποιησάντων ἀπ' ἀλλήλων, καὶ λαοῦ ἀπείρου καὶ παμπόλου γεγονότος, παῖς δὲ παρὰ πατρὸς ἕκαστος τὰς ἐνεγκαμένας παρειληφότες καὶ τὴν ὁρμὴν τοῦ γένους κατὰ τῶν ἠθῶν Ῥωμαίων. καὶ καθάπερ ἐν τῇ Αἰγύπτῳ ἐπὶ τοῦ Φαραὼ ηὐξάνετο τὸ τῶν Ἑβραίων γένος, οὕτω καὶ ἐν τούτοις κατὰ τὸν ὅμοιον τρόπον διὰ τῆς ὀρθοδόξου πίστεως καὶ ἁγίου καὶ ζωοποιοῦ βαπτίσματος ηὔξετο τὸ τῶν χριστιανῶν φῦλον, καὶ θάτερος θατέρῳ περὶ τῶν πατριῶν τοποθεσιῶν ἀφηγούμενος, ἀλλήλοις πῦρ ἐν ταῖς καρδίαις τῆς ἀποδράσεος ὑφῆπτον. Χρόνων γὰρ ἑξήκοντα ἤδη που καὶ πρὸς διαδραμόντων, ἀφ' ἧς εἰς τοὺς αὐτῶν γεννήτορας ἡ παρὰ τῶν βαρβάρων γεγένηται πόρθησις, καὶ λοιπὸν ἄλλος νέος ἐκεῖσε λαὸς ἀνεφαίνετο, ἐλευθέρους δὲ τοὺς πλείστους αὐτῶν ἐκ τοῦ χρόνου γεγονέναι, καὶ λοιπὸν ὡς ἴδιον ἔθνος προσέχων ὁ Ἀβάρων χάγανος, καθὼς τῷ γένει ἔθος ὑπῆρχεν, ἄρχοντα τούτοις ἐπάνω κατέστησε, Κούβερ ὄνομα αὐτῷ, ὅστις ἔκ τινων τῶν ἀναγκαιοτέρων προσοικειουμένων αὐτῷ, μαθὼν τὴν τοῦ τοιούτου λαοῦ τῶν πατρῴων πόλεων ἐπιθυμίαν, ἐν σκέψει γίνεται καὶ ἀνάστατον λαμβάνει τὸν πάντα Ῥωμαίων λαὸν μετὰ καὶ ἑτέρων ἐθνικῶν, καθὰ ἐν τῇ Μωσαϊκῇ τῆς Ἐξόδου τῶν Ἰουδαίων ἐμφέρεται βίβλῳ, τοῦτ' ἔστιν, προσηλύτους μετὰ καὶ τῆς αὐτῶν ἀποσκευῆς, καὶ ὅπλων, καὶ ἀνάσταται καὶ ἀντάρται, καθὰ λέλεκται, τοῦ χαγάνου γίνονται,

---

¹) Sechzig Jahre dauerte die Herrschaft der Hunnen.

ὥστε ἐγνωκότα τὸν αὐτὸν χάγανον διῶξαι ὄπισθεν αὐτῶν, καὶ συμβαλλόντων αὐτῶν καὶ ἐπὶ πέντε ἢ ἓξ πολέμους καὶ ἐπ' ἀμφοτέροις παρ' αὐτῶν ἡττηθέντος, μετὰ τοῦ ὑπολειφθέντος αὐτοῦ λαοῦ φυγῇ χρησάμενος ἐν τοῖς ἐνδοτέροις πρὸς ἄρκτον ἄπεισι τόπους, ὡς λοιπὸν μετὰ νίκης περάσαντα τὸν αὐτὸν Κόυβερ μετὰ τοῦ εἰρημένου σὺν αὐτῷ παντὸς λαοῦ τον προαφηγηθέντα Δάνουβιν ποταμὸν, καὶ ἐλθεῖν εἰς τὰ πρὸς ἡμᾶς μέρη καὶ κρατῆσαι τὸν Κεραμήσιον κάμπον, κακεῖσε αὐτῶν ἐγκαθισθέντων, τὰς πατρίους ἠτοῦντο πόλεις, ὡς μάλιστα οἱ τῆς ὀρθοδόξου καθεστῶτες πίστεως, οἱ μὲν τὴν καθ' ἡμᾶς μαρτυροφυλάκτων τῶν Θεσσαλονικέων πόλιν, ἄλλοι δὲ τὴν πανευδαίμονα καὶ Βασιλίδα τῶν πόλεων ἕτεροι δὲ τὰς ἀπομεινάσας τῆς Θρᾴκης πόλεις¹).

Wann fand diese Begebenheit statt? Der im 9. Jahrhundert lebende Anastasius Bibliothecarius schreibt, daß zu seiner Zeit zwischen Rom und Konstantinopel gestritten wurde, zu welcher Kirche das aus Thessalien, den beiden Epirus, Dardanien und Dakien bestehende bulgarische Land gehören sollte.

Vicarii orientalium patriarcharum dixerunt: Illud quod vobis diverso modo Bulgariam pertinere dicitis, addiscere volumus. Legati sanctae Rommanae Ecclesiae responderunt: Sedes apostolica, juxta quod decretalibus sanctissimorum Romanorum praesulum doceri poteritis, utramque Epirum, novam videlicet veteremque totamque Thessaliam atque Dardaniam, in qua et Dardania civitas hodie demonstratur cujus nunc patria ab his Bulgaris Bulgaria nuncupantur, antiquitus canonice ordinavit et obtinuit²).

In diesen Ländern haben die Bulgaren schon im 4. Jahrhundert die Herrschaft erlangt, da der Papst Innocentius (402—417) darüber berichtet, wie Anastasius Bibliothecarius weiter schreibt:

„Sed postquam imperatores Romanorum, qui nunc Graecorum appelantur, variorum fautores vel incentores effecit errorum, sanctam Christi Ecclesiam diversis haeresibus scindere

---

¹) Tougard, S. 186—190.
²) Anast. Bibliothec., Historia de vitis Rom. Pont. 636, Migne 128, 2 S. 1392—1393.

minime formidaverunt, scidit Deus imperium eorum, et in Occidius partibus paulatim regnare, superno decernente judicio, cessaverunt, donec Romanos pontifices suis pravitatibus incurvare conantes, nec valentes, ac per hoc multiplicibus poenis afficientes, Hesperiae potestatem jam prorsus amitterent, Occidentis etiam amisso imperio, nihilominus Romanis pontificibus, quia jam jubere nequeunt, suadere nituntur; suis laesis favorem sensibus accomodandum. Sed quia isti cum Petro super petram verae confessionis stantes, pestiferam suggestionem audire possunt, obaudire non possunt, mox illi quoniam aliter eos laedere nequeunt, patrios et antiquos terminos transferunt, privilegia sedis apostolicae corrumpunt, et pene omnia jura disponendarum diaccesson auferunt, atque suis haec fautoribus consentantis et sectatoribus conferunt; cum quibus etiam jus, quod sedes apostolica super praedictas regiones habuit, quia juxta se sitae videbantur, usurpant, e Constantinopolitanae dioecesi nequiter applicant; cum beatus papa videatur dicere Innocentius ad Alexandrum Antiochenum inter alia scribens: Non ergo visum est ad mobilitatem necessitatum mundanarum, Dei Ecclesiam commutari, honeres aut divisiones perpeti, quas pro suis causis faciendas duxerit imperator; sed his nec ipsi diu fruuntur, **siquidem jam memorata Vulgarorum gens protinus irruit, et universa circa Danubium occupat**: sicque Graeci principes, quod sedi subripiunt apostolicae, in duplum quodammodo et secundum legem resarcinant: nam cum jure dioeceseos usurpatae etiam sua, id est imperii proprii partem potestatis amittunt [2])."

Die Bulgaren aus Makedonien haben also im 4. Jahrhundert ihre Herrschaft über Thessalien, die beiden Epirus und Dardanien, d. h. über das heutige Albanien und Nordgriechenland, ausgebreitet.

Diese Ausbreitung der Bulgaren wird in einer alten bulgarischen Nachricht irrtümlicherweise zur Zeit des Kaisers Anastasius angegeben: „Zur Zeit des Anastasius begannen die Bulgaren dieses Land einzunehmen. Nachdem sie über Büddin

---

[2]) Anast. Bibliothec., Interpretatio Synodi VIII generalis. Migne, 129, III, S. 19—21.

(Woden) gegangen waren, begannen sie zuerst das untere Ochrider Land und dann das ganze Land einzunehmen[1]."

In den Annalen eines Priesters von Dioclea werden die Bulgaren im obigen Falle Goten genannt:

„Regnante in urbe Constantinopolitana imperatore Anastasio qui se et alios Eutychiana haeresi maculaverat, Romae vero praesidente Gelasio secundo — — —, exiit quoque gens a septentrionali plaga, quae Gothi nominabantur, gens ferox et indomita, cui erant tres fratres principes, filii regis Senuladi, quorum nomina sunt haec: primus Brus, secundus Totilla, tertius vero Ostroyllus[2]."

Brus wird in der kroatischen Redaktion Bris genannt, womit man vielleicht den Namen Boris gemeint hat. Das ist dieselbe gotische Ausbreitung, von der Orosius sagt: A Graecia, Macedonia, Pontus, Asia Gothorum inundatione delentur[3]).

Von dieser Ausbreitung der Goten oder Bulgaren spricht auch der gegen Ende des 6. Jahrhunderts lebende Kosmograph von Ravenna:

Inter vero Traciam vel Macedoniam et Mysiam inferiorem modo Bulgari habitant qui ex supra scripta maiore Scythia egressi sunt, quia Marcianopolis ex Mysia inferiore pertinet, ut testatur mihi multorius dictus Jordanis cosmographus, asserens quod ipsam Marcianopolim civitatem Traianus imperator pro amore Marciae sororis suae edificasset per quam Marcianopolim medio transit fluvius qui dicitur Potamia[4]).

Die Goten werden also von dem Kosmograph von Ravenna für Bulgaren gehalten, da die Goten diejenigen waren, die im 4. Jahrhundert Marcianopol angriffen.

Im 4. Jahrhundert hat es große Glaubensstreitigkeiten unter den Goten gegeben. Der heilige Jeronimus schreibt in seiner Chronik vom Jahre 370, daß Athanaricus rex Gothorum in Christianos persecutione commotas plurimus interfecit et propriis sedibus in Romanum Solum expulit.

---

[1]) Jordan Iwanoff, Balgarski starini, Sofia 1908, S. 145.
[2]) Črnčič, Lětopis popa dukljanina, S. 1—2.
[3]) Orosius, VII, 22.
[4]) Ravennatis anonymi Cosmographia ed. M. Pinder et G. Parthey. Berolini 1860. S. 185.

Und Orosius: Athanaricus rex Gothorum in gente sua crudelissime persecutos, plurimus barbarum ob fidem interfectos, ad coronam martyrii sublimavit quorum tamen plurimi in Romanum Solum non trepedi velut ad hostes sed certi quod ad fratres pro Christi confessione fugerunt[1]). Athanarik mußte schließlich selbst nach Konstantinopel fliehen. (Ubi postea Athanaricus proximorum factione genitalibus terris expulsus, fatali sorte decessit et ambitiasis exsequiis ritu sepultus est nostro[2]).)

Infolge dieser Verfolgungen ist Ulfila mit den Seinen in das römische Reich gegangen[3]). Um aber Aufnahme in dem römischen Reiche zu finden, haben die Goten den römischen Kaiser gebeten, ihnen christliche Lehrer zu schicken, damit sie durch die gemeinsame Religion eins mit den Römern würden:

Gotti antea per legatos supplices poposcerunt, ut illis episcopi, a quibus regulam christianiae fidei discerent, mitterentur. Valens imperator exitiabili pravitate doctores Ariani dogmatis misit. Gothi primae fidei rudimentum quod accepere, tenuerunt. Itaque justo Dei judicico ipsi cum vivum incenderunt, qui propter eum etiam mortui, vitio erroris arsuri sunt[4]).

Jordanis aber beschreibt dies folgendermaßen: Vesegothae, id est illi alii eorum socii et occidui soli cultores, metu parentum exterriti, quidnam de se propter gentem Hunnorum deliberarent, ambigebant, diuque cogitantes tandem communi placito legatos in Romania direxerunt ad Valentem imperatorem fratrem Valentiniani imperatoris senioris, ut, partem Thraciae sive Moesiae si illis traderet ad colendum, eius se legibus eiusque vivere imperiis subderentur[5]) et, ut fides uberior illis haberetur,

---

[1]) Orosius VII, 32. Siehe auch Isidor.
[2]) Amm. Marcell. XX, V, 9.
[3]) Philostorg. II, 5.
[4]) Orosius, CXXXIII. Migne, XXXI, S. 1148.
[5]) Amm. Marc. XXXI, IV, 1 (Gothi) ducibus Fritigerno et Alavivo ripas occupavere Danuvii missisque oratoribus ad Valentem suscipi se humili prece poscebant, et quiete victuros se pollicentes et daturos, si res flagitas, auxilia.

promittunt se, si doctores linguae suae donaverit, fieri Christianos¹). Zu dieser Demütigung haben sich die Goten entschlossen, da infolge der Kriege, die sie geführt hatten, bei ihnen eine furchtbare Hungersnot geherrscht hat.

Jordanis beschreibt sie folgendermaßen:

„Da geschah es, wie gewöhnlich bei noch nicht recht seßhaften Völkern, daß Hungersnot unter ihnen ausbrach. Da ersuchten ihre Fürsten und Herzöge, die über sie statt der Könige herrschten, nämlich Fritigern, Altheus und Safrak, aus Mitleid mit ihrem bedrängten Heere die römischen Heerführer Lupicinus und Maximus um Eröffnung. Aber wozu treibt nicht der verruchte Hunger nach Gold! Aus Habsucht verkauften diese Heerführer nicht nur Fleisch von Schafen und Rindern, sondern bald auch von verendeten Hunden und unreinen Tieren zu hohen Preisen, so daß sie einen Sklaven gegen einen einzigen Laib Brot oder zehn Pfund gegen ein Stück Fleisch eintauschten. Als aber den Goten die Sklaven und die Gerätschaften ausgingen, forderte der habgierige Kaufmann bei der drückenden Not die Söhne als Zahlung. Indem die Eltern diese hergaben, sorgten sie nur für das Wohl ihrer Kleinen. Denn sie hielten es für besser, daß diese ihre Freiheit, als daß sie ihr Leben verlören, indem sie sie lieber aus Barmherzigkeit verkauften, da sie dann doch Nahrung erwarten konnten, als sie für den Hungertod aufzubewahren²).“

Dieselbe Lage der Goten wird auch vom Ammianus Marcellinus geschildert. Er schreibt, daß der römische Feldherr Lupicinus die gotischen Fürsten zu einer Mahlzeit eingeladen hätte. Diese schöpften jedoch den Verdacht, daß er sie aus dem Wege räumen wolle und entflohen zu den Ihrigen, welche deswegen entrüstet gegen die Römer zu Felde zogen und die Stadt Dibaltum (Dewol [Delwino] in Südalbanien) einnahmen³).

Diese Begebenheiten, welche im 4. Jahrhundert stattfanden, wurden von den späteren Schriftstellern irrtümlicherweise in verschiedenen Zeiten gedacht. So z. B. läßt der im 6. Jahrhundert lebende Malala Kubrat oder Krobat, den er ver-

---
¹) Jord. XXV.
²) Jord., XXVI.
³) Amm. Marcell., XXX, IV—VIII.

kürzt Grood nennt, zur Zeit der Thronbesteigung Justinians (527) auftreten. Er schreibt:

Ἐν αὐτῷ δὲ τῷ χρόνῳ καὶ ὁ πλησίον Βοσπόρου ῥὴξ τῶν Οὔννων ὀνόματι Γρώδ προσερρύη τῷ αὐτῷ βασιλεῖ· καὶ ἦλθεν ἐν Κωνσταντινουπόλει καὶ ἐφωτίσθη· ὅντινα ὁ αὐτὸς βασιλεὺς ἐδέξατο εἰς φώτισμα, καὶ πολλὰ χαρισάμενος αὐτῷ ἀπέλυσεν αὐτὸν εἰς τὴν ἰδίαν χώραν εἰς τὸ φυλάττειν τὰ Ῥωμαϊκὰ καὶ τὴν Βόσπορον, ἥντινα πόλιν Ἡρακλῆς ὁ ἀπὸ Ἰσπανιῶν ἔκτισε καὶ ἐποίησε συντελεῖν Ῥωμαίους ἀντὶ χρημάτων βόας κατ᾽ ἔτος, δεδωκὼς αὐτῇ τῇ πόλει ὄνομα βοῶν φόρος, ὅπερ καὶ συντελεῖν αὐτὴν ἐκέλευσεν   Ὁ δὲ αὐτὸς ῥὴξ ὁ γενόμενος χριστιανὸς ἀπελθὼν ἐπὶ τὴν ἰδίαν χώραν πλησίον Βοσπόρου εὗρε τὸν ἴδιον ἀδελφόν· καὶ ἐάσας αὐτὸν μετὰ βοηθείας Οὐννικῆς ἀνεχώρησεν. ἔσεβον δὲ οἱ αὐτοὶ Οὖννοι ἀγάλματα· καὶ λαβόντες αὐτὰ ἐχώνευσαν· ἦσαν γὰρ ἀργυρᾶ καὶ ἠλέκτρινα· καὶ κατήλαξαν αὐτὰ ἐν Βοσπόρῳ, λαβόντες ἀντ᾽ αὐτῶν μιλιαρίσια. καὶ μανέντες οἱ ἱερεῖς τῶν αὐτῶν Οὔννων καὶ ἔσφαξαν τὸν ῥῆγα καὶ ἐποίσαν ἀντ᾽ αὐτοῦ τὸν αὐτοῦ ἀδελφὸν Μουγελ. καὶ πτοηθέντες Ῥωμαίους ἦλθον ἐν Βοσπόρῳ καὶ ἐφόνευσαν τοὺς φυλάττοντας τὴν πόλιν [1]).

Der im 10. Jahrhundert lebende Konstantin Porphyrogenit bezeichnet den oben erwähnten Grood oder Krowat und Mugel als Urahnen der Kroaten: Οἱ δὲ Χρωβάτοι κατῴκουν τηνικαῦτα (Dalmatien) ἐκεῖθεν Βαγιβαρίας, ἔνθα εἰσὶν ἀρτίως οἱ Βελοχρωβάτοι. μία δὲ γενεὰ διαχωρισθεῖσα ἐξ αὐτῶν, ἤγουν ἀδελφοὶ πέντε, ὅ τε Κλουκας καὶ ὁ Λόβελος καὶ ὁ Κοσέντζης καὶ ὁ Μουχλὼ καὶ ὁ Χρώβατος, καὶ ἀδελφαὶ δύο, ἡ Τοῦγα καὶ ἡ Βουγα, μετὰ τοῦ λαοῦ αὐτῶν ἦλθον εἰς Δελματίαν, καὶ εὗρον τοὺς Ἀβάρεις κατέχοντας τὴν τοιαύτην γῆν. ἐπί τινας οὖν χρόνους πολεμοῦντες ἀλλήλοις ὑπερίσχυσαν οἱ Χρωβάτοι, καὶ τοὺς μὲν τῶν Ἀβάρων κατέσφαξαν, τοὺς δὲ λοιποὺς ὑποταγῆναι κατηνάγκασαν. ἔκτοτε οὖν κατεκρατήθη ἡ τοιαύτη χώρα παρὰ τῶν Χρωβάτων· καὶ εἰσὶν ἀκμὴν ἐν Χρωβατίᾳ ἐκ τοὺς τῶν Ἀβάρων, καὶ γινώσκονται Ἄβαρεις ὄντες. οἱ δὲ λοιποὶ Χρωβάτοι ἔμειναν πρὸς Φραγγίαν, καὶ λέγονται ἀρτίως Βελοχρωβάτοι, ἤγουν ἄσπροι Χρωβάτοι, ἔχοντες τὸν ἴδιον ἄρχοντα· ὑπόκεινται δὲ Ὤτῳ τῷ μεγάλῳ ῥηγὶ Φραγγίας τῆς καὶ Σαξίας, καὶ ἀβάπτιστοι τυγχάνουσι, συμπενθερίας μετὰ τοὺς Τούρκους καὶ ἀγάπας ἔχοντες. ἀπὸ δὲ Χρωβά-

---
[1]) Malalas, S. 431—432.

των τῶν ἐλθόντων ἐν Δελματίᾳ διεχωρίσθη μέρος τι, καὶ ἐκράτησε τὸ Ἰλλυρικὸν καὶ τὴν Παννονίαν· εἶχον δὲ καὶ αὐτοὶ ἄρχοντα αὐτεξούσιον, διαπεμπόμενον πρὸς τὸν ἄρχοντα Χρωβατίας κατὰ φιλίαν. μέχρι δὲ χρόνων τινῶν ὑπετάσσοντο καὶ οἱ ἐν Δελματίᾳ ὄντες Χρωβάτοι τοῖς Φράγγοις, καθὼς καὶ πρότερον ἐν τῇ χώρᾳ αὐτῶν· τοσοῦτον δὲ ἐσκληρύνοντο οἱ Φράγγοι πρὸς αὐτοὺς ὅτι τὰ ὑπομάσθια τῶν Χρωβάτων φονεύοντες προσέρριπτον αὐτὰ σκύλαξι. μὴ δυνάμενοι δὲ οἱ Χρωβάτοι ταῦτα παρὰ τῶν Φράγγων ὑφίστασθαι διέστησαν ἀπ' αὐτῶν, φονεύσαντες καὶ οὓς εἶχον ἄρχοντας ἐξ αὐτῶν· ὅθεν ἐστράτευσαν κατ' αὐτῶν ἀπὸ Φραγγίας φοσσάντον μέγα, καὶ ἐπὶ ἑπτὰ χρόνους πολεμήσαντες ἀλλήλοις ὀψὲ καὶ μόγις ὑπερίσχυσαν οἱ Χρωβάτοι, καὶ ἀνεῖλον τοὺς Φράγγους πάντας, καὶ τὸν ἄρχοντα αὐτῶν Κοτζίλον καλούμενον. ἔκτοτε δὲ μείναντες αὐτοδέσποτοι αὐτονόμοι, ἐξῃτήσαντο τὸ ἅγιον βάπτισμα παρὰ τοῦ Ῥώμης[1]).

Konstantin Porphyrogenit läßt obige Begebenheit bald zur Zeit des Kaisers Otto, bald zur Zeit des Kaisers Heraklius geschehen. Schon dieses beweist, daß sein Bericht in der Wiedergabe einer älteren Überlieferung, die er nicht gut verstanden hat, besteht. Durch die Namen Chrobat und Muchlo hat er Gemeinschaft mit dem Bericht Malalas, in dem von Grood und Mugel die Rede ist. Mit den Namen Chrobat und Kotzil hat er Gemeinschaft mit den Wundertaten des heiligen Demetrius, in denen von Kuber und Chatzon gesprochen wird. (Siehe S. 193.) Sein Bericht ist also eine auf alten Berichten beruhende Kompilation.

Kubers Erhebung gegen die Abaren wird auch von dem Patriarchen Nicephorus besprochen, aber mit dem Unterschiede, daß er ihn in die Zeit des Kaisers Heraklius versetzt:

Ὑπὸ δὲ τὸν αὐτὸν καιρὸν ἐπανέστη Κούβρατος ὁ ἀνεψιὸς Ὀργανᾶ ὁ τῶν Οὐννογουνδούρων κύριος τῷ τῶν Ἀβάρων χαγάνῳ, καὶ ὃν εἶχε παρ' αὐτοῦ λαὸν περιυβρίσας ἐξεδίωξε τῆς οἰκείας γῆς. διαπρεσβεύεται δὲ πρὸς Ἡράκλειον καὶ σπένδεται εἰρήνην μετ' αὐτοῦ, ἥνπερ ἐφύλαξαν μέχρι τέλους τῆς ἑαυτῶν ζωῆς. δῶρά τε γὰρ αὐτῷ ἔπεμψε καὶ τῇ τοῦ πατρικίου ἀξίᾳ ἐτίμησεν[2]).

---

[1]) Const. Porphyrog, De Adm. Imp. Bonnae S. 143—145.
[2]) Sancti Nicephori Patriarchae C—plni Breviarum. Bonnae S. 27.

Und anderswo:

a. 618. *Χρόνος δὲ τις παρῴχετο, καὶ ὁ τῶν Οὔννων τοῦ ἔθνους κύριος τοῖς ἀμφ᾽ αὐτὸν ἄρχουσι καὶ δορυφόροις ἅμα εἰς Βυζάντιον εἰσῄει μυεῖσθαι δὲ τὰ Χριστιανῶν βασιλέα ἐζήτει. ὁ δὲ ἀσμένως αὐτὸν ὑπεδέχετο, καὶ οἱ Ῥωμαίων ἄρχοντες τοὺς Οὐννικοὺς ἄρχοντας καὶ τὰς ἐκείνων γαμετὰς αἱ τούτων αὐτῶν τῷ θείῳ λουτρῷ ἐτεκνώσαντο σύζυγοι. οὕτω τε τὰ θεῖα μυηθεῖσι δώροις βασιλικοῖς καὶ ἀξιώμασιν ἐφιλοτιμήσατο· τῇ γὰρ ἀξίᾳ τοῦ πατρίκιου τὸν ἡγεμόνα τοῦτον τετίμηκε καὶ πρὸς τὰ Οὐννικὰ ἤθη φιλοφρόνως ἐξέπεμπε. Μετὰ δὲ ταῦτα καὶ ὁ τῶν Ἀβάρων τοῦ ἔθνους ἡγεμὼν ἐπὶ συμβάσεσιν ὡς Ἡράκλειον ἐπικηρυκεύεται*[1]).

An einer anderen Stelle jedoch schreibt Nicephoros, daß Kobrat zur Zeit des Kaisers Konstantin (4. Jahrh.) gelebt hat: *Λεκτέον δὲ ἤδη περὶ τῆς τῶν λεγομένων Οὔννων καὶ Βουλγάρων ἀρχῆς καὶ καταστάσεως αὐτῶν. περὶ τὴν Μαιῶτιν λίμνην κατὰ τὸν Κώφηνα ποταμὸν καθίσταται ἡ πάλαι καλουμένη μεγάλη Βουλγαρία καὶ οἱ λεγόμενοι Κότραγοι, ὁμόφυλοι αὐτῶν καὶ οὗτοι τυγχάνοντες. ἐν δὲ τοῖς Κωνσταντίνου χρόνοις ὃς κατὰ τὴν δύσιν ἐτελεύτα, Κοβράτος τις τοὔνομα κύριος γενόμενος τῶν φύλων τούτων τὸν βίον μεταλλάξας πέντε καταλιμπάνει υἱούς, ἐφ᾽ οἷς διατίθεται μηδαμῶς τῆς ἀλλήλων ἀναχωρισθῆναι διαίτης, ὡς ἂν διὰ τῆς πρὸς ἀλλήλους εὐνοίας τὰ τῆς ἀρχῆς αὐτῶν διασῴζοιτο*[2]).

Derselben Meinung ist auch Theophanes:

Ἐπὶ δὲ τῶν χρόνων Κωνσταντίνου τοῦ εἰς τὴν δύσιν Κροβάτου τοῦ κυρίου τῆς λεχθείσης Βουλγαρίας καὶ τῶν Κοτράγων τὸν βίον μεταλλαξάντος, καὶ πέντε καταλιπόντος υἱούς[3]).

Gleich Sokrates und Philostorgius geben auch Theophanes und Nicephorus an, daß Kuber oder Kobrat zur Zeit des Kaisers Konstantin gelebt habe und wenn sie ihn manchmal in die Zeit des Kaisers Heraklius versetzen, so beweist dies nur, daß sie in ihren Berichten Angaben aus verschiedenen Quellen, die sie nicht verstanden, aufgenommen haben.

Der im 10. Jahrhundert lebende Simeon Magister versetzt den Kuber oder Kobrat, den er Gobor nennt, in die Zeit

---
[1]) Nicephor., S. 14.
[2]) Nicephor., S. 38.
[3]) Theophanes, S. 546.

des Kaisers Michael. Sein Bericht wiederholt die Berichte Orosius, Jordanis und Ammianus Marcellinus von der Hungersnot der Goten und von der Einnahme von Dibaltum. Diese Begebenheiten aber fanden im 4. Jahrhundert statt:

Τῷ δ'αὐτοῦ ἔτει εκστρατεύει Μιχαὴλ ἅμα Καίσαρι διά τε γῆς καὶ θαλάσσης κατὰ Γόβορι ἄρχοντι Βουλγάρων. τοῦτο μαθόντες οἱ Βούλγαροι, ἅμα δὲ καὶ λιμῷ τηκόμενοι, ὡς ἤχω βροντῆς ὑπεκλίθησαν καὶ πρὸ τῶν ἀγώνων καὶ τῆς μάχης περὶ τὴν νίκην κατέγνωσαν, Χριστιανοί τε γενέσθαι καὶ ὑποτάσεσθαι τῷ βασιλεῖ Ῥωμαίων ᾐτήσαντο. ὁ δὲ βασιλεὺς τούτους ἐν τῇ πόλει ἀγαγὼν ἐβάπτισεν πάντας καὶ τὸν ἄρχοντα αὐτῶν Μιχαὴλ ἐπωνόμασεν. ὃς εἰς τὸ ἴδιον ὑποστρέψας διὰ Ζωγράφου Μεθοδίου λεγομένου τὴν κρίσιν καὶ ἀνταπόδοσιν ἐν τῷ οἴκῳ αὐτοῦ γραφῆναι πεποίηκεν· διὸ καὶ μᾶλλον τὴν ἐκ παντὸς τοῦ γένους αὐτοῦ καθυφίσταται ἐπενάστασιν, οὓς μετά τινων ὀλίγων καταπολεμήσας, τὸν τοῦ θείου σταυροῦ τύπον ἐγκόλπιον περιάγων, πάντας ἀναφανδὸν ἐποίησε Χριστιανούς. δηλοῖ καὶ τῷ βασιλεῖ περὶ γῆς διὰ τὸ στενοῦσθαι ἐν τοῖς ἰδίοις τὸ πλῆθος τὸ ἑαυτοῦ, πρὸς τῷ καὶ ἐν τῇ πίστει ὁμονοεῖν ἀϊδίως καὶ τὴν ἀγάπην ἄλυτον εἰς αἰῶνας φυλάττειν. ὁ δὲ εὐμενῶς ἤκουσε, καὶ δέδωκεν ἐρήμην οὖσαν τηνικαῦτα τὴν ἀπὸ τῆς Σιδηρᾶς, ταύτης δὴ τότε ὅριον τυγχανούσης Ῥωμαίων τε καὶ αὐτῶν, ἄχρι τῆς Δεβελτόν [1]), ἥτις οὕτω καλεῖται Ζαγόρια [2]) παρ' αὐτοῖς [3]).

Die Begebenheiten, die im 4. Jahrhundert stattfanden, wurden also immer weiter verschoben, bis schließlich in die Zeit des Kaisers Michael (9. Jahrh.). Die modernen Geschichtsschreiber schöpften ihre Kenntnisse über die Taufe der Bulgaren aus den Schriftstellern des 10.—14. Jahrhunderts,

---

[1]) Das ist Dewol (Delwino, südlich von Argyrokastro) in Südalbanien, welches auch Sitz eines bulgarischen Bistums war.

[2]) Das Land südlich von Konitza und nördlich von Janina heißt auch heutzutage Zagoria. Das ist das Land, das die Bulgaren oder Goten bei ihrer Taufe dem Römischen Reiche in Epirus genommen hatten. Es ist uns nicht ganz klar, wo Marcianopol lag. Daß es aber in Südthrakien oder Makedonien gelegen hat, muß man als sicher annehmen, da sich die Goten oder Bulgaren von Thrakien und Makedonien her ausbreiteten und nicht von Südrußland her oder aber dem heutigen Rumänien, wie bisher geglaubt wurde.

[3]) Simeon Magister, Bonn. S. 665—666.

welche irrtümlicherweise behaupten, daß die Bulgaren zur Zeit des Kaisers Michael zum Christentum übergetreten wären, ohne in Rücksicht genommen zu haben, daß die Schriftsteller des 10.—14. Jahrhunderts die Berichte älterer Schriftsteller wiedergeben und daß diese älteren Schriftsteller die Bulgaren als alte Christen darstellen.

Um die christlichen Angelegenheiten der Bulgaren zu verstehen, muß man wissen, daß die Schriftsteller des 5. und 6. Jahrhunderts unter Bulgaren vornehmlich die Makedonier verstanden haben, welche im 4. Jahrhundert Christen waren, wie Sozomenos berichtet:

Ἐν τούτῳ δὲ (396) Τόμεως καὶ τῆς ἄλλης Σκυθίας τὴν Ἐκκλησίαν ἐπετρόπευε Θεότιμος Σκύθης, ἀνῆρ ἐν φιλοσοφίᾳ τραφείς· ὃν ἀγάμενος τῆς ἀρετῆς οἱ περὶ τόν Ἴστρον Οὖννοι βάρβαροι Θεὸν Ῥωμαίων ὠνόμαζον[1]).

Die Stadt Thomes hat, wie wir auf S. 31—32 zeigten, an dem Ägäischen Meer gelegen.

Zu dieser Zeit werden die Bulgaren in Mösien auch auf einer von dem heiligen Jeronimus stammenden Karte bezeichnet:

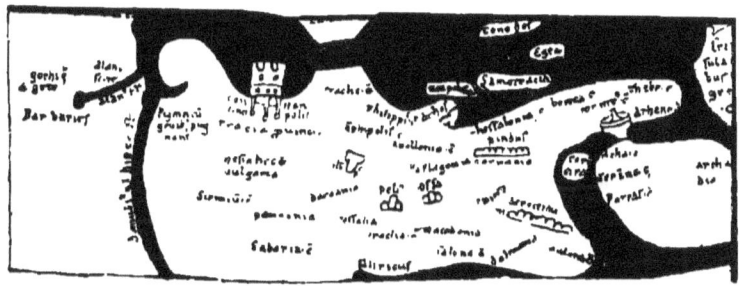

Diese Karte ist eigentlich von Eusebius, was wir aus folgenden Worten des Jeronimus entnehmen:

„Eusebius post decem ecclesiasticae historiae libros, post temporum canones, quos nos latina lingua edidimus, post diversarum vocabula nationum post chorographiam terrae Judaeae et distinctas tribuum sortes, ipsius quoque Ierusalem

---

[1]) Sozomen. VII, 26.

templique in ea cum brevissima expositione p i c t u r a m , ad extermum in hoc opusculo laboravit, ut congregaret nobis de sancta scriptura omnium pene urbium, montium, fluminum, viculorum et diversorum locorum vocabula[1]."

In den obenerwähnten Gebieten werden die Bulgaren auch auf der Karte des Kosmographen von Ravenna erwähnt:

Kubers Bulgaren waren also alte Makedonier. Das waren auch die Phrygier mit dem Beinamen Manos. Daraus wird nun klar, daß die Griechen mit Manichäismus oder Manosreligion die Religion der Makedonier oder Bulgaren meinten. Der Hauptsitz der bulgarischen Manichäer oder Bogomilen war der Berg Babuna, östlich des Prespasees, woher die Sekte der Babuni oder Bauniten ihren Namen hat. Alsdann die Gegend Malesch. Vom Babunagebirge oder Prespasee, Malesch, Woden usw. breiteten sich die Bulgaren im 4. Jahrhundert nach Süden aus, worüber sich die Griechen beklagten.

---

[1] Dr. Konrad Miller, Die ältesten Weltkarten. Stuttgart 1895. III. Heft. S. 1—13. Alle beiden Karten sind aus dieser Sammlung entnommen.

b) Paulus, Andronikus, Kyrillus, Methodius, Ulfila.

Der erste christliche Lehrer der Bulgaren war Paulus. Er ist zweimal in Makedonien gewesen, wo er mit Skythen (Bulgaren) zu tun gehabt hat. So schreibt er z. B. in einem Brief an die Kolosser: ὅπου οὐκ ἔνι Ἕλλην καὶ Ἰοδαῖος, περιτομὴ καὶ ἀκροβυστία, βάρβαρος, Σκύθης, δοῦλος, ἐλεύθερος, ἀλλὰ τὰ πάντα καὶ ἐν πᾶσιν Χριστος¹).

Die Skythen, d. h. die Bewohner Makedoniens, und die Kolosser²) streiten also mit den Griechen schon zur Zeit des Paulus. Und in seiner Epistel an die Römer schreibt Paulus: ὥστε με ἀπὸ Ἱερουσαλὴμ καὶ κύκλῳ μέχρι τοῦ Ἰλλυρικοῦ πεπληρωκέναι τὸ εὐαγγέλιον τοῦ Χριστοῦ³).

Der bulgarische Archiepiscopus Theophylactos fügt in seinen Erklärungen zu den Briefen des Paulus dem obigen Satze hinzu: ἀπὸ γὰρ Ἱερουσαλὴμ μέχρι τοῦ Ἰλλυρικοῦ· ὅ ἐστι τὰ ἔσχατα τῆς νῦν ὀνομαζομένης Βουλγαρίας⁴).

Erinnerungen an Paulus' Predigt in Makedonien haben sich bis heute bei den Bulgaren erhalten. Östlich von dem Dorfe K o s s i n e t z im Bezirk Kostur (Kastoria) steht noch heutzutage gegenüber der Kirche auf dem Platz, auf welchem Paulus gepredigt hat, ein großes hölzernes Kreuz zur Erinnerung an Paulus' Predigt. Wenn dieses Kreuz verfault, stellen die Bauern ein anderes an seine Stelle. Paulus soll auch westlich von diesem Dorfe gepredigt haben, und auch dort hat zur Erinnerung ein hölzernes Kreuz gestanden, doch ist dieses jetzt verloren gegangen. Auch Anastasius Bibliothecarius schreibt, daß die Bulgaren von Paulus zum Christentum bekehrt worden seien:

„Siquidem cum rex Vulgarorum cum propria gente Christi fidem suscepisset per hominem Romanum, id est, quemdam presbyterum P a u l u m nomine, documentum atque mysterium propositum habuit a sede apostolica non modo fidei regulam,

---

¹) Πρὸς Κολασσαεῖς III, 11.
²) Siehe S. 65—67.
³) Πρὸς Ῥωμαίους XV, 19.
⁴) Theophilacti Bulgariae Archiep. Expositio ad Rom. Cap. XV. Migne Pa trol. gr. 124 S. 543.

sed et sanctae legis sumere disciplinam : quod et fecit, non solum a praefato presbytero, verum etiam per divinam revelationem instructus; quae sic temporum qualitatem discrevit, ut postrema in priorem reformaret statum et ordinem. Nam tota Dardania, Thessalia, Daciá et utraque Epirus, atque caeterae regiones juxta Istrum fluvium sitae, apostolicae sedis vestrae moderamine antiquitus praecipue regebantur et disponebantur[1]."

Da Paulus zusammen mit Petrus in Rom ermordet wurde und als ein römischer Heiliger galt, so sagte die römische Kirche später, daß die Bulgaren kirchlich zu Rom gehören sollten, weil sie von einem römischen Mann „hominem Romanum" zum Christentum bekehrt wurden. Einen anderen Paulus, der die obigen Länder, vor ihrer Einnahme durch die Bulgaren (um das Jahr 330), zum Christentum bekehrt hätte, kann es nicht gegeben haben, da bis zu dieser Zeit die Römer selbst keine wirklichen Christen waren. Außerdem ist es eine feststehende Tatsache, daß der Apostel Paulus der erste christliche Lehrer der Illyrier war.

Außer Paulus werden auch Kyrillus und Methodius als christliche Lehrer der Bulgaren erwähnt. Die Legenda Thessalonica, die wir in ihrer lateinischen Übersetzung anführen, schildert Kyrillus' Leben folgendermaßen:

(Oratio sacra Cyrilli, Slavonii Thessalonicensis, philosophi Bulgarici.) Mea vita erat in Caodocia (Capadocia) et eruditus sum Damasci. Cum quondam in magna patriarchatus Alexandrini ecclesia essem hancce subito ab altari vocem exaudivi: „Cyrille, Cyrille vade in terram amplam et ad populus Slavicos, quos Bulgares nominant nam Deus te jubet, ut fidei Christianae eos participes reddas divinasque apud eos leges constituas." Atque ego magno dolore captus cum nescirem quo illa Bulgarorum terra esset, in Cyprum profectus sum unde nullo de Bulgarium terra nuntio accepto reversus essem, nisi, timens ne Jonae prophetae similis fierem, in Cretam me conferre constituissem. Quo cum venissem, Thessalonicen in

---

[1] Anast. Bibliothec., Interpretatio Synodi VIII generalis. Migne 129 III, S. 21.

urbem ire jussus, ibi nomen apud Johannem, metropolitam professus sum. Is postquam haec omnia per me comperit, vehementer me irridens: „oh abbas," inquit, „Bulgares anthropophagi sunt tuoque corpore vescentur. Atque ego ubi in forum veni, Bulgares inter se colloquentes audivi, id quod maximo me terrore affecit, quasi ad inferos descendissem. Die autem quodam hebdomadis Paschae, cum ex ecclesia egressus in marmore consedissem multa mecum reputans et maerori animum dans, columbam aspexi loquentem rostroque volumen collegatum ferentem. Quod postquam illa in humerum meum jecit, ego perlegi invenique quinque et triginta litteras. Sed ubi illud in sinu meo collocavit et ad metropolitam tuli, litterae illae in corpore meo se abdiderant. Ego sermonem graecum oblitus sum cumque ille ad me mitteret qui me ad cenam invitarent, non jam illorem linguam intellexi Quas res miras mihi Thessalonicae accidisse cum vulgatum esset, omnes me quaesiverunt. Bulgares de me audiverunt famaque mea usque ad Decimirum principem magnum Moraviensem perlata est. Radivoy, princeps Preslaviensis, omnesque principes Bulgarici Thessalonicen convenerunt et huic urbi bellum intulerunt, cumque per amplius tres annos sanguis effusus esset; „date, inquiebant, eum nobis, quem nobis Deus misit" et postremo eis me tradiderunt. Bulgares autem magna me laetitia receptum Ravenium in urbem prope Bregalnitzam flumen duxerunt. Ego illis conscripsi litteras quinque et trigintu. Bulgares autem, quamquam ipse eos pauca docui, tamen multa didicerunt; Deus eos fidem christianam docuit jamque fides orthodoxa suscipiunt deoque, quae ejus sunt, tribuunt[1]).

Wie wir sehen, hatte der Erfinder der bulgarischen Schrift, Kyrillus, denselben Lebenslauf wie Zalmoxis, Sarakinos und besonders Paulus. Er wurde in Kappadozien geboren, war in Damaskus auf der Schule, lebte später in Ägypten und ging von dort über Cypern und Kreta nach Saloniki. Alle diese Tatsachen widersprechen der bisherigen Behauptung, daß Kyrillus im 9. Jahrhundert geboren sei.

---

[1]) W. A. Bilbassoff, Kyrill i Methodij, Petersburg 1871, II, S. 217—219..

Der Kampf zwischen den Bulgaren und Griechen, welcher schon von Paulus erwähnt wird, indem er sagt, man möge keinen Unterschied zwischen Griechen und Skythen machen, ist auch aus obiger Legende zu ersehen. Als Kyrillus zu den Bulgaren gehen wollte, riet ihm der Bischof Johannes (Chrysostomos?) davon ab, weil die Bulgaren Andropophagen wären und ihn aufessen würden. Da also die Griechen Kyrillus nicht ziehen lassen wollten, erschienen die Bulgaren vor Saloniki, um Kyrillus zu erkämpfen.

Diese Bulgaren bewohnten Zentralmakedonien. Morava oder Pelagonien heißt das Land, welches von dem Fluß Zrna (Tscherna), einem Nebenflusse des Wardar, bewässert wird. Dieses Land heißt heute Moriovo, von more ($\pi\acute{\epsilon}\lambda\alpha\gamma o\varsigma$). Prjeslav ist das Land nordwestlich von Zrna in dem heutigen Kreise Prilep bei dem Berge Prjeslap. Prilep ist eine Verkürzung von Prjeslap. Östlich von Moriovo und vom Wardar befindet sich die Stadt Radowitsch. Dieser Name ist wohl auf Radivoy zurückzuführen. Kyrillus hatte seine Schrift an dem Flusse Brjegalnitza erfunden für jenes Volk, das um ihn gekämpft hatte. Dieses Volk war auch das Volk des Kuber. Kubers Lager war in Ceramia, heute Cer, im Bezirk Kruschewo, im Kreis Prilep. Alsdann stand Kuber an der Spitze von Baiuniten, welche auch unter dem Namen Babuni bekannt sind, d. h. den Bewohnern vom Babunaberg nördlich von Prilep, und den Bulgaren vom Strymon. ($K\alpha\grave{\iota}$ $\tau o\acute{v}\tau o\upsilon$ $\gamma\epsilon\gamma\epsilon\nu\eta\mu\acute{\epsilon}\nu o\upsilon$, $\varkappa\alpha\grave{\iota}$ $\grave{\epsilon}\gamma\nu\omega\varkappa\acute{o}\tau o\iota$ $\tau o\tilde{\upsilon}$ $\pi\alpha\nu\tau\grave{o}\varsigma$ $\tau\tilde{\omega}\nu$ $\Sigma\varkappa\lambda\alpha\beta\acute{\iota}\nu\omega\nu$ $\check{\epsilon}\vartheta\nu o\upsilon\varsigma$, $\check{\eta}\tau o\upsilon\nu$ $\check{\alpha}\mu\varphi\omega$ $\tau\grave{\alpha}$ $\mu\acute{\epsilon}\varrho\eta$, $\tau o\tilde{\upsilon}\tau$' $\check{\epsilon}\sigma\tau\iota\nu$, $\tau\tilde{\omega}\nu$ $\tau\epsilon$ $\grave{\alpha}\pi\grave{o}$ $\tau o\tilde{\upsilon}$ '$P\upsilon\gamma\chi\acute{\iota}$-$\nu o\upsilon$, $\check{\epsilon}\tau\iota$ $\mu\grave{\eta}\nu$ $\varkappa\alpha\grave{\iota}$ $\tau\tilde{\omega}\nu$ $\tau o\tilde{\upsilon}$ $\Sigma\tau\varrho\upsilon\mu\tilde{\omega}\nu o\varsigma$[1]).)

Das ganze Makedonien hatte also an dieser Bewegung teilgenommen.

Dies ist nachher in Vergessenheit geraten. Man wußte nicht mehr, wo dieses Morawa lag, und identifizierte es mit dem tschechischen Morawa. Das ist offenbar falsch, da man von dem heutigen Böhmen her unmöglich zu einem Kampf nach Saloniki gezogen sein kann. Diese Begebenheit soll zur Zeit des byzantinischen Kaisers Michael stattgefunden haben.

---

[1]) Tougrard, S. 150.

So z. B. heißt es in der Legenda Pannonica unter anderem: Fuit vero in illis diebus Rostislav cum Suiatopolco princeps Slovenorum et miserunt ex Moraviae (nuntios) ad imperatorem Michaelem loquentes ita: Misericordia Dei bene valemus et intraverunt ad nos doctores multi christiani ex Italia et ex Graecia et ex Germania, docentes nos contrario modo, verum nos Sloveni simplices homines sumus neque habemus quempiam, qui nos in veritate instituat et sensum (scripturae) interpretur. Age igitur, domine mitti talem virum, qui nos omnem veritatem doceat. Tum dixit Michael imperator Constantino philosopho: Audisne philosophe verba ista? Alius hoc perficere non potest nisi tu. Ideo dabo tibi munera multa et assumpto fratre tuo Methodio abbate proficissere: etenim vos estis Thessalonicenses, Thessalonicenses vero omnes pure slowenice loquuntur[1]).

Wie wir sehen, handelt diese Legende von demselben moravischen Volk wie die vorige, mit dem Unterschied, daß hier Radivoy Rostislaw und Decimir Swiatopolk genannt werden. Man sieht ganz klar, wie die Bulgaren aus Makedonien zu Slawen in Mähren gemacht worden sind. Ebenso ist es eine spätere Dichtung, daß die Bitte dem Kaiser Michael galt. Es wird ja weiter gesagt:

Kocel vero ad apostolicum mittens rogavit eum, ut sibi cederet Methodium beatum doctorem nostrum et dixit apostolicus: Non tibi tantum, sed omnibus partibus illis Slovenicis mitto illum magistrum a Deo et a sancto apostolo Petro, primo episcopo et clavigero regni coelestis. Et dimisit illum postquam scripsit epistolam hanc: Andrijanus episcopus et servus Dei Rastislavo et Kocelo, gloria in altissimis Deo et in terra pax, hominibus bonnae voluntatis. Audivimus de vobis spiritualia, quae sitiebamus cum desiderio et precibus vestrae salutis gratia quoniam expergefecit dominus corda vestra, ut eum quaeretis, et monstravit vobis, quomodo non solum fide verum etiam bonis operibus oporteret Deo servire fides enim Sine operibus mortua est et falluntur ii, qui putant, Deum se cognoscere in operibus autem ab eo desciscunt.

---

[1]) Legenda Pannonica, Bilbassoff S. 258—259.

Non enim apud, hunc episcopalem thronum tantum rogastis doctorem, sed etiam ab orthodoxes imperatore Michaele misitque vobis beatum philosophum Constantinum cum fratre, cum nobis occassio deesset .[1]).

Der Fürst Kocel ist einer der fünf bulgarischen Fürsten zur Zeit des Kubrat oder Krowat. Er ist der makedonische Fürst Chatzon in den Wundertaten des heiligen Demetrius und nicht ein Fürst aus dem 9. Jahrhundert. Kocel hat also an den Apostolicus, d. h. an den Apostel Andronicus, eine Gesandtschaft um Lehrer für Bulgarien geschickt. Dieser Apostel Andronicus ist später an die Stelle des Papstes Adrianus, der im 9. Jahrhundert lebte, gestellt worden, und auf diese Weise kam man zu der irrigen Annahme, daß die Bulgaren im 9. Jahrhundert zum Christentum übergetreten wären. Das wird noch klarer aus folgenden Worten dieser Legende:

Excepit autem illum Kocel cum magno honore et iterum misit eum ad apostolicum et viginti viros honestes, ut illum ordinaret episcopum in Pannonia in sedem sancti Andronici apostoli qui ex septuaginta fuit[2]).

Einen Bischof verlangte man also für den Sitz des heiligen Andronicus, d. h. für Makedonien, wo Andronicus Bischof war und nicht für Mähren, wo er nicht gewesen ist.

Der russische Chronist Nestor schreibt, daß der bulgarische Bischof Methodius Nachfolger des heiligen Andronicus und der heilige Andronicus ein Schüler des Paulus war. „Daher (schreibt Nestor) ist der Apostel Andronicus, der in Morawa gewesen ist, der Lehrer des slawischen Volkes. Hier hat auch der Apostel Paulus gelehrt, hier war Iljürick, wo Apostel Paulus gewesen ist, hier waren die Slawen zuerst[3])." Paulus hat als seinen Nachfolger und Bischof den heiligen Andronicus hinterlassen usw.[4]).

Kyrillus und Methodius haben also zur Zeit des Apostels Andronicus, d. h. im 1. und im Anfang des 2. Jahrhunderts, gewirkt und nicht zur Zeit des Papstes Adrianus. Methodius

---

[1]) Legenda Pannonica, Bilbassoff, S. 261—262.
[2]) Bilbassoff, S. 263—264.
[3]) Miklosich, Chronica Nestoris XX.
[4]) Miklosich, Chronica Nestoris XX.

ist der Lehrer der uralten Thrakoillyrier auch nach der Legenda Ochridica über den heiligen Klemens gewesen:

Οὗτος ὁ μέγας πατὴρ ἡμῶν καὶ τῆς Βουλγαρίας φωστὴρ (Methodius) τὸ μὲν γένος εἷλκεν ἐκ τῶν Εὐρωπαίων Μυσῶν, οὓς καὶ Βουλγάρους ὁ πολὺς οἶδεν ἄνθρωπος, πάλαι μεν ἐκ τοῦ κατὰ Προῦσαν Ὀλύμπου πρὸς τὸν βόρειον ὠκεανὸν καὶ τὴν νεκρὰν θάλασσαν ὑπὸ τῆς Ἀλεξάνδρου χειρὸς καὶ ἐξουσίας ἐκτοπισθέντων, μετὰ δὲ συχνῶν χρόνων παραδρομὴν δυνάμει βαρείᾳ τὸν Ἴστρον περαιωθέντων, καὶ τὰ γειτονεύοντα πάντα κληρωσαμένων, Παννονίαν καὶ Δαλματίαν, Θράκην καὶ Ἰλλυρικὸν, καὶ πολλὰ τῆς Μακεδονίας καὶ Θετταλίας.

Τὴν μὲν οὖν τοῦ γένους σειρὰν ἐνθεῦθεν ὁ ὅσιος εἷλκεν ἀνήρ, ἐκ κοιλίας δὲ μητρικῆς κατὰ τὸν Σαμουὴλ ἐκλελεγμένος ὢν τῷ Θεῷ καὶ δὲ ἐκ ἔτι βρέφους τὴν φελόθεον ἀσπασάμενος ἀγωγὴν πρῶτος μετὰ τοῦ θείου Ναούμ, Ἀγγελλαρίου καὶ Γοράσδου τὴν ἱερὰν μετ᾿ ἐπιμελείας ἐξεδιδάχθη γραφὴν μεταγλοττισθεῖσαν συνεργείᾳ τῇ κρείττονι πρὸς τὴν ἐνθάδε Βουλγάρους διάλεκτον ὑπὸ Κυρίλλου, τοῦ ὡς ἀληθῶς θεοσόφου καὶ ἰσαποστόλου πατρὸς καὶ πρῶτον σὺν Μεθοδίῳ τῷ πάνυ διδασκάλῳ θεοσεβείας καὶ τῆς ὀρθοδόξου πίστεως τῶν Μυσῶν ἔθνει[1]).

Auch Jordanis (6. Jahrhundert) weiß von dem obigen Feldzug der Makedonier, mit dem Unterschiede jedoch, daß er statt Bulgaren Goten sagt:

Philippus quoque, pater Alexandri Magni, cum Gothis amicitias copulans Medopam Gudilae regis filiam accepit uxorem, ut tali affinitate roboratus Macedonum regna firmaret. qua tempestate Dio storico dicente Philippus inopia pecuniae passus, Odyssitanam Moesiae civitatem instructis copiis vastare deliberat, quae tunc propter vicinam Thomes Gothis erat subiecta[2]). unde et sacerdotes Gothorum illi qui pii vocabantur subito patefactis portis cum citharis et vestibus candidis obviam egressi patriis diis, ut sibi propitii Macedonas repellerent, voce supplici modulantes. quos Macedones sic fiducialiter sibi occurere contuentes stupiscent et, si dici fas est,

---

[1]) Bilbassoff, II, S. 301—302.
[2]) Danach folgt, daß Thomes an der Grenze zwischen Makedonien und Thrakien gelegen hat.

ab inermibus terrentur armati. nec mora soluta acie quam ad bellandum construxerant, non tantum ab urbis excidio abstinuerunt, verum etiam et quos foris fuerant iure belli adepti, reddiderunt foedusque inito ad sua reversi sunt. quod dolum post longum tempus reminiscens egregius Gothorum ductor Sithalcus, CL virorum milibus congregatis Atheniensibus intulit bellum adversus Perdicam Macedoniae regem, quem Alexander apud Babyloniam ministri insidiis potans interitum[1]) Atheniensium principatui hereditario iure reliquerat successorem. magno proelio cum hoc inito Gothi superiores inventi sunt, et sic pro iniuria, qua illi in Moesia dudum fecissent, isti in Grecia discurrentes cunctam Macedoniam vastaverunt[2]).

Nach den viel älteren Schriftstellern, wie Strabo und Ptolomaeus, haben Philippus und sein Sohn Alexander die Tribalen nach Peuci, dem heutigen Pechtschewo an der Brjegalnitza in Nordmakedonien, vertrieben. Diese Tribalen oder Brjegalnitzabewohner sind also nach Jordanis Goten gewesen. Sie lebten ebenda, wo Kuber tätig war und wo die bulgarische Schrift erfunden wurde. Von diesen Goten stammte also Methodius. Daher hieß es in dem Konzil von Spalato: Dicebat enim goticas litteras a quodam Methodio haeretico fuisse repertas. (Siehe S. 227.) Da die bulgarische Schrift an der Brjegalnitza erfunden ist, so ist sie zugleich auch für die Goten erfunden, weil diese Gegend zum Gotengebiet gehörte. Der Gotenkönig Telephus war ja ein Päoner. (Siehe S. 73.) Die Goten und die Bulgaren sind außerdem die alten Thrakoillyrier, daher ist Methodius zugleich ein Lehrer der alten Thrakillyrier gewesen, welche schon von Paulus zum Christentum bekehrt worden sind.

Nach der Uspenije oder Obdormito S. Kyrilli soll Kyrillus zu jener Zeit gelebt haben, als es unter den Sarazenen religiöse Streitigkeiten gab:

Tempore autem illo cum patriarcha Constantinopolitanus ad eum venit ipsumque et impiam ejus haeresiam compressit

---

[1]) Orosius, 3, 20. Alexander apud Babyloniam cum ministri insidiis venenum potasset, interiit.

[2]) Jord., X, 64—67. Siehe auch S. 55.

Post Bregalnitzam profectus Sclavonios nonnullus jam baptizatos invenit. Reliquos autem postquam baptizavit, ad veram fidem duxit librosque litteris sclavicis scriptis: sunt autem facti per eum Christiani quatuor milia et quinquaginta. Erat tum apud Saracenos gravis controversia de sancta trinitate exorta, quare illi ad Michaelem imperatorem legationem consulendi causa miserant. Is autem citissime Constantinum ad eos misit, qui impiam eorum et mahomedanam haeresiam retexit ipsosque ignominia affecit[1]).

Man wird ja ganz verwirrt, wenn man liest, daß sich die mohammedanischen Sarazenen wegen der christlichen Trinität gestritten und sich schließlich um Rat an den christlichen Kaiser Michael gewandt haben. Das ist ein offenbarer Unsinn, der nur dadurch erklärlich wäre, daß man unter Sarazenen Sarakinos oder Saracinos Leute verstehen könnte. Es hat sich aber um die religiösen Streitigkeiten der Sarakiner gehandelt und dies ist später durch die Ähnlichkeit der Namen Sarakin oder Saracin und Sarazenen auf die mohammedanischen Sarazenen übertragen worden. Da Sarakinos und Kubrikos ein und derselbe ist, so ist es klar, daß die sarazenischen Streitigkeiten nichts weiter waren als die Erhebung Kubers oder Krowats gegen die Abaren und sein Wunsch nach christlichen Lehrern.

In demselben Obdormito wird weiter gesagt, daß diejenigen, die sich an den Kaiser Michael um christliche Lehrer gewandt hatten, Kozaren hießen:

Venerunt autem legati ad imperatorem a Kozaris, dicentes: A principio unum Deum agnoscimus, qui est super omnia, et eum veneramur ad orientem, et mores nostros alios turpes tenentes. Hebraei vero suadent nobis, ut fidem eorum et actionem accipiamus, Saracini autem in aliam partem, pacem offerentes et munera multa, trahunt nos ad suam fidem, dicentes. Nostra fides est melior (fide) omnium gentium. Ideo mittimus ad vos, veterem amicitiam et amorem servantes. Gens enim magna cum sitis, imperium a Deo tenetis, et vestrum consilium exquirentes, petimus virum in litteris eruditum a vobis, ut, si refutaverit Hebraeos et Saracenos,

---

[1]) Bilbassoff, S. 240—241.

vestram fidem sequamur. Tunc quaesivit imperator philosophium et postquam invenit, communicavit cum eo Kozarum orationem, dicens: I, philosophe, ad homines hos, et iis verbum et responsum de sancta trinitate cum auxilio eius; alius enim nemo potest digne hoc facere. Ille vero dixit: Si iubes, domine, ad talem rem cum gaudio proficiscor pedibus et non calceatus et sine omnibus (iis), quae vetabat dominus discipulos suos portare. Respondit vero imperator: Si hoc (iter) tuo nomine faceres, bene mihi loquereris, sed imperatoris potentiam noscens et dignitatetem, cum honore proficiscere et cum adiumento imperatoris. E vestigio autem iter ingressus, Chersonem venit et didicit ibi Hebraicum linguam et litteras octo partibus translatis grammaticae et inde scientia maiore accepta... Audiens vero, sanctum Clementem etiam tunc in mari iacere, oratione facta dixit: Credo in Deum et sancto Clemente confido, me eum inventurum et elaturum esse e mari[1]).

Die Kozaren sind ein mit den Bulgaren identisches Volk. Theophanes schreibt, daß, nachdem Krobat sein Reich unter seine fünf Söhne verteilt hatte, die Chazaren gekommen wären und den ältesten Sohn Krobats, den Batbai, der Nachfolger seines Vaters geworden war, tributpflichtig gemacht hätten:

Τούτων δὲ οὕτως εἰς πέντε μέρι διαιρεθέντων, καὶ ἐν βραχύτητι καταντησάντων, ἐξῆλθεν τὸ μέγα ἔθνος τῶν Χαζάρων ἀπὸ τοῦ ἐνδοτέρου βάθους Βερζιλίας τῆς πρώτης Σαρματίας, καὶ ἐδέσποσε πάσης τῆς περατικῆς γῆς μέχρι τῆς ποντικῆς θαλάσσης· καὶ τὸν πρῶτον ἀδελφὸν Βατβαϊαν τῆς πρότης Βουλγαρίας ἄρχοντα ὑποτελῆ καταστήσας, φορους παρ' αὐτοῦ κομίζεται μέχρι τουνῦν[2]).

Diese Chazaren sind nach dem Kosmograph von Ravenna die alten Agaziren:

— — — quos Chazaros supra scriptus Jordanis Agaziros vocat per quam Chazararum patriam plurima transeunt Flumina, inter cetera Fluvius maximus qui dicitur Cuphis[3]).

---

[1]) Bilbassoff, S. 241.
[2]) Theophanes, S. 547.
[3]) Dasselbe wird auch in Guidones Geographica erwähnt: Deinde in planiciis per longa undique spatia patria Chazaria quae maior Scythia vocatur, hanc Jordanes Cronographus in medum fungi scariphum esse

Und der Patriarch Nicephorus berichtet, daß der Fluß Kuphis durch Bulgarien fließt: Λεκτέον δὲ ἤδη περί τῆς τῶν λεγομένων Οὔννων καὶ Βουλγάρων ἀρχῆς καὶ καταστάσεως αὐτῶν· περὶ τὴν Μαιῶτιν λίμνην κατὰ τὸν Κώφινα ποταμόν καθίσταται ἡ πάλαι καλουμένη μαγάλη Βουλγαρία [1]). Vielleicht deswegen behauptet Ebn-Haukal, daß die Sprache der Bulgaren und der Kozaren dieselbe wäre: „The language of Bulgar and of Kozar ist the same [2]). Jordanis stellt die Agaziren neben die Bulgaren:

Quibus in austro adsedit gens Acazirorum fortissima frugum ignare, quae pecoribus et venationibus victitat. ultra quos distendunt supra mare Ponticum Bulgarorum sedes, quos notissimos pecatorum nostrorum mala fecere [3]).

Die Agaziren bewohnten das Land westlich vom Rilagebirge, da Herodot schreibt, daß in dem Lande der Agathyrsen die Maris (Maritza) gemeinsam mit dem Ister (Isker) entspringen: ἐκ δὲ Ἀγαθύρσων Μάρις ποταμὸς ῥέων συμμίσγεται τῷ Ἴστρῳ [4]).

Die Maritza und der Isker entspringen an derselben Stelle auf dem Rilagebirge. Das Gebiet südwestlich von Kjüstendil und nördlich von Kumanowo und Kratowo heißt K o s j a k. Dieser Name steht wohl mit Kosari (Chazaren, Agathyrsern) in Zusammenhang. Östlich von Kosjak liegt B r e s n i k , vielleicht Bersula, von wo die Chazaren ausgegangen sind. Die Stadt Kumanowo steht wohl in Zusammenhang mit den Kumanen. Die Bewohner Nordmakedoniens haben also die Bulgaren in Südmakedonien angegriffen. Davon handeln auch die Wundertaten des heiligen Demetrius. In denselben heißt es, daß Leute von Nisch und Sofia nach Saloniki gekommen wären. Dies sind die Chazaren, zu denen Kyrillus gepredigt hat. Als Kyrillus auf den Chersones gekommen war, soll er die Reliquien des heiligen Klemens gesucht und gefunden haben. Aus dem Umstand, daß Kyrillus sich um die

---

dixit, ipsosque Chazaros Agaziros nominavit — M. Pinder et G. Parthey, Berolini 1860. S. 551—552.'

[1]) Nicephor., ed. Bonn, S. 38. Siehe S. 201.
[2]) Ouseleys Geograph., The oriental geographic of Eben-Haukal. London 1880. S. 90.
[3]) Jord. V, 87.
[4]) Herodot IV, 48.

Reliquien des heiligen Klemens bemüht hat, ist auch zu ersehen, daß Kyrillus schon im 1. Jahrhundert gelebt haben kann, da der heilige Klemens um das Jahr 100 gestorben ist. Kyrillus muß den heiligen Klemens gekannt haben, um sich in dieser Weise um ihn zu bemühen. Das 9. Jahrhundert ist zu weit vom Tode des heiligen Klemens entfernt, als daß man annehmen sollte, Kyrillus habe achthundert Jahre später die Reliquien dieses Heiligen gesucht. Außerdem heißt es in der Legende, daß Kyrillus mit den Ebräern und den Saracenen, welche die Kozaren zu ihrer Religion bekehren wollten, gestritten hat. Versteht man unter den Ebräern nicht die Bewohner von Ebrus und unter den Sarazenen nicht die Anhänger von Saracinus, sondern wirkliche Juden und Sarazenen, welche jenseits des Hellespontes wohnten, so müssen wir annehmen, daß die Juden und Sarazenen auf ihre europäischen Nachbarn eingewirkt haben. Diese Streitigkeiten jedoch, welche auf dem Chersones und im südöstlichen Thrakien nur im **ersten** Jahrhundert und nicht im 9. Jahrhundert stattfinden konnten, beweisen, daß Kyrillus im 1. Jahrhundert gelebt hat.

Fassen wir zusammen, so sehen wir, daß Kyrillus in Makedonien und Thrakien am Ende des ersten und am Anfang des 2. Jahrhunderts gewirkt hat. Es hat sich also um die religiösen Angelegenheiten der alten Thrakier und Skythen gehandelt. Das ersieht man noch klarer aus dem Umstand, daß die im vierten Jahrhundert aus Thrakien und Makedonien nach Westen gegangenen Goten Manichäer und Bulgaren genannt werden.

Döllinger schreibt in seiner Sektengeschichte über den Manichäismus bei den Vandalen und Goten folgendes:

„Die Manichäer, die besonders zahlreich im nördlichen Afrika wohnten, waren zur Zeit des Einbruches der Vandalen nach Italien und Spanien gewandert und schon zur Zeit des heiligen Augustin lebten viele von ihnen, wenn auch verborgen, in Gallien[1]).

---

[1]) Aug. de nat. boni: Opp. VIII, 36 f. ed. Amstel. In Afrika, wohin die Vandalen zogen, ist schon im 4. Jahrhundert die Rede von Mani-

In Afrika scheint der Kampf des Arianismus mit der katholischen Kirche, der sich seit der vandalischen Herrschaft dort entspann, dem Manichäismus günstig gewesen zu sein; die Manichäer bekannten sich zu der unterscheidenden Lehre des Arianismus, und als König Hunnerich sie auskundschaften ließ, zeigte sich, daß mehrere von ihnen bei den Arianern sogar Priester und Diakonen geworden waren. Er ließ nun zwar einige derselben verbrennen, andere aus Afrika vertreiben[1]), trug aber dadurch zur Verstärkung der Sekte diesseits des Mittelmeeres bei. In Rom, wo schon unter Papst Leo I. scharfe Maßregeln gegen die Manichäer ergriffen worden waren, hatten sie sich dennoch bis zum Anfange des 6. Jahrhunderts so gemehrt, daß der Papst Symmachus und der Senator Boëtius gemeinschaftlich an ihrer Vertreibung aus der Stadt arbeiteten und ihre Bücher und symbolischen Abbildungen feierlich vor den Toren verbrennen ließen[2]). Dies hielt jedoch den Kaiser Anastasius Dicorus nicht ab, gegen eben diesen Papst die ohne Zweifel grundlose Beschuldigung des Manichäismus zu erheben. Im Jahre 526 entsagte ein gewisser Prosper in Gallien dieser Lehre mit Verwerfung der einzelnen Hauptdogmen[3]). Im Jahre 557 wurden die Manichäer zu Ravenna, wo sie sich erst kürzlich eingeschlichen hatten, von den dortigen Bürgern vor die Stadt geführt und gesteinigt[4]). In Sizilien waren sie gegen Anfang des 7. Jahrhunderts ziemlich zahlreich, weshalb der Papst Gregorius der Große den Diakon Cyprian, der die dortigen Patrimonien der römischen Kirche verwaltete, wiederholt ermahnte, sie auf alle Weise zur Annahme des katholischen

---

chäismus. Der heilige Augustin hebt ihn hervor: Proloquar in conspectu Dei mei annum illum undetrigesimum aetatis meae. Jam venerant Carthaginem quidam Manichäorum episcopus, Faustus nomine, magnus laqueus diaboli. Aug. Conf. Lib. V, cap. III, 3. Migne 32 t. 1, S. 707.

[1]) Vict. Vit., ed. Ruinart S. 21.
[2]) Baron. ad. a. 503.
[3]) Die Formula abjurationis steht bei Sirmond, Conc. gall. I. 209. Bis auf einige beigefügte Artikel stimmt sie mit der unter dem Namen des heiligen Augustinus vorhandenen (Opp. VIII. App. S. 33) überein.
[4]) Agnelli, Lib. pontif. T. II S. 98.

Glaubens zu bringen¹). Daß seitdem die Manichäer, wenn auch im Verborgenen und lange Zeit hindurch unbemerkt, sich erhielten, ist um so weniger zu bezweifeln, als noch im Jahre 1060 Papst Nikolaus II. den Klerus von Sisteron ermahnte, die zahlreich zu den geistlichen Weihen sich drängenden Afrikaner zurückzuweisen, weil sich häufig Manichäer unter ihnen befänden²).“

Wie wir sehen, ist der Manichäismus schon im 4. Jahrhundert mit den Goten und Vandalen nach Afrika, Spanien und Südfrankreich gekommen. Der Manichäismus, der im 4. Jahrhundert nach Südfrankreich kam, wird bulgarische Religion genannt.

Du Cange führt in seinem Glossarium unter dem Namen Bulgari sehr viele Belege dafür an, daß die Manichäer in Septimanien Bulgaren genannt wurden:

Matth. Paris ann. 1238 de quodam Roberto Dominicano scribens, qui in Flandriam missus et cum officio Inquisiotoris: Ipsos autem nomine vulgari Bugaros appellavit, sive essent Peterini, sive Joviniani, vel Albigenses vel aliis haeresibus maculati. Philippus Mouskes, de eodem Roberto:

Si estoient Bougre nommé
De fausse loy pris et prouvé, etc.

Monachus Altisiod ann. 1201: Evraudus Miles haeresis illius, quam Bulgarorum vocant, coram Legato arguitur. Idem ann. 1206: Haereticos, quos Bulgaros vocant, vehementer studiut insectari, ejusque instantia actum est, ut plerique rebus suis exinanirentur, exterminarentur allii, allii cremarentur. Anno denique 1207, satis docet idem Scriptor, eosdem fuisse Bulgaros cum Albigensibus: Per idem tempus Bulgarorum haeresis execranda, errorum omnium faex externa, multis serpebat in locis, tanto nocentius, quanto latentius; sed invaluerat maxime in terra Comitis Tolesani, et Principum vicinorum. Aelde Nangium in chron. eod. anno 1027: Hist. Fran. corum MS quae exstat in Bibl. Memmiana, ann. 1223

---

¹) Epist. V, 9 (Opp. ed. Paris, II, 733). Joh. Diaconi Vita Gregor. (Opp. IV, 80): Haeresim Manichaeorum penes Siciliam a corpore sanctae matris ecclesiae sequesstrat.

²) Samarthani Gallia christ. Tom. I, Instrum. S. 89. — Döllinger, Sektengeschichte. München 1890. S. 52—53.

de Philippo Aug: Envoia son fils en Albigeois pour destruire l'heresie des Bougres du pays Alia, quae desinit in ann. 1322 ad ann. 1225: En cest an fist ardoir les Bougres frères Jeans, qui estoit de l'Ordre des Frères Prescheurs.

Auch Schmidt in seiner „Histoire et doctrine de la secte des cathares en albigeois" führt solche Belege an:

Burgari quia latibulum eorum Speciale est in Burgaria (Steph. de Bellavilla, 86, 90) B u l g a r o r u m haeresis (Chronol. Robert. Altissiod, 274 cels de B o l g a r i a .). (Guil de Tudèle, S. 4, V 45) „quos quidam vocabant Bulgaros . ." (Chron. S. Medardi 491) „B u l g r i sive Bulgari" (Albericus II, 569). Le nom de Bulgare, contracté et corrompu en Bougre devint très commun en France. „Bugares Bugre ." (Matth. Paris, 236). „B o g r i" (Chron. Lobiense, 1427). L e s B o u g r e s en Aubigeois (Vie de saint Louis, par le confesseur de la reine Marguerite, chez Bouquet, XX, 63), Villehardouin (chez Buchon, III, 172 etc.) avait déjà appelé la Bulgarie. Bougrie (voy. aussi Ducange, 1, 800, 801)[1]). Unter den in Spanien um das Jahr 610 geschriebenen Epistolae wisigothicae gibt es auch solche von: B u l g a r comes Septimaniae[2]). Dieser Bulgar muß um das Jahr 560 geboren sein. Hier haben wir ein Beispiel, daß ein gotischer Fürst den Nationalnamen der Bulgaren trägt. Auch die in Spanien eingewanderten und an dem Fluß Hiberus wohnenden Wisigoti werden Bulgaren genannt. In Walahfridi Strabos carmina lesen wir unter anderem:

Ursus, aper, timidusque lepus, cervique fugaces | Damma, lupus immone boumque examen agrestum, Sic V u l g a r | Sarraque cenus malus hospes H i b e r i s | Subdat honorandis sua colla exterrita dextris[3]).

Auch in folgenden Versen bezieht sich der Name Bulgar auf die Goten, da Valens mit den Goten kämpfte:

Et Valens iunctus beatis
hoc precetur omnibus

---

[1]) C. Schmidt, Histoire de la secte des cathares ou albigeois t. II, Paris 1849. S. 282.

[2]) Monum. Germ. Bd. III. S. 677—685.

[3]) Monum. Germ. Bd. II, S. 378. Poetae latini aevi Carolini, Walfridi Strabi carmina.

Vestra pax ut pace cunctos
firmet apta subditos Imperator
Intus, extra, longe, iuxta
fulgeat concordia;
Britto cedat atque Bulgar
Omnis ardor hostium Imperator[1]).

Und in Ermennici Elwangensis Epistola ad Grimaldum Abbatum wird gesagt:

Hinc etiam in barbaris nominibus eandem regulam observandum, ut, Wascones, Britones (Wiscones britones) Vulgares quod tunc tantum produciter, cum populus, sequiter, ut, Vulgares populi vel homines. Item similiter „Amazones" ut Virgilius in XI. Und in Ermoldi Nigelli carmina in honorum Hludowici heißt es:

Francus, Wasco, Getha, Sive Aquitana cohors[2]).

Die Bulgaren werden also an Stelle der Goten neben den Vasconen, d. h. neben den Bewohnern der Ufer des Flusses Hiberus und der Pyrenäen, genannt. Und in Afrika, wo die Vandalen sich ansiedelten, erwähnen die Gelehrten Spuren von Slawen. So z. B. schreibt der bekannte Orientforscher Deguigne in einer Rezension der Rerum Arabicum quae ad historiam spectant ampla collecto opera et studio Rosarii Gregorio Eccl. Panorus in le journal des savants 1791):

Par nos lectures de quelques manuscrits Africains nous avons été convaincus qu'il y avait en Afrique des villages habités par des Esclavons ou Seclab ce qui est assez singulier. Il parait que ces Seclab faisaient des courses en Sicile jusqu'à l'an 951. Nous apprenons par cette même Chronique qu'un autre Seklab passe d'Afrique en Sicile avec armée nombreuse de terre et de mer et des chameaux." Weiter macht Deguigne auf folgendes Denkmal aufmerksam:

Chronicon Siciliae, déjà imprimé d'après un manuscrit de la bibliothèque de Cambridge par Carusius, en Arabe et en Latin. Mais dans cette nouvelle édition on a revu et corrigé

---

[1]) Monum. Germ. Bd. II. S. 406.
[2]) Monum. Germ. Bd. II, S. 13.

le texte. Er fährt weiter fort. „On ignore quel est le nom de l'auteur de la Chronique de Sicile appelée Chronique de Cambridge. Cave et quelques autres ont cru que cette Chronique était l'ouvrage d'Eutychius, patriache d'Alexandrie dont nous avous des Annales. Eutychius est mort l'an 950 de. J. C. M. Gregorio pense que l'auteur de cette chronique était un Mahumétan né en Sicilie: en effet cet écrivain parait avoir parfaitement connu cette isle par la manière dont il on parle de plus en comptant les années il se conforme à l'usage des Siciliens et non pas à celui de l'église d'Alexandrie. Die Chronik beginnt mit 827 und geht bis 968 „À l'an 924 l'auteur Arabe dit qu'un personnage nommé S a k l a b i vient d'Afrique et s'empara en Sicile de la fortresse de S-te Agathe [1]).

Und Ebn Haucal erwähnt, als er Palermo (Sizilien) beschreibt, daß es dort ein slawisches Viertel gegeben hätte:

Le quartier appelé S a c a l i b a h est plus peuplé et plus considérable que les deux cités dont je fais mention. Ici est le port maritime. Des ruisseaux coulent entre ce quartier et la cité principale et les eaux se vent de division entre l'un et l'autre. Le quartier de la mosquée, qui prend son nom de la mosquée dite d'Ibn Saclab est considerable aussi. Les cours d'eau y manquent tout à fait, et les habitants boivent d'eau des puits." Und etwas weiter: „Le quartier Sacalibah n'est entouré d'aucune muraille. Les plus grands marchés, tels que celui de tous les vendeurs d'huile se trouvent entre la mosquée d'Ibn S a c l a b et le quartier El. Jadid [2]).

Lamanski hat sehr viele Belege dafür angeführt, daß Slawen aus Afrika nach Spanien gekommen sind. So z. B. wäre zu Abdurrachman, dem Stammvater der Omajaden in Spanien, im Jahre 777 ein Slawe aus Afrika gekommen, um

---

[1]) Angeführt nach Lamanski: O Slavjanach v maloï asii, v afrikje i v Ispanij. Petersburg 1859. S. 198.

[2]) Journal asiat. 1845 Janvier. Description de Palerme à la moitié du X siècle de l'ère vulgaire par Ebn Haucal, traduite par Michel Amari S. 92—93. Lamanski S. 196—197.

sich von neuem den Kalifen dieses Königreiches untertänig zu machen[1]).

Al-Makari schreibt, daß zur Zeit des Königs Gischima II. und der Regierung Al-Manzora († 1002) Literatur und Wissenschaft in Cordova blühten. Sogar die slawischen Eunuchen hätten sich mit großem Eifer mit ihnen beschäftigt. Der arabische Schriftsteller Ebn Gayan (II 200) aus dem 11. Jahrhundert soll die Namen mehrerer dieser Slawen erwähnt haben. Ein solcher ist Futin, welcher schlagende Beweise gegen die Meinung derjenigen, welche den Slawen Tüchtigkeit absprechen, geliefert hat. Diese Worte lauten in englischer Übersetzung folgendermaßen:

A Sclavonian, named Habib is said also to have written a work entitled „Clear proofs and victorius arguments (in favour) of the excellences of the Sclavonic race", in which he introduced all manner of entertaining anecdotes, history and verses of the Sclavonians[2]).

Der hier erwähnte Slawe Habib soll nach den anderen Übersetzern aus dem Arabischen Labib geheißen haben. So schreibt z. B. der englische Übersetzer der obigen Zeilen, daß der Gouverneur von Tortos im 11. Jahrhundert, der Slawe Habib, welchen Dosi Labib nennt, gewesen sei. Er schreibt darüber:

„Ai-je tort quand j'avance qu'il faut toujours consulter le texte arabe d'al Makkari et qu'il ne faut point s'en rapporter à la traduction anglaise? Quand je publierai dans un autre de cet ouvrage, des Extraits de l'ouvrage d'Ibn Bassam, j'aurai à revenir sur l'histoire de Tortose, parce qu' Ibn-Haiyan, copié par Ibn Bassàm, nous a laissé sur l'histoire de cette ville et sur Lebib, son gouverneur, des renseignements précieux (Rech. 200)[3]."

---

[1]) Cardonne, Histoire de l'Afrique et de l'Espagne sous la domination des Arabes. Paris 1765 I S. 204—205; Conde, Historia de la dominacion de los Arabes en España. Paris 1840 S. 95—96. „Al principio del año 151 (768) aportaron cerca de Tortosa diez barcos con el candillo Abdala Ben Habibet Sekelebi. — Lamanski, S. 203.

[2]) Lamanski, S. 230.

[3]) Lamanski, S. 233.

Der Name L e b i b erinnert an den von 567—572 in Septimanien regierenden gotischen Fürsten Livva . Leuua, Leviba[1]). Bulgaren werden in Italien statt Goten in den Carmina Pauli et Petri (um das Jahr 787) genannt:
Apulus et Calaber, V u l g a r, Companus et Umber[2]).

Die Konfession dieser Goten oder Bulgaren in Septimanien ist nichts weiter als der ins Christentum übertragene Glaube der alten Thrakier. Wir wollen hier einige Auszüge über ihre Konfession anführen:

M o d u s et r i t u s v i v e n d i[3]):

Ipsi in nullo casu jurant. Jejunant tres quadragesimas in anno, scil. a festo S. Britii usque ad natale, et a Dominica in quinquagesima usque ad pascha, et a festo Pentocostes usque ad festum Petri et Pauli, et septimanam primam et ultimam cujuslibet quatragesimae vocant septimanam strictam quia in illa jejunant in pane et aqua, in aliis autem Septimanis tribus diebus jejunant in pane et aqua, et per totum annum residuum tribus diebus in pane et aqua jejunant qualibet septimana, nisi sint itinerantes et infirmi. Item nunquam comedunt carnes, nec etiam tangunt eum eas, nec caseum nec ova nec aliquid quod nascatur ex carne per viam generationis sive coitus. Item nullo modo occidunt aliquod animal, nec volatile, quia dicunt et credunt, quod in animalibus brutis et in avibus sint spiritus illi, qui recedunt de corporibus hominum, quando non sunt recepti ad sectam nec ordinem suum et quod transeunt de uno corpore in aliud corpus. Item non tangunt aliquam mulierem.

— — — — — — — — — — — — — — — — —

D e m o d o d o g m a t i s a n d i: Dicunt, ipsos esse bonos Christianos, qui non jurant nec mentiuntur, nemini maledicunt, nec occidunt, nec hominem, nec animal, nec aliquit habeat vitam respirantem — et quod tenent locum apostolorum; et

---

[1]) Monumenta Germaniae XIII, Chronica minora. IV. Reges Wisigothorum, S. 495.
[2]) Monum. Germ. I, 1 (Poetae latini) S. 67.
[3]) Siehe: Eymerici Director. S. 440.

quod Romana ecclesia eos persequitur, sicut Pharisaei Christum et apostolos persequebantur .[1]).

Und in der Aufzählung der Sätze der Albigenser, der Sekte der Bagnallo und der Sekte der Concorreggio, qui habent haeresim suam de Sclavonia (Cod. Scotor. Vienn.), wird gesagt:

Quidam alii de Bulgaria credunt tantum unum Deuum omnipotentem sine principio, qui creavit angelos et quatuor elementa et dicunt, quod Lucifer et complices sui peccaverunt in coelis, sed unde processit eorum peccatum dubitant. Quidam dicunt, arcanum est. Alii dicunt, quod quidam spiritus habens quatuor facies, unam hominis, aliam volucris, tertiam piscis, quartam animalis, fuit sine principio et manebat in hoc chaos nullam habens potestatem creandi, et Lucifer ad huc bonus descendit et videns speciem hujus spiritus admiratus est et collusione et suggestione illius spiritus maligni seductus est et revertens in coelum seduxit alios, et projecti sunt de coelo, et dona naturalia non perdiderunt; et dicunt, quod Lucifer et ille spiritus nequam volebant distingere clementa et non poterant, sed Lucifer impetravit a Deo bonum angelum coadjutorem et ita concessione et adjutorio boni angeli et virtute et sapientia sua distinxerunt elementa, et dicunt quod Lucifer est ille Deus, qui dicitur in Genesi creasse coelam et terram et opera sex dierum et qui formavit Adam de limo terrae et in illa forma insufflavit bonum angelum et fecit ei etiam (mulierem), ut per eam faceret eum peccare, et dicunt, quod comestio ligni prohibiti fuit fornicatio. Et quidam istorum dicunt quod pars illorum qui ceciderunt salvandi sunt, scilicet quia non ex voluntate sed quasi coactione peccaverunt, et qui ex deliberatione peccaverunt, damnandi sunt, et dicunt, quod alii spiritus creati sunt a Deo, qui dicuntur supplere locum illorum non salvanderum.

Albigensis dicunt quod Lucifer fuit filius mali Dei et ascendit in coelum et invenit uxorem illius superni regis sine viro suo i. e. Deo et ibi tantum fecit quod jacunt cum ea, et ipsa primo defendente se dixit ei Lucifer quod si filium pro-

---

[1]) Döllinger, Sektengeschichte des Mittelalters. Dokumente S. 3—5.

crearet, faceret eum Deum in regno suo et faceret eum adorati tanquam Deuum, et sic acquievit ei, et inducant illud Apoc.: Factum est regnum hujus mundi etc. et sic dicunt Christum natum et ipsum sic duxisse carnem de coelo, et illud est magnum secretum ipsorum. Volunt etiam dicere quod non fuit verus homo, sed angelus incarnatus et quod non fuit filius B. Mariae et sic non sumsit carnem ex ea et quod non comedit neque bibit corporaliter[1]).

Confessio Johannis Mourini de monte Alionis super crimine haeresis.

Audivit a Guiliemo Belibasta haretico, quod duo dii erant, scilicet deus malus, quem ipse vocabat deum extraneum, et ipsemet deus extraneus vocabat se deum, et tamen non erat; qui deus extraneus non faciebat, nisi malum quia faciebat, ut animae distardarentur, ne venirent ad salvationem. Et quod erat alter Deus bonus, quem ipse haereticus vocabat Patrem bonorum spirituum solum. Dicebat etiam quod omne, quod est, exceptis spiritibus, de terra est et in terram reverteretur, et quod soli boni spiritus reverterentur ad Deum, quia Deus fecerat eos; et secundum hoc Deus bonus solum fecisset spiritus bonos, et omnia alia fecisset Deus malus vel Deus extraneus. Ipse tamen, ut dixit, semper credidit, quod Deus bonus fecisset omnia, scilicet corpora et spiritus et omne quod est; bene tamen recognoscit, quod dictus haereticus credebat, quod Deus bonus solum fecerat bonos spiritus et nihil aliud. A quo etiam haeretico audivit, quod septem regna erant Dei et septem diaboli, quia oportebat quod aliqua verba erant bona et aliqua mala et quia oportebat quod homo addisceret tam bona quam mala, sed quod homo teneret se cum bono, et, ut dixit, dictus haereticus declarabat dicta septem regna Dei quem vocabat Patrem bonorum spiritum, quia, ut dicebat, septem modi erant angelorum, quorum Deus bonorum spirituum Pater erat; non tamen aliter audivit declarari dictos modos septem angelorum ut dixit. Per septem vero regna diaboli ipse intellexit septem modos diabolorum, de quibus intellexit quinque modes ei expressos per dictum

---

[1]) Döllinger, S. 612—613.

haereticum, quia quidam daemones sunt in abysso, quidam in terra, quidam in aqua, quidem in aere et quidam in superiori regioni juxta coelum, quia secundam quod magis vel minus peccaverunt, magis vel minus descenderunt, et istorum daemonum major daemon, quem ipse vocabant Deum extraneum, erat princeps et dominus, qui fecerat omnes alios peccare; qui etiam daemon solum unum filium habebat, quiem filium dictus haereticus vocabat Luciferum[1]).

Fassen wir zusammen, so sehen wir:

1. Die zwei Prinzipien, d. h. das Gute und das Böse, die sich in der manichäischen oder bulgarischen Religion bekämpfen, sind nichts weiter als dieselben beiden Prinzipien des Guten und des Bösen, die den Inhalt der bulgarischen Mythologie ausmachen;

2. die Enthaltsamkeit ist dieselbe, die von Zalmoxis die alten Thrakier gelehrt wurde;

3. die sieben Himmel und die Wanderung der Seele ist nichts anderes als die Lehre des Pythagoras, die noch die alten Thrakier durch Zalmoxis überkommen haben. Noch heutzutage glaubt die bulgarische Landbevölkerung, daß es so viele Sterne am Himmel gebe wie Menschen auf der Erde, und wenn ein Mensch stirbt, so fällt ein Stern vom Himmel usw.;

4. nach der alten thrakischen oder bulgarischen Mythologie gab es einen höchsten Gott, den Vater der anderen Götter und der Erde. Diesen Gedanken wollte man auch in der christlichen Religion fortsetzen. Der Manichäismus in Südfrankreich und Italien ist daher nichts weiter als der Glaube der alten Thrakier oder Bulgaren.

Außer nach Südfrankreich gingen die Goten im 4. Jahrhundert auch nach Dalmatien. Hier gründeten sie den kroatischen Staat. Der Name Kroaten steht mit Krobat oder Kuber in Zusammenhang, wie wir auf Seite 199—200 gezeigt haben. Über diese Ankunft der Krowaten oder Goten in Dalmatien schreibt der Archidiakonus Thomas in seiner Historia Salonitana folgendes:

Permixti ergo sunt populi isti et facti sunt gens una, uita moribusque consimiles, unius loquele. Ceperunt autem

---

[1]) Döllinger, S. 184—185.

habere proprios duces. Et quamuis praui essent et feroces, tamen christiani erant, sed rudes ualde. Ariana etiam erant tabe respersi. Gothi a pluribus dicebantur et nichilominus Sclavi, secundum proprietatem nominis eorum, qui de Polonia seu Boemia uenerant[1]).

Polonia ist Polen oder Doiran (Makedonien), während Boemia das Land südlich von Polen und Geugeli, an dem Berg Pajak und am Wardar, nördlich von Solun (Saloniki), ist. Die Goten oder Bulgaren sind also unter Krowat aus Südmakedonien nach Dalmatien gegangen. Dort haben sie sich mit den Einheimischen vermischt und so ein Volk gebildet, dem sie den Namen Krowaten gegeben haben. In derselben Geschichte wird weiter von der religiösen Tätigkeit dieser Goten gesagt:

Temporibus domini Laurentii archiepiscopi quaedam exsecrandi scismatis fuit suborta contentio in Dalmatiae et Croatiae regno. Fuerat siquidem tempore domini Alexandri papae, et, Ioannis decessoris Laurentii supra dicti, a domino Maynardo quondam Pomposiano abbate, postea episcopo cardinali, quaedam synodus omnium praelatorum Dalmatiae et Croatiae multum solempniter celebrata, in qua multa fuerant conscripta capitula. Inter quae siquidem hoc firmatum est et statutum, ut nullus de cetero in lingua sclavonica praesumeret diuina mysteria celebrare, nisi tantum in latina, et greca, nec aliquis. eiusdem linguae promoueretur ad sacros ordines. Dicebant enim gothicas[2]) litteras a quodam Methodio haeretico fuisse repertas, qui multa contra catholicae fidei normam in eadem Sclauonica lingua mentiendo conscripsit; quam ob rem divino judicia repentina dicitur morte fuisse dampnatus. Denique cum hoc statutum sinodali fuisset sententia promulgatum et apostolica auctoritate firmatum, omnes sacerdotes Sclavorum magno sunt merore confecti. Omnes quippe eorum ecclesie clause fuerunt, ipsi

---

[1]) Thomas Archidiaconus, Historia Salonitana. Monumenta spectantia historiam Slavorum meridionalum. Vol. XXVI, Zagrabiae 1894, S. 25—26.

[2]) Subintelligentur glagoliticae. Gothi Thomae sunt glagolitae, i. e. qui scriptura glagolitica utuntur (Rački).

a consuetis officiis siluerunt. Factem est autem, ut quidam sacerdos aduena, Ulfus nomine, ad chroatie partes accederet, speciem pietatis uultu preferens, sed uenenum sue fallacie corde premens. Abiit ergo sussurrando per populum, simulans se a summo pontifece destinatum, et quasi eorum infirmitati compatiens, consilium se eis dare utile promittebat dicens: „scitote, quod dominus meus pontifex summus multum condoluit audiendo, quia ecclesie uobis clause sunt, uestrique sacerdotibus divina officia interdicta. Nunc ergo ad dominum meum legationem dirigite, scientes quod quicquid uolueritis, poteritis optinere."

Congregatis siquidem senioribus ac celebrato consilio eundem Ulfum presbiterum cum suis munusculis Romam mittunt. Mox presbiter arrepto itinere, Romam uenit; munuscula Chroatorum cum eorum petitionibus ad pedes domini pape detulit, eumque suppliciter rogauit, ut statum ecclesiarum et clericorum in regno Sclauonico in morem pristinum reuocaret. Tunc summus pontifex ei respondit, quod non erat iustum, ut contra statuta legatorum apostolice sedis aliquid facili consilio ageretur. „Tu autem, receptis nostris apicibus, ad archiepiscopum et regem et ad ceteros prelatos illius prouintie perfer., ut duo episcopi pro his negotiis ad nos accedant; quia te, ut pote ignotum super his exaudire minime possumus." Malignus ergo presbiter papalia scripta, non quibus missa erant, detulit, sed ad Gothos, qui eum miserant, reuerti otius properauit. Tunc percontantibus eum quid de suis petitionibus apud sedem apostolicum actum esset, respondit dicens: „Ecce per Dei gratiam, quicquid uoluistis a domino papa impetraui, nam ecclesie uestre aperte sunt; sacerdotibus uestris officia restituta sunt. Insuper etiam hoc uobis optinui, ut de gente uestra et de littera uestra uobis pontificem eligatis, mecumque ad eundem papam cum aliquibus muneribus consecrandum mittatis." Quod audientes Gothi, multum leti effecti sunt, et illico quemdam senem rudem, nomine Ceddedam, episcopum elegerunt, cumque cum eodam abbate, Potepa nomine et cum Ulfo presbitero, totius magistro nequitie, Romam properanter miserunt .[1])

---

[1]) Thomas Archidiaconus, S. 49—50.

Wir können hier die Erzählung abbrechen, weil das Angeführte bereits sehr viel aufklärt. Vorläufig wollen wir hervorheben, daß die Goten aus Südmakedonien (Polen und Boemia) eine Schrift und den Arianismus oder Manichäismus nach Dalmatien gebracht haben. Sodann, daß Methodius gotische Schriftzeichen erfunden hat und daß Ulfila wegen der Bestätigung dieser von Methodius erfundenen Schrift nach Rom gegangen ist, während nach anderen Legenden Kyrillus diesen Gang getan haben soll. Alles dies beweist, daß die gotische und die bulgarische Schrift eine und dieselbe ist.

Obige Begebenheit hat zur Zeit des Papstes Alexandrus (108—117), d. h. im Anfang des 2. Jahrhunderts, stattgefunden. Jetzt wird klar, warum es heißt, daß Kyrillus und Methodius die Reliquien des Papstes Klemens († um das Jahr 100) gesucht und gefunden haben, und warum Methodius ein Nachfolger des heiligen Andronicus, eines Schülers des Apostels Paulus, war. Was aber hier von besonderer Wichtigkeit ist, ist der Umstand, daß nach Philostorgius (4. Jahrhundert) der Gote Ulfila zur Zeit Konstantinus' in das römische Reich gegangen ist, während nach Theophanes und Nicephorus die Bulgaren zu dieser Zeit in das römische Reich eingedrungen sind, was beweist, daß Ulfilas Auftreten mit dem der Bulgaren im Zusammenhang steht. Philostorgius schreibt, daß Ulfila in dem Dorfe Sadagoltina, nahe dem Parnassus, in Kappadokien geboren sei. Er wurde mit seinen Eltern gefangen genommen und an den Ister gebracht. Hier soll er bis zu seinem dreißigsten Lebensjahre Lehrer und später Bischof der Goten gewesen sein. Er hat Schriftzeichen für die Goten erfunden und die Heilige Schrift, mit Ausnahme der Bücher der Könige, in das Gotische übersetzt[1]). Die Bücher der Könige zu über-

---

[1]) Philostorgius, Hist. eccl. II, 5. — Sokrates, Hist. eccl. IV 33 τότε δὲ καὶ Οὐλφίλας γράμματα ἐφεῦρε γοτθικά, καὶ τὰς θείας γραφὰς εἰς τὴν Γότθων μεταβαλὼν τοὺς βαρβάρους μανθάνειν τὰ θεῖα λόγια παρασκεύασεν. — Sozom. VI, 37 — Acta Nicet (Acta S. S. Sept.) — Cassiodor. hist. trip. VIII, 13 hat den Sokrates übersetzt. — Auf Cassiodorus stützt sich Jordanis de reb. get. c. 51 und Isodorus Chron. Goth. ad a 415. Philostorgius, der sonst von Sokrates sehr abweicht und selbständig ist, berichtet hist. eccl. II, 5: καὶ τὰ τε ἄλλα αὐτῶν ἐπεμελεῖτο, καὶ γραμμάτων αὐτοῖς οἰκείων εὑρετὴς καταστάς, μετέφρασεν εἰς τὴν αὐτῶν φωνὴν τὰς γραφὰς

setzen unterließ er, weil sie rein militärische Dinge erörtern und er wollte die kriegerische Neigung der Goten eher zügeln als anspornen.

Ulfila hat also denselben Ursprung wie Kyrillus, der auch aus Kappadokien stammt. Auch von Kyrillus wird gesagt, daß er die Heilige Schrift mit Ausnahme der Bücher der Makkabäer übersetzt habe:

Post ista autem relicto tumulto et dolore suo Deo commendato, prius vero ex discipulis suis duobus presbyteris constitutis qui valde velociter scribebant, vertit brevi tempore omnes libros (Scripturae) plane, exceptis Maccabaeis ex graeca lingua in slovenicam .[1]).

Die Makkabäer waren jüdische Helden und Heerführer, so daß die kriegerischen Leidenschaften durch sie am meisten angespornt wurden. Alsdann wird Kyrillus von der Legenda Bohemica in die Zeit des heiligen Augustinus, d. h. in die Zeit Ulfilas, versetzt:

Diffundente sole justitiae radios sanctae fidei christianae orbis per climata universa, temporibus magnifici Doctoris beatissimi Augustini, sanctus Cyrillus graecis et latinis apicibus sufficientissime instructus, postquam Bulgariam ad Fidem Jesu boni convertisset, in nomine sanctae trinitatis et individuae unitatis Moraviam est ingressus, ubi omnipotenti Deo cum ejus adjutorio, non modicum populum acquisivit. Inventisque novis apicibus sive litteris vetus et novum testamentum, pluraque alia de graeco sive latino sermone in Sclavonicum transtulit idioma, missas caeterasque canonicas horas resonare sclavinica voce in ecclesia statuendo, quod usque hodie in Bulgarica (Ungaria) et in pluribus Sclavonorum regionibus observatur, multaeque ex hoc animae Christo Domino acquiruntur[2]).

ἀπάσας usw. Und Auxentius: qui et ipsis tribus linguis plures tractatus et multas interpretationes volentibus ad utilitatem et aedificationem sibi ad aeternam memoriam et mercedem post se deleriquid — Kraft, Kirchengeschichte S. 240.

[1]) Bilbassoff, S. 270.
[2]) Bilbassoff, S. 247.

— 231 —

Die gotische oder bulgarische Schrift, die im 4. Jahrhundert in Dalmatien verbreitet wurde, ist von den Lateinern stark bekämpft worden. So lesen wir in der Chronik eines Priesters von Dioclea darüber folgendes:

Rogatus a vobis dilectis in Christo fratribus ac venerabilibus sacerdotibus sanctae sedis archiepiscopatus Diocletiana Ecclesiae, nec non et a pluribus senioribus, maxime a juvenibus nostrae civitatis qui non solum in audiendo, seu legendo sed in exercendo bella, ut juvenum mores est, delectantur, ut libellum Gothorum, quod latine sclavorum dicitur Regnum, quo omnia gesta ac bella eorum scripta sunt, ex sclavonica littera verterem in latinam vim inferens mea ipsae senectuti vestrae postulationi fraterna coactus charitate parere studui[1].

In Dalmatien (Kroatien) wurde der bulgarische Manichäismus am meisten verbreitet[2]. Hier wurde die ältere bulgarische Schrift, die Glagolitza, aufgefunden.

Professor Conew beweist in seiner Geschichte der bulgarischen Sprache, daß die Verwandtschaft zwischen der kroatischen und bulgarischen Sprache größer ist als die zwischen der serbischen und bulgarischen Sprache[3].

Erinnerungen an die im 4. Jahrhundert hierher gekommenen Bulgaren haben sich in einem Kloster in Cividal erhalten. Dort hat man ein Evangelium mit folgenden Randbemerkungen aufgefunden: hic sunt nomina de bolgaria imprimis rex illorum georg et frater eius dox et alius frater eius gabriel: michael et uxor eius maria et filius eius rasata et alius gabriel et tercius filius simeon, et quartus filius iakob. et filia eius dei ancella praxi et alia filia eius anna[4].

Auf Blatt 4 steht von derselben Hand geschrieben:

de bolgaria qui primus venit in isto monasterio. nomen eius sondoke et uxor eius anna: et pater eius iohannes. et

---

[1] Črnčič, Popa dukljanina lětopis po latinsku. U. Krajevici 1874. S. 1.
[2] Rački, Fr., Bogomili i Patareni. Rad. 7—8. 1869.
[3] Sbornik I (XIX), S. 80.
[4] Archiv für slaw. Philologie Bd. II.

mater eius maria. et filius michael. et alius filius eius uuelecneo et filia eius bogomila et alia kalia et tercia mar.. elena et quinta maria et alia uxor eius sogesclausa, et alius homo bonus petrus et georgius¹).

Vor einigen Jahren (1906) entdeckte Bulič in den Ruinen von Salona (Dalmatien) südlich von der Basilica Urbana folgende Inschrift: $Βάσσα\ Παρθένος\ Λυδία\ Μανιχέα$.²).

Es handelte sich also um das Mädchen Bassa, welches eine aus Lydien stammende Manichäerin war. Lydia aber ist gleichbedeutend mit Mäonien oder Makedonien. Das Mädchen Bassa also ist eine Makedonierin, welche mit den Goten oder Bulgaren nach Dalmatien gegangen war. Über diesen Manichäismus der Bulgaren in Kroatien lesen wir bei Mathaeus Parisinus folgendes:

Ille homo perditus quem haeretici Albigenses papam suum appellant, habitantem in finibus Bulgarorum, Croatiae et Dalmatiae, iuxta Hungarorum Nationem³).

Wenn man die letzteren Angaben liest, könnte man glauben, daß die Bulgaren als religiöse Sekte nach Kroatien gekommen wären. Sie kamen jedoch als ein Volk, welches den kroatischen Staat gründete, dorthin. Fast alle westländischen Chronisten vom 9. Jahrhundert wissen nur von einem Staate der Bulgaren an den Flüssen Sau und Drau zu berichten. Darüber wollen wir folgende Angaben anführen:

828. Bulgari navibus per Dravum fluvium venientes quasdam villas nostrorum flumini vicinas incenderunt⁴).

862. Interea rex collecto exercitu specie quidem quasi Rastizen Margensium Sclavorum ducem cum auxilio Bulgarorum ab oriente venientum, ut fama fuit, domaturus, re autem vera ad Carantanos filium expugnaturus accessit⁵).

---

¹) Archiv für slaw. Philologie Bd. II.
²) M. A. Kugener et Franz Cumont, l'Inscription de Salone. In Recherches sur le Manichéisme Bruxelles, H. Lamertin 1912, S. 175—177.
³) Rački, Rad. VII, 163.
⁴) Annales Fuldenses. Pars I. Auctore Einhardo A. 828. Scriptores Rerum germanicarum. Hannoverae 1891. S. 25—26.
⁵) Ann. Fuld. Auctore Rudolfo. A. 862.

892. (Rex Franc.) Missos etiam suos inde ad Bulgaros et regem eorum Laodomir ad renovandam pristinam pacem cum muneribus mense Septembrio transmisit et, ne coemptio salis inde Maravanis daretur, exposcit. Missi autem propter insidias Zwentibaldi ducis terrestre iter non valentes habere de regno Brazlavonis per fluvium Odagra (Odra) usque ad Gulpam (Kulpa) dein per fluenta Savi fluminis navigio in Bulgaria perducti[1]).

Deinde Carantanorum, Marahensium ac Vulgarum fines crebris incursionum infestationibus irrumpunt[2]).

Bulgari quoque Sclavos in Pannonia sedentes misso per Dravum navali exercitu ferro et igni vastaverunt et expulsis eorum ducibus Bulgaricos super eos rectores constituerunt[3]).

Cum regi Bulgarorum legati sui, quid egerint, renuntiassent, iterum eum, quem primo miserat, ad imperatorem cum litteris remisit, rogans, ut sine morarum interpositione terminorum definitio fieret vel, si hoc non placeret, suos quisque terminos sine pacis foedere tueretur[4]).

Diese dem Deutschen Reiche benachbarten Bulgaren oder Kroaten sind es, welche sich im 9. Jahrhundert an den Papst Nikolaus um römische Lehrer gewandt haben. Darüber folgende Angaben:

Hludwicus rex Germaniae hostiliter obviam Bulgarorum cagano nomine, qui se christianum fieri velle promiserat; pergit; inde ad componendam Winidorum marcam, si se prosperari viderit perrecturus[5]).

Rex Hludowicus Vulgarum petitionibus annueus Ermenrichum episcopum cum presbyteris ac diaconibus ad propagandam fidem catholicam praefatae genti destinavit. Sed

---

[1]) Annal. Fuld., Continatio Ratisbonensis ad a. 892.
[2]) Regionis Chronicon A. 889.
[3]) Annales Regni Francorum. A. 827.
[4]) Annales Regni Francorum A. 826.
[5]) Annales Bertiniani Auctore Hincmaro A. 864.

cum illuc pervenissent, episcopi a pontifice Romano missi totam illam terram praedicando et baptizando iam tunc repleverunt; quapropter isti accepta a rege licentia redierunt in sua[1]).

Anno 867. Gens Bulgarum, hactenus idola vana colentium, ad fidem catholicam conversa est, mittente eis summo tonanti signa et prodigia fieri in medio plebis. Directis a Nicolao summo pontifice et universali papa urbis Romae viris apostolicis, receperunt sermonem domini nostri Jesu Christi et baptizati sunt[2]).

His temporibus (864) gens Vulgarum ferocissima ac bellicosa relictis idolis abrenuntiatisque gentilium superstitionibus in Christum ex permaxima parte credidit; et abluta salutari baptismatis unda in religionem christianam transiit. Directi sunt autem a sede apostolica in eandem gentem sacerdotes ac viri religiosi, qui populum adhuc rudem divinis informarent preceptis et incultam barbariem sacris dogmatibus excolentes Christo gratum habitaculum prepararent. Ut huis vere sanctae devotionis opus prosperum obtineret effectum, Ludowicus christianissimus rex, qui Germanis imperabat, non mediocre prebuit supplementum[3]).

Bulgarorum rex filium et plures ex proceribus regni sui Romam direxit et arma quibus indutus fuerat, quando in Christi nomine de suis adversariis triumphavit, cum aliis donis sancto Petro transmisit et plures quaestiones de sacramentis fidei consulendo Nicolao papae direxit et episcopos atque presbiteros mitti ab eo sibi poposcit; quod et obtinuit. Hludwicus vero Italiae imperator hoc audiens, ad Nicolaum papam misit, iubens, ut arma et alia quae rex Bulgarorum sancto Petro miserat ei dirigeret[4]).

Es ist uns die Antwort, die der Papst Nikolaus an diese bulgarische Gesandtschaft gegeben hat, erhalten geblieben.

---

[1]) Ann. Fuld. pars III Auctore Meginhardo A. 867.
[2]) Annales Xantenses A. 867.
[3]) Regionis Chronicon A. 868.
[4]) Annales Bertiniani Auctore Hincmaro A. 866.

Hunderte von Fragen haben die Bulgaren an den Papst gestellt. Unter diesen verdient die folgende eine besondere Beachtung:

De libris profanis, quos a Saracenis vos abstulisse ac apud vos habere perhibetis, quid faciendum sit, inquiritis: qui nimirum non sunt reservandi; corrumpsunt enim sicut scriptum est, mores bonos colloquia mala (1. Kor. XV); sed ut pote noxii et blasphemi igni tradendi[1]).

Die sarazenischen Bücher, die von den Bulgaren mit Verständnis gelesen wurden, sind die Bücher Sarakinos oder Kubers oder aber Ulfilas. Diese Bücher waren deshalb schlecht, weil sie in bulgarischer Sprache verfaßt waren. Der Rat des Nikolaus, die bulgarischen oder sarakinischen Bücher zu verbrennen, ist der beste Beweis dafür, daß die Legende, Kyrillus und Methodius hätten in Rom die Bestätigung ihrer Bücher von dem Papst Nikolaus erhalten, eine spätere Erfindung ist.

Seit dieser Zeit sind die Bulgaren an der Sau und Drau oder die Länder Kraina, Kroatien und Slawonien römisch-katholisch geworden, und die bulgarische Schrift und Messe ist mit der lateinischen vertauscht worden.

c) Der Kampf der bulgarischen Kirche mit der römischen und griechischen.

Der Kampf der bulgarischen Kirche mit der römischen und griechischen beginnt mit dem Anfang des Christentums selbst. Schon Paulus mahnt, keinen Unterschied zwischen den Skythen und den Griechen zu machen, da alle in Christus gleich seien. Die Römer und Griechen wollten eine nationale Kirche, in der der Gottesdienst lateinisch oder griechisch abgehalten werden sollte. Die Bulgaren aber wollten in ihrer Sprache zu Gott beten und die Kirchenangelegenheiten nach ihren Sitten und Gebräuchen ordnen. Auf diese Weise entstanden Streitigkeiten zwischen Römern, Griechen und Bulgaren. Um diese Meinungsverschiedenheiten auszugleichen,

---

[1]) Responsa Nicolai ad Consulta Bulgarorum (Ann. 866), Migne CXIX, S. 978.

berief man im Jahre 347 ein Konzil nach Serdika (Sofia) ein. Auf diesem Konzil wurden als Arianer bezeichnet: Protogenus, Bischof von Serdica, Gaudentius, Bischof von Naisus (Nisch), Theodor, Bischof von Heraklea in Thrakien, Ursacius, Bischof von Singidon (Belgrad) in Mösien, Valens, Bischof von Mursa (Agram) in Pannonien, Accacius, Bischof von Cäsarea in Palästina, Narcissus, Bischof von Irenopolis in Kilikien, Menophantes, Bischof von Ephesus, Georg, Bischof von Laodicea (Makedonien), Stephan, Bischof von Antiochien[1]). Die Bischöfe von Thrakoillyrien waren, wie wir sehen, eines Sinnes. Die exkommunizierten Bischöfe Patrophilus, Bischof von Scythopolis und Narcissus von Irenopolis und andere Bischöfe haben sich in Singidon (Belgrad) versammelt und gaben Konstantius Nachricht von ihrer ungerechten Verbannung. Konstantius, bestürzt, rief die Verbannten zurück und verfügte, daß zwei Synoden berufen werden sollten, die eine nach Rimini von den Bischöfen des Westens und die andere nach Nicomedia von den Bischöfen des Ostens, Lybiens und Thrakiens. Dort sollten die von beiden Seiten angeführten Argumente noch einmal geprüft werden. In Nicomedia aber soll kein Konzil stattgefunden haben, weil ein Erdbeben geschah[2]). Die in Rimini im Jahre 359 versammelten Bischöfe haben die Bischöfe derselben Provinzen verbannt, welche auf dem Konzil zu Serdica exkommuniziert worden waren, und zwar: Ursacius, den Bischof von Singidon, Valens, Bischof von Mursa, Auxentius, Bischof von Mailand[3]), Eudoxius, Bischof von Germanica in Kappadokien, Demophilus, Bischof von Beroe (Makedonien)[4]), Germinius, Bischof von Sirmium[5]), und Gaius[6]), vielleicht Bischof von Sofia. Schon aus der Tatsache, daß als Anhänger des Arius vornehmlich die Thrako-

---

[1]) Sozomen, Hist. eccl. III 11, 12, 20.
[2]) Philostorgius, Hist. eccl. IV, 10.
[3]) Theodoret., Hist. eccl. IV, 6.
[4]) Theodoret., V, 40.
[5]) Sozomen., IV, 24.
[6]) Sokrates, Hist. eccl. II, 37. Siehe darüber auch den Brief Athanasius', Theodoret., II, 23.

Illyrier erklärt wurden, ersieht man, daß der Kampf einen mehr nationalen als religiösen Charakter hatte. An diesem Konzil nahm auch Ulfila teil, der auch Arianer war und es mit den arianischen Bischöfen Accacius und Eudoxius gehalten hat[1]). Da eine Einigung zwischen den thrakoillyrischen und den römischen Bischöfen auch in Rimini nicht erzielt werden konnte, so versammelten sich gleich darauf die Bischöfe von Gallien und Italien in Rom zu einem besonderen Konzil. Diese Tatsache ist der beste Beweis dafür, daß die religiösen Unterschiede sich mit den nationalen deckten.

Aus Rom schrieb der römische Bischof Damasus einen Brief an die illyrischen Bischöfe, worin er ihnen mitteilte, daß Auxentius, der Bischof von Mailand, verurteilt worden wäre. Es wäre recht, schrieb er, wenn alle Lehrer der Gesetze im römischen Reiche eines Sinnes wären. Die versammelten Bischöfe verurteilten die arianische Lehre und hoben hervor, daß dieselbe bereits in Nicäa von 380 Kirchenvätern verurteilt wurde. Diese Kirchenväter hätten erklärt, daß Gott Vater und Sohn eine Substanz, eine Gottheit, eine Tugend ($\dot{\alpha}\varrho\varepsilon\tau\dot{\eta}$), eine Kraft, ein Charakter seien und daß der Heilige Geist auch von derselben Hypostase und Substanz sei[2]). In diesem Sinne schrieb auch Athanasius an die Afrikaner. Er teilte ihnen mit, daß Ursacius, Valens, Eudoxius, Auxentius und Demophilus abgesetzt wären, weil sie eine andere Lehre einführen wollten als die in Nicäa festgesetzte[3]).

Wie wir sehen, sind Westen und Osten oder Romanen und Griechen eines Sinnes gegen die Thrakoillyrier gewesen.

Im Jahre 381 fand noch einmal ein Konzil in Aquileja über dasselbe Thema statt. Dieses Mal wurden exkommuniziert: **Auxentius**, der Bischof von Dorostolung (Silistra), **Paladius**, der Bischof von Rattaria (Artschar bei Widdin), **Demophilus**, Bischof von Beroe (Makedonien). Sodann die Bischöfe **Maximus**, **Sekundianus** und **Ulfila**, dessen Sitz zu **Nicopolis** an der Jantra bei Tirnowo war[4]).

---

[1]) Sozomen., IV, 24, Sokrates II, 41.
[2]) Theodoret., II, 22.
[3]) Theodoret., II, 23.
[4]) Theodoret., II, 23.

Wie wir sehen, tobt auch jetzt der Kampf zwischen den Römern, oder besser Italienern, und den Thrakoillyriern. Die verbannten gingen unter Ulfilas Führung nach Konstantinopel, um dort ein neues Konzil zustande zu bringen. Es gelang ihnen aber nicht, da der Kaiser dieses Konzil verbot. Zu dieser Zeit starb Ulfila in Konstantinopel[1]). Dadurch aber wurde der Kampf zwischen Gräkoromanen und Thrakoillyriern nicht beendet. Um das Jahr 399 erhob sich der Gote oder Skythe Gaina. Gaina war der Oberkommandierende der kaiserlichen Truppen. Er wollte, daß man in Konstantinopel für seine Landsleute, die Arianer waren, Kirchen abtrete. Der Kaiser war fast einverstanden, aber der damalige Bischof von Konstantinopel, Johannes Chrysostomos, widersetzte sich. Er antwortete, daß Gaina alle Kirchen für den Gottesdienst zur Verfügung ständen. „Aber ich gehöre einer anderen Sekte an und möchte, daß mir und meiner Partei eine Kirche gegeben wird," sprach Gaina. Der Bischof widersetzte sich weiter. Da sammelte Gaina ein Heer in Thrakien und hißte die Fahne der Revolution. Dann forderte er seine Landsleute, die Goten, auf, in das römische Reich einzufallen. Sein Landsmann Tribilgildes erhob sich in Phrygien (Makedonien).

Sozomen schreibt darüber:

Ἐν τούτῳ δὲ Γαϊνᾶς ἀνὴρ βάρβαρος, αὐτομολήσας ‘Ρωμαίοις, ἐξ εὐτελοῦς στρατιώτου παραλόγως εἰς τὴν τῶν στρατηγῶν παρελθὼν τάξιν, ἐπεχείρησε τὴν ‘Ρωμαίων ἀρχὴν ὑφ' ἑαυτὸν ποιεῖν. Ταῦτα δὲ βουλευόμενος, τοὺς ὁμοφύλους αὐτοῦ Γόθους ἐκ τῶν ἰδίων νόμων εἰς ‘Ρωμαίους μετεπέμψατο, καὶ τοὺς ἐπιτηδείους συνταγματάρχας καὶ χιλιάρχους κατέστησε. Τριβιγγίλου δὲ νεωτερίσαντος, ὅς αὐτῷ γένει προσήκων, πολυανθρώπου τάγματος ἡγεῖτο τῶν ἐν Φρυγίᾳ στρατιωτῶν· τοῖς μὲν εὖ φρονοῦσι, δῆλος ἦν ταῦτα κατασκευάσας[2]).

---

[1]) Die Legenden über den Bulgarenapostel Kyrillus berichten, daß Kyrillus in Rom gestorben sei. Da man unter Rom auch Konstantinopel, welches Neues Rom genannt ward, verstand, so ist es klar, daß Kyrillus und Ulfila sich auch in bezug auf ihren Tod deckten.

[2]) Sozomen., Hist. eccl. VIII, 4.

Dieser Aufstand wurde dadurch hervorgerufen, daß Gaina für seine Landsleute eine Kirche in der Stadt (Konstantinopel) verlangte:

Ἦν μὲν γὰρ Χριστιανὸς, τῆς τῶν βαρβάρων αἱρέσως οἳ τὰ Ἀρείου φρονουσιν. Ἀναπεισθεὶς δὲ παρὰ τῶν ταύτης προεστώτων, ἢ αὐτὸς φιλοτιμούμενος, ᾔτησε τὸν βασιλέα μίαν τῶν ἐν τῇ πόλει ἐκκλησιῶν τοὺς ὁμοδόξους αὐτῷ ἔχειν[1]).

Eine Kirche hatten die Goten schon in Konstantinopel, da Sozomen weiter schreibt:

Νομίσας τε αὐτοῦ χάριν συνεληλυθέναι τοὺς ἐκ τῶν ἄλλων πόλεων στρατιώτας, νύκτωρ μὲν φρουρεῖν τὴν πόλιν καὶ τὰ βασίλεια, ἐν ἡμέρᾳ δὲ λανθάνειν, σκήπτεται διαμονᾷν· ὡς εὐξόμενός τε καταλαμβάνει τὴν ἐκκλησίαν, ἥν ἐπὶ τιμῇ Ἰωάννου τοῦ Βαπτιστοῦ, ὁ τοῦ βασιλέως πατὴρ ᾠκοδόμησε πρὸς τῷ Ἑβδόμῳ. Τῶν δὲ βαρβάρων, οἱ μὲν, ἔνδον ἔμενον· οἱ δὲ, Γαϊνᾷ συνεξῄεσαν. Λάθρα δὲ συνεξῆγον ὅπλα ἐν γυναικείοις ὀχήμασι καὶ κεράμους βελῶν· ἐπὶ δὲ ἐφωράθησαν, τοὺς φύλακας τῶν πυλῶν ἀναιροῦσι. πειραθέντας κωλῦσαι τὴν τῶν ὅπλων ἐκκομιδήν. Ἐκ τούτου δὲ ταραχῆς καὶ θορύβου ἀνάπλεως ἡ πόλις ἐγένετο, ὡς αὐτίκα ἁλωσομένη. Ἀγαθὴ δὲ γνώμη ἐκράτει πρὸς τὰ παρόντα δεινά. Ὁ γὰρ βασιλεὺς μηδὲν μελλήσας, τὸν μὲν Γαϊνᾶν πολέμιον ἀνεκήρυξε· τοὺς δὲ περιλειφθέντας ἐν τῇ πόλει βαρβάρους, ἀναιρεθῆναι προσέταξεν. Ἐπιθέμενοι δὲ τούτοις οἱ στρατιῶται, ἀναιροῦσι τοὺς πλείστους· τὴν δὲ καλουμένην τ ῶ ν Γότθων ἐκκλησίαν ἐμπιπρῶσιν. Ὡς εἰς συνήθη γὰρ εὐκτήριον οἶκον ἐνθάδε ἠθροισμένοι ἐτύγχανον, οἷς οὐκέτι φυγεῖν ἐξεγένετο, τῶν πυλῶν κεκλεισμένων. Ταῦτα δὲ μαθὼν ὁ Γαϊνᾶς, διὰ Θρᾴκης ἐλάσας ἧκεν εἰς Χερρόνησον, καὶ τὸν Ἑλλήσποντον περαιοῦσθαι ἐσπούδαζε[2]).

Wie wir sehen, hatten die Goten bereits eine Kirche in Konstantinopel, und daß sie noch eine Kirche haben wollten, beweist, wie zahlreich sie in Konstantinopel waren. Theodoret schreibt, daß Johannes Chrysostomus selbst den Goten eine Kirche abgetreten habe. „Als er", schreibt Theodoret, „bemerkte, daß die skythische Menge in die gottlose Schlinge des Arianismus gefallen war, machte er jeden Versuch, sie davon zu befreien.

---

[1]) Sozomen., VIII, 4, 10—11.
[2]) Sozomen., VIII, 4, 12—14; Sokrates VI, 6.

Er wählte einige Leute, welche ihre Sprache kannten, und nachdem er sie geweiht hatte, einige als Priester, andere als Diakone und den Rest als Leser der Schriften, wies er ihnen eine Kirche an, und viele der Goten wurden durch sie vom Irrtum bekehrt. Häufig besuchte er selbst die Kirche und predigte dem Volke mit Hilfe eines Dolmetschers. Er redete allen, welche mit der erforderlichen Kraft des Geistes ausgestattet waren, zu, sich diesem Dienste zu widmen. Durch dieses Mittel befreite er viele **von den Einwohnern der Stadt** aus der Schlinge, in welcher sie verwickelt waren und überzeugte sie von den apostolischen Lehren[1]." Das Angeführte beweist, daß die Skythen oder Goten oder Bulgaren schon zur Zeit des Chrysostomus eigene Priester in Konstantinopel gehabt haben, **die ihnen die Messe in ihrer Sprache gelesen haben.**

Chrysostomus hat gegen den gotischen Arianismus auch außerhalb der Stadt gearbeitet, da Theodoret weiter schreibt:

„Als der Bischof unterrichtet wurde, daß einige Nomadenstämme, welche ihre Zelte am Ufer des Ister aufbauten, nach dem Wasser des Heils dursteten, aber niemanden hatten, der ihnen diese Lebenskraft bringen könnte, suchte er Leute, die gewillt waren, die Arbeit der Apostel nachzuahmen, und sandte sie zu diesem Volke. Ich habe einige seiner Briefe an Leontius, den Bischof von Ancyra, gelesen, worin er von der Bekehrung der Skythen spricht und ihn bittet, ihnen Männer zu schicken, die fähig wären, ihnen den Weg des Heils zu zeigen[2].

Chrysostomus' Bestreben, die Goten für sich zu gewinnen, ist auch aus seinen Briefen an Olympiada und an die gotischen Mönche zu ersehen.

Während der Regierung des Kaisers Theodosius II. (408 bis 450) wurden die Goten nicht beunruhigt, vielleicht weil es während dieser Zeit überhaupt keine straffe Regierung gab. Theodosius war kaum neun Jahre alt, als sein Vater starb. Anfangs regierte sein Minister Anthemius, nachher

---

[1] Theodoretus, Hist. eccl. V, 30.
[2] Theodoretus, V, 31.

seine ältere Schwester Pulcheria und sein Weib Eudoxia.
Nach ihm wurde der Mann seiner Schwester Pulcheria,
Marcian, Kaiser (450—457), der ein Thrakier war. Von
den Goten hören wir erst nach dem Tode Attilas und Marcians.
Zur Zeit der Kaiser Theodosius und Marcian war
A s p a r , der Sohn Ardaburs, die einflußreichste Persönlichkeit
im Ostreiche. Nach dem Tode Marcians machte er seinen
früheren Diener, den Thrakier L e o, zum Kaiser. Prokop
schreibt, daß Aspar selbst Kaiser werden konnte, aber er war
ein Arianer und wollte diese Religion nicht wechseln[1]). Kassiodorus schreibt in seinen Varia:

Aliquando Aspari a senatu dicebatur, ut ipse fieret imperator: qui tale repertur dedisse responsum: timeo ne per me consuetudo in regno nascatur[2])."

Späterhin aber entstanden Mißhelligkeiten zwischen Aspar und dem Kaiser Leo, weil Leo nicht einen der Söhne Aspars zum Thronfolger machen wollte. Er machte den Isaurer Traskalise zu seinem Schwiegersohn und Thronerben. Dieser Traskalise änderte seinen Namen in Z e n o n um. Als dieser Zenon um das Jahr 470 in der thrakischen Stadt Serdica (Sofia) weilte, wurde er überfallen und wäre um ein Haar ermordet worden. Schon diese Tatsache beweist, daß die alten Gegensätze noch bestanden. Die Thrakier konnten einen nicht zu ihnen gehörenden Thronfolger nicht leiden. Bald darauf aber wurden im Jahre 471 Aspar und seine Söhne Ardaburus und Patriciolus in dem kaiserlichen Palast ermordet:

A. C. 471 Aspar primus patriciorum cum Ardabure et Patriciolo filiis illo quidem olim patricio, hoc autem Caesare generoque Leonis principis appellato, Arianus cum ariana prole, spadonum ensibus in palatio vulneratus interiit[3]).

Aspars Ermordung zog die Erhebung der Goten nach sich. Zuerst erhob sich in Konstantinopel sein Landsmann Ostrys:

Ἐπὶ δὲ τῆς αὐτοῦ βασιλείας ὑπονοήσας τυραννίδα μελετᾶν Ἄσπαρα τὸν πατρίκιον, ὡς πρῶτον τῆς συγκλήτου, ἐφόνευσεν ἐν

---

[1]) Procop., Bv. I, 6.
[2]) Cassiodorus, Varia, Monum. germ. S. 425.
[3]) Marcellini Comitis Chronicon. Migne LI.

τῷ παλατίῳ καὶ Ἀρδαβούριον καὶ Πατρίκιον τοὺς υἱοὺς αὐτοῦ ἐν κομβέντῳ, καὶ αὐτοὺς ὄντας συγκλητικούς, κατακόψας τὰ σώματα αὐτῶν. καὶ ἐγένετο ἐν Κωνσταντινουπόλει ταραχή. εἶχον γὰρ πλῆθος Γότθων καὶ κόμητας καὶ ἄλλους παῖδας καὶ παραμένοντας αὐτοῖς ἀνθρώπους πολλούς. ὅθεν εἰς Γότθος τῶν διαφερόντων τῷ αὐτῷ Ἄσπαρι ὀνόματι Ὄστρυς, κόμης, εἰσῆλθεν εἰς τὸ παλάτιον τοξεύων μετὰ ἄλλων Γότθων· καὶ συμβολῆς γενομένης μετὰ τῶν ἐξκουβιτώρων καὶ αὐτοῦ Ὄστρυ πολλοὶ ἐκόπησαν. καὶ μεσασθεὶς εἶδεν ὅτι ἡττήθη, καὶ ἔφυγε λαβὼν παλλακίδα Ἄσπαρος, Γότθαν εὐπρεπῆ, ἥτις ἔφιππος ἐξῆλθεν ἅμα ἄντω ἐπὶ τὴν Θρᾴκην· καὶ ἐπραίδευσε τὰ χωρία. περὶ οὗ ἔκραξαν οἱ Βυζάντιοι, Νεκροῦ φίλος οὐδεὶς εἰ μὴ μόνος Ὄστρυς[1]).

Aus dem Angeführten ersehen wir, daß es auch zur Zeit Leos (473) in Konstantinopel lebende Goten gegeben hat.

Außer den Goten in Konstantinopel erhoben sich auch die Goten in Thrakien:

Ὅτι ὁ αὐτὸς Λέων βασιλεὺς ἀπέστειλε πρὸς τοὺς ἐν τῇ Θρᾴκῃ βαρβάρους πρεσβευτὴν Τελόγιον τὸν σιλεντιάριον. οἱ δὲ βάρβαροι τοῦτον ἀσμένως δεξάμενοι ἀντιπέμπουσι πρέσβεις πρὸς τὸν βασιλέα, φίλοι Ῥωμαίων εἶναι βουλόμενοι. ἠτήσαντο δὲ τρία, πρῶτον Θευδέριχον τὸν κατάρχοντα αὐτῶν τὴν κληρονομίαν ἀπολαβεῖν, ἣν ἀφῆκεν αὐτῷ Ἄσπαρ, δεύτερον νέμεσθαι τὴν Θρᾴκην συγχωρηθῆναι αὐτῷ, τρίτον καὶ στρατηλάτην γενέσθαι τῶν ταγμάτων, ὧνπερ καὶ Ἄσπαρ ἡγήσατο[2]).

Als die Gesandten Theodorichs unverrichteter Sache zurückkehrten, schickte Theodorich einen Teil seines Heeres nach Philippos, und mit dem anderen Teile belagerte er Arkadiopol. Daraufhin erhielt er, was er wollte:

καὶ γίνεται ἡ σύμβασις τῶν ὅρκων ἐπὶ τούτοις, τοῖς μὲν Γότθοις δίδοσθαι κατ᾽ ἔτος χρυσίου λίτρας δισχιλίας, τὸν δὲ Θευδέριχον καθίστασθαι στρατηγὸν δύο στρατηγιῶν τῶν ἀμφὶ βασιλέα, αἵπερ εἰσὶ μέγισται εἰς τὴν ἑτέραν γῆν· αὐτῶν δὲ τῶν Γότθων αὐτοκράτορα εἶναι, καὶ μηδένας ἐξ αὐτῶν ἀποστῆναι θέλοντας τὸν βασιλέα δέχεσθαι. συμμαχεῖν δὲ τῷ βασιλεῖ εἰς πᾶν, ὅ, τι κελεύει πλὴν ἐπὶ μόνων τῶν Βανδήλων[3]).

---

[1]) Malalas, C. 79 (Corp. hist. Byz. S. 371—372).
[2]) Malach, Histor. S. 93 (Corp. hist. Byz. S. 234).
[3]) Malach., Hist. S. 93 (Corp. hist. Byz. S. 235).

Der Kaiser aber, um diesen Theodorich, den Sohn Triarios', ungefährlich zu machen, gewann Theodorich, Theodomirs oder Walamirs Sohn, den König der Ostrogoten, der eben als ganz junger Mann seinem Vater in der Regierung gefolgt war, für sich. Die Nachricht von der Erhebung Theodorichs zum König seines Volkes nahm der Kaiser Zeno freudig auf. Er schickte eine Einladung an ihn, worin er ihn aufforderte, zu ihm nach Konstantinopel zu kommen. Hier empfing er ihn mit den gebührenden Ehren und gesellte ihn den Großwürdenträgern im Palast bei. Nach einiger Zeit nahm er ihn, um die Ehrung noch zu erhöhen, als Waffensohn an und gewährte ihm aus seinen eigenen Mitteln einen Triumphzug durch die Stadt. Auch wurde er zum ordentlichen Konsul erhoben[1]), eine Auszeichnung, die für die höchste Zierde in der Welt galt, aber nicht genug damit, er ließ auch ein Reiterstandbild zu Ehren eines so großen Mannes vor dem kaiserlichen Schloß aufstellen[2]). Es ist wohl leicht verständlich, warum der Kaiser den jungen Mann so auszeichnete. Er wollte ihn gegen Theodorich, den Sohn Triars, ausnutzen. Die beiden Theodoriche bekämpften sich zum Wohle Zenos, der sich bald mit dem einen, bald mit dem anderen befreundete. Über diese Dinge finden wir bei Joannis von Antiochien folgende Angaben:

῞Οτι ἐπὶ Ζήνωνος τοῦ βασιλέως Θευδέριχος ὁ Τριαρίου, τὴν στρατηγίδα τῶν Θρᾳκίων διέπων, Ἡράκλειον τὸν Φλώρου πρὸς τὸ Χερρονήσου τεῖχος ἀνεῖλεν, καὶ τῆς πρὸς Ῥωμαίους ὑπακοῆς καταφρονήσας, ἐμφανῶς εἰς πόλεμον ὥρμησεν .[3]).

Κατὰ δὲ τὸν αὐτὸν καιρὸν καὶ ὁ ἕτερος Θευδέριχος, ὁ Οὐαλίμερος ἐπὶ τὴν νέαν Ἤπειρον ἐκδραμων, ἐγκρατὴς γίνεται πόλεως Δυρραχίου, Ἴσαυροί τε Κώρυκον καὶ Σεβαστὴν τῆς Κιλικίας εἷλον ...[4]).

Theodorich, Triars Sohn, beherrschte also Ostthrakien und Theodorich, Walamirs Sohn, Nordalbanien. Die beiden Theodoriche erkannten bald Zenos Spiel und, statt sich gegenseitig zu bekämpfen, zogen sie es vor, sich gegen Zeno zu

---

[1]) Für das Jahr 484.
[2]) Jord., LVI, LVII, 285—290.
[3]) Joannis Antiocheni Fragmenta. Parisiis 1885. Fragmenta Historicorum Graecorum. 4, S. 618 (210).
[4]) Joannis Ant. Fragm., S. 619 (211), 4.

verbünden. Um ihnen standzuhalten, verbündete sich Zeno mit den Bulgaren in Makedonien, wie Joannis von Antiochien weiter berichtet:

Καὶ ἡ τῶν Θευδερίχων συζυγία αὖθις τὰ Ῥωμαίων ἐτάραττε, καὶ τὰς περὶ τὴν Θρᾴκην πόλεις ἐξεπόρθει, ὡς ἀναγκασθῆναι τὸν Ζήνωνα τότε πρῶτον τοὺς καλουμένους Βουλγάρους εἰς συμμαχίαν προτρέψασθαι.

Ἐπειδὴ δὲ Θευδέριχος ὁ Τριαρίου ἐπιτυχίον πρὸς τοὺς Οὔνους ἔπραξε πολέμῳ, καὶ ἐπ᾽ αὐτὴν τὴν Κωνσταντίνου πόλιν ὥρμησεν[1]).

Die Bulgaren oder Makedonier sollten die Goten oder Thrakier, welche mit der Einnahme von Konstantinopel drohten, angreifen. Die Umstände aber halfen Zeno. Nicht lange danach stürzte Theodorich, Triars Sohn, vom Pferde und starb. Da Theodorich, der Amaler, jetzt gefährlich für Zeno wurde, überredete ihn Zeno nach Italien zu gehen, wo zu dieser Zeit ein anderer Sprößling des Gotenstammes, Odoaker, regierte. Zeno hatte jedenfalls gedacht, daß, während die beiden sich gegenseitig vernichten würden, er ruhig weiter regieren könnte. Theodorich ging mit einigen Leuten nach Italien, bekriegte Odoaker, warf seine Nationaltracht ab, nahm den Königsmantel und proklamierte sich zum König von Italien. So lenkte der oströmische Kaiser die gotische Gefahr für einige Zeit von Konstantinopel ab. Doch nicht für lange. Um das Jahr 505 beginnen ernste Kämpfe zwischen dem Kaiser Anastasius, dem Nachfolger Zenos, und den Goten. Theodorich der Große wollte Pannonien oder die Provinz von Sirmium (heute Mitrovitza) Italien einverleiben, wie sein Lobredner Ennodius berichtet:

Sirmensium civitas olim limes Italiae fuit: in qua seniores domini excubabant, ne coacervata illinc finitimarum vulnera gentium in Romanum corpus excurrerent. Haec postea per regentum neglectum in Gepidarum jura concessit ... Credebas in tua injuria perire, quia diu licebat Italiae possessionem te dominante retineri[2]).

---

[1]) Joannis Ant. Fragm., S. 619 (211), 4, 5.
[2]) Ennodii Episcopi Ticensis Panegyricus Theodorico Regi dictus. Migne LXIII, S. 178.

Theodorich wußte schließlich seine Herrschaft auch über den Staat von Sirmium auszubreiten und dort eine bessere Ordnung zu schaffen, allein die Griechen nahmen sich der Bulgaren, d. h. der Bewohner dieses Staates, an[1]), und so entstanden heftige Kämpfe zwischen Theodorich bzw. seinen Feldherren und den Bulgaren, wie Ennodius in seiner Lobrede weiter berichtet:

Quibus ibi (Sirm. civit.) ordinationem moderantibus, per foederati Muudonis attrectationem Graecia est professa discardiam, secum Bulgares suos in tutela deducendo; quibus inter Martios conflictus castelli vice usa minitatur Concurrebant duae nationes, quibus nunquam inter gladios fuga subvenerat: miratae sunt mutuo sui similes inveniri, et in humano genere vel Gothus resistentem audere, vel Bulgares Versa est in fugam natio punita gravius[2]).

Und am Anfang seiner Lobrede erwähnt Ennodius diesen Kampf folgendermaßen:

Stat ante oculos meos Bulgarum ductor libertem dextra tua adserente prostratus, nec extinctus ne periret monumentis; nec intactus, ne viveret arrogantiae: in gente indomita domesticus adstipulator superfuturus robris tui, qui si sufficiens letho vulnus excepisset, personam viceras: quod in luce substitit, submisit originem. Haec est Nacio, cujus ante te fuit omne quod voluit, in qua titulos obtinuit, qui emit adversariorum sanguine dignitatem: apud quam campus est vulgator natalium. Nam cujus plus rubuerunt tela luctamine, ille putatus est sine ambage sublimior: quam ante dimicationem tuam non contigit agnovisse ressistentem: quae prolixis temporibus solo bella consummavit excursu. Hos non montanae strues, non fluminum objectio, non negati egestos alimenti in artum necessitatis lege continuit; dum credunt satis esse ad dellicias equini pecoris lac potare[3]).

Diese Kämpfe werden auch von Cassiodorus, einem Minister Theodorichs, erwähnt:

---

[1]) Siehe S. 226—235.
[2]) Ennod. Paneg., Migne LXIII S. 178—179.
[3]) Ennod. Paneg., Migne LXIII S. 171.

Hoc. Cos. (504) virtute D. N. regis Theodorico victus Bulgaribus Syrmium recepit Italia[1]).
Die Goten kämpften für Italien und ihre Stammesgenossen, die Bulgaren, für Byzanz. So vernichteten sie sich gegenseitig für das Wohl ihrer Anstifter. Byzanz hat es immer verstanden, seine Kriege durch andere zu führen: es stiftete eine Völkerschaft gegen die andere an. Dieser Zustand dauerte aber nicht lange. Um das Jahr 505 erhob sich der Gote oder Gete Vitalian an der Spitze von Bulgaren und Hunnen gegen den Kaiser Anastasius. Vitalian ist ein Sohn des Patrikiolos und ein Enkel Aspars, dessen Vater und Großvater auf hinterlistige Weise ermordet wurden. Er stammt also von den in Thrakien lebenden Wisigoti, für die Ulfila die Bibel übersetzt hatte. Die Griechen aber duldeten diese gotische oder bulgarisehe Kirche nicht, verfolgten die gotischen oder bulgarischen Bischöfe und zwangen daher die Goten oder Bulgaren, sich aufzulehnen. Über diesen Aufstand schreibt Theophanes:

Τούτῳ τῷ ἔτει (6005) Βιταλιανὸν τὸν υἱὸν Πατρικιόλου κόμητος Φοιδεράτων οἱ ἐν Σκυθίᾳ καὶ Μυσίᾳ καὶ λοιπαῖς χώραις ὀρθόδοξοι παρεκάλουν κινηθῆναι κατὰ Ἀναστασίου τοῦ δυσσεβοῦς[2]).

Diese in Skythien, Mösien und anderen Provinzen, d. h. in Thrakien, gesammelten Leute sind Hunnen und Bulgaren gewesen, da Theophanes weiter schreibt:

Τούτῳ τῷ ἔτει Βιταλιανὸς παραλαβὼν πᾶσαν τὴν Θρᾴκην καὶ Σκυθίαν καὶ Μυσίαν, ἔχων μεθ' ἑαυτοῦ πλήθη Οὔννων καὶ Βουλγάρων, παρέλαβεν τὴν Ἀγχίαλον καὶ τὴν Ὀδυσσόπολιν, πιάσας καὶ τὸν Κύριλλον τὸν στρατηλάτην Θρᾴκης, καὶ ἦλθεν πραιδεύων ἕως τοῦ Βυζαντίου. φειδόμενος δὲ τῆς πόλεως ἐν Σωσθενίῳ ἐστρατοπέδευσεν[3]).

Diesen Bericht hat Theophanes dem im 6. Jahrhundert lebenden Malala entlehnt, da letzterer schreibt:

Ἐπὶ δὲ τῆς αὐτοῦ βασιλείας ἐτυράννησε Βιταλιανὸς ὁ Θρᾷξ διὰ πρόφασίν τινα, φησί, λέγων ὅτι διὰ τοὺς ἐξορισθέντας ἐπισκόπους. καὶ παρέλαβε τὴν Θρᾴκην καὶ Σκυθίαν καὶ Μυσίαν ἕως

---

[1]) Cassiodor., Migne LXIX, 1274.
[2]) Theophan., Chronograph. I, ed. Bonn, S. 242.
[3]) Theoph. I, S. 247.

Ὀδησσοῦ καὶ Ἀγχιάλου, ἔχων μεθ᾽ ἑαυτοῦ πλῆθος Οὔννων καὶ Βουλγάρων[1]).

Einige Zeilen weiter wird in derselben Erzählung der Name Bulgaren mit dem Namen Goten vertauscht, da es heißt, daß Vitalian an der Spitze von Hunnen und Goten stand:

ἀκούσας δὲ Βιταλιανὸς ὅτι, μετὰ πολλῆς βοηθείας ἐξέρχεται ὁ Μαρῖνος κατ᾽ αὐτοῦ, ὅσα εὗρε πλοῖα ἐκράτησε καὶ ἐγόμωσεν αὐτὰ Οὐννικὴν καὶ Γοτθικὴν χεῖρα ὡπλισμένους. καὶ ὥρμησεν εἰσελθεῖν εἰς Κωνσταντινούπολιν[2]).

Diese Schiffe wurden in Brand gesteckt:

καὶ ἀνήφθησαν ἐξαίφνης ὑπὸ πυρὸς τα πλοῖα ἅπαντα Βιταλιανοῦ τοῦ τυράννου καὶ ἐποντίσθησαν εἰς τὸν βυθὸν τοῦ ῥεύματος μεθ᾽ ὧν εἶχον, Γότθων καὶ Οὔννων καὶ Σκυθῶν στρατιωτῶν συνεπομένον αὐτῷ[3]).

Auch der am Ende des 7. Jahrhunderts lebende Bischof Joannes von Nikiu nennt die Aufständigen Goten und Skythen:

Marin prépara un grand nombre de vaisseaux rassembla toutes les troupes qu'il put trouver à Constantinople, et partit pour aller attaquer Vitalien, selon l'ordre de l'empereur. En voyant approcher Marin, le rebelle prit tous les vaisseaux qu'il put trouver, embarqua un grand nombre d'arches scythes et gothes et se dirrigea vers Byzance, croyant pouvoir vaincre ses adversaires[4]).

Während Malala den Vitalian einen Thrakier nennt, der an der Spitze von Hunnen und Goten oder Bulgaren steht, ist Vitalian nach Commes Marcellinus ein Skythe, was gleichbedeutend ist:

A. C. 514: Vitalianus Scytha, assumptis Romanorum equitum peditumque plus quam LX millibus armatorum in triduo congregatorum, in locum qui Septimis dicitur advenit, ibique castra metatus est; dispositisque a mari in mare suorum ordinibus, ipse ad usque portam quae Aurea dicitur, sine

---

[1]) Joann. Malalas, Chronogr. ed. Bonn, S. 402.
[2]) Malalas, S. 404.
[3]) Malalas, S. 405.
[4]) Chronique de Jean, Évêque de Nikiou. Texte éthiopien publié et traduit par H. Zontenberg. Paris 1883. S. 378—379.

ullius accessit dispendio; scilicet pro orthodoxorum se fide, proque Macedonio urbis episcopo, incassum ab Anastasio principie exsulato, Constantinopolim accessisse asserens. Porro Anastasii simulationibus atque perjuriis per Theodorum internuntium illectus atque illusus octavo die quam urbem accesserat, remeavit. Hinc Odyssum Moesiae civitatem Vitalianus pernoctans astu ingressus est. Cyrillum lenocinantem magis quam strenuum militae ductorem, inter duos pellices Vitalianus reperit dormientem, eumque abstractum mox cultro Getico jugulavit, hostemque se Anastasio Caesari palam aperteque exhibuit[1]).

Vitalian wollte eine Synode nach Heraklia, welches höchstwahrscheinlich das heutige Bitolja (Makedonien) war, berufen und wurde in diesem Bestreben von Theodorich dem Großen unterstützt:

'Ορμίσδας δὲ ὁ ἐπίσκοπος 'Ρώμης ὀχλούμενος ὑπὸ Θευδερίχου χαριζομένου Βιταλιανῷ, Εὐόδιον τὸν ἐπίσκοπον ἔπεμψεν καὶ τὸν Βιταλιανὸν ἀρχιδιάκονον ἐν τῷ κροτηθῆναι τὴν ἐν Ἡρακλείᾳ σύνοδον[2]).

Auch der Papst Hormisda (514—525) hat mit den Bulgaren in ihrem Kampfe gegen die Griechen sympathisiert, da er schreibt:

Nam unde est quod cum pro magna parte a conterminis suis Thracibus, Dardanis, Illyricis, cognita eorum perversitate deserantur, procul positos ignorantiae spe, fraudibus et variis artibus nituntur allicere, nisi ut lucem, quam ipsi non habent, in aliis quoque inpia contagione commaculent? Ut autem quae sint partium earum studia possitis agnoscere; plures Thracum, licet persequentium incursibus atterantur, in nostra tamen communione persistunt, scientes fieri fidem per adversa clariorem. Dardania et Illyricus vicina Pannoniae a nobis quod jam fecimus ubi necessarium fuit, ut sibi episcopi ordinarentur expetit[3]).

---

[1]) Marcellini Comitis Chronicon. Migne LI.
[2]) Theoph., I. S. 248.
[3]) Hormisdae Papae Epistolae et Decreta. Ad Avitum Viencnsem Episcopum. Migne 63, S. 396.

Der Kaiser Anastasius wollte auch eine Synode: Quia igitur dubitationes quaedam de orthodoxa religione in Scythiae partibus videntur esse commotae, id specialiter clementiae nostrae placuit, ut venerabilis synodus in Heracleotana civitate provinciae Europae celebrantur, quatenus concordantibus animis, et omni veritate discusa vera fides nostra omni orbi terrarum manifestius innotescat, ut deinceps nulla possit esse dubitatio vel discordia[1]).

Der Staat oder die Provinz Heracleotana (Bitolja in Makedonien), wohin Vitalian ein Konzil berufen wollte, heißt nach dem Bischof Joannes von Nikiu Bulgarien:

Le général Cyrille se rendit dans une ville appelée Odyssus et y demeura, et Vitalien dans la province de Bulgarie[2]).

Das Konzil sollte in Bitolja berufen werden, weil Bitolja die Zentralstelle der Aufständigen war. Commes Marcellinus berichtet, daß die verbannten Bischöfe (um derentwillen Vitalian Krieg führte), die Bischöfe von Nisch, Sofia, Kjüstendil, Ochrid und Nicopolis in Illyrien (an dem Golf Arta) waren:

Mutata fide Anastasius imp. Vitaliano succedit, eidemque Rufinum destinat successorem. Helias Hierosolymitanae urbis episcopus in villa quae Haila dicitur, ab eodem principe relegatus emoritur. Laurentium praeterea Lychnidensem, Domnionem Serdicensem, Alcissum Nicopolitanum, Gaianum Naisitanum et Evangelum Pautaliensem, catholicos Jllirici sacerdotes, suis Anastasius praesentari jussit, obtutibus. Alcissus et Gaianus episcopi apud Byzantium vita defuncti sunt, unoquae sepulcro reconoditi. Domnione et Evangelo ad sedes proprius, ob metum Ilyriciani catholici militis, extemplo remissis, solus Laurentius Anastasium imp. in palatio pro fide catholica saepe convincens, apud comitatum, ac si in exsilio relegatus, retentus est, mobiliorque deinde corpore, quam Constantinopolim advenerat, effectus. Nam septimo in firmitatis suae anno idem Laurentius fide sua, sed Christi gratia, in atrio Cosmae et Damiani sanatus est, pedibusque sistere propriis gressibusque

---

[1]) Hormisdae Papae Epistolae et Decreta. Migne 63, S. 373.
[2]) Zotenberg, S. 378.

meruit confirmari, saequae dein patriae incolumis reddi, ubi major octogenario requiescit [1]).

Es erheben sich also um das Jahr 505 die Bischöfe derselben Länder, welche schon im 4. Jahrhundert um ihre Kirche kämpften.

Die Bulgaren wollten die Messe in ihrer Sprache lesen, was die Griechen nicht duldeten. Und als sie die Bestätigung ihrer Bücher in Konstantinopel nicht erreichten, wandten sie sich deshalb an Rom. In einem Briefe des Diaconus Diocoris an den Papst Hormisda vom Jahre 519 wird unter anderem gesagt:

Et quia ista aguntur, et in his quotidie proficit Ecclesia, insidiator antiquus suscitavit monachos de Scythia, qui de domo magistri militum Vitaliani sunt, omnium Christianorum votis adversarii, quorum inquietudo non parvas moras generavit unitati Ecclesiarum, et magnopere de praedictae Ecclesiae Antiochenae ordinatione. Isti monachi, inter quos est Leontius, qui se dicit esse parentem magistri militum, Romam festinant, sperantes aliqua capitula a beatitudine vestra confirmari. Est in ipsos inter caetera ubi volunt dicere unum de Trinitate crucifixum: quod est nec in sanctis synodis dictum, nec in epistolis sancti papae Leonis, nec in consuetudine ecclesiastica. Quod si permittuntur fieri, mihi videtur dissensiones et scandala non mediocria nasci inter Ecclesias [2]).

In einem zweiten Briefe aus demselben Jahre wird gesagt:

Et quia nobis diu laborantibus, et illis nullam suscipientibus rationem, nihil proficiebat in eo quo tenebamus, clementissimus imperator in conventu publico, ubi et nos interfuimus, Paternum, praedictum episcopum, et magnificum virum Vitalianum reduxit ad gratiam: accusatores quoque ejus suo praecepit episcopo supplicare. Monachi vero cum similiter ad concordiam quaererentur fuga lapsi maluerunt de civitate discedere, quam ad concordiam pervenire. Praedicti monachi ad Italiam

---

[1]) Migne LI, S. 939.
[2]) Hormisdae Papae Epistolae et Decreta. Migne 63. S. 472.

venientes, aliquanta capitula proponere habent, inter quae et unum de Trinitate crucifixum continetur, sperantes ita confirmari ex auctoritate beatudinis vestrae, sicut et in alliis litteris significavimus, et modo hoc dicimus, ut nulla novitas a sede apostolica scribatur: quia et nos ante imperatorem, et ante senatum haec indicavimus, dicentes: Extra synoodos quatuor, extra epistolas papae Leonis, nec dicimus nec admittimus quidquid non continetur in praedictis synodis, aut quod non est scriptum a papa Leone non suscipimus: quia si voluerit dominus noster qualemvis novitatem scribere, pejus erit istud initium (vitium) quam illud quod factum est per Eutychetem. Sufficere debet Ecclesiae quod per sexaginta annos ab Eutychete usque modo sustinuit. Nobis quod visum est scripsimus: in vestra potestate est deliberare quod vobis Deus imperaverit: quoniam haec illi nituntur asserere, eo modo sibi satisfacere cupientes, ita ut profiteamur et dicamus unum de Trinitati passum esse; quod nec Patres nec synodi dixerunt. Ista ideo per singula exposuismus, ne illorum subtilitas glorietur in nostra simplicitate propter istas novas suas intentiones. Vitaliano magnifico viro subrepserunt, ut et talia vindicare pro talibus rebus, et contra nos quaecunque potuit impedimenta afferet: cujus immutationem omnis nobiscum deflet Ecclesia[1]).

Diese Bücher sind wohl von dem Papste nicht bestätigt worden, da wir in einem Briefe des Bischofs von Afrika an den Papst Hormisda lesen:

Quaeso ut consulentes quid de praefati auctoris dictis videatur, auctoritate apostolicae responsionis agnoscant: maxime quod filii quoque vestri magistri militum Vitalianus et Justinianus praecipue super hac re rescripto beatudinis vestrae similiter informari desiderant. Codicens quoque tractandum (tractatum) ante hac direxisse memini continentem beati Pauli apostoli epistolarum explanatiens, pro quo rescripto gratulari non merui[2]).

Was für Bücher waren das, deren Bestätigung Vitalian von dem Papst verlangt hat? — Vitalian stand an der Spitze

---

[1]) Hormisdae Papae Epistolae et Decreta. Migne 63, S. 473—474.
[2]) Migne LXIII, S. 490.

jener Goten, für welche Ulfila Schriftzeichen erfunden und einige Kapitel der Bibel ins Gotische übersetzt hatte, und welche seit dem Beginn des 4. Jahrhunderts fortwährend um ihre kirchliche Selbständigkeit in Thrakien kämpften. Diese Bücher waren also Ulfilas Bibelübersetzung. Das Volk, an dessen Spitze Vitalian stand, ist andererseits dasselbe Volk gewesen, für welches Kyrillus und Methodius Schriftzeichen erfunden und einige Kapitel der Bibel übersetzt hatten.

Vitalian kämpfte bis zum Jahre 519, in dem der Kaiser Anastasius starb. Statt seiner wurde von dem Senat der Thrakier Justin zum Kaiser gewählt. Justin rief Vitalian zu sich und ernannte ihn zum Konsul und magister militum. Diese Ernennung war wohl nur ein Lockmittel, um Vitalian ungefährlich zu machen. Sieben Monate darauf, als Vitalian sich im kaiserlichen Palast befand, wurde er ermordet. Von jetzt an hören die bulgarischen Erhebungen auf. Seit dieser Zeit hören wir nichts mehr von religiösen Kämpfen der Bulgaren. Dies könnte wohl der Tatsache zugeschrieben werden, daß die Kaiser Justin, Justinian und ihre Nachfolger Thrakier oder Bulgaren waren. Sie haben jedenfalls als Vermittler zwischen Griechen und Bulgaren gewirkt, oder aber sie haben ihren thrakischen Glauben als Staatsreligion durchgesetzt, da die heutige byzantinische Kirche nichts weiter ist als die Kirche der alten Goten oder Bulgaren. Wir werden das am besten aus Isidors Gotengeschichte ersehen, worin es über die gotische Religion heißt:

Ära 624 ann. III imper. Mauricii. Synodum deinde episcoporum ad condamnationem Arianae haeresis de diversis Hispaniae et Galliae provinciis congregat. Cui concilis idem religio is simus princeps interfuit, gestaque ejus praesentia sua et subscriptione firmavit, abdicans cum omnibus suis perfidiam quam, hucusque Gothorum populus, Ario docente, dicerat, et praedicans trium personarum unitatem in Deum Filium a Patre consubstantialiter genium esse, Spirutum sanctum inseparabiliter a Patre Filioque procedere, et esse amborum unum Spiritum, unde et unum sunt[1]).

---

[1]) Isidor, Historia de Regibus Gothorum. Migne 83, VII, S. 1071 bis 1072.

Der Grundunterschied zwischen Byzanz und Rom ist der, daß die Römer den heiligen Geist von Gott Vater und Sohn herleiten, während Byzanz ihn nur vom Vater her entstehen läßt. Das war, wie wir sehen, der gotische oder bulgarische Glaube, indem er nun so verbessert wird, daß der heilige Geist untrennbar aus Gott Vater und Sohn hervorgeht. Dieser bulgarische Glaube wurde nachher von den Griechen angenommen.
Von der bulgarischen Kirche fängt man erst im 9. Jahrhundert an zu sprechen, als der große griechische Patriot Photius Patriarch wurde. Der griechische Nationalismus des Photius war das Leitmotiv für die Trennung der Kirchen; dieser Nationalismus war auch der Beweggrund folgender Auslassungen des Photius gegen die bulgarische Kirche:
Ἀλλά γε δὴ, καὶ τοὺς ὑπὸ πρεσβυτέρων μύρῳ χρισθέντας, ἀναμυρίζειν αὐτοὶ οὐ πεφρίκασιν· ἐπισκόπους ἑαυτοὺς ἀναγορεύοντες, καὶ τὸ τῶν πρεσβοτέρων χρίσμα, ἄχρηστον εἶναι, καὶ εἰς μάτην ἐπιτελεῖσθαι, τερατευόμενοι.

Ἆρ' ἔστιν, ὃς τηλικαύτην ἀκοῇ παρείληφεν ἄννοιαν, ἣν κατατολμᾶν οἱ παράφρονες οὐκ ἐνάρκησαν; Τοὺς ἅπαξ μύρῳ χρισθέντας ἀναχρίοντες, καὶ τὰ τῶν Χριστιανῶν ὑπερφυῆ καὶ θεῖα μυστήρια, εἰς λῆρον μακρὸν, καὶ πλατὺν ἐξορχούμενοι γέλωτα. Καὶ τὸ γε σοφὸν τῶν ὡς ἀληθῶς ἀμυήτων. Οὐ γὰρ ἔξεστι, φασὶν, ἱερεῦσιν τοὺς τελουμένους μύρῳ ἁγιαζειν· ἀρχιερεῦσι γὰρ μόνοις ἐνομίσθη· πόθεν ὁ νόμος; τίς δ' ὁ νομοθέτης; ποῖος τῶν ἀποστόλων; τῶν Πατέρων δέ; ἀλλὰ τῶν συνόδων; ἢ ποῦ καὶ πότε συστᾶσα; τίνων δὲ κρατήσασα ψήφοις; οὐκ ἔξεστιν ἱερεῖ μύρῳ τοὺς βαπτιζομένους σφραγίζειν; οὐκοῦν οὐδὲ βαπτίζειν ὅλως, οὐδὲ ἱερᾶσθαι· ἆρα ἵνα σοι μηδὲ ἡμίτομος ἱερεὺς, ἀλλ' ὁλόκληρος, εἰς ἀνίερον εἴν κλῆρον ἀπελήλαμένος. Ἱερουργεῖ τὸ δεσποτικὸν σῶμα καὶ αἷμα Χριστοῦ, καὶ τοὺς πάλαι μυσταγωγηθέντας δι' αὐτῶν καθαγιάζει, πῶς οὐχ ἁγιάσει μύρῳ χρίων τοὺς νῦν τελουμένους; βαπτίζει ὁ ἱερούς, καθάρσιον δῶρον τῷ βαπτιζομένῳ τελεσιουργῶν, πῶς, ἧς τελεσιουργὸς αὐτὸς ὑπάρχει καθάρσεως, ἀφαιρήσεις αὐτοῦ τὴν φυλακὴν καὶ σφραγίδα; ἀλλ' ἀφαιρεῖς τὴν σφραγίδα, μηδ' ὑπηρετεῖν ἐπιστρέψῃς τῷ δώρῳ, μηδ' ἐν αὐτῷ τινας τελεσιουργεῖν, ἵνα σε γυμοῖς, ὁ σὸς ἱερούς, ἐνδιαπρέπων ὀνόμασιν, τῆς αὐτῆς αὐτῷ χοροστασία κορυφαῖον δείξῃ, καὶ ἐπίσκοπον [1]).

---
[1]) Photius, Migne 102, 2, S. 725.

Nachdem Photius ausführlich die dogmatischen Unterschiede zwischen der Kirche der vom Norden hergekommenen Bulgaren und der griechischen sehr parteiisch und der Wahrheit widersprechend auseinandergesetzt hat, fährt er weiter fort:

Ταύτην τὴν ἀσέβειαν οἱ τοῦ σκότους ἐκεῖνοι ἐπίσκοποι (ἐπισκόπους γὰρ ἑαυτοὺς ἐπεφήμιζον) μετὰ τῶν ἄλλων ἀθεμίτων Βουλγάρων ἔθνος ἐνέσπειραν· ἦλθεν ἡ τούτων φήμη εἰς τὰς ἡμετέρας ἀκοάς· ἐπλήγημεν διὰ μέσων τῶν σπλάγχνων καιρίαν πληγὴν, ὡς εἴ τις τὰ ἔκγονα τῆς κοιλίας αὐτοῦ, καθ᾽ ὀφθαλμοὺς ἴδοι ὑπὸ ἑρπετῶν καὶ θηρίων παραρασσόμενα τε καὶ διασπώμενα. Καὶ γὰρ οἷς κόποι, καὶ πόνοι, καὶ ἱδρῶτες, εἰς ἐκείνων ἀναγέννησίν τε καὶ τελείωσιν κατεβλήθησαν· ἀναλόγως αὐτοῖς, συμπεσεῖν ἀφόρητον τὴν λύπην καὶ τὴν συμφορὰν, τῶν γεννημάτων παραπολλυμένων, ἐξεγένετο[1]).

Diese Bulgaren, die im 4. Jahrhundert für die griechische Kirche verloren gingen, scheinen später wieder zu den Griechen zurückgekehrt zu sein, da Photius weiter schreibt:

Οὕτω γὰρ, τῆς μὲν ἀσεβείας ἐλαυνομένης, καὶ τῆς εὐσεβίας κραταιουμένης, ἐλπίδας ἔχομεν ἀγαθὰς, εἰς τὴν παραδοθεῖσαν αὐτοῖς ἐπαναστρέψαι πίστιν, καὶ τὸ νεοκατήχητον εἰς Χριστὸν καὶ νεοφώτιστον τῶν Βουλγάρων πλήρωμα· καὶ γὰρ οὐ μόνον τὸ ἔθνος τοῦτο, τὴν εἰς Χριστὸν πίστιν, τῆς προτέρας ἀσεβείας ἠλλάξατο· ἀλλά γε δὴ, καὶ τὸ παρὰ πολλοῖς πολλάκις θρυλλούμενον, καὶ εἰς ὠμότητα καὶ μιαιφονίαν πάντας δευτέρους ταττόμενον, τοῦτο δὴ τὸ καλούμενον τορως[2]), οἱ δὴ καὶ κατὰ τῆς Ῥωμαϊκῆς ἀρχῆς, τοὺς πέριξ αὐτῶν δουλωσάμενοι, κἀκεῖθεν ὑπέρογκα φρονηματισθέντες, χεῖρας ἀντῆραν· ἀλλ᾽ ὅμως νῦν καὶ οὗτοι, τὴν τῶν Χριστιανῶν καθαρὰν καὶ ἀκίβδηλον, θρησκείαν, τῆς Ἑλληνικῆς καὶ ἀθέου δόξης, ἐν ᾗ κατείχοντο πρότερον, ἀντηλλάξαντο, ἐν ὑπηκόων ἑαυτοὺς καὶ προξένων τάξει, ἀντι τῆς προμικροῦ καθ᾽ ἡμῶν λεηλασίας, καὶ τοῦ μεγάλου τολμήματος, ἀγαπητῶς ἐγκαταστήσαντες. Καὶ ἐπὶ τοσοῦτον αὐτοὺς ὁ τῆς πίστεως πόθος καὶ ζῆλος ἀνέφλεξεν (Παῦλος πάλιν βοᾷ, Εὐλογητὸς ὁ Θεὸς εἰς τοὺς αἰῶνας) ὥστε καὶ ἐπίσκοπον καὶ ποιμένα δέξασθαι, καὶ τὰ τῶν

---

[1] Photius, Migne C II, 2, S. 732.
[2] Unter τορως sind wohl die Taurier zu verstehen.

Χριστιανῶν θρησκεύματα, διὰ πολλῆς σπουδῆς καὶ ἐπιμελείας ἀσπάζεσθαι¹).

Die Bulgaren sind gute Christen geworden, nicht etwa, weil sie ihre Religion geändert haben, sondern weil sie jetzt ihre Selbständigkeit aufgegeben und sich der griechischen Kirche unterstellt haben. Bei der Teilung der Kirchen ist die Rede davon gewesen, zu welcher Kirche die Bulgaren gehören sollten. Anastasius Bibliothecarius berichtet, daß die Vikare der Patriarchen von Alexandrien, Antiochien und Jerusalem mit denen des Patriarchen Ignatius und des Papstes in Konstantinopel zusammen kamen. An diese Synode hat der König von Bulgarien eine Abordnung gesandt, um fragen zu lassen, welcher Kirche er und sein Land angehören sollten. Anasthasius Bibliothecarius führt dies folgendermaßen aus:

Domnus Michael princeps Bulgarius, audiens quod pro utilitate sanctae Dei Ecclesiae ex diversis partibus auctoritate apostolica conveneritis, gratanter acceptit, vobisque qui ex sede apostolica missi estis, quia in vestro transitu vestris eum litteris visitare dignati estis, multiplices gratias agit. Legati sanctae Romanae Ecclesiae responderunt: Nos quia vos filios sanctae Romanae Ecclesiae novimus, insalutos vos praeterire neque debuimus, neque voluimus: quos nimirum sancta sedes apostolica ut propria membra complectitur. Bulgarorum legati dixerunt: Usque hodie pagani fuimus, et nuper ad gratiam Christianitatis accessimus. Ideoque ne aliquo errare videamur, cui Ecclesiae subdi debeamus, a vobis qui vices summorum patriarcharum geritis nosse desideramus. Legati sanctae Romanae Ecclesiae responderunt: Sanctae Romanae Ecclesiae, cui per te, o Petre, tuus senior beato apostolorum principi Petro cum omni gentis suae regno se tradidit a cujus successore, videlicet egregio papa Nicolao, et praecepta vivendi et episcopos ac presbyteros suscipere meruit, vos et pertinuisse et pertinere debere etiam in eo monstratis, quod postulatos nostros sacerdotos et suscepistis et hactenus veneratione congrua retinetis. Bulgarorum legati dixerunt: A sancta Romana Ecclesia sacerdotes nos petisse et suscepisse et hactenus habere nos confitemur, et in omnibus obedire decernimus, verum utrum

---
[1] Photius, Migne CII, 2, S. 736—737.

Romanae an Constantinopolitanae Ecclesiae rationalibus subdi debeamus, cum his patriarcharum vicariis diffinite.

Legati sanctae Romanae Ecclesiae responderunt: Propter quae nos sancta sedes apostolica cum Orientalibus diffinienda mandaverat, Domino juvante, finivimus; de causa autem vestra secus quam diffinita est finienda, quia nihil in mandatis accepimus, nihil vel diffinimus, vel in praejudicium sanctae Romanae Ecclesiae diffiniendum censemus. Quinimo, quia omnis vestra patria nostris sacerdotibus ubique plena est, nulli vos nisi sanctae Romanae Ecclesiae pertinere debere, diffinitiva sententia quantum ex nobis est, promulgamus.

Vicarii Oriantalium partiarcharum Bulgaris dixerunt: Quando vos illam patriam cepistis cujus potestatis subdita erat, et utrum Latinos an Graecos sacerdotes habuerit, dicite? Legati Bulgarorum dixerunt: Nos illam patriam a Graecorum potestate armis evicimus, in qua non Latinos sed Graecos sacerdotes reperimus. Vicarii Orientalium responderunt: Si Graecos sacerdotes ibi reperistis, manifestum est quia ex ordinatione Constantinopoleos illa patria fuit. Legati sanctae Romanae Ecclesiae responderunt: A Graecis sacerdotibus argumentum sumere non debetis; quia linguarum diversitas ecclesiasticum ordinem non confundit.

Nam sedes apostolica, cum ipsa Latina sit, in multis tamen locis pro ratione patriae Graecos sacerdotes et semper et nunc usque constituens privilegii sui detrimenta sentire nec debet, nec debuit.

Vicarii Orientalium patriarcharum dixerunt: Etiamsi Graecorum presbyterorum ordinationem vestri juris fuisse doceatis, illam tamen patriam Graecorum regno pertinuisse nunquam negare poteritis. Legati sanctae Romanae Ecclesiae responderunt: sicut Bulgariae nobis diverso modo pertinere ordinationem dicentes mendacium non loquimur; ita nimirum eamdem Bulgariam et Graecorum regno fuisse nunquam negamus. Sed intueri vos decet quia aliud ordinant jura sedium, aliud patiuntur divisiones regnorum. Nos de divisione regnorum non agimus, sed de jure sedium loquimur.

Vicarii Orientalium patriarcharum dixerunt: Illud quod vobis diverso modo Bulgarium pertinere dicitis, addiscere volumus. Legati Sanctae Romanae Ecclesiae responderunt: Sedes apostolica, juxta quod decretalibus sanctissimorum Romanorum praesulum doceri poteritis, utramque Epirum, novam videlicet veteremque totamque Thessaliam atque Dardaniam, in qua et Dardania civitas hodie demonstratur, cujus nunc patria ab his Bulgaris Bulgaria uuncupatur, antiquitus canonice ordinavit et obtinuit. Ac per hoc ordinationem, quam tunc paganorum Bulgarorum irruptione omiserat, non a Constantinopolitana Ecclesia modo, ut fingitur, abstulit, sed ab his factis ipsa Christianis recepit.

Secundo modo, quia Bulgares, qui jure gentili sibi patriam subjugantes, eam per tot annos retinent quod cepereunt, sedis apostolocae semet, ut superius diximus, patrocinio ordinationique specialiter committentes nobis debent nec immerito subjici, quos ultornea voluntate magistros elegere. Tertio modo, quia eosdem Bulgares sancta sedes apostolica, jussu quondam sanctissimi papae domini Nicolai, tam per aliquot nostrum, qui hic simus, et illic multas Ecclesiae dedicantes, sacerdotes creavimus; quam per Paulum, Dominicum, Leopardum ac Formosum venerabiles episcopos, sed et Grimoaldum coepiscopum nostrum, quem hactenus isti Bulgares cum multis nostris sacerdotibus in conspectu nostro habere se fassi sunt, a diversis erroribus ad catholicae fidei veritatem multo sudore, Christi gratia praeduce, transferens, ecce ultra trienium tenuit, tenet, ordinat ac disponit. Ideoque consequens non est sine conscientia Romani summi pontificis Ecclesia Romana, de quibus praesentialiter vestita cernitur, spolietur. Vicarii Orientalium patriarcharum dixerunt: At quem istorum modorum modo dispensare velitis, edicite. Legati sanctae Romanae Ecclesiae responderunt: Sancta sedes apostolica vos, quia revera inferiores estis, super sua causa judices nec elegit, nec per nos elegit, utpote quae de omni Ecclesia sola specialiter fas habeat judicandi; sed neque nobis de hac causa sententiam proferre commisit. Quapropter quod ab ea faciendum non accepimus, ejus cognitionis judicium, ei qui librorum multiplicitate ad defensionem sui multa proferre praevalet, ex intergo reservamus: a qua omnis vestra sententia tanta facilitate despicitur, quanta levitate profertur.

Vicarii Orientalium patriarcharum dixerunt: Satis indecens est ut vos, qui Graecorum imperium detrectantes, Francorum foederibus inhaeretis, in regno nostri principis ordinandi jura servetis. Quapropter Bulgarorum patriam, quam ex Graecorum potestate dudum fuisse et Graecos sacerdotes habuisse comperimum, sanctae Ecclesiae Constantinopolitanae, a qua per paganismus recesserat, nunc per Christianismum restituti judicamus. Legati sanctae Romanae Ecclesiae clamantes dixerunt: Sententiam quam non electi neque admissi, sive tumore, seu gratia, vel qudqud illud est, modo praecipitastis potius quam protulistis, auctoritate sancti Spiritus usque ad diffinitinem sanctae sedis apostolicae omnino rescindimus, ita ut nullo modo vel nomen habere sententiae mereatur. Teque adjuramus, patriarcha Ignati, auctoritate sanctorum apostolorum principum, coram Deo suisque angelis omnibusque praesentibus, ut secundum hanc epistolam sanctissimi restitutoris tui domini Adriani summi pontifices, quam tibi ecce offerimus, industriam tuam ab omni Bulgariae ordinatione immunem, nullum tuorum illuc mittendo, custodias: ne sancta sedes apostolica, quae tibi tua restituit, per te sua perdere videatur. Quin potius si, quod non credimus, justam te habere querimoniam aestimas, sanctae Ecclesiae restitutrici tuae solemniter suggerere non omittas. Tunc patriarcha Ignatius apostolicam epistolam suscipiens, licet magnopere monitus eam legere distulisset, respondit: Absit a me ut ego his praesumptionibus contra decorem sanctae sedis apostolicae implicer, qui nec ita juveniliter ago ut mihi subripi valeat, nec ita seniliter deliro, ut quod in aliis reprehendere debeo, ipse omittam. Hoc fine collocutio illa finita est[1]."

So wurden die Bulgaren der griechischen Kirche zugesprochen. Es hat dabei auch ein kleiner Betrug stattgefunden, da Anastasius Bibliothecarius in seiner Auslegung der achten allgemeinen Synode folgendes schreibt:

Dum videlicet nullus adesset, nisi unus imperatoris interpres, qui nec Romanorum, nec Orientalium loci servatorum

---

[1] Anastasius Bibliothecarius, Historia de vitis. Rom. Pont. Migne 128, S. 1392—1393.

voces aliter audebat edere, nisi ut jam imperator ad subversionem Vulgarorum imperaret; excepto quod datum est missis Vulgarorum quoddam scriptum Graecis verbis et litteris exaratum, continens quasi loci servatores Orientis inter loci servatores Romanos et patriarcham Ignatium arbitros (f. arbitri) existentes, judicaverint, Vulgarorum patriam quae in Illyrico constituta est dioecesi Constantinopolitanae subjiciendam, cum ab olim in utraque Epiro, Dardania, Dacia, Thessalia et caeteris in Illyrico sitis provinciis semper sedis apostolicae dispositio facta clareat, sicut diversae pontificum Romanorum a Domaso papa per easdem provincias missae testantur epistolae, et has Graecorum principes sola vi, faventibus sibi Constantinopolitanis praesulibus, causa duntaxat quam superius adnotavimus, exhortans, ab apostolica sede subegerunt. Super quibus recipiendis ideo apostolica sedes nullam reperitur fecisse querelam, quoniam mox has, ut praedictum est, saepe memorata Vulgarorum natio adit, et sibi jure potestatis omnia vindicat. At ubi religio redit, confestim et dioeceseos fas sedi propriae reformatur[1].“

Die Bulgaren, um derentwillen im 9. Jahrhundert zwischen Rom und Konstantinopel verhandelt wurde, sind wohl die Bulgaren in Thessalien, Epirus, Illyrien und Dardanien gewesen, da diese als neu angekommene in den bestrittenen Ländern bezeichnet wurden und nicht die Bulgaren in Thrakien. Alsdann schreibt Anastasius Bibliothecarius, daß es sich um das bulgarische Land in Illyrien (heute Südalbanien) gehandelt hätte. Vulgarorum patriam, quae in Illyrico constituta est, dioccesi Constantinopolitana subjiciendam[2]). Dardanien (heute Nordalbanien) ist vielleicht unter Rom geblieben, da ein Teil der dortigen Christen heute römisch-katholisch ist. Die Bulgaren in Thrakien scheinen früher für die griechische Kircheg gewonnen worden zu sein.

d) Das Verhältnis der Bulgaren zu den Byzantinern, Rumänen, Serben und Albanesen.

Als Nachbarn von Konstantinopel sind die Bulgaren unter dem Namen Thrakier die Hauptträger des Oströmischen

---

[1]) Anastasii Bibliothecarii interpretatio Synodi VIII generalis. (Constantinopolitana quarta). Migne, S. 18—21.

[2]) Anast. Bibl., Interpretatio Synodi VII generalis Migne 129 S. 21.

Reiches gewesen. Die Mehrzahl der römischen Kaiser wurde in Thrakien und Illyrien geboren. So z. B. der Kaiser Decius in Sirmium, Gallus in Mysien, Claudius in Dalmatien, Aurelianus in Sirmium, Probus in Sirmium, Diocletianus in Dioclea (Dalmatien), Galerius in Dakien, Konstantinus in Nisch, Valentianus und Valens in Illyrien, Marcianus in Thrakien, Leo in Thrakien, Justinian in Thrakien (Kjüstendil), der Feldherr Belisarius in Germania (dem heutigen Separewska banja bei Dupnitza in Bulgarien), der Feldherr Aecius in Dorostolum (Silistra) usf. Wir finden aber keinen Kaiser oder berühmten Feldherrn der in Athen, Sparta, Kreta geboren worden wäre. Späterhin, als das Römische Reich geteilt wurde, bekam die griechische Sprache durch die griechische Kirche das Übergewicht in Konstantinopel. Daher wurde das Byzantinische Reich als ein griechisches Reich betrachtet, obzwar es nicht aus Griechen bestand. Die Anmaßungen der Griechen riefen Kämpfe zwischen den Griechen und den Bulgaren nach sich. Die Angreifenden sind die Griechen, welche Bulgarien erobern wollten.

Um uns aber eine treffendere Vorstellung von den Verhältnissen der Bulgaren in Thrakien zu bilden, wollen wir erwähnen, daß die mit den Bulgaren identischen Hunnen nach der Zerstörung von Attilas Reich (479) in ihr altes Vaterland zurückkehrten, wie Jordanis darüber berichtet:

Nam Gepidi Hunnorum sibi sedes viribus vindicantes totius Daciae fines velut victores potiti nihil aliud a Romano imperio, nisi pacem et annua sollemnia, ut strenui viri, amica pactione postulaverunt   Gothi vero cernentes Gepidas Hunnorum sedes sibi defendere Hunnorumque populum suis antiquis sedibus occupare, maluerunt a Romano regno terras petere quam cum discrimine suo invadere alienas, accipientesque Pannoniam, quae in longo porrecta planitiae habet ab oriente Moesiam superiorem, a meridie Dalmatiam, ab occasu Noricum, a septentrione Danubium. oranata patria civitatibus plurimis, quarum prima Syrmis, extrema Vindomina[1]).

---

[1]) Jord., L, 264.

Diese alten Wohnsitze befanden sich in Thrakien, da Jordanis weiter berichtet:

Rugi vero aliaeque nationes nonnullae Bizzim et Arcadiopolim ut incolerent, petiverunt. Hernac quoque iunior Attilae filius cum suis in extrema minoris Scythiae sedes delegit. Emnetzur et Vltzindur consaguinei eius in Dacia ripense Vto (heute Wit), Hisco (Isker), Almoque (Lom) potiti sunt, multique Hunnorum passim proruentes tunc se in Romania dedirunt, e quibus nunc usque Sacromontisi et Fossatisii dicuntur[1]).

Bizzis und Arkadiopolis (Ljüle Burgas) liegen in dem Vilajet von Adrianopel. Die äußerste Grenze von Klein-Skythien, welche der jüngste Sohn Attilas, Hernak, besetzte, reichte wohl bis zu dem Kreise von Tschataldscha. Die Flüsse Wit, Isker und Lom fließen durch Nordbulgarien und münden in die Donau. Die Sakromontisi sind die Bewohner von dem Agios Oros oder dem heutigen Chalcidice. Die Fossati sind die an dem skythischen Graben wohnenden. Andere Hunnen nahmen ihre Wohnsitze an der Kastramartena (Kula, Bezirk Widin):

Saurmatae vero quos Sarmatas dicimus et Cemandri et quidam ex Hunnis parte Illyrici ad Castramartenam urbem sedes sibi datas coluerunt[2]).

Die Hunnen, die ein selbständiges Reich hatten, wollten auch in ihrem alten Vaterlande selbständig sein. Auf die Rückkehr dieser Hunnen ist auch Vitalians Auflehnung zurückzuführen. Diese nun von der Zentralregierung in Konstantinopel unabhängig lebenden Bulgaren will Byzanz politisch und kirchlich unterjochen.

Ihre Aufmerksamkeit richtet sich zuerst auf Saloniki, wie Theophanes berichtet:

Τούτο τῷ ἔτει (6180—680) ἐπεστρατεύσεν Ἰουστινιανὸς κατὰ Σκλαβινίας καὶ Βουλγαρίας, καὶ τοὺς μὲν Βουλγάρους πρὸς τὸ παρὸν

---

[1]) Jord., L, 266.

[2]) Jord., L, 265. In der bisherigen Schilderung der Geschichte der Hunnen ist die Fabel verbreitet, daß die Hunnen von Osten (vom Kaukasus) hergekommen und nach dem Sieg über Attilas Söhne nach Osten zurückgekehrt wären. Das ist aber nur eine Fabel. Die Hunnen haben sich von Thrakien und Makedonien nach Norden ausgebreitet und sind später wieder nach Thrakien und Makedonien zurückgekehrt.

ὑπηντηκότας ὤδησεν μέχρι δὲ Θεσσαλονίκης ἐκδραμών, πολλὰ πλήτη τῶν Σκλάβῶν τὰ μὲν πολέμῳ τὰ δὲ προσρυέντα παραλαβών, εἰς τὰ τοῦ Ὀψικίου διὰ τῆς Ἀβύδου περάσας κατέστησε μέρη. ἐν δὲ τῷ ὑποστρέφειν ὀθοστατηθεὶς ὑπὸ τῶν Βουλγάρων ἐν τῷ στενῷ τῆς κλεισούρας μετὰ σφαγῆς τοῦ οἰκείου λαοῦ καὶ τραυματίας πολῆς μόλις ἀντιπαρελθεῖν ἠδυνήθη [1]).

Danach wird klar, daß die Bulgaren auch die Halbinsel Galipoli bewohnt haben, denn dort haben sie Justinianus geschlagen.

Sodann wandten sich die Blicke der Byzantiner nach Adrianopel. Theophanes schreibt, daß der Kaiser Konstantin Kopronim im Jahre 751 einen Feldzug nach Bulgarien unternommen hätte und bis Beregaba (Ljtile Burgas) vorgedrungen wäre:

Ὁ δὲ Βασιλεὺς ἐπεστράτευσεν τὴν Βουλγαρίαν, καὶ ἐλθὼν εἰς Βερέγαβαν εἰς τὴν κλεισούριαν [2]).

Nach fünf Jahren (756) wiederholten sie ihren Einfall und kamen bis an den Fluß Tuntja:

εἰσῆλθεν εἰς Βουλγαρίαν ἕως Τούνζας [3]).

Nach 43 Jahren (799) unternehmen die Byzantiner wieder einen Feldzug gegen die Bulgaren und besetzen Adrianopel:

Τούτῳ τῷ ἔτει ἐπεστράτευσεν Νικηφόρος κατὰ Βουλγάρων, καὶ καταλαβὼν τὴν Ἀδριανούπολιν [4]).

Nördlich von der Donau, in dem alten Dakien, wohnen jetzt die Rumänen, deren Ursprung noch unklar ist. Man nimmt an, daß sie ein aus römischen Soldaten und einheimischen Dakiern entstandenes Mischvolk sind. Da die Dakier Bulgaren waren, so könnte man zur Bekräftigung dieser Annahme die Tatsache anführen, daß die rumänische Sprache aus 30 % bulgarischen Wörtern besteht. Alsdann besitzt die rumänische Sprache, ähnlich der bulgarischen,

---

[1]) Theophan., Chronogr. I. S. 557.
[2]) Theoph. I S. 664.
[3]) Theoph. I S. 674.
[4]) Theoph. I S. 749.

einen Artikel am Ende des Wortes. Hierdurch unterscheidet
sie sich von den Sprachen der anderen Romanen und weist
eine Verwandtschaft mit der bulgarischen Sprache auf. Die
Rumänen haben im Altertum und im Mittelalter keinen selbst-
ständigen Staat gebildet, sie lebten unter der Herrschaft der
Bulgaren. Die Bulgaren unter dem Namen Hunnen hatten
schon im 4. Jahrhundert ein mächtiges Reich nördlich von
der Donau gegründet. Diesem waren alle nördlich von der
Donau wohnenden Völker untertan und folglich auch die
Rumänen, welche wohl im heutigen Ungarn wohnten. Die
Hauptstadt Attilas war wohl das heutige Krajowa (Kraljowo,
Königsbesitz). Der bulgarische Staat in Dakien erhielt sich bis
in die neuere Zeit hinein. Die dakischen Fürsten vom 14. und
15. Jahrhundert wie Mirtscho, Radul und andere sind Bulgaren. Ihre Urkunden sind in der Sprache des ostbulgarischen
Dialekts von dem Jahrhundert, in dem sie lebten, geschrieben.
Die rumänische Sprache tritt langsam erst in dem 16 und
17 Jahrhundert auf. Die Kirche in Dakien ist bulgarisch
gewesen. Die Rumänen hörten den Gottesdienst in bulgarischer
Sprache. Man muß als sicher annehmen, daß, während die
bulgarische Kirche in Thrakien und Illyrien stark von Griechen
und Römern bekämpft wurde, sie sich in Dakien am wohlsten
fühlte. Als Romanen, für welche sich die heutigen Rumänen
mit Stolz ausgeben, hätten sie die lateinische Sprache, Literatur
und Kirche an die Donau bringen sollen. Nichts von alledem.
Erst in neuerer Zeit wurde die bulgarische Sprache durch
die rumänische ersetzt. Die bulgarische Schrift wurde erst
nach der Thronbesteigung des Fürsten (heute König) Karl
durch die lateinische ersetzt. Von dieser Zeit an beginnt
auch eine Romanisierung der rumänischen Sprache durch
Aufnahme von lateinischen und französischen Wörtern. Daß
die Rumänen in Dakien auf bulgarischem Boden wohnen, ersieht man auch aus den älteren geographischen Benennungen
wie Tscherna, Jalomitza, Dimbowitza, Bistritza, Klanitza,
Tirgowischte, Zimnitza, Oltenitza, Krajowa u. a., welche bulgarisch sind. Es fragt sich nun, wann die Rumänen nach
Dakien gekommen sind. Darüber können wir vorläufig nur
indirekt urteilen. Vergleichen wir z. B. die soziale Lage der

Rumänen in Dakien mit der ihrer Landsleute in Serbien und Bulgarien[1]), so finden wir einen großen Unterschied. Die Rumänen in Serbien und Bulgarien, welche sich nach der Zerstörung von Attilas Reich dort festsetzten, sind Eroberer des Bodens, auf welchem sie leben. Die Rumänen in Dakien besitzen kein Land und sind Arbeiter der bulgarischen Gospodare gewesen. Dies beweist, daß sie auf verschiedene Weise in ihre heutigen Wohnsitze gekommen sind. Während die Rumänen in Serbien und Bulgarien zu einer Zeit als Völkerverschiebungen stattfanden, sich ansiedelten und sich das zum Unterhalt ihrer Familien nötige Land aneigneten, sind die Rumänen in Dakien keine Landeroberer. Sie sind wohl zusammen mit den Zigeunern nach dem Einfall der Magyaren aus ihrem Vaterlande ausgewandert und, um Unterkunft zu suchen, zu den Bulgarenin in Dakien gekommen. Schon aus der Benennung des Herrn mit dem bulgarischen Worte Gospodar ersieht man, daß dieser Herr ein Bulgare war. Späterhin wurden die Rumänen überzählig und gaben Dakien ein rumänisches Gepräge.

Die anderen Nachbarn der Bulgaren sind die Serben. Sie werden zuerst von Konstantin Perphyrogenit (912—959) erwähnt, welcher sie von Norden her kommen läßt:

Ἰστέον ὅτι οἱ Σέρβλοι ἀπὸ τῶν ἀβαπτίστων Σέρβλων, τῶν καὶ Ἄσπρων ἐπονομαζομένων, κατάγονται, τῶν τῆς Τουρκίας ἐκεῖθεν κατοικούντων εἰς τὸν παρ᾽ αὐτοῖς Βόικι τόπον ἐπονομαζόμενον, ἐν οἷς πλησιάζει καὶ ἡ Φραγγία, ὁμοίως καὶ ἡ μεγάλη Χρωβατία ἡ ἀβάπτιστος, ἡ καὶ Ἄσπρη προσαγορευομένη· ἐκεῖσε οὖν καὶ οὗτοι οἱ Σέρβλοι τὸ ἀπ᾽ ἀρχῆς κατῴκουν. Δύο δὲ ἀδελφῶν τὴν ἀρχὴν τῆς Σερβλίας ἐκ τοῦ πατρὸς διαδεξαμένων, ὁ εἷς αὐτῶν τὸ τοῦ λαοῦ ἀναλαβόμενος ἥμισυν εἰς Ἡράκλειον τὸν βασιλέα Ῥωμαίων προσέφυγεν, ὃν καὶ προσδεξάμενος ὁ αὐτὸς Ἡράκλειος βασιλεὺς, παρέσχε τόπον εἰς κατασκήνωσιν ἐν τῷ θέματι Θεσσαλονίκης τὰ Σέρβλια, ἃ ἔκτοτε τὴν τοιαύτην προσηγορίαν παρείληφε[2]).

---
[1]) In Serbien wohnen 160000 Rumänen an der Donau zwischen Timok und Morawa. In Bulgarien gibt es nur einige Dörfer.

[2]) Const. Porphyrogenitus, De adm. Imeper. c. 32. Migne 113 S. 288—289.

Als die Serben südlich von der Donau ankamen, trafen sie dort Bulgaren, welche unter der römischen Herrschaft waren (siehe S. 226—235, 245), wie wir aus folgender Stelle ersehen: Ἐπὶ δὲ ἡ Βουλγαρία ὑπὸ τὴν ἐξουσίαν ἦν τῶν Ῥωμαίων αὐτοῦ οὖν ἄρχοντος τοῦ Σέρβλου τοῦ εἰς τὸν βασιλέα προσφυγόντος τελυτήσαντος, κατὰ διαδοχὴν ἦρξει ὁ υἱὸς αὐτοῦ[1]).

Die Serben wohnten zuerst im heutigen Herzegowina und Montenegro, da zur Zeit des bulgarischen Königs Boris (9. Jahrhundert) Raschka (Nowipazar) bulgarisch war:

Μετὰ δὲ θάνατον Βλαστημέρου τοῦ ἄρχοντος διεδέξαντο τὴν ἀρχὴν τῆς Σερβλίας οἱ τρεῖς υἱοὶ αὐτοῦ, ὁ Μουντιμῆρος καὶ ὁ Στροήμερος, καὶ ὁ Γοΐνικος, μερισάμενοι τὴν χώραν. Ἐπὶ τούτων παρέγενετο ὁ τῆς Βουλγαρίας ἄρχων Μιχαὴλ ὁ Βορίσης θέλων ἐκδικῆσαι τὴν ἧτταν Πρεσιάμ τοῦ πατρὸς αὐτοῦ· καὶ πολεμήσας εἰς τοσοῦτον αὐτὸν ἐπτόησαν οἱ Σέρβλοι, ὥστε καὶ τὸν υἱὸν αὐτοῦ Βλαστήμερον ἐκράτησαν δίσμιον μετὰ καὶ βολιάδων δώδεκα μεγάλων. Τότε δὲ τῇ τοῦ υἱοῦ θλίψει καὶ μὴ θέλων ὁ Βορίσης εἰρήνευσε μετὰ τὸν Σέρβλων. Μέλλων δὲ ὑποστρέφειν ἐν Βουλγαρία, καὶ φοβηθεὶς μήποτε ἐνεδρεύσωσιν αὐτὸν οἱ Σέρβλοι καθ᾽ ὁδοῦ, ἐπεζήτησεν εἰς διάσωσιν αὐτοῦ τὰ τοῦ ἄρχοντος Μουντιμήρου παιδία τὸν Βόρενα καὶ τόν Στέφανον· οἳ καὶ διέσωσαν αὐτὸν ἀβλαβῆ μέχρι τῶν συνόρων ἕως τῆς Ῥάσης[2]).

Die Serben nennen das Land östlich von Raschka Altserbien. Diese Benennung ist neu und beruht auf patriotischen Beweggründen, da das alte Dardanien von allen Schriftstellern als bulgarisches Land bezeichnet wird. Wir kennen keinen älteren Schriftsteller, der es als serbisches Land bezeichnet hätte. Erst gegen das Ende des Mittelalters breiten sich die Serben nach Süden und Osten aus. Belgrad (weiße Burg) z. B. ist ein bulgarisches Wort. Die Serben nennen die Stadt Beograd, während die Fremden, Germanen und Romanen, den bulgarischen Namen beibehalten haben.

Die Albanier sind uralte Nachbarn der Bulgaren. In alten Zeiten haben die Albanier in enger Gemeinschaft mit den Bulgaren gelebt. Das heutige Albanien, welches aus dem

---

[1] Const. Porphyrog., De adm. Imper. c. 22. Migne 133 S. 292.
[2] Const. Porphyrog., De adm. Imp. c. 22. Migne 133 S. 292.

alten Dardanien, Illyrien, Epirus und Thessalien besteht, wird im Mittelalter als bulgarisches Land bezeichnet. Die bulgarischen Volkslieder sprechen sehr oft von dem Lande der Albanier, was beweist, daß Albanier und Bulgaren in Freundschaft und Gemeinschaft gelebt haben.

Schließlich wollen wir erwähnen, daß das bulgarische Volk sich selbst von jeher in zwei Teile teilte: in Thrakiér (Geten, Goten) und Illyrier (Makedonier, Hunnen, Bulgaren).

Die Unkenntnis dieser Tatsache hat zu verschiedenen ethnographischen Streitigkeiten zwischen den Bulgaren und den Serben geführt. Die Serben, um ihre Ansprüche auf Makedonien zu rechtfertigen, heben hervor, daß die Makedonier sich von den Bulgaren in Thrakien unterscheiden und folglich keine richtigen Bulgaren wären. Sie unterscheiden sich wohl etwas von den Thrakiern, dieser Unterschied beweist jedoch nur, daß sie keine Thrakier, aber nicht, daß sie keine Bulgaren wären. In Bulgarien unterscheidet sich sogar jedes Dorf von dem anderen, da es zur Zeit der Türkenherrschaft keine gemeinsame Entwickelung gab. Unter Bulgaren verstehen wir vornehmlich Makedonier. In Makedonien entstand die bulgarische Schrift und die bulgarische Sprache. Die Geschichte der Bulgaren ist nichts weiter als die Geschichte der Makedonier. Makedonien ist die Wiege der Bulgaren.

V. Kritik der bisherigen Anschauung, daß die Goten Germanen gewesen wären.

Aus der vorangehenden Auseinandersetzung geht klar hervor, daß die Goten Bulgaren waren, daß die gotische Kirche sich in Thrakien und Illyrien entwickelte und daß Ulfila die Bibel für seine Landsleute, die Thrakier oder Bulgaren, übersetzte. Und wenn man bis jetzt behauptete, die Goten wären Germanen und Ulfila hätte für die Germanen Schriftzeichen erfunden, so beruht dies auf einem Irrtum. Man kannte viele Tatsachen nicht, deren Kenntnis nötig war, um einen richtigen Schluß zu ziehen. So z. B. erwähnt der gotische Geschichtsschreiber Jordanis ausdrücklich, daß Theodorich der Große nur mit einigen seiner Landsleute nach Italien gegangen sei, während die Hauptmacht der Goten in Thrakien (Bulgarien) geblieben wäre:

Igitur egressus urbe regia Theodoricus et ad suos reverentes, omnem gentem Gothorum, qui tamen ei praebuerunt consensum, assumens; Hisperniam tendit, rectoque itinere per Sirmis ascendit, vicinas Pannoniae [1]).

Zu der Zeit, als Jordanis sein Buch schrieb (550) d. h. ungefähr 60 Jahre nach dem Abzug Theodorichs nach Italien, lebten die Goten Ulfilas in Bulgarien, wie Jordanis weiter berichtet:

„Es gab auch noch andere Goten, die sogenannten Kleingoten (Gothi minores), ein unzähliges Volk. Ihr Priester und oberster Bischof war Vulfila, der ihnen auch die Buchstaben erfunden haben soll. Heutzutage bewohnen sie in Mösien die Gegend von Nikopolis am Fuß des Emimontus, ein zahlreiches, aber armes und unkriegerisches Volk, das an nichts reich ist, als an Herden aller Art, an Triften für das Vieh und an Holz im Walde; das Land hat wenig Weizen, ist aber reich an anderen Fruchtarten. Von Weinpflanzen aber wissen sie nicht einmal, daß es anderswo solche gibt, und sie kaufen sich den Wein aus der Nachbarschaft. Meistens aber trinken sie Milch [2]).

Diejenigen Goten also, für die Ulfila Buchstaben erfunden und die Bibel übersetzt hat, sind in Bulgarien in der Gegend des heutigen Tirnowo geblieben. Auch Prokop ist dieser Meinung, wie wir aus folgender Stelle bei ihm ersehen:

Ὁ δὲ Βέσσας οὗτος Γότθος μὲν ἦν γένος τῶν ἐκ παλαιοῦ ἐν Θρᾴκῃ ᾠκημένων Θευδερίχῳ τε οὐκ ἐπιστομένων, ἡνίκα ἐκθένδε ἐς Ἰταλίαν ἐπῆγε τὸν Γότθων λεών, δραστήριος δὲ καὶ ἀγαθὸς τὰ πολέμια [3])

Ist dem einmal so, so verstehen wir nicht, warum man die Goten auf der Krim, in Westfalien, d. h. überall dort suchte, wo sie nicht gewesen sind, statt in Thrakien, wo sie gelebt haben und wo sie geblieben sind. Ulfila starb in Thrakien, nachdem die Goten nach Westen gegangen waren, warum soll er seine Werke nicht in Thrakien hinterlassen haben, wo er Kirchen und Schüler hinterlassen hat? Dies ist um

---

[1]) Jord. G. LVII, 292. [2]) Jord. LI. [3]) Procop., Bg. I, 16, 2. (Siehe auch S. 43—55, 196—202, 211, 212, 216—223, 227—252).

so interessanter, als die germanischen Völker Ulfilas Schrift und Bibelübersetzung nicht kannten. Die germanische Schrift beginnt mit dem 9. Jahrhundert. Selbst Karl der Große gab sich Mühe lateinisch zu lernen. Die Bibel wurde auf Befehl Ludwigs des Frommen ins Deutsche übersetzt, was nicht geschehen wäre, wenn die Deutschen schon eine Bibelübersetzung gehabt hätten. Sodann bedienten sie sich einer lateinischen Schrift, ohne wiederum eine Ahnung von einer deutschen Schrift zu haben. Die dem Ulfila zugeschriebene deutsche Bibelübersetzung ist eine Einbildung späterer Schriftsteller. Das erhellt am besten aus folgenden Worten des Herausgebers dieser Bibelübersetzung:

„Daß Ulfilas die Bibel in seine Muttersprache übersetzt, und dadurch seinen Namen unsterblich gemacht hat, ist bekannt, und ganz unbezweifelt gewiß. Ob wir aber noch Bruchstücke von seiner Übersetzung im Upsalischen und Wolfenbüttelschen Kodex wirklich übrig haben, ist eine andere Frage, die mit der vorigen Tatsache ja nicht verwechselt werden muß. Wenigstens kann man das eine zugeben und das andere leugnen. Es könnten ja mehrere Goten die Bibel übersetzt haben, denn man weiß, das Beispiel eines Mannes wie Ulfilas reizt leicht zur Nachfolge, und so können wir wirklich die Übersetzung eines anderen Goten im C. A. (Codex argentineus) haben. Mich dünkt aber, diese Vermutung ist wenigstens sehr entbehrlich, wenn sie nicht unnütz ist. Anfangs mutmaßte oder erriet man es freilich nur, daß man in C. A. Ulfilas Gotische Bibelübersetzung habe, aber jetzt kann man sagen, es ist so gut als gewiß. Denn:

1. Ulfilas hat wirklich die Bibel ins Gotische übersetzt, wie alle alten Schriftsteller, die seiner gedenken, als: Sokrates, Sozomenus, Philostorgius, Isidor, Jornandes und mehrere andre einstimmig behaupten, siehe Knittel § 254 und die andern oben angeführten Zitate. Von einem andern Goten hingegen, der die Bibel in seine Muttersprache übersetzt hätte, sagt die Geschichte nichts, und gesetzt das wäre geschehen, so wird dieser spätere Übersetzer doch gewiß Ulfilas Übersetzung, schon aus Ehrfurcht, bei der seinigen zum Grunde gelegt haben, so daß diese mehr eine Übersetzung der Ulfilanischen als eine neue Übersetzung zu nennen wäre.

2. Es ist in Italien wirklich eine gotische Bibelübersetzung nicht nur vorhanden gewesen, sondern man hat auch ihre Abweichungen von der lateinischen Übersetzung bemerkt, wie aus der hernach anzuführenden Stelle aus „Blanchini Evangeliar. quadrupl" erhellt. Ja es sind auch sonst noch mehrere Urkunden der gotischen Bibelübersetzung, außer dem Cod. arg. vorhanden gewesen, wie ich gleichfalls unten ausführlich erzeigen will.

3. Die in Neapel und Arrezo gefundenen Verkaufsurkunden über einige Grundstücke sind gewiß gotisch, denn sie sind in Ravenna, der Hauptstadt der gotischen Könige in Italien, ausgestellt und von gotischen Priestern eigenhändig unterschrieben. Die Franken aber sind niemals in Italien ansässig gewesen und haben darin keine Grundstücke besessen, die sie hätten verkaufen können. Da nun die Sprache in diesen Urkunden mit der im Cod. arg. völlig übereinstimmt, obgleich die Schriftzüge in beiden voneinander abweichen, so muß beides notwendig gotisch sein.

4. Die Sprache im Cod. arg. weicht von der im Schilterischen Schatze ebenso weit ab, als von dem Angelsächsischen und dem Skandinavischen insbesondere. **Auch ist die erste deutsche Übersetzung der Bibel unter Ludwig dem Frommen gemacht**, so daß unter Chilperich keine fränkische gemacht sein kann. Dennoch hat man sich lange und viel darüber gestritten:

Ob die Sprache in Cod. arg. gotisch sei oder nicht? Ehe die gotischen Urkunden in Neapel und Arrezo bekannt wurden, war es kein Wunder, wenn man sich darüber stritt. **Findet man doch in der silbernen Handschrift selbst kein Wort davon, was ist und woher sie kam, so daß man nur vermuten mußte.** Doch ging im Anfange alles gut, bis die schwedischen Gelehrten den Handel verwickelten und verdarben. **Man fand hier die Bibel in einer deutschen Mundart, die sich auf keine der bekannten Mundarten anwenden ließ, und da man aus der Geschichte wußte, daß Ulfilas die Bibel ins Gotische übersetzt hatte, so hielt man die silberne Handschrift für eine Urkunde dieser Übersetzung**

und die Sprache derselben für gotisch oder ulfianisch. So urteilte Morillon, Vulcanius, Mercator, Gruter, Junius, Mareschal, Stiernhielm und andere bis auf Heupeln, deren Zeugnisse man in der Esbergischen Dissertation § 13 gesammelt findet, wo man auch sehen kann, was jeder dieser Sprache wieder nach seiner Einsicht für eine Beimischung gibt. Nun kamen aber die Gelehrten in Schweden, welche sich vom Anfange an die silberne Handschrift zueigneten, und gaben ihr Suiogotisch für das einzige wahre Gotisch aus, so daß sie auch auswärtige Gelehrte täuschten. George Hickes, den diese Zweideutigkeit des Wortes Gotisch auch irre gemacht hatte, fand aber, daß die Sprache der silbernen Handschrift mehr vom Suiogotischen abweiche als vom Deutschen, daher hielt er sie für deutsch und nicht für gotisch, und meinte, wenn die Übersetzung nicht gotisch sei, so könne auch Ulfilas nicht ihr Verfasser sein. Man sieht, woher Hickes Irrtum entsprang, und daß er mehr im Namen als in der Sache lag. Dennoch bestritt Hickes die alte Meinung eigentlich nicht, sondern bezweifelte sie nur in seiner Vorrede zur angelsächsischen und mösogotischen Grammatik in seinem Thesaur. Tom I. Durch das Beispiel dieses großen Mannes verleitet, trieb aber Mathurin Veyissiere de la Croze die Sache noch weiter und gab die Sprache im C. A. für fränkisch aus, usw.[1]."

Beweise gibt es also nicht, daß der Codex argentineus gotisch ist oder von Ulfila stammt. Man hat diese Urkunde willkürlich gotisch genannt, in der Tat ist sie germanisch. Gestritten wurde nur darüber, welcher deutschen Mundart sie angehöre, aber nicht, ob sie von Ulfila

---

[1] Ulfilas gotische Bibelübersetzung, die älteste germanische Urkunde nach Ihrens Text, mit einer grammatisch wörtlichen lateinischen Übersetzung zwischen den Zeilen, samt einer Sprachlehre und einem Glossar, ausgearbeitet von Friedrich Karl Fulda. Das Glossar umgearbeitet von W. F. H. Reinwald und den Text, nach Ihrens genauer Abschrift der silbernen Handschrift in Upsal, sorgfältig berichtigt, die Übersetzung und Sprachlehre verbessert und ergänzt, auch mit Ihrens lateinischer Übersetzung neben dem Texte und einer vollständigen Kritik und Erläuterung in Anmerkungen unter demselben samt einer historisch kritischen Einleitung versehen und herausgegeben von Johann Christian Zahn. Weißenfels 1805, S. 25—28.

stamme oder nicht. Ebenso sind angeblich gotisch auch die in Italien gefundenen deutschen Urkunden. Alles beruhte auf Vermutung, so auch die Behauptung Busbecks, daß es auf dem Chersones Germanen gegeben habe. Martinus Broniovius de Biezdfedea hat, nur achtzehn Jahre später, d. h. im Jahre 1578, persönlich die Krim bereist und dort keine Germanen gefunden.

Unter Goten verstand man bisher jenes Volk, welches im 4. Jahrhundert von den Hunnen angefallen wurde und von den im 4. Jahrhundert lebenden Schriftstellern wie Orosius, Marcellinus u. a. als Goten bezeichnet wurde. Orosius identifiziert Gotien und Dakien:

Expliciti sunt quam brevissime fines Asiae: nunc Europam, in quantum cognitione homminis conceditur stylo pervagabor. A montibus Riphaeis ac flumine Tanae Maeotisque paludibus, quae sunt ad orientem, per littus septentrionalis Oceani usque ad Galliam Belgicam et flumen Rhenum quod est ab occasu, deinde usque ad Danubium quem et Istrum vocant, qui est a meridie ad orientem directus ponto excipitur: ab oriente Alania est, in medio Dacia, ubi et Gothia: deinde Germania est, ubi plurimam partem Suevi tenent: quorum omnium sunt gentes quinquaginta quatuor [1]).

Gotia ist also etwas anderes als Germania, es ist identisch mit Dakia.

Dieses Verhältnis der Goten oder Geten zu den Germanen wird auch von Strabo hervorgehoben:

Τὸ δὲ νότιον μέρος τῆς Γερμανίας τὸ πέραν τοῦ Ἄλβιος τὸ μὲν συνεχὲς ἀκμὴν ὑπὸ τῶν Σοήβων κατέχεται· εἶτ' εὐθὺς ἡ τῶν Γετῶν συνάπτει γῆ, κατ' ἀρχὰς μὲν στενή, παρατεταμένη τῷ Ἴστρῳ κατὰ τὸ νότιον μέρος, κατὰ δὲ τοὐναντίον τῇ παρωρείᾳ τοῦ Ἑρκυνίου δρυμοῦ, μέρος τι τῶν ὀρῶν καὶ αὐτὴ κατέχουσα, εἶτα πλατύνεται πρὸς τὰς ἄρκτους μέχρι Τυρεγετῶν [2]).

Ammianus Marcellinus schreibt über die Bewegung, welche durch den Anprall der Hunnen im 4. Jahrhundert erfolgte, folgendes:

Per omne quidquid ad Pontum a Markomanis praetendentur et Quadis, multitudinem barbaram abditaram nationem

---

[1]) Orosius, Migne 31, I 2, 23. [2]) Strabon. VII, III, 1.

vi subita sedibus pulsam circa flumen Histrum vagari cum caritatibus suis disseminates[1]).

Aus der angeführten Stelle geht hervor, daß wir unter Goten jenes Volk verstehen müssen, welches Dakien von den Markomanen und Quaden an bis an den Pontus bewohnte. Diese Goten waren nach Tacitus, der zuerst die Germanen beschrieben hat, keine Germanen. Er schreibt, daß die jenseits der Markomanen und Quaden wohnenden Gotini ihrer Sprache nach keine Germanen wären:

Rerto Marsigni, Gothini, Osi, Buri terga Marcomanorum Quadorumque claudunt e quibus Marsigni et Burii sermone cultuque Suevos referunt. Gothinos Gallica, Osos Pannonica lingua coarguit non esse Germanos; et quod tributa patiuntur, partem tributorum Sarmatae, partem Quadi ut alienigenis imponunt. Gothini, quo magis pudeat, et ferrum effodiunt. Omnesque hi populi pauca campestrium, ceterum saltus et vertices montium jugumque insederut, dirimit enim scinditque Sueviam continuum montium jugum, ultra quod plurimae gentes agunt: ex quibus latissime patet Lygiorum nomen. in plures civitates diffusum Trans Lygios Gothones regnantur, paulo jam adductius quam ceterae Germanorum gentes, nondum tamen supra libertatum[2]).

Jenes Volk also, das im 4. Jahrhundert unter dem Namen Goten bekannt war, war seiner Sprache nach kein germanisches Volk. Der letztere Ausdruck des Tacitus, daß jenseits der Lygier die Gotonen wohnen, die etwas strenger als die übrigen germanischen Gaue regiert werden, zeigt, daß Tacitus die Gotonen für Germanen hält. Dieser Umstand ist sehr wichtig für das Verständnis der gotischen Nationalität. Man hat die Gotonen ohne weiteres für Goten gehalten und, da die Gotonen Germanen waren, so glaubte man, daß die Goten oder Gotini Germanen seien. Es waren aber zwei verschiedene Nationen. Die Gotini oder Goten, die in Dakien wohnten und die allein für die Geschichte in Betracht kommen, waren ihrer Sprache nach keine Germanen. Die Gotonen, die an der Ostseeküste gelebt haben sollen, und von denen vielleicht der Name Gotland stammt, könnten wohl Germanen

---

[1]) Amm. Marcell. XXX, IV, 2.   [2]) Tacitus, Germ. 43—44.

sein, sie hatten aber mit den Goten des Jordanis, Marcellinus, Orosius, Procopius u. a., die in Dakien und Thrakien wohnten, nichts gemein.

Cassiodorus, der Minister Theodorichs des Großen, der als der maßgebendste Schriftsteller für die gotische Geschichte gilt, hält die Goten für alte Trakier, da er schreibt, daß sie die thrakische Gewohnheit hatten, Honig zu trinken:

His rebus aliquid maius adiciens humana sellertia terris quandam harmoniam doctissima inquisitione collegit, quae diapason nominatur, ex omnibus scilicet congregata, ut virtutes, quas universum melos habere potuisset, haec adunatio mirabilis contineret. hinc Orpheus mutis animalibus efficaciter imperavit vagosque greges contemptis pascuis ad audiendi epulas potius invitavit[1]).

Da alle alten Schriftsteller ohne Ausnahme (Tacitus, Orosius, Amm. Marcellinus, Augustinus, Comes Marcellinus, Jordanis, Procopius, Cassiodorus, Isidorus) die Goten für ein altes thrakisches Volk halten[2]) und k e i n e r sie für Germanen hält, so sind die Goten alte Thrakier oder Bulgaren.

Die Goten sind Bulgaren nicht nur, weil sie ein thrakisches Volk sind und eine mit der bulgarischen identische Geschichte haben, sondern auch, weil ihre Sprache bulgarisch ist. Das gotische Wort o i u m, d. h. o i, ist ein bulgarisches Wort[3]). Ebenso sind die gotischen Worte s a j o (Mantel) und m e d (Honig)[4]) rein bulgarische Worte, welche heute noch so ausgesprochen werden. Diese Worte trifft man in der deutschen Sprache nicht. Auch das gotische Wort l e u d e s (Leute) ist das bulgarische L j u d i (Leute). Dies sind die einzigen, heute noch bekannten, gotischen Worte.

Die Namen der gotischen Könige sind bulgarisch, so z. B. L i u b a[5]), welcher noch heutzutage einer der verbreitetsten bulgarischen Namen ist. Sodann die Namen der drei verbrüderten Gotenkönige: W a l a m i r, T h i u d i m i r, W i d i m i r sind augenscheinlich bulgarisch. Widimir ist ein

---

[1]) Cassiodori Variarum II, 40, Boetio Patricio Theodoricus Rex 6—7.
[2]) Siehe S. 41—44. [3]) Siehe S. 48. [4]) Isid., Hispal. Lib. XI. Migne 82, III, 496 oder S. 395. Auch Cassiodor. [5]) Monum. Germaniae: Chronica minora 3, IV Reges Wisigothorum.

aus Widi (Sonnenschein, Licht, sehen) und mir (Welt) zusammengesetztes Wort und bedeutet ungefähr Welthelligkeit; Thiudimir ist aus thiudi (tschudi, bewundern) und mir (Welt) zusammengesetzt; Walamir ist das heutige Welimir. Der gotische Name Genzo[1]) ist ein thrakoillyrischer und kein germanischer Name. Er wird schon von Diodor als Gentius[2]) erwähnt. Auch Theophylact Simocata erwähnt den Namen Gentzon[3]). Dieser Name ist noch heute in der Form von Gentscho, Gantscho, Geno, Gano einer der verbreitetsten Namen bei den Bulgaren. Er ist verwandt mit dem gotischen Namen Gaina, welcher im heutigen Bulgarischen zu Gena geworden ist. Gaina ist die griechische Aussprache für Dianus (Γιανος). Darauf ist auch der Name Geno oder Gano zurückzuführen. Alles dies beweist, daß die obigen Namen einerseits thrakische und andererseits bulgarische, aber nicht germanische Namen sind. Ebenso ist es mit den Namen Walija und Totila. Sie sind in der Form von Waljo, Wuljo, Weljo und Totjo, Tota, Tiljo, Tilko sehr verbreitet bei den Bulgaren. Desgleichen Vidicul oder Vidigoia[4]) als Vidul. Alle diese Namen treffen wir nicht bei den Germanen. Ein gotischer Fürst hieß Koryllus[5]). Kurillo ist der Name eines Dorfes im Bezirk Sofia, heute eine kleine Eisenbahnstation an der Linie Sofia—Mezdra. Etwa zehn Kilometer von Sofia entfernt, in einer wunderschönen Gebirgsgegend, wo der Isker aus dem Rilagebirge kommend, die Planagebirge durchschneidet, befindet sich das Dorf und Kloster Kokalen. An diesen von der Natur befestigten Ort hatte sich im 4. Jahrhundert der gotische Fürst Athanarik zurückgezogen. Ammianus Marcellinus, der uns darüber Kunde gibt, nennt ihn Caucalanda[6]).

Daß Jordanis ein germanisches Wort sein soll, welches aus ibrs (Eber) und nanths (kühn) zusammengesetzt ist, ist schlechthin unmöglich. Es ist evident, daß es zwischen ibrsnanths und Jordanis keine Verwandtschaft gibt. Jordanis ist ein christlicher Name, der auf den Fluß Jordan zurückzuführen ist. Er ist noch heutzutage bei den Bul-

---

[1]) Procop. Bv. I, 5. [2]) Diodor. XXX, Excerpt. vatican. S. 72—74.
[3]) Theophil. Simoc. VII, 8. [4]) Jord. V, 43; XXXIV, 178.
[5]) Jord. VII, 73. [6]) Amm. Marcell., XXX, IV, 13.

garen sehr verbreitet. Dasselbe kann man auch von den gotischen Namen sagen, die auf ric enden, wie Ermenric, Genserich, Videric. Da es in der heutigen deutschen Sprache Namen, die auf ric oder rich ausgehen, gibt, so glaubte man, daß die obigen Namen germanisch wären. Die Endung ric oder rich in den deutschen Namen ist aber nicht germanisch, sondern eine urgermanische Entlehnung aus dem Keltischen. Es ist das keltische rig oder rix (König)[1]. Worte mit solchen Endungen sind also nicht germanisch sondern keltisch, und das Keltische ist mit dem Thrakischen verwandt. Der Name Wideric z. B. ist ein aus wide (Sonnenschein, Helligkeit) und ric (König) zusammengesetztes Wort und würde der sonnenhelle König heißen. Die Namen der gotischen Könige sind also bulgarisch.

Man hat viel darüber gestritten, ob der Flußname $\mathit{\Delta\iota\varepsilon\rho\nu\alpha}$ bei Ptolomaeus oder Tierna auf der tab. Peut., Tsierna auf einer Inschrift, Zerna in den Digesten usw. ein slawisches Wort sei. Es ist ein bulgarisches Wort, da Jordanis es durch Aqua nigra (tscherna woda = schwarzes Wasser) übersetzt. Das ersehen wir aus folgender Stelle bei ihm:

Ergo, ut ad gentem, unde agimus revertamur, id est Ostrogotharum, qui in Pannonia sub rege Valamir eiusque germani Thiudimer et Vidimir morabantur, quamvis divisa loca, consilia tamen unita (nam Valamir Scarniungam et Aqua nigra fluvios, Thiudimir iuxta lacum Pelsios, Vidimir inter utrosque manebant, contigit ergo ut Attilae fili contra Gothos quasi desertores dominationis suae, velut fugacia mancipia requirentes, venirent ignarisque aliis fratribus super Valamir solum inruerunt[2]).

Der Krieg gegen Attilas Söhne fand an dem See Nedao, gegenüber von Rachowo, südlich von Krajowa, im heutigen Rumänien statt. Nach diesem Kriege haben die Goten das Land zwischen Pelso oder Plattensee in Ungarn und Aqua nigra, d. h. Černa, einem Flusse an der Grenze zwischen Ungarn und Rumänien, eingenommen. Der hunnische Angriff hat von Süden her stattgefunden, daher wurde zuerst Valamir,

---

[1] Moritz Heyne, Deutsches Wörterbuch. [2] Jord., G., LII.

der an der Aqua nigra (Černa) stand, angegriffen. Jordanis also hat Černa in das lateinische Aqua nigra übersetzt, was beweist, daß Černa nigra bedeutet und folglich ein bulgarisches Wort ist.

Ist dem nun so, so folgt daraus, daß die alten Bewohner Dakiens Bulgaren und keine Germanen waren.

Jordanis schreibt, daß die Skythen nach Attilas Tode (er soll nicht weit von Tscherna gestorben sein) an seinem Grabe eine Mahlzeit abgehalten hätten, welche sie in ihrer Sprache Strava nannten:

Postquam talibus lamentis est defletus, stravam super tumulum ejus quam appellant ipsi, ingenti comessatione concelebrant, et contraria invicem sibi copulantes, luctum funeruo mixto gaudio explicabant[1]).

Strava ist ein slawisches Wort und bedeutet Mahlzeit.

Priscus berichtet, daß, als seine Gesandtschaft sich Attilas Hauptsitz näherte, die Landbewohner ihnen Hirse statt Weizen und Med statt Wein und ein anderes Getränk, das sie Kamon nannten, gegeben hätten:

ἐχορηγοῦντο δὲ ἡμῖν κατὰ κώμας τροφὰ, ἀντὶ μὲν σίτου κέχρος, ἀντὶ δὲ οἴνου ὁ μέδος ἐπιχωρίως καλούμενος. ἐκομίζοντο δὲ καὶ οἱ ἑπόμενοι ἡμῖν ὑπηρέται κέγχρον καὶ τὸ ἐκ κριθῶν χορηγούμενοι πόμα. κάμον οἱ βάρβαροι καλοῦσιν αὐτό[2]).

Med (Honig) ist ein bulgarisches Wort. Kamon oder Komina ist ein bulgarischer Name für einen Branntwein, welcher aus den Resten der zu Wein verarbeiteten Trauben bereitet wird. Den Gästen wurde also Honig und Schnaps angeboten, was noch heutzutage in Bulgarien auf dem Lande Sitte ist.

Daß die Geten keine Germanen sind und eine dem Bulgarischen ähnliche Sprache hatten, hat der bedeutendste Kenner des deutschen Altertums, Karl Müllenhoff, in seinem Werk „Deutsche Altertumskunde" genügend klar hervorgehoben. Er schreibt:

„Auf diese combination getischer und gotischer geschichte hatte begreiflicher weise so gut wie keiner wert gelegt, erst Jacob Grimm war es vorbehalten für sie aufzutreten aber die von ihm behauptete identität der namen Getae und Goti

---

[1]) Jord., G., XLIX, 258.   [2]) Prisc. ed. Bonn. S. 183.

(Gotones, Gothi) wird hinfällig sobald man sieht daß seine Guthai, Guthôs oder Guthans (über Iornandes s. 21 G. D. S. s. 179. 439) nur statt got. Gutôs, altn. Gotar oder Gotnar, ags. Gotan, ahd. Gozon oder Goza (gramm. 1³, 86 Haupts. zs. 9, 244) seiner hypothese zu liebe erfunden und seine Gaude nichts sind als eine unbewährte leseart der bisherigen ausgaben des Plinius, s. oben s. 146 anm. räumt man ein daß das getische oder dakische noch nicht die deutsche verschiebung der consonannten kannte (G. D. S. s. 436), so muß man auch zugeben daß Getae, den wechsel der vocale angenommen, im munde der Goten Kuthai lauten mußte: durch anomalien und problematische vergleichungen das beliebte Guthai rechtfertigen wollen, heißt den beweiß aufgeben. Muß man außer dem mangel der lautverschiebung — d. h. des characteristischen zeichens deutscher sprache unter den ihr stammverwandten — auch noch zugestehen, um eine gleichung deutscher und getischer wörter herauszubringen, daß im getischen schon der zischlaut entwickelt war, wo im deutschen noch der guttural haftete (s. z. b. monatsberichte der Berliner acad. 1849 s. 131 — kl. schr. 5, 373), so gibt man offenbar auf, was man beweisen will, die identität der beiden sprachen und völker und es scheint nur noch eine sonderbare laune das festzuhalten, worauf in nicht eben glücklicher stunde ein einfall zuerst geführt hatte. Zischlaute sind in deutschen sprachen entweder gar nicht oder wie die gramatik und die sprachdenkmäler selbst lehren, im englischen, friesischen, schwedischen erst sehr spät eingetreten, das thrakische und das mutmaßlich damit zunächst verwandte illyrische und dakische standen offenbar in den lautverhältnissen und auch sonst wohl dem slavischen vielfach nahe: der anlaut des dakischen ortsnamens Διερνα bei Ptolemaeus, Tierna auf der tab. Peut., Tsierna auf einer inschrift (C. I. L. 3 nr. 1563), Zerna in den Digesten usw. (vgl. D. A. 2, 378), war ohne Zweifel ein tsch, und nennt Herodot den heutigen Serth Τιαραντὸς (s. Jahns archiv. für phil. 13, 13f.), Ptolemaeus Ἱερασὸς, Ammian Gerasus, so sind das augenscheinlich ebenso nur verschiedene versuche den laut des frz. j (poln. ż, böhm. ž) auszudrücken (oben s. 118f.);

den g bei Ammian steht für j und der spiritus asper bei Ptolemaeus ist griechische zutat, da der anklang an ἱερὸς verleitete. ähnlich ist Germigera beim cosm. Ravenn. und auf der tab. Peut. und Ζερμίζιργα bei Ptolemaeus, das ableitende αντὸς — asus in Tiarantus Ierasus aber und ebenso die von Κοτήνσιοι Βουριδεήνσιοι Σήνσιοι usw. in Dacien, Οἰτήνσιοι Ὀβουλήνσιοι usw. am Haemus (s. oben s. 146), Ναρήνσιοι in Illyrien bei Ptolemaeus, bei Plinius 3 § 143 aber Narensii führt auf nasale ą und ę wie etwa im polnischen; nasales ą bestätigt auch noch der flußname Iantrus Iatrus Ietrus Athrys, s. oben s. 126. erwägt man endlich den Ortsnamen Πάρτισκον bei Ptolemaeus an der Teis (D. A. 2, 378) und das schwanken des flußnamens, der bei Iordanes und dem cosmographen von Ravenna Tisia, bei Plinius aber Pathissus oder Ammian Parthiscus heißt — man kann auch noch Patavissa, Paloda und Parolissus in Dacien vergleichen — so kommt man zu der annahme, daß mindestens die Daken ähnliche composita wie die Slawen, in Poreči Pomori Polabany usw., Podgoritza usw. gehabt haben; auch Napoca ist vielleicht nicht anders als námĕsti gebildet. ähnliche beobachtungen ließen sich wohl noch sammeln, sie würden aber immer nur beweisen daß wir Deutschen wohl tun, wenn wir die Thraker Thraker, die Geten Geten, die Daken Daken sein lassen[1]."

Müllenhof dachte, daß, indem er bewiesen hat, daß die Geten keine Germanen sind, er bewiesen hätte, daß die Goten Germanen wären. Gleich Müllenhoff urteilte auch Sybel in seiner Kritik über Grimms Behauptung, daß die Goten Geten seien:

„Nichts aber ist den späteren Griechen und Römern geläufiger als diese Gelehrsamkeit, auf die Völker ihrer· Zeit den alten Namen der betreffenden Länder zu übertragen. So heißen die Gothen unendlich oft Skythen, weiterhin die Hunnen Massageten[2], die Serben Triballen, einzelne Serbenstämme Dalmatiner. Ein Sprachgebrauch solcher Art kann demnach wenig Anspruch machen, einem weiteren Beweisverfahren auch nur als Grundlage zu dienen. Anderseits steht der

---

[1] Karl Müllenhoff, Deutsche Altertumskunde, Bd. 3, Berlin 1892, S. 162—163. [2] Wer behauptet denn, daß die Hunnen in dem Lande der Massageten gewohnt haben?

ältere Sprachgebrauch vollständig fest für die Geten: sie sowohl als die Daken zu den thrakischen Völkerschaften zu zählen, darüber hat kein Grieche oder Römer irgendein Bedenken. Wenn dies freilich nur in der vorhistorischen Zeit geschähe, so würde es für die von Grimm erörterte Frage sehr wenig austragen. Denn ein Autor, der überhaupt von der Einheit der Germanen keine Vorstellung hat, könnte einen germanischen, aber untern Thrakern angesiedelten Stamm immerhin bezeichnen als einen Thrakischen, der einige besondere Sitten besitze — wie dies z. B. Herodot in Bezug auf die Geten tut. Anders aber und ungünstiger erscheint das Verhältniß wenn Schriftsteller, die ebensowohl die thrakische als die germanische Eigentümlichkeit kennen, wenn Mela, Strabo, Dio Cassius und Tacitus die Geten oder die Daken ohne irgendein Bedenken von den Germanen sondern und den Thraken zuweisen. Es gibt ausdrückliche Berichte über positive Tatsachen, bei deren Auffassung eine Täuschung nicht so leicht denkbar ist und welche vor allen Dingen die Ausflucht abschneiden, daß nur die geographische Lage der Wohnsitze den Geten die thrakische Bezeichnung verliehen habe. Dahin gehört vor allem Strabos Angabe, die Geten und Daken redeten dieselbe Sprache und zwar die Sprache der Thraken. Eine solche Behauptung, deren Richtigkeit die Hypothese Grimms sofort zertrümmert, ist aber nur durch die schlagendsten, zwingendsten und vollständigsten Gegengründe zu beseitigen[1]."

Man blieb also dabei, zu beweisen, daß die Geten Dakier oder Thrakier sind, worüber niemand gestritten hatte. Daß aber die Goten Germanen waren, dafür hat weder Müllenhoff noch Sybel, noch ein anderer direkte Beweise angeführt.

Die Goten waren also Thrakier und folglich Bulgaren.

---

[1] Sybel, Schmidts Zeitschrift, Bd. VI, S. 519—520.

Register

der wichtigeren Namen.

Abaren 1, 2, 192—193, 213.
Abraxes 6, 42.
Abydus 19.
Accacius 236—237.
Achaär 37, 38.
Adrianopel 183, 261—262.
Adrianus, Papst 210.
Aecius 260.
Aegäisches Meer 4, 19, 36, 53, 55, 182.
Aelianus 72.
Aeneas 70, 79, 178.
Agathyrser 16, 17, 22, 23, 35, 215.
Agazieren 53, 214.
Agrianer 26.
Aiaxus 74.
Akamas 70.
Akroma 51.
Alazonen 36, 37.
Albani, Albanes, 2, 34, 37.
Albanien, 4, 37, 195, 266.
Albigenses 218—219.
Altserbien 265.
Altheus 198.
Alexander der Große 51, 55, 56, 211, 212.
Almus 261.
Alziagiren 53, 55.
Amazonen 45—47, 49, 52.
Ammianus Marcellinus 58, 272.
Amydon 70.
Anastasius Bibliothecarius 194, 195, 205, 254.
Anastasius Imper. 196, 244, 248, 249, 258.
Andronicus 205, 210, 229.
Androphager 16, 22, 35, 208.
Angelina 118—119, 135, 137—138.
Angiskiren 54, 55.

Angista 11, 52, 55.
Antiphos 70.
Apollo, 77, 103—104, 108, 114, 118, 119, 123, 126, 183, 156, 180, 181.
Apollonia 32, 119.
Aquileja 237.
Araxea 6, 33.
Ardabur 241—242.
Argonauten 77—78, 119.
Arianismus 217.
Arimaspi 35.
Arius 236.
Arkadiopol 242, 261.
Aromunen 123.
Asen 181.
Askanios 70.
Asowsche Meer 4, 5, 7—11, 53.
Aspar 181, 241, 246.
Asparuch 50, 181.
Athanaricus 196—197.
Athos 77.
Attilla 9, 178—181, 264.
Augustinus hl. 44, 216, 230.
Auxentius 230.
Auxentius Bischof von Dorostolum 237.
Auxentius Bischof von Mailand, 236—237.
Axius 19, 20, 70, 72.

Babuna 204, 208.
Babuni 208.
Badnik 174.
Baianus 50.
Baiuniten 191, 208.
Bardoren 54.
Bassa 232.
Bassiana 54.

Batbai 214.
Bessas 267.
Belgrad 265.
Belisarius 260.
Bereziten 191.
Berig 47—48, 98.
Bessen 30—31.
Biber 19.
Bilbassoff 55, 69.
Bistonis 28—30, 48.
Bistritza 11, 52—56, 69, 72.
Bithyni 63.
Bitolja 72, 249.
Bittuguren 54, 55.
Bizzis 261.
Boïnitza 174.
Bogdan 108—109, 119, 171, 174.
Bogomila 282.
Bogomilen 204.
Bogomilismus 186.
Bohemia 227, 229.
Bojan 75.
Boris 196.
Boristhenes 11, 35, 37, 49, 98, 114, 145.
Bosporus 4—6, 15, 33, 40.
Bottišen 20.
Brachil 97—98, 107.
Brahma 172, 180.
Brava 172.
Brazlavon 233.
Bresnik 215.
Briger 63.
Bris 196.
Brjegalnitza 9, 207, 212, 213.
Brsaci 63.
Brus 196.
Buddha 113, 180, 186, 189.
Bŭddin 195.
Budin (Budim) 108, 113, 140, 142.
Budiner, 4, 16—20, 35, 55, 57, 63, 72.
Bulgar, gotischen Fürst 219.
Bulgaren, 1, 12, 49, 51—59, 72, 75, 120, 123—124, 153, 178, 180—182, 190—195, 202—218, 224, 226, 232—5, 240, 244—255, 258—267.
Bulgarien 4, 52, 173, 182.

Bulgarische Mythologie 62.
Bulgaros, Bolgaria, Bulgri, Bougr 218, 219.
Byzanz 52, 192.

Callipolida 33, 34.
Carantanes 232—233.
Cassandra 74.
Cassiodorus 245, 278.
Cekula 130, 137—138., 141, 145—149.
Cemandri 261.
Cer 208.
Ceramia 208.
Černa 276.
Chalcidice 74, 119, 261.
Charon (Charu) 92, 130, 169.
Chatzon 200.
Chazaren 215.
Chersones 4, 15, 16, 24, 34, 214, 216, 271.
Cheun 53, 57.
Chitin 66, 99.
Chors 124.
Chrobat 200.
Cividal 231.
Clemens, Papa 214—216, 229.
Codex argentineus 268—271.
Conew 231.
Constantin, bulg. Apostel 209, 210.
Cypern 206, 207.
Cyrus 42.

Dakien 192, 194, 206, 248, 259.
Dakier 1—5, 34, 262.
Dalmatien 73, 75, 226, 229, 231—232, 260.
Damascus 207.
Damasus 259.
Dan (Dian) 108—109, 121, 123, 126, 128, 171.
Danabr 9, 11, 54.
Danaprus 33, 49.
Danastrus 33.
Danubius 73.
Dardanien 192, 194, 206, 248, 259, 265—266.
Dardaner, 70, 72.
Dardanus 173, 259.

Darius 12, 13, 16—27, 42, 178.
Daschbog 76.
Deber 27.
Deberer 26.
Decimer 207, 209.
Decius 260.
Demetrius, hl. 210, 215.
Demophilus 236—237.
Denitza 124, 131—133, 154
Dev 157—161, 169.
Dewol (Delwino) 198, 202.
Dexipius 43.
Diana 104, 124, 132, 137.
Dianus 123—127, 133, 145, 180.
Dibaltum 198, 202.
Dinzik 54.
Diocorus Diaconus 250.
Diodor 77, 79.
Diomedes 173.
Dionisius 67.
Dios 124.
Dmitrowitza 135.
Doika (Doina) 104.
Domnionus 249.
Döllinger 216.
Doiran 227.
Dox 231.
Drache 80—84, 88—98, 106, 108, 126, 130, 134—137, 159, 177.
Dramatitza 11, 52.
Drau 232—233.
Drogobiten 33, 191—192.
Drugeri 191.
Druggi 59.
Druidae 181.
Dswesda, die goldene 146.
Dswesdodenitza 110.
Du Cange 218.
Dyrrachium 243.

Ebräer 52, 216.
Ebrus 6, 15, 42, 52, 216.
Edonis 191.
Efrossina 143.
Emathia 68.
Emimontus 267.
Empedokles 186—187.

Eneten 38.
Enjowden (Enewden) 125—126.
Ennodius 244—245.
Epaphras 66.
Epirus 194, 206, 259, 266.
Epistrophos 70.
Erina Samovilla 147, 149, 150. 153—154.
Eris 153.
Erinys 145.
Ermenric 275.
Erotheus 67.
Essedones 35.
Essedum 181.
Eterpamara 179.
Eudoxius 236—237.
Euphemos 70.
Eusebius 203.
Eurydike 166, 171.
Evangelus 249.

Filimer 57.
Fridigern (Fritigern) 179, 198.

Gadericus 47, 48, 57.
Gaianus 249.
Gaina 238—239.
Galatin, 32.
Galerius 262.
Galik 120.
Gallien 181, 216, 217, 237.
Gallier 2, 73, 180.
Gallipoli 34, 262.
Gaudentius 236.
Gea 177.
Geloner, 16, 18, 35.
Genserich 275.
Gentius, Gentzon, Genzo, Gentscho, Gantscho, Geno, Gano, Gaina 274.
Georg, hl. 80, 82, 87, 150.
Gepiden 244, 260.
German 99, 100.
Germania 33.
Germanen 3, 266, 271, 277.
Germinius 236.
Geroff Naĭden 48.

— 283 —

Getae (Geten) 30, 31, 34, 35, 42, 45, 277, 279.
Gevgeli 227.
Gjorga Samovilla 149, 150.
Gjuro von Smederowo 153—154.
Glagolitza 227, 231.
Godila 59.
Glaukos 70.
Goten 1, 3, 39—58, 73, 98, 196—209, 226—252, 260—273, 279.
Gotien 271.
Gothicas litteras 227.
Gothiskandza 47.
Gotonen 272—273.
Gotini 272—273.
Gotland 273.
Gregorius, Papst 217.
Griechen 72—73, 108, 110, 180 bis 182, 153, 194—195, 235, 237, 245, 248, 250, 260.
Griechenland 173, 196, 204, 208, 211.
Grimm Jacob 277, 279.
Grood 199, 200, 214.
Gruitscho 151—153.
Grujo 151.
Gulpa (Kulpa) 233.
Gümudschina 34.

Halis 120.
Halizonen, 70, 72.
Haliakmon 69.
Haliurunen 47, 57.
Hämus 156.
Hanala 179.
Hebraei 213, 214.
Helena 76.
Hellenen 18, 19, 45.
Hellespontus 5, 14, 15, 19, 23, 26, 69, 70, 72.
Hellespontier 14, 15.
Hera 145.
Heraclia 248—249.
Heraclius (Herkules) 73, 150, 200.
Hernac 261.
Herodot 5—27, 37, 41—49, 57, 64, 68, 98, 114, 177—178, 180—184, 215.

Hesion 97—98.
Hieronymus 43.
Hieropolis 66, 67.
Hipanis 35.
Hippothoos 70.
Hiscus 261.
Histria 73.
Hodios 70.
Homer 37, 68—69, 76, 119, 180, 182.
Honorius 43.
Hormisda, Papa 248, 251.
Hunnen 1, 3, 9, 40, 42, 33, 34, 38 bis 41, 49, 53—59, 120, 178, 197, 260—266, 271—272, 279.
Hunnerich, 217.
Hypanis 11.

Ichtiman 75.
Idanthyrsos 178.
Ignatius, Patriarch 235.
Ilias 37, 79.
Illyria 248—249, 259, 263, 266.
Indien 189.
Innocentius, Papst 194—195.
Irnak 181.
Isidorus 44.
Isker 10.
Istros 10, 14, 22, 23, 34, 35, 36.
Ischtinari 175.
Itosor 180.

Jana (Janka) 104—105, 108—111, 119, 129, 130, 137—140, 177, 181.
Janitza-Wardar 11, 19.
Jantra 17, 145.
Janus (Janko, Jankula, Janski, Jowantscho, Jan) 104—105, 108, 120—130, 132—138, 141—146, 151, 153, 171—181.
Jason 77,
Jerobol 67.
Jeronimus, hl. 196, 203.
Johannes Chrysostomus 238.
Johannes, Metropolit 207—208.
Johannes von Antiochien 243.
Johannes von Nikiou 247, 249.
Jonien 5, 7, 8, 14, 15.

Jordanis 6, 9, 11. 33, 34, 39—49, 53, 74, 98, 178—179, 196, 197, 202, 211, 214, 267.
Jovis 101, 102, 132—138. 177.
Jurum 140.
Juda 86, 104, 157, 162, 164—165, 169, 216.
Jupiter 132.
Jurken 56.

Kadier (Kadinmost) 67.
Kalpetan 131—137.
Kamon (Getränk) 277.
Kardam 181.
Karier 62, 64. 70, 72—73.
Kastramartena 261.
Kastoria (Kostur) 19, 205.
Kaukaus 5, 9, 24, 27, 33, 37.
Kawala. 11.
Kelten 36, 181, 183.
Keramesia 194.
Kimbrer (Kimmerier) 4—8, 12, 38 bis 42, 50.
Kimmerischer Bosporus 4, 7, 22.
Kiten 95, 99.
Klemens, bulg. hl. 211.
Kokalen (Caucalanda) 275.
Kotzil (Kocel) 200, 209, 210.
Kofina (Kofos) 49—52.
Kolatschen 125.
Koleda 89, 120—127, 151.
Koleda (Gott) 96.
Kollossa 65, 66, 67.
Kollosser 205.
Konstantin Zar 117, 121, 134.
Konstantin Porphyrogenit 199, 200, 264—265.
Korun 141—145.
Koryllus (Korillo) 274.
Kosjak 215.
Kossinetz 205.
Kosmograph von Ravenna 196. 204, 215.
Kozaren 213—216.
Kraina 235.
Krajowa (Kraljowo) 263, 276.
Kratowo 215.

Kremnö 45, 50—52.
Krim 24, 268, 271.
Kroaten (Krowaten) 199, 226—227.
Kroatien 232, 235.
Krobat 198, 214, 226.
Krowat 184, 210, 213, 214, 227.
Kronos 132, 134.
Krösus 64.
Krum 181.
Kuber (Kubricus, Kubrat) 181, 184, 186, 191—194, 198, 200, 201, 205, 208, 210.
Kumanowo 215.
Kyrillus, bulg. Apostel 60, 205—216, 229, 230, 235, 252.

Lamja 83—85.
Laodocea 62, 67.
Laodomir 233.
Laomedon 77, 78.
Latin, König 82—83, 88, 136—137.
Legen 116—119, 134.
Legenda Bohemica 230.
Legenda Ochridica 55, 211.
Legenda Pannonica 209.
Legenda Thessalonica 206.
Lesbus 69, 70.
Lujba 274.
Leudes 274.
Lucifer 224.
Lychnidus 69.
Lydien 232.
Lykos 9, 17, 65, 69.

Magnesia 73.
Magyaren 264.
Mähren 209, 210.
Makabäer 230.
Makedonien 4, 17, 24, 27, 33, 34, 38, 43, 46, 53, 62—63, 67—76, 83, 113, 195—196, 202, 205, 208, 210—211, 216, 244.
Malalas Joannes 55, 58—59, 198, 214.
Malamir 181.
Malesch 204.
Manichäismus 186, 189, 204, 217—218, 226, 229.

Manichäer 189, 191, 216—219, 232.
Manus (Manos, Mano, Manol, Manuil, Manu) 103, 104, 112—115, 180, 184, 186, 189, 191, 204.
Mäones 12, 63, 70, 72.
Mäonia 68.
Mäotien 11.
Mäotis palus 13, 17, 22, 33, 35, 39, 45, 49.
Mäotes 12.
Marcellinus Ammianus 198, 202.
Marie, Tochter des Königs von Trojan, 80, 82.
Maris 17, 22, 145, 215.
Maritza 10, 15, 17, 22—23, 34, 143, 145.
Marko (Mars) 130, 132, 137—40, 143, 145, 148, 151—156, 177 bis 179, 182, 191.
Markomanen 273.
Martagon 181, 182.
Marcianopol 106, 202.
Massageten 41, 42, 279.
Maur 191.
Med. 273, 277.
Megabazus 24—27, 65.
Melnik 9, 17, 22, 23, 26.
Melanchläner 16, 17, 22, 23, 43.
Mesta 17, 22.
Methodius, bulg. Apostel, 205, 206, 209—210, 212, 227, 229, 235, 252.
Michael, bulg. Fürst, 235.
Miller, Konrad 203, 204.
Mirtscho, bullg. Fürstin Dakien, 263.
Mletak 135, 136.
Morawa (Morawia) 208, 209.
Mornaland 166, 167.
Morsianus stagnus 33, 34.
Mugel 199, 200.
Müllenhoff 277.
Mursulia, bulg. Fisch 50.
Mussa Kessedschia 144.
Mustafa-Aga 142, 144.
Mygdonien 63, 64, 72.
Myrmidonen 55, 56.
Mysien 8, 17, 42, 46, 65, 69, 72, 74, 192, 196—197, 203, 212, 246, 260.

Mysier 37, 62, 64, 70—73.
Nakolia 65, 66.
Nedao 275.
Neptun 108, 133, 134.
Nestinari 175.
Nestor, russischer Chronist, 210.
Nestus 17, 22.
Neurer (Neuris) 10, 11, 16, 17, 22, 23, 35--37.
Newrokop 11, 16, 22, 23.
Nicolaus, Papst 182, 233, 235, 255.
Nicopolis ad Jatrum 237, 267.
Nicopolis (in Illyr.) 249.
Nisch 215, 249.
Notfeuer 174.
Novak 144, 153.
Nowipazar 75, 265.

Oaros 9, 17.
Obdormito s. Kyrilli 212.
Ochrid 69, 84, 249.
Ochridasee 27.
Odagra (Odra) 233.
Odoaker 244.
Odrysae 30, 191.
Odysseus 140, 173.
Odyssus 33, 248.
Oglon 51.
Ognen (Ognenin) 118, 130, 136—137, 155, 156.
Oium 48, 52, 52.
Omirtag 181, 182.
Olymp 55, 65, 69, 74.
Öor, Öorpata, 45.
Orbelos 26, 27, 66.
Orosius 49, 55, 57, 73.
Orpheus (Orfen, Orpju, Ufren) 156, 163, 167, 168, 171—173.
Ostrogoten 243.
Ostrowo 48.
Ostrys 241—242.
Ovid 27, 31, 34, 73, 119.

Pajak Berg 227.
Palladium 174—176.
Pallas (Athen) 173, 175.
Palus Mäotis 8, 9.
Pannonien 54, 73, 76, 192, 233.

Päon (Gesang) 24.
Päonien 26.
Päoner 16, 17, 24, 25, 27, 70, 72, 119.
Paphlagonien 5, 8, 70,
Patala (Pakal) 180.
Patriciolus 241, 246.
Paulus 66, 67, 205, 206, 208, 210, 235.
Peanetz 17.
Pechtschewo 17, 55.
Pelagonien 20, 208.
Pelasgen 72.
Pella 20.
Pelso (Plattensee) 276.
Pergamon 68, 103.
Pergiowa 108.
Perin 26, 27, 37.
Perinthier 24, 25.
Perinthus 25, 26.
Perser 19, 22, 25.
Perun 124.
Peterini 218.
Petrus 116, 134, 206.
Peuci (Peucini) 16, 55, 212.
Philippus, König v. Mak., 211, 212.
Philostorgius 229.
Photius, Patriarch 189, 190, 253—254.
Phrygien 8, 65, 67—70, 73, 238—239.
Phrygier 12, 46, 62—64, 112, 189, 204.
Pierria (Pierer) 68.
Pilleaten 182.
Pirguna 34, 35.
Pluto 133—134.
Polen (Polien) 53, 54, 57, 74, 227, 229.
Polonia 227.
Pontus Euxinus 8, 77.
Pop 174.
Poseidon 77, 79, 85, 105, 108, 133, 177.
Potamia 196.
Prasias (Prespasee) 26, 27, 48, 65, 66, 204.
Prawischta 11.
Presiam 181.
Priamus 43, 67, 69, 70, 73, 74, 79.

Priscus 39, 178—179.
Prister von Dioclea 196.
Prjeslav (Prilep) 126, 156, 208.
Procop 39, 40—43, 55.
Pythagoras 184—187, 226.

Quaden 272.

Radivoj 207—209.
Radowischt 208.
Radul 241, 263.
Raschka 265.
Rassata 231.
Rastitz 232.
Ravenna 207, 217.
Relja-Krilatitza 158.
Rhesul 140.
Rimini 236—237.
Rinda 156, 160, 161.
Ritschna-Land 88, 90, 92.
Rhiphäische Berge 9.
Rom 194, 206, 217, 250.
Römer 1, 2, 11, 54, 180—183.
Rossanda 135.
Rossida 167—171.
Rostislav 209.
Rugi 261.
Rumänen 123, 262—264.
Ruppel 9, 10.
Russen 75, 124.

Sabin 135, 181.
Sacramontasi 261.
Sada 95—98.
Sadagen 51.
Sadagoltina 229.
Safrak 198.
Sagudaten 191.
Sajo 273.
Samandra 172, 181.
Samodiva 127—128.
Samovilla 96, 105, 112, 145, 147, 149, 165.
Saloniki 9, 52, 54, 68, 207—208, 215, 261.
Saracenen 212—216, 235.
Sarakinos 186, 207, 213.
Sardis 25, 64.
Saurmates 16, 17, 35, 43, 46, 49, 261.

Sawa 134.
Scandza 47, 48, 57.
Serben 153, 264,—266, 279.
Serer 16, 17, 34.
Seres 11, 17, 27, 33, 37, 74, 116.
Sestus 24.
Sigeion 77.
Sindi 99.
Sindje (Sindsche) 97, 98, 107, 172.
Sinope 8.
Siras 11, 26.
Siris 74, 116.
Sirmium 244, 245, 260.
Siropäoner 26, 27.
Sita 66.
Siten 94, 95, 98.
Siwa 85, 86, 134, 180.
Skandinawien 48.
Skythen 1—4, 12—22, 27, 34—37, 40—45, 48—52, 57, 66, 98, 99, 108, 114, 145, 177—180, 205, 208, 235, 240, 241, 247, 279.
Skythien 4, 7, 15—17, 24, 27, 33, 38, 40, 43, 203, 246, 241, 250.
Slawen 1, 88, 181, 210, 220, 209.
Slowo o plku Igoria 75.
Smilen (Smeletin, Smindelja) 102 103, 115, 118, 136.
Spalato 212, 240.
Stan Janine Gospodine 105, 121—122, 126, 151.
Strava 276.
Struga 113.
Struma 11, 16, 17, 27, 52, 54, 55, 72, 103, 114—116.
Stuma und Strumnitza (Frau) 104, 113—114.
Srumitza 32, 35.
Strymon 26, 208.
Suevi 272.
Surava 180.
Surawa-Tag 163.
Swiatopolk 209.

Tabiti 180, 182.
Tacitus 272, 273.
Tajani 126.

Talatin 88, 90—95.
Taliana 95, 98, 171.
Tanai-Var 11.
Tananin 122.
Tanjanin 126.
Tarabosten 182.
Taurer 16, 22, 24, 34.
Taurus 13, 33, 34.
Tayani 126.
Telephus 43, 73, 74, 119, 181, 212.
Teletz 181.
Tellerik 181.
Teukrer 26.
Thanai 9, 10, 17, 23, 33, 46, 48—50.
Theba 186.
Theodoret 236.
Theodorich Theodomirossohn 243bis 246.
Theodorich Triarossohn 242—244.
Therebinthos 186.
Therma 9, 19, 53, 54.
Thermodont 46.
Thessalien 183, 194, 206, 259, 266.
Thessalonicus 206, 207.
Thessandrus 74.
Theophanes 49—52, 58, 61, 201, 214.
Thiudimir 274, 276.
Thomas Archidiaconus 226.
Thomes 203, 211.
Thrakien 4, 5, 17, 24, 27, 33, 34, 38, 67—70, 74, 156, 181, 183, 186, 197, 202, 216, 242, 263, 268.
Thrakier 1, 3, 18, 24, 35, 36, 72, 76, 180, 181, 186, 190, 226.
Thukidides 35.
Thyssageten 17, 56, 35.
Tiara 182.
Tierna (Tsierna) 275, 278.
Thimotheus 67.
Tiradin 115.
Tirnowo 17, 267.
Tirusa 115, 116.
Tisia (Pathissus Parthiscus) 278.
Tomyris 41—43, 52.
Tomes 27, 31, 32, 42, 43.
Torla 183.

Totila (Totjo, Tota, Tiljo, Tilko) 196, 274.
Traianus 196.
Trebell 181.
Triballen 55, 212, 279.
Tribilgides 238.
Troem 117, 120.
Troja 26, 62, 64, 67, 69, 70, 72, 74, 76, 77, 88, 102, 103, 112—115, 119—123, 144, 173, 176.
Trojan 75, 79, 81, 117, 124.
Trojaner 75, 77—84.
Trojanerweg (Trojansgräben, Trojanowokop) 75.
Tschataldscha 261.
Tschita 66.
Tschiten 99.
Tschorlu 183.
Tundja 262.
Turatinerland 148.
Turna 88—98.
Tyras 10, 11, 33, 36, 37.
Tzrna (Tscherna) 63.

Ufren 157, 165, 167—171.
Ulfila (Ulfus) 74, 197, 205, 228—230, 235, 237, 238, 246—252, 266—270.
Ulzinzuren 54, 55.
Uspenie des hl. Kyrillus 69.

Vagosala 83.
Valens 197, 219, 260, 236.
Valentianus 260.
Vandali 43, 47
Var 9, 17, 19, 21, 53, 54.
Varadin 142.
Veneten 38, 54, 70.
Venus 177.
Vesegothae 197.
Vesta 173, 177, 180.
Videric 275.
Vidicul 274.
Vidigoia 179.
Vindomina 260.

Virgil 179.
Vischnju 96, 157—165, 171, 180.
Vistonis 48.
Vistula 33.
Vitalian 60, 61, 246—251, 261.
Vitosor 180, 183,
Völkana 97, 98, 106, 107, 132.
Volkanus 130, 137.
Völkaschin 130.
Vrida 172.
Vukaschin 144.
Vulgar 221.
Vulgares 219, 220.
Vlzindur 261.
Vtus 261.

Walamir 274, 275.
Walja (Waljo, Wuljo, Weljo) 274.
Wardar 11, 19, 20, 22, 72, 183, 208.
Wascones 220.
Weichel 48.
Welegesiten 191.
Wida 128, 129.
Widimir 274, 276.
Wisigoti 43, 246.
Wlaïna 123, 130—133.
Woden 18—21, 57, 183, 196, 204.
Wodinnen 11, 18, 63.
Wolkaschin 136, 137.
Wuk 134—136.

Xantus Fl. 69.
Xerxes 19, 42, 64, 68.

Yrgis 17.

Zagoria 202.
Zalmoxex 182, 184, 207, 226.
Zauberweiber 17, 57.
Zenon 241—245.
Zerna 275.
Zeus 12, 98, 102, 112—114, 124, 180.
Župan 124.
Živa 124.
Žiwi-ogan 174.

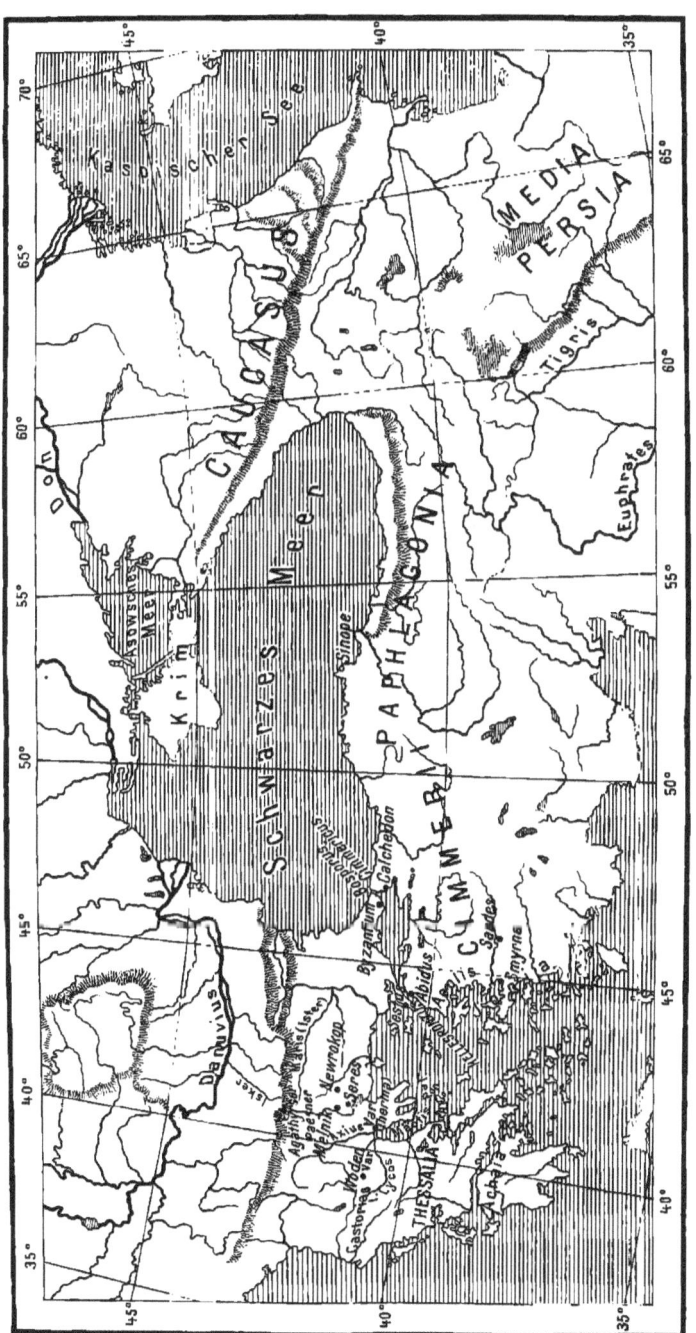

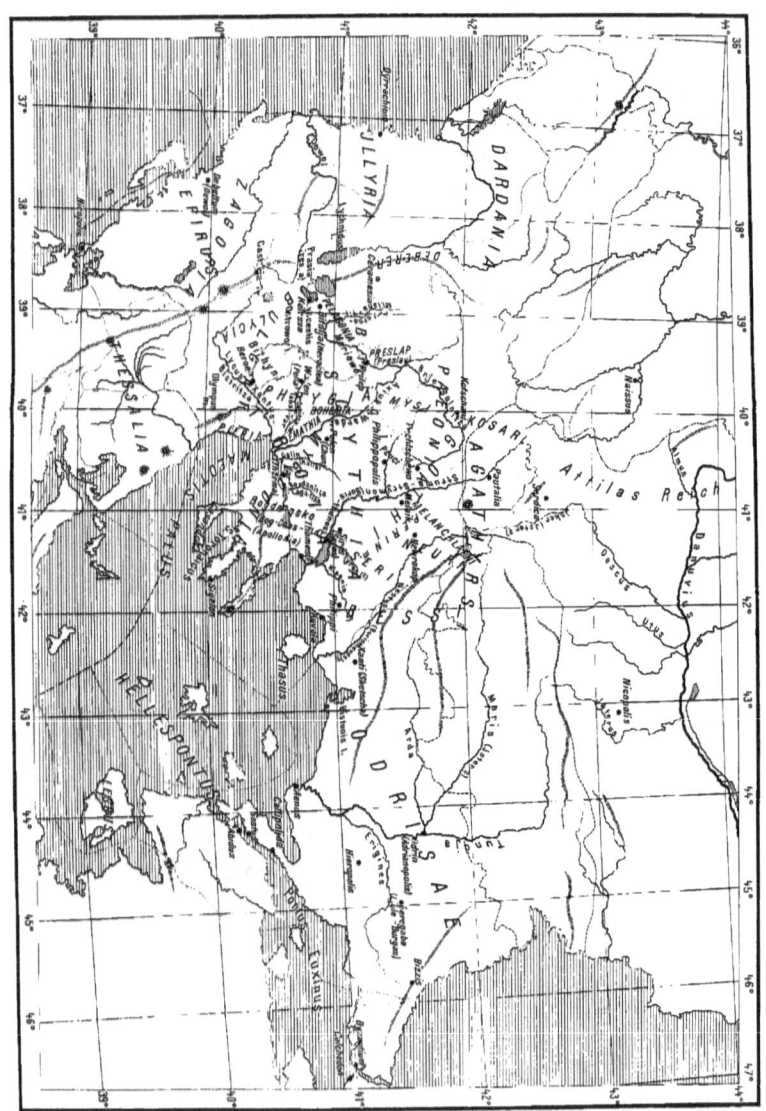

www.ingramcontent.com/pod-product-compliance
Lightning Source LLC
Chambersburg PA
CBHW021348300426
44114CB00012B/1123